Schwul ...

... geboren, geworden oder beides?

Richard Cohen, M.A.

PATH Press
Bowie, Maryland

© der amerikanischen Originalausgabe: Richard Cohen, M.A., 2020

© der deutschen Ausgabe: Richard Cohen, M.A., 2025

Alle Rechte vorbehalten. Die Vervielfältigung oder Übersetzung von Teilen dieses Werks, die über das in Abschnitt 107 oder 108 des United States Copyright Act von 1976 Erlaubte hinausgeht, ist ohne die Erlaubnis des Urheberrechtsinhabers ungesetzlich. Anfragen für eine Genehmigung oder weitere Informationen werden bitte an die Abteilung für Genehmigungen, PATH Press, gerichtet.

Diese Publikation soll genaue und verbindliche Informationen zu den behandelten Themen liefern. Sie wird mit der Maßgabe verkauft, dass der Herausgeber keine Rechts-, Buchhaltungs- oder sonstigen professionellen Dienstleistungen erbringt. Wenn Sie Rechtsberatung oder andere fachkundige Unterstützung benötigen, sollten Sie die Dienste einer kompetenten Fachperson in Anspruch nehmen. *Aus einer Grundsatzerklärung, die gemeinsam von einem Ausschuss der American Bar Association und einem Ausschuss von Verlegern verabschiedet wurde.*

Ohne die oben genannten Urheberrechte einzuschränken, darf kein Teil dieser Veröffentlichung in irgendeiner Form oder mit irgendwelchen Mitteln (elektronisch, mechanisch, durch Fotokopieren, Aufzeichnen oder auf andere Weise) ohne die vorherige schriftliche Genehmigung des Herausgebers dieses Buches vervielfältigt, gespeichert oder in ein Datenverarbeitungssystem eingefügt oder übertragen werden.

ISBN: 979-8-9922890-0-8

Library of Congress Control Number: 2024927390

Verantwortlich für die Übertragung ins Deutsche: Rainer Senn, Zürich, Schweiz

Lektorat: G.K., B.T., R.E., F.M.
Umschlaggestaltung: Katarina / Grafikdesigner: Md Jahidul / fiverr.com
Satz: Lisa DeSpain / book2bestseller.com

PATH Press
P.O. Box 2315
Bowie, MD 20718
www.pathinfo.org

Widmung

Dieses Buch steht für die Arbeit meines Lebens und für meinen beruflichen und persönlichen Weg. Deshalb widme ich es:

Gott, der mich auf meinem ganzen Weg nicht fallen ließ und mich Schritt für Schritt weitergeführt hat.

Jae Sook, meiner geliebten Frau, die mir bei jedem Schritt zur Seite stand. Du bist meine wertvolle Lebensgefährtin, die ich von ganzem Herzen liebe.

Jarish, Jessica und Alfred, meinen geliebten Kindern: Danke, dass ihr all die schwierigen Zeiten ertragen habt. Ich liebe und schätze euch mehr als Worte sagen können.

Meinen Eltern, Samuel und Lorna Cohen, die ihr Bestes taten und alles gaben.

All den Männern und Frauen, die ich auf ihrem Weg in ein ganzheitlich intaktes Leben begleiten durfte. Es war ein besonderes Vorrecht für mich; ihr seid meine Lehrer gewesen.

All denjenigen, die über die Jahre hinweg großzügig zu unserer Arbeit beigetragen haben: Ihr seid meine Helden.

Den vielen Männern und Frauen, die mir mit ihrer Liebe geholfen haben, dahin zu kommen, wo ich heute stehe.

Euripides sagte: „Ein treuer Freund ist mehr wert als zehntausend Verwandte". Mein bester Freund Phillip Schanker war maßgeblich an meiner Reise der Heilung beteiligt und ist auch weiterhin mein bester Freund im Leben. Eine solche Beziehung ist ein lebenslanger Schatz. Er war auch ein hervorragender Redakteur für dieses neue Buch.

Inhalt

Vorwort 7
Einleitung 11

Teil I: Verstehen

1. Meine Geschichte 19
2. Gleichgeschlechtliche Neigung: Definitionen und Ursachen 35
3. *Stephan* 83

Teil II: Heilen

4. Die vier Phasen des Veränderungs- und Heilungsprozesses 93
5. *Christian* 143
6. Therapeutische Werkzeuge und Techniken 149
7. *Markus* 233
8. Wut: Zugang zur eigenen Kraft 239
9. *Joseph* 247
10. Berührung: Das Bedürfnis nach Bindung und Verbundenheit ... 251
11. *Bianca* 261
12. Mentoring: Zur Liebe zurückfinden 271
13. *Thomas* 293

Teil III: Zuwenden

14. Wie Eltern und Freunde helfen können 305
15. Ein letzter Gedanke 313
16. Die Perspektive einer Ehefrau 315

Nachwort	321
Quellenverzeichnis	325
Glossar	335
Weiterführende Literatur	339
Ressourcen zur Überwindung ungewollter gleichgeschlechtlicher Neigung	347
Hilfsmittel	350
Über den Autor	351

Vorwort

Ich liebe die Lesben-, Schwulen-, Bisexuellen-, Transgender-, Queer-/Questioning-Gemeinschaft (LGBTQ). Ich liebe diejenigen, die ungewollte homosexuelle Gefühle haben. Ich glaube an Selbstbestimmung. Wenn jemand ein homosexuelles Leben führen möchte, muss diese Entscheidung respektiert werden. Wenn jemand die Möglichkeit erkunden möchte, ungewolltes homosexuelles Verlangen zu überwinden, muss diese Entscheidung respektiert werden. Gleiche Rechte für alle Ansichten über Homosexualität. Dies ist eine Frage des Menschenrechts auf Selbstbestimmung und eine Frage der Freiheit, seine Träume verfolgen zu dürfen.

Ich glaube, dass jeder, der ungewollte gleichgeschlechtliche Neigung (Same-Sex Attraction – SSA) überwinden möchte, dies tun darf. Ich glaube, dass es jedem möglich ist, der das Vier-Phasen-Modell der Genesung befolgt, welches auf diesen Seiten erklärt wird, und der Unterstützung von der Familie, den Freunden und Mentoren erhält und Gottes Führung sucht (wie auch immer du Gott oder eine höhere Macht erlebst) – du oder dein Angehöriger/deine Angehörige – seine/ihre Träume erfüllen wird.

Im August 2016 wurde in der Zeitschrift The New Atlantis ein richtungsweisender Bericht mit dem Titel *Sexualität und Geschlecht* von zwei angesehenen Professoren der Johns Hopkins University veröffentlicht. In ihrer Meta-Analyse von mehr als 200 wissenschaftlichen Studien aus den letzten Jahrzehnten kamen sie zu dem Schluss, dass die Theorie, dass Menschen „so geboren werden", durch die Forschung nicht gestützt wird. Um den vollständigen Bericht zu lesen, gehe auf: www.thenewatlantis.com und gib „Sexuality and Gender" ein. Der Bericht ist in Englisch, Deutsch, Spanisch und mehreren anderen Sprachen verfügbar.

Seit der Veröffentlichung früherer Ausgaben dieses Buches haben mir einige gesagt: „Als ich die vier Phasen der Heilung gelesen habe, fühlte ich mich überwältigt von all dem, was erforderlich ist." Hier sind einige Strategien für den Erfolg: *Erstens: Geh es langsam an.* Nimm dir einen Tag nach dem anderen vor. Denke nicht an morgen, sondern nur an heute. *Zweitens: Sei geduldig mit dir und anderen.* Es hat viele Jahre gedauert, eine gleichgeschlechtliche Neigung zu entwickeln, und es wird Zeit brauchen, um die Ursachen zu heilen, welche dieses Verlangen überhaupt erst ausgelöst haben. *Drittens musst du gesunde, heilende, nicht-romantische Beziehungen zu Mitgliedern deines eigenen Geschlechts aufbauen.* Männer müssen mit anderen Männern Heilung finden, und Frauen müssen mit anderen Frauen Heilung finden.

Du solltest zuerst die gleichgeschlechtlich-emotionalen und gleichgeschlechtlich-sozialen Wunden angehen und dann die andersgeschlechtlich-emotionalen und andersgeschlechtlich-sozialen Wunden. Gleichgeschlechtlich-emotionale Wunden entstehen durch eine gestörte Vater-Sohn- oder Mutter-Tochter-Beziehung. Gleichgeschlechtlich-soziale Wunden entstehen durch einen Mangel an Gleichaltrigen-Bindung, Jungen mit anderen Jungen und Mädchen mit anderen Mädchen. In deinem Heilungsprozess solltest du gesunde, nicht-erotische, gleichgeschlechtliche Beziehungen erleben. Besonders wichtig ist die Bindung zu Menschen, die keine gleichgeschlechtliche Neigung (Same-Sex Attraction – SSA) haben, also zu Menschen, die eine andersgeschlechtliche Neigung (Opposite-Sex Attraction – OSA) haben. Fünf Arten von Beziehungen sind wichtig: 1. Beziehungen zu Männern bzw. Frauen, die von deiner gleichgeschlechtlichen Neigung wissen und gute Freunde sind, 2. Beziehungen zu Männern bzw. Frauen, die nichts von deiner gleichgeschlechtlichen Neigung wissen und gute Freunde sind, 3. Beziehungen zu anderen Männern bzw. Frauen, die ungewollte gleichgeschlechtliche Neigung erleben und sich auf demselben Weg der Heilung befinden, 4. andersgeschlechtlich empfindende Mentoren, die dir als väterliche und mütterliche Figuren zur Seite stehen, und 5. schließlich sei ein Mentor für andere, die ungewollte gleichgeschlechtliche Neigung erleben. Wenn du von gleichgeschlechtlicher Neigung betroffen bist, denke nicht, dass du weniger wert bist als irgendeine andersgeschlechtlich empfindende Person. Du bist begabt, außergewöhnlich und hast viel zu bieten.

Es wird Zeit brauchen, diese Beziehungen aufzubauen. Sei geduldig mit dir und anderen. Heilung ist eine Reise, kein Ziel. Während dieses Prozesses wirst du Schritt für Schritt und Tag für Tag eine Veränderung erleben. Nach der Heilung mit Menschen gleichen Geschlechts solltest du dich mit den andersgeschlechtlich-emotionalen und andersgeschlechtlich-sozialen Wunden befassen. Andersgeschlechtlich-emotionale Wunden entstehen durch eine ungesunde Bindung zwischen Mutter und Sohn oder Vater und Tochter. Andersgeschlechtlich-soziale Wunden entstehen durch eine Störung in den Beziehungen unter Männern oder unter Frauen. Dieses Genesungsmodell eignet sich für Menschen, die sich zum gleichen Geschlecht hingezogen fühlen, für Menschen, die sich sowohl zu Männern als auch zu Frauen hingezogen fühlen, wie auch für Menschen, die unter einer Geschlechtsidentitätsverwirrung leiden. Es besteht große Hoffnung auf Heilung und Erfüllung der eigenen wahren Geschlechtsidentität und auf die Entwicklung des eigenen heterosexuellen Potenzials.

Nachdem du dieses Buch zum ersten Mal gelesen hast, schlage ich vor, dass du es noch einmal liest. Dies ist ein Handbuch zur Heilung. Führe alle vorgeschlagenen Aktivitäten und Übungen aus, wenn du ungewollte gleichgeschlechtliche Neigung (SSA) angehen willst. Nachdem du das Buch zum zweiten Mal gelesen hast, wirst du es vielleicht noch einmal lesen wollen. Während du Veränderung erlebst, wird sich das Buch verändern. Dies ist ein Text, der dauerhafte Veränderung und Transformation bewirken soll. Du wirst nicht in der Lage sein, alle Konzepte beim ersten oder zweiten Mal Lesen zu begreifen. Beginne daher deine persönliche Reise, oder hilf deinen Klienten oder Angehörigen. Lies das Buch dann noch einmal, um dein Verständnis des Heilungsprozesses zu vertiefen. Lies zur Ermutigung Geschichten über Veränderungen unter: www.voicesofchange.net.

Freiheit ist nicht umsonst. Es gibt einen Preis zu zahlen, um sein Ziel zu erreichen. Mach weiter. *Gib niemals auf.* Kümmere dich nicht darum, was andere sagen oder denken. Konzentriere dich auf *deinen* Traum. Es ist derzeit weder populär noch modisch, die Möglichkeit eines Wechsels von SSA zu OSA zu erkunden. Aber sei guten Mutes. Ich arbeite seit mehr als drei Jahrzehnten in diesem Bereich und glaube, dass die Zeit kommen wird, in der mehr Menschen die Wahrheit erfahren werden, nämlich dass *1. niemand im Grunde mit gleichgeschlechtlicher Neigung geboren wird, 2.*

sich niemand einfach für gleichgeschlechtliche Neigung entscheidet und 3. Veränderung möglich ist. Strenge dich an, kremple die Ärmel hoch und fange an. Ich bete für dich und deine Angehörigen. Du wirst es schaffen!

Einleitung

„Ich glaube an echte Toleranz, echte Vielfalt und Gleichberechtigung für alle Sichtweisen über Sexualität."

—Richard Cohen

- **Niemand wird grundsätzlich mit homosexuellen Gefühlen geboren.**
  Es gibt keine wissenschaftlichen Belege für eine klare genetische, biologische oder hormonelle Ursache, die gleichgeschlechtliche Neigung belegen.

- **Niemand entscheidet sich freiwillig dafür, gleichgeschlechtliche Neigung (SSA) zu haben.**
  Gleichgeschlechtliche Neigung (Same-Sex Attraction – SSA) ist das Ergebnis biopsychosozialer Faktoren: Temperament, Familiäre- und Umwelteinflüsse.

- **Menschen erhoffen sich möglicherweise, ihre ungewollte gleichgeschlechtliche Neigung zu überwinden und eine andersgeschlechtliche Neigung zu entwickeln.**
  Das Gebiet der Neuroplastizität zeigt, dass das, was gelernt wurde, wieder verlernt werden kann. Wenn die Probleme der Vergangenheit gelöst und unbefriedigte Liebesbedürfnisse in gesunden, nicht-sexuellen Beziehungen erfüllt werden, wird man seine wahre Geschlechtsidentität erfahren und heterosexuelles Verlangen kann sich einstellen.

In diesem Buch lege ich dar, was ich über die Bedeutung gleichgeschlechtlicher Neigung gelernt habe. Außerdem präsentiere ich ein klares Modell der Genesung, das ich entwickelt habe, und erzähle von Menschen, die eine solche Veränderung erlebt haben. Jeder kann sich verändern! Mit starker Entschlossenheit, der Liebe Gottes und der Unterstützung anderer Menschen ist Veränderung möglich. Natürlich gibt es heute viele Stimmen, die behaupten, dass niemand seine ungewollte gleichgeschlechtliche Neigung wirklich überwinden kann. Das ist aber nicht wahr. *Veränderung ist möglich!* Das weiß ich sowohl persönlich als auch beruflich.

Als ich ein Schüler war, arbeitete ich in den Sommerferien im Inglis House in Philadelphia. Das ist ein Wohnheim für Menschen mit zerebraler Lähmung, Muskeldystrophie, Multipler Sklerose (MS) und anderen körperlichen Behinderungen. Ich schloss Freundschaft mit einer Frau namens Franziska. Sie war in der Blüte ihres Lebens an MS erkrankt. Zuvor war sie Konzertpianistin gewesen.

Franziska weckte in mir die Liebe zum Klavierspielen, und als 16-Jähriger fing ich an Klavierunterricht zu nehmen. Nach drei Monaten hörte ich die „Mondscheinsonate" von Beethoven. Das Stück faszinierte mich; das musste ich lernen! Aber mein Lehrer, Dr. Nagy, meinte nur: „Das ist Unsinn. Bis du das spielen kannst, musst du noch ein paar Jahre üben." Nun, das war seine Meinung.

Ich ging in das nächste Musikgeschäft und kaufte mir die Noten. Wochenlang kämpfte ich mich durch die Noten hindurch, und irgendwie behielten meine Hände, was in mein Hirn nicht hineinwollte. Meine Finger wussten genau, welche Tasten sie zu drücken hatten, und mein Herz jubelte, sooft ich das Stück spielte.

Nach einem Monat spielte ich Dr. Nagy das Stück vor. Seinen Gesichtsausdruck werde ich nie vergessen. „Wer hat dir das beigebracht?", fragte er erstaunt. – „Ich selbst." Das war der Anfang meines eigentlichen Unterrichts. Jetzt glaubte er an mich und brachte mir einfache Stücke ebenso bei wie fortgeschrittene. Nach zwei Jahren Üben und Üben und nochmals Üben ging ich als Musikstudent aufs College.

Aus dieser Erfahrung habe ich gelernt, dass jeder alles erreichen kann, was er erreichen will, wenn es nur ein Herzensanliegen ist und man sich nicht davon beirren lässt, was andere sagen.

Alles beginnt mit einer Idee. Die Idee wird zum brennenden Wunsch, und man macht einen Plan, den man mit aller Kraft verfolgt. Du stolperst, du fällst hin, immer wieder – macht nichts, das geht vorüber; es gibt kein Versagen, nur neue Erfahrungen durch Fehler. Thomas Edison entdeckte

Einleitung

10.000 Methoden, wie man die Glühbirne NICHT erfindet – bevor er sie schließlich erfand. Nicht aufgeben, weitermachen, den nächsten Anlauf nehmen – das ist der Schlüssel. Gib niemals auf!

Ich glaube, ein Grund, warum ich als Therapeut erfolgreich bin, liegt darin, dass ich in meinem eigenen Heilungsprozess so ziemlich jeden Fehler gemacht habe, den man machen kann. Aber ich ließ mich von nichts und niemandem davon abhalten herauszufinden, wie ich meine ungewollte gleichgeschlechtliche Neigung überwinden konnte. Für mich war es eine Überlebensfrage. Ich wollte, ich musste diese scheinbar bodenlose Wunde in meiner Seele geheilt bekommen! Selbst wenn ich dabei sterben sollte, dann hatte mein Leben doch wenigstens mit dieser Suche einen Sinn gehabt.

Ich fühlte mich sexuell zu Männern hingezogen. Man sagte mir, ich sei so geboren und jede Therapie gefährlich. Blödsinn! Jeder kann tun, was er will, wenn er einen brennenden Wunsch hat, sich einen Plan macht, Unterstützung bekommt und handelt. Ich habe nur deshalb so vielen Männern, Frauen und Jugendlichen aus der Homosexualität heraushelfen können, weil ich nicht brav nickte, als man mir erklärte: „Sei dir selbst treu, du bist so geboren, akzeptiere es einfach."

Ich lernte, woher meine gleichgeschlechtliche Neigung kam, wie ich diese Probleme lösen konnte und wie ich meine unbeantwortet gebliebenen Liebesbedürfnisse in gesunden, heilenden, nicht-sexuellen gleichgeschlechtlichen Beziehungen erfüllen kann. Der Vorteil, wenn du dieses Buch liest und diesem Plan folgst, ist, dass ich dir eine Abkürzung biete, um deine Träume zu erfüllen. Die vielen Fehler, die ich machte, können anderen helfen, die Fallgruben auf dem Weg zur Heilung zu vermeiden. Den Weg, für den ich zehn Jahre brauchte, haben Männer und Frauen, die ich begleitet habe, in ein bis drei Jahren zurückgelegt.

Allen, mit denen ich in den letzten dreißig Jahren arbeiten durfte, möchte ich an dieser Stelle danken. Sie sind meine Lehrer gewesen. Einige ihrer Geschichten findest du in diesem Buch – natürlich mit geänderten Namen und Details. Sie sind tapfere Menschen, die mutig gegen den Strom schwimmen.

Dieses Buch ist für Fachleute wie für Laien geschrieben. Ich bin Therapeut und war gleichzeitig früher selbst Hilfesuchender. Ich hatte nicht nur mit meiner homosexuellen Neigung zu kämpfen, sondern auch damit,

Fachleute zu finden, die meinen Zustand verstehen und mir auf meinem Heilungsweg helfen konnten. Es war so schwierig, es Therapeuten zu erklären, die keine Ahnung hatten. Heute wird in Universitäten leider nur ein Therapieansatz vertreten: „Homosexualität ist als unabänderlich und normal anzunehmen".

Das vorliegende Buch will zeigen, wie jeder – ob Therapeut, Berater oder Seelsorger – Männern und Frauen helfen kann, die unter ihrer ungewollten (ich-dystonen) gleichgeschlechtlichen Neigung leiden. Es will auch ein Leitfaden für diejenigen sein, die selbst ich-dystone gleichgeschlechtliche Neigung erleben. Ich hoffe und bete, dass das Stigma von Homosexualität mit der Zeit verschwindet und einer Haltung des Verstehens weichen wird. Möge dieses Buch seinen Beitrag dazu leisten.

Teil I erzählt meine persönliche Geschichte der Veränderung und beschreibt dann zehn mögliche Ursachen für gleichgeschlechtliche Neigung.

Teil II stellt das von mir entwickelte Vier-Phasen-Modell zur schrittweisen Heilung und Veränderung vor. Im Anschluss beschreibe ich eine Reihe von therapeutischen Hilfsmitteln und Techniken, die in jeder Phase der Genesung eingesetzt werden können. Ich erkläre auch, wie wichtig gesunde Berührungen für den Heilungsprozess sind. Schließlich beschreibe ich ein Modell von Mentorenschaft, von gelebter und erlebter Väterlichkeit und Mütterlichkeit, durch das Sicherheit in emotionalen Bindungen gewonnen werden kann.

In Teil III gebe ich Anregungen für Familienmitglieder und Freunde, die geliebte Menschen mit gleichgeschlechtlicher Neigung haben. Es gibt vieles, was Familienangehörige und Freunde tun können, um Menschen mit gleichgeschlechtlicher Neigung dabei zu unterstützen, ihre wahre Geschlechtsidentität und ihr wahres Potenzial zu entfalten. Ich schrieb ein Buch speziell für Familien und Freunde, die einen geliebten Menschen mit gleichgeschlechtlicher Neigung (SSA) haben: *Gay Children, Straight Parents: A Plan for Family Healing* (Cohen, 2016, PATH Press). Das Buch enthält einen umfassenden Plan, wie man SSA-Familienmitgliedern und Freunden helfen kann.

Im vorliegenden Buch finden sich die Geschichten von fünf Männern und einer Frau, die ich beraten habe. Ihre Worte machen anschaulich, wie sich Veränderung und Heilung vollziehen.

Eine letzte Anmerkung

In den letzten dreißig Jahren habe ich Hunderte von Männern und Frauen beraten und mit ihnen gearbeitet. Hier eine kurze Erklärung, wie dieses Programm funktioniert:

Phase I: Ändere dein Verhalten, indem du ungesunde Aktivitäten stoppst und ungesunde Beziehungen abbrichst. Baue ein Unterstützungsnetzwerk auf; entwickle ein Gefühl von Selbstwert und erfahre deinen Wert durch eine Beziehung zu Gott.

Phase II: In dieser Phase folgt Neuorientierung des Denkens und Heilung des inneren Kindes. Setze alle Aufgaben der vorherigen Phase fort. Hier lernst du, negatives (inneres) Reden über dich selbst durch positive Äußerungen über dich und andere zu ersetzen. Als Nächstes müssen die eigenen Gedanken, Gefühle und Bedürfnisse ins Bewusstsein gebracht werden. Dann lernst du, durch gesunde Selbstdarstellung und Für-dich-selber-Einstehen mehr Freude im Hier und Jetzt zu erleben.

Phase III: Gleichgeschlechtlich-emotionale / gleichgeschlechtlich-soziale Wunden müssen geheilt werden: bei Frauen müssen Angelegenheiten mit der Mutter geheilt werden, bei Männern müssen Angelegenheiten mit dem Vater geheilt werden, und/oder alle anderen Verletzungen, die durch eine wichtige Person des gleichen Geschlechts verursacht wurden. Zentrale Wunden müssen aufgedeckt und dann geheilt werden. Der letzte Teil dieser Phase besteht darin, dass berechtigte, unbeantwortet gebliebene Liebesbedürfnisse in gesunden, nicht-sexuellen Beziehungen mit Menschen desselben Geschlechts erfüllt und so die Entwicklungslücken von früher geschlossen werden.

Phase IV: Andersgeschlechtlich-emotionale / andersgeschlechtlich-soziale Wunden müssen geheilt werden: bei Frauen müssen Angelegenheiten mit dem Vater geheilt werden, bei Männern müssen Angelegenheiten mit der Mutter geheilt werden, und/oder andere Verletzungen, die durch eine wichtige Person des anderen Geschlechts entstanden sind. Auch hier müssen die zentralen Wunden aufgedeckt und geheilt werden, sodass dann die berechtigten, unbeantwortet gebliebenen Liebesbedürfnisse in gesunden Beziehungen mit Menschen des anderen Geschlechts erfüllt werden.

Jede Frau und jeder Mann, die durchs Einüben neuer Fähigkeiten neues Selbstbewusstsein finden, die in der Beziehung zu einem liebenden Gott erleben, dass ihr Leben und sie selbst wertgeachtet sind, deren

Lebenswunden heilen können, deren unerfüllt gebliebene Bedürfnisse nach Liebe in gesunden, nicht-sexuellen gleichgeschlechtlichen Beziehungen eine Antwort finden, wird aufblühen. Sie werden die positive Energie ihres Mannseins bzw. Frauseins und ihrer Sexualität erfahren. Veränderung ist möglich!

Ein paar Cohenismen:

- *Die Zeit heilt keine Wunden. Lebendig begrabene Gefühle sterben nie.*
  Wir müssen uns den Folgen der Verletzungen aus unserer Vergangenheit stellen, sie aufspüren und auflösen.

- *Du musst authentisch sein und fühlen, um geheilt zu werden.*
  Heilung findet in deinem Herzen statt. Wenn du nicht lernst zu erkennen, was du fühlst, wann du es fühlst und woher es kommt, wirst du nicht heil werden.

- *Das, das durch zerbrochene, ungesunde Beziehungen entstanden ist, muss in liebevollen, wertschätzenden Beziehungen geheilt werden.*
  Du kannst dich nicht selbst heilen. Wenn du in einem ungesunden Umfeld aufgewachsen bist, benötigst du eine gesunde Gemeinschaft, um Heilung zu finden. Liebe ist die Medizin, die allen Schmerz heilt.

- *Das Leben ist kein Beliebtheitswettbewerb, sondern eine „Komm einfach wie du bist"-Party.*
  Sei du selbst. Du bist nicht hier, um anderen zu gefallen. Du bist hier, um deine Gaben und Talente für die Menschheit einzusetzen. Finde deine Ausdrucksweise, sprich die Wahrheit in Liebe und lass dein Licht in die Welt scheinen.

TEIL I:

Verstehen

KAPITEL EINS

Meine Geschichte

„Dort, wo die Wunde eines Mannes ist, wird auch sein Genius sein. An welcher Stelle auch immer die Wunde in unserer Seele auftritt, sei es, weil wir einen Trinker zum Vater hatten, eine Mutter, die uns beschämte, einen Vater, der uns beschämte, eine Mutter, die uns missbrauchte, sei es, weil wir einsam, unfähig oder krank waren – genau dort liegt unsere größte Begabung, die wir der Gemeinschaft zur Verfügung stellen können."[1]

—Robert Bly

Ich erinnere mich genau an die Szenen meiner Kindheit und Jugend, wie mein Vater schrie, während meine Mutter sich an mich klammerte. Mein Vater war weit weg, meine Mutter allzu nah. Als ich fünf Jahre alt war, zog ein Freund der Familie zu uns. Er erwarb mein Vertrauen, gewann mein Herz – und missbrauchte mich sexuell. Ich hatte eine besondere Gabe mitbekommen – die Gabe der Hochsensibilität. Diese Gabe führte dazu, dass ich das Leben ganz tief und anders erlebte als meine Geschwister und Gleichaltrigen. Ich war auch künstlerisch veranlagt, mein Vater und mein Bruder dagegen eher sportlich. Mein Vater benutzte meinen Bruder Neal, und Neal dann mich als emotionalen Prügelknaben. Dies sind einige der Gründe, die meiner Meinung nach dazu führten, dass ich eine gleichgeschlechtliche Neigung (Same-Sex Attraction – SSA) entwickelte.

Ich suchte Zuflucht in den Beziehungen zu Männern. Als junger Student hatte ich mehrere Freunde, und drei Jahre lang einen Partner. Doch tief in meinem Inneren war ich hin- und hergerissen. Ich hatte den Traum, eine Frau zu heiraten und eine liebevolle Familie zu gründen. Nach einer religiösen Bekehrungserfahrung beendete ich die Beziehung mit meinem männlichen Partner. Schließlich lernte ich Jae Sook kennen und 1980 heirateten wir. Das war aber nicht genug. Ich hatte meine SSA verdrängt. Nötig war vielmehr, dass die Wunden in meinem Herzen heilten und meine tieferen Liebesbedürfnisse beantwortet wurden. Hilfe dabei fand ich durch Therapie, Selbsthilfegruppen, Mentoren, Freunde und durch meinen Glauben. Auf diese Weise hat sich mein Leben verändert. Ich erzähle meine Geschichte, um dir eine Vorstellung davon zu geben, wo ich war und wo ich heute bin, und um dir meine persönlich und beruflich gewonnene Erkenntnis zu vermitteln, dass Veränderung möglich *ist*.

Frühe Kindheit und Adoleszenz

Ich wuchs als jüngstes von drei Kindern in einer jüdischen Familie in einem Vorort von Philadelphia in den Vereinigten Staaten auf. Mein Bruder Neal war viereinhalb und meine Schwester Lyd zweieinhalb Jahre älter als ich. Mein Vater arbeitete in der Schuhbranche, meine Mutter war Hausfrau. Wenn mein Vater von der Arbeit nach Hause kam, war er meistens wütend. Mich als empfindsames Kind traf es wie ein Dolch in meine Seele. Mein Vater und Neal lagen ständig im Streit miteinander. Neal ließ seinen Frust und seine Aggressionen dann an mir aus. Ich versuchte zwar, mich zu wehren, aber er war viel größer als ich. Es gab bei den Cohens ständig Zoff, Streit und Tränen. Aber wenn Gäste kamen, waren wir die lächelnde Musterfamilie.

Mein Alltag war ein einziges Wechselbad. Heute stand ich in Lyds Gunst, morgen in Neals. Es herrschte dauernd Familienkrieg, und ich hatte die Rolle des Friedensstifters übernommen. Ich war der Clown, der herumblödelte und krampfhaft versuchte, die Situation irgendwie zu entspannen.

Meine gleichgeschlechtliche Neigung begann, als ich etwa zwölf war. Obwohl die Mädchen mich beachteten, interessierte ich mich immer mehr für Jungen. Von der 7. Klasse an begannen einige der Jungs mit sexuellen Spielchen. Ich machte mit, aber was ich wirklich wollte, war, mich ihnen nahe zu fühlen. Ich wollte sie halten und von ihnen gehalten werden.

Oft übernachtete ich bei meinem Freund Mark. Mein ständiges Bedürfnis, mich bei ihm anzukuscheln, war ihm nicht ganz geheuer, aber ich konnte nicht genug davon bekommen. Meine gleichgeschlechtlichen

Wünsche wurden stärker. Es gab weitere sexuelle Erlebnisse mit Schulfreunden. Für sie war das etwas Neues, für mich eine wachsende Sucht. Gleichzeitig versuchte ich, „wie alle anderen" zu sein, und ging mit Mädchen aus. In meinem letzten Schuljahr hatte ich eine feste Freundin, Grace. Viele dachten, dass wir heiraten würden; wir selbst wahrscheinlich auch, aber diese Sehnsucht nach einem Mann verfolgte mich weiterhin.

Mit siebzehn wagte ich es und suchte eine homosexuelle Beziehung. Im Fitnessclub meines Vaters lernte ich einen Mann kennen, der mich zu sich nach Hause einlud. Mein Herz klopfte so laut, dass ich dachte, die Brust würde mir zerspringen. Ich war schrecklich nervös. Kaum waren wir in seiner Wohnung, fing er an, mich zu verführen. Er tat Dinge mit mir, von denen ich nicht geahnt hatte, dass Männer das miteinander tun können! Ich fühlte mich an Leib und Seele zerrissen. Auf dem Heimweg setzte ich mich in der U-Bahn-Station in eine dunkle Ecke und schluchzte unaufhörlich. Vertrautheit, Sicherheit, Geborgenheit und Liebe hatte ich gesucht; stattdessen fühlte ich mich vergewaltigt.

Ich ging nach Hause und sagte niemandem, was passiert war. Kurz vor Ende der Schulzeit erzählte ich endlich meinen Eltern von meinem inneren Kampf mit meiner gleichgeschlechtlichen Neigung. Die Antwort meiner Mutter, dass sie das schon länger gewusst habe, machte mich nur wütend. Seit ich denken kann, hatte ich eine Hass-Liebe zu ihr. Ich wusste nicht, wo meine Mutter anfing und wo ich aufhörte, und mir war klar, dass meine Probleme mit meiner männlichen Identität zum Teil damit zusammenhingen. Für meinen Vater, der im Zweiten Weltkrieg Marinesoldat gewesen war, war mein Geständnis sehr beschämend. Ich ging zu einem Psychiater, aber der konnte mit mir und meinem Problem nichts anfangen.

Studentenjahre

1970 begann ich mein Musikstudium in Boston. Gleichzeitig begann ich eine Therapie bei einem Psychoanalytiker traditioneller Freud'scher Schule. Drei Jahre lang ging ich zwei Mal in der Woche zu ihm. Es war sehr schmerzhaft und frustrierend – und brachte mir fast gar nichts. Zwar lernte ich ein wenig mehr über mich selbst, aber nichts über die Ursachen meiner Neigung. Mein Schmerz blieb.

Während meines ersten Studienjahrs ging ich hin und wieder in „Schwulen"-Bars. Ich kam mir dort vor wie auf dem Fleischmarkt und ich wollte keine Ware sein, die zur Selbstbedienung auslag. Ich besuchte auch einige Veranstaltungen der „Schwulen- und Lesben-Vereinigung" an unserer Universität, und ich hatte mehrere Freundschaften, die jeweils einige Monate dauerten.

Wenn ich zu Hause zu Besuch war, gab es immer Streit, denn nun, geschult durch therapeutische Einsichten, konnte ich meine Eltern besser angreifen. Einmal wurden mein Vater und ich handgreiflich. Als er auf mich einschlug, während ich auf dem Bett lag, schrie meine Mutter ihn an: „Hör auf, um Gottes willen, hör auf!" Ich sah sie an und sagte: „Nein, lass! Das ist toll. So nahe waren wir uns noch nie!" Aufgelöst rannte sie aus dem Zimmer.

Nach einem Besuch schrieb mein Vater einen Brief, der mir sehr weh tat. Gleichzeitig fühlte ich mich von meinem damaligen Freund Mike und der Arbeitslast im Studium erdrückt. Ich nahm eine Überdosis Aspirin und wollte Schluss machen. Spät am nächsten Vormittag wachte ich auf – hundeelend und immer noch am Leben. Ich rief meine Schwester an, die in der Nähe wohnte, und sie fuhr mich ins Krankenhaus, wo die Ärzte mir den Magen auspumpten.

Ich erholte mich, setzte meine Therapie fort, beendete die Beziehung mit Mike, wechselte mein Studienhauptfach zu Theaterwissenschaft und schöpfte neue Hoffnung. Im zweiten Studienjahr lernte ich Kurt kennen, einen Kunststudenten, der für die nächsten drei Jahre mein Partner wurde.

Seit meiner frühen Kindheit hatte ich drei Träume: Erstens wollte ich einen echten Freund haben, bei dem ich ganz ich selbst sein konnte. Zweitens wollte ich mit einer Schauspiel- oder Musikgruppe um die Welt reisen, und drittens wollte ich eine schöne Frau heiraten und eine liebevolle Familie gründen.

Kurt war die Erfüllung meines ersten Traums, allerdings war es nicht kostenfrei, denn es war eine Beziehungs-Achterbahn. Ich war der Jäger, er das scheue Wild. Das war unser ständiger „Reigen" während drei Jahren. Die Zeiten, in denen wir uns nahe waren, waren wunderbar. Wir wurden enge Freunde, und ich lernte viel dadurch, dass ich das Leben mit Kurts Augen sah. Er hatte eine Antenne für die Natur. Ich lernte, Dinge zu sehen, die ich noch nie beachtet hatte. Er war (und ist noch heute) ein außergewöhnlicher Mann.

Spirituelle Reise

Dieser Beziehung verdanke ich auch ein weiteres einschneidendes Erlebnis. Kurt liebte Jesus. Ich zog ihn deswegen auf, bis er einmal sagte: „Richard, hör auf! Du kannst selbst glauben, was du willst, aber lass mir meinen Glauben!" Ich gab ihm Recht und entschuldigte mich. Weil ich Kurt liebte, wollte ich herausfinden, was er an diesem Jesus so beeindruckend fand. Zum ersten Mal in meinem Leben begann ich das Neue Testament zu lesen. Als Teil meiner jüdischen Erziehung hatte ich eine Bar Mitzwa und eine jüdische Konfirmation, bei denen ich nur das Alte Testament studiert hatte.

Spirituell war ich immer auf der Suche gewesen, immer bewegt von der Frage nach Sinn und Ziel in meinem Leben. Alles Mögliche hatte ich ausprobiert: Judentum, Buddhismus, Therapien. Jetzt lernte ich Jesus kennen und war überrascht: Er war ja der Mann, der ich selbst schon immer hatte sein wollen. Bei ihm stimmten Gedanken, Gefühle, Worte und Taten überein. Er war ein authentischer Mann, innen derselbe wie außen. Er sprach von Vergebung und Gottes Gnade. Das waren neue Worte für mich. So wie dieser Jesus wollte ich auch werden. Damit begann mein Weg als Christ. Ich schloss mich einer anglikanischen Kirchengemeinde an und wurde Sonntagsschullehrer.

Kurt und ich erkannten immer mehr, dass Homosexualität unvereinbar war mit unserem Glauben, und so schlossen wir die sexuelle Ebene aus unserer Beziehung aus. Kurz danach lernten wir die Vereinigungskirche kennen, und ich schloss mich ihr 1974 an. Neun Jahre lang lebte ich sexuell enthaltsam, bemühte mich, nicht über mich selbst nachzudenken und Gott, sein Wort und die Mitmenschen an die erste Stelle zu setzen. Dann und wann meldete sich meine gleichgeschlechtliche Neigung wieder. Ich flehte zu Gott, er möge mich endgültig von ihr frei machen, aber das hat nie funktioniert.

Mein zweiter Traum erfüllte sich, als ich mit dem Chor der Vereinigungskirche durch die USA und Asien reiste. Dabei lernte ich meine zukünftige Frau Jae Sook kennen – sie gehörte einer koreanischen Volkstanzgruppe an, mit der wir gemeinsam auftraten. Wir sprachen wenig miteinander, aber wir sollten uns in den kommenden Jahren besser kennen lernen.

Heirat und Therapie

1980 heirateten Jae Sook und ich, und mein dritter Traum schien sich zu erfüllen. Die ersten Monate waren wunderbar, und ich erzählte Jae Sook von meiner homosexuellen Vergangenheit. Dann kamen meine ungelösten Probleme wieder zum Vorschein. Ich fühlte so viel Wut über mein Leben. Alle Aggressionen, die ich gegen meine Mutter angestaut hatte, übertrug ich auf Jae Sook. Ich begann außerdem, sie so zu behandeln, wie mein Vater uns behandelt hatte. „Tu dies, tu das!" „Warum hast du das nicht so gemacht?" „Weißt du denn überhaupt nichts?" Ich kommandierte sie herum und beschimpfte sie.

Mein beruflicher Erfolg machte alles nur noch schlimmer. Ich reiste als Künstleragent durch Asien und besuchte Musiker und Ballett-Gruppen. Überall wurde ich sehr geschätzt. Wer kannte mich schon als jähzornigen Ehemann? Nicht mein Traum, sondern mein Alptraum war Wirklichkeit geworden: Ich war geworden wie mein Vater. Bald war meine Frau mit unserem ersten Kind schwanger. Ich wusste, dass ich die Therapie wieder aufnehmen musste. Und so ging ich im Mai 1983 zum bekannten Psychologen Dr. Robert Kronemeyer. Ein Jahr lang ging ich einmal pro Woche in die Einzel- und Gruppentherapie. Das war der Beginn der Heilung meiner ungewollten gleichgeschlechtlichen Neigung.

Eines Abends, nachdem ich mit Jae Sook geschlafen hatte, drehte ich mich müde auf die Seite. Die Doppelberufstätigkeit als Künstleragent und Kellner, um die Familie und die Therapie finanzieren zu können, zehrte an meinen Kräften. Jae Sook legte ihren Arm um mich – und plötzlich schien mein Geist aus meinem Körper herauszuspringen. Es war, als schwebte ich unter der Zimmerdecke und sah auf meinen Körper hinab, der da neben meiner Frau lag. In diesem Körper zu bleiben, wäre zu schmerzhaft gewesen. Alles in mir schrie auf. In diesem Augenblick wurde mir plötzlich klar, dass ich als Kind in irgendeiner Weise sexuell missbraucht worden war. Meine erste Hypothese war die einer Inzestbeziehung zu meiner Mutter.

Nach einer halben Ewigkeit – sicher ein, zwei Sekunden – kehrte ich in meinen Körper zurück. Ich bat Jae Sook: „Bitte berühre mich nicht, es wäre zu schmerzlich." Ich konnte den nächsten Termin bei meinem Therapeuten kaum erwarten. Er machte mich mit einer Technik namens Bioenergetik bekannt, die von Dr. Alexander Lowen entwickelt wurde. Ich schlug mit einem Tennisschläger auf mehrere Kissen ein, um aufgestaute Wut und

Frustration abzureagieren. Da schoss plötzlich ein Bild aus meiner Vergangenheit in mir auf: männliche Genitalien, die auf meinen Mund zukamen. Ich schrie auf und war wie gelähmt.

Ich weinte, und die Tränen flossen während der folgenden Jahre, in denen ich die Erinnerungen an den sexuellen Missbrauch verarbeitete, dem ich als Fünf- bis Sechsjähriger ausgesetzt gewesen war. Es war der Freund der Familie – wir hatten ihn Onkel Philipp genannt –, der damals bei uns gewohnt hatte, während er auf die Scheidung von seiner Frau wartete. Er war ein großer, starker Mann und hatte mir gegeben, was mein Vater mir nicht geben konnte: Er hatte sich Zeit für mich genommen, mir zugehört, die Arme um mich gelegt. Er hatte mir das Gefühl gegeben, dass ich ihm wichtig war. Er war der erste Erwachsene, zu dem ich eine wirkliche Beziehung entwickelt hatte. Aber dann hatte es begonnen. Er hatte angefangen, mit meinen Genitalien zu spielen, und ich musste mit seinen spielen. Es hatte mir furchtbare Angst eingejagt – aber natürlich auch Lust. Gott hat uns so geschaffen, dass wir in unseren Genitalien Lust empfinden können. Dies ist einer der Gründe, warum sexueller Missbrauch für ein Kind so verwirrend ist. Es ist gleichzeitig emotional schmerzhaft und körperlich angenehm.

Eimerweise Tränen kostete es mich, bis ich mich durch ein Netz von Verwirrung und Zerstörung, die diese Erlebnisse in mir verursacht hatten, einigermaßen hindurchgearbeitet hatte. Ich erkannte, dass mein Gehirn programmiert worden war, auf Männer sexuell zu reagieren. Für mich war Freundschaft mit einem Mann gleich Sex. Ich hatte gelernt: Wenn ich Nähe zu einem Mann will, muss ich ihm meinen Körper geben. Es war der Lernprozess eines Kindes, das nach der Liebe seines Vaters hungerte. Meine übergroße Sensibilität und der Jähzorn meines Vaters hatten die notwendige Bindung an ihn verhindert. Onkel Philipp war mein erster männlicher Mentor.

Heilung und Hölle

Die Aufarbeitung der Folgen des sexuellen Missbrauchs als Kind machte mein Leben zum Chaos. Unser erstes Kind war unterwegs. Ich musste alle paar Monate beruflich nach Fernost reisen, und drei bis vier Mal pro Woche arbeitete ich abends als Kellner. Wir hatten damals wenig geistliche oder emotionale Unterstützung. Es gab in New York so gut wie keine Hilfsorganisationen für Menschen, die ungewollte gleichgeschlechtliche Neigung überwinden wollten. Ich versuchte es bei einer christlichen Gruppe, aber als sie hörte, dass ich zur Vereinigungskirche gehörte, wollten sie nichts mehr mit mir zu tun haben. Ich versuchte es bei einer anderen Gruppe in einem benachbarten Bundesstaat – doch ihr Leiter versuchte, mich sexuell zu verführen. Diese Versuche vergrößerten nur meinen Schmerz und meine Hoffnungslosigkeit.

Ich wusste, dass meine innere Wunde von meiner ungesunden Beziehung zu jenem Onkel Philipp herrührte und davon, dass ich zu meinem Vater keine positive Beziehung hatte, und durch den Missbrauch durch meinen älteren Bruder, dass da eine Kluft war, eine emotionale Distanz. Ich wusste auch, dass ich gesunde Beziehungen zu Männern brauchte, um selbst gesund zu werden. Ich brauchte Mentoren, die mir bei der Versöhnung mit meiner Vergangenheit beistehen konnten. Ich suchte Kontakt zu Männern in meiner Gemeinde, aber die meisten schreckte ich nur ab; sie wussten nicht, was sie mit meinem Riesenhunger nach gesunder Liebe machen sollten. Ich verunsicherte sie mit meinen wirklichen Bedürfnissen. Wahrscheinlich brachte ich sie auch ins Grübeln über sich selbst, denn in unserer Kultur tragen die meisten Männer tiefe Vaterwunden in sich (eine der Ursachen für die Ablehnung homosexuell empfindender Menschen). Ich bat Gott, dass ich väterliche Menschen finden würde, aber je mehr ich betete und suchte, umso weiter weg schienen sie zu sein.

Schließlich hielt ich es nicht mehr aus. Ich brauchte jemanden, der mich berührte, der mir Mentor war und mich in die Welt der Männer einführte. Zu Gott, meiner Frau und mehreren Freunden sagte ich 1984, wenn ich einen solchen Mann in meiner oder anderen Gemeinden nicht finden würde, müsste ich in die Welt der Homosexualität zurückgehen, um jemanden zu finden, der bereit war, mit mir zusammen zu sein und mich einfach zu halten.

Es war ein jämmerlicher Plan, aber ich wusste, was ich dringend brauchte, und ich war entschlossen nicht aufzugeben, bis ich es gefunden hatte. Also kehrte ich in die Schwulenwelt zurück – gegen alle meine religiösen Überzeugungen und mit dem Gefühl, ein erbärmlicher Heuchler zu sein. Aber das Bedürfnis, geliebt zu werden, ist stärker als jede Religion. Über alles, was in mir vorging, sprach ich mit Gott. Und ich verlor nie die Gewissheit, dass er mich auch in dieser Phase meines Lebens bei jedem Schritt auf meinem Weg begleitete und weiterführen würde.

Es war eine wahnsinnige Zeit. Für Jae Sook und unseren ersten Sohn war es eine sehr schmerzhafte und einsame Zeit: zu Hause zu sitzen in dem Wissen, dass der Ehemann mit seinem männlichen Liebhaber durch die Stadt gondelt. Ich weine jetzt, während ich diese Worte schreibe, weil mir wieder bewusst wird, welchen Schmerz ich ihr und unseren Kindern zugefügt habe. Ich habe das, was ich damals tat, tief bereut – vor meiner Frau, vor meinen Kindern und vor Gott.

Ich versicherte Jae Sook, dass ich keine Scheidung wünschte. Ich wollte einfach heil werden, und dazu brauchte ich Männer. Ich hatte damals niemanden, der mir den richtigen Weg wies, und so ging ich den meinen – und während dieser ganzen ungewöhnlichen Etappe hörte ich nicht auf zu beten.

Mit dem, was ich in den nächsten zweieinhalb Jahren durchmachte, könnte man dicke Bücher füllen. (Ich führte zwanzig Jahre lang Tagebuch, und vielleicht wird eines Tages ein Buch veröffentlicht, in dem ich alles erzähle). Ich erkannte, dass ich eigentlich *nicht Sex* suchte, sondern Vertrautheit. In gewisser Weise musste ich die gemeinsamen Stunden mit meinem Vater – einfach nur zusammen zu sein, gemeinsam etwas zu unternehmen und in den Armen meines Vaters gehalten zu werden – nachholen. Dies gelang mir schließlich mit einem Mann namens Alex. Ich eröffnete ihm gleich am ersten Tag, dass ich verheiratet war und Heilung von meiner gleichgeschlechtlichen Neigung suchte. Ich machte ihm, meiner Frau und Gott nichts vor.

Die Verarbeitung des sexuellen Missbrauchs in der Therapie und die Stunden mit meinem Freund ließen mein Herz langsam gesunden. Doch im Keller meiner Seele quälte mich nach wie vor eine tiefe Wunde. Die Wunde in meiner Seele wurde irgendwann ein Magengeschwür. Meine ständige Überarbeitung, meine Kämpfe, meine inneren Verletzungen in Bezug auf meine Geschlechtsidentität zu verarbeiten und heiler zu werden, meine Pflichten als Ehemann und Vater – es war alles zu viel. Wir bekamen damals ein zweites Kind, unsere bezaubernde Tochter.

Damals betete ich: „Gott, wie furchtbar ist das, auch noch Kinder in so ein Elend zu setzen. Du weißt, wie sehr ich eine Veränderung möchte. Bitte sorge du für Jae Sook und die Kinder, ich habe im Moment dafür keine Kraft übrig."

Schließlich ließ ich mich in meinem Beruf für ein Jahr beurlauben. Jae Sook und ich kämpften und arbeiteten – seelisch, geistig, geistlich.

Das Band zur Vereinigungskirche wurde dünner, bis es 1995 schließlich ganz riss und wir zu unseren christlichen Wurzeln zurückkehrten. (Jetzt besuchen wir wunderbare Gemeinden in unserem Ort – christliche und katholische. Dort fanden und finden wir Gemeinschaft, Unterstützung und Liebe.).

Durchbruch

Ich verstehe es als Gnade Gottes, dass ich einen echten Freund fand, einen Christen, der bereit war, mir bei der Heilung meiner homoemotionalen und homosozialen Wunden meiner Vergangenheit zu helfen. Er selbst war emotional stabil und fühlte sich in seinem Mannsein wohl. Und er hieß – Philipp. Gott hat Sinn für Humor. Es war ein Philipp, der mich als Fünfjährigen missbrauchte – und als ich 35 war, half mir ein anderer Philipp, Heilung zu finden.

Im Bewusstsein der Gegenwart Gottes gingen wir gemeinsam innerlich zurück in das dunkle Zimmer meines Missbrauchs. Dort trat ich dem größten aller Dämonen gegenüber – mir selbst, meinem Ankläger, der mich anklagte, es sei alles meine Schuld gewesen. Philipp zeigte dem Kind in mir, dass nicht ich schuld war an dem Missbrauch. In diesem Augenblick der Zurück-Erinnerung zerriss das Band zwischen Onkel Philipp und mir, und zum ersten Mal in meinem Leben war ich frei. Ich muss wohl eine Stunde in Philipps Armen geweint haben. Zu erkennen, dass ich nicht verantwortlich war für das, was da geschehen war, und dass Gott mir vergeben hatte – es war eine unbeschreibliche Erleichterung. In dieser Stunde, in der ich die Bindung an Onkel Philipp zerschnitt, wurde ich frei von meinen gleichgeschlechtlichen Wünschen. Das Zerschneiden dieses inneren Bandes befreite mich von dreißig Jahren unaufhörlichem Schmerz und der endlosen Suche nach Männern.

Es brauchte noch viel innere Arbeit, bis diese vereinzelten Erfahrungen mein Lebensgefühl prägten. Ich musste daran arbeiten, dass ich gesunde, nichtsexuelle Liebe, Zuwendung und Bestätigung von anderen Männern bekam. Ich fand mehrere Mentoren, die bereit waren, mir zu helfen. Ich musste schließlich so viele Entwicklungsschritte, die ich als Kind, Jugendlicher und junger Erwachsener nicht gemacht hatte, nachholen. Meine Freunde Phillip, Russell, Pastor Hillendahl, Steve, Gordon und Pastor Schuppe zeigten mir, was Liebe ist und was Mannsein heißt.

Weitere Heilungsschritte

1987, kurz nach meinem Durchbruchserlebnis mit Philipp, besuchten Jae Sook und ich eine christliche Tagung. Dort betete ich darum, Gott möge uns ganz konkret den nächsten Schritt zeigen, doch nichts geschah und die Konferenz ging zu Ende. Ich wanderte zu einem kleinen See in der Nähe. Dort kniete ich mich hin und betete: „Gott, jetzt geht's ums Ganze! Ich stehe erst wieder auf, wenn du mir gezeigt hast, wie es weitergehen soll, und wenn ich hierbleiben muss, bis ich sterbe." Und dann vernahm ich ganz deutlich eine Antwort: „Zieh nach Seattle, suche Hilfe für deine Ehe, lass dich zum Therapeuten ausbilden und hilf anderen und verbreite die Wahrheit über Homosexualität in der Welt." Ich war völlig verblüfft. „Kannst du das noch mal wiederholen?", fragte ich. Und ich vernahm noch einmal dieselbe Botschaft.

Ich erzählte Jae Sook, welche Antwort ich bekommen hatte. Wir beteten beide mehrere Monate lang darüber, bis wir ganz sicher waren, dass dies Gottes Wille für uns war.

Dann gab ich meinen Job als Künstleragent auf. Es war ein schmerzlicher Schritt nach zehn Jahren erfolgreicher Tätigkeit, aber ich war entschlossen, nicht so enden zu wollen wie mein Vater und Großvater – erfolgreich im Beruf und elend zu Hause.

Wir beluden einen LKW mit unseren Habseligkeiten, sagten unseren Freunden in New York ade und fuhren nach Seattle, um ein neues Leben zu beginnen. Ich dachte zuerst, dass wir in der dort bereits bestehenden Ex-Homosexuellen-Arbeit mitarbeiten würden, doch nach mehreren Gesprächen mit dem Leiter wurde mir klar, dass das nicht funktionieren würde. Warum war ich in Seattle?

Dann hörten wir von einer christlichen Gemeinschaft auf einer kleinen Insel außerhalb von Seattle. Mehrere Male wollten wir dorthin, aber jedes Mal kam etwas dazwischen. Jae Sook sagte: „Vielleicht will Gott uns damit sagen, dass wir nicht dorthin sollen?" Doch ich hatte den Eindruck, dass es möglicherweise weniger Gott war, der uns hindern wollte, als vielmehr böse Mächte. An einem kalten Samstagnachmittag im Dezember 1987 gelang es uns endlich: Wir standen Lou Hillendahl und seiner Frau, den Leitern der Wesleyan Christian Community, gegenüber. Eine Stunde später wusste ich: Sie waren der Grund, warum Gott uns nach Seattle gebracht hatte.

Am 1. Januar 1988 zogen wir in die Kommunität. Wir blieben sechs Monate dort – intensive Monate, in der wir an einer Therapie teilnahmen. Es folgten weitere zweieinhalb Jahre, in denen Hillendahls uns seelsorgerlich und beratend zur Seite standen. Ihre Hilfe war unschätzbar. Wir wuchsen in vieler Hinsicht: als Einzelne, als Ehepaar, als Eltern, als Familie. Sie brachten uns viele Fähigkeiten bei. Ich lernte von ihnen ein Mentoring-Konzept, das ich in Kapitel 12 erläutern werde. Ich lernte, wie ich ein besserer Ehemann und Vater werden konnte. Wir sind ihnen unendlich dankbar für ihre Liebe und ihren Einsatz in unserem Leben. Nur weil sie uns so viel gaben, können wir anderen Menschen heute so viel weitergeben.

In diese Zeit fiel ein zweites Durchbruchserlebnis. Im Sommer 1988 kamen meine Eltern zu Besuch. Wir setzten uns mit meinen Seelsorgern aus der Kommunität zusammen. Ich erzählte von dem sexuellen Missbrauch und meinem Weg in die homosexuelle Welt und wie ich immer durch andere Männer nach der Liebe meines Vaters gesucht hatte. Ich sagte meinem Vater: „Du hast mich als Kind nie auf den Schoß genommen, ich kann mich jedenfalls nicht daran erinnern. Auch wenn du jetzt siebzig bist und ich sechsunddreißig, ich brauche es, dass du mich umarmst und festhältst." Und dann setzte ich mich auf seinen Schoß! Ich musste selbst seine Arme um mich legen, so steif war er. Es war ein wunderbares Gefühl, aber das „Lampenfieber" war sehr groß – schließlich geschah das Ganze vor den Augen meiner Mutter, meiner Frau, meiner Kinder und meiner Seelsorger.

Als wir am Abend meine Eltern zurück in ihr Hotel fuhren, bat ich die anderen, meinen Vater und mich eine halbe Stunde allein zu lassen. Dann sagte ich: „Dad, jetzt sind wir beide allein. Ich brauche es wirklich, dass du mich festhältst!" Ich sehe heute noch den Stuhl vor mir, auf dem er saß. Ich setzte mich auf seinen Schoß und fing an zu weinen. Er war nervös, Tränen liegen ihm gar nicht. Ich sagte: „Lass mich weinen, das tut mir gut. Ich muss das jetzt loslassen, all die Stunden, die wir nicht zusammen waren damals. Halt mich einfach fest dabei." Damit ließ ich so viele Jahre des Schmerzes und der Enttäuschung los. Ich erinnerte mich an all die Männer, mit denen ich mich im Laufe der Jahre eingelassen hatte. „Dachtest du, ich wollte Sex mit Männern haben?" fragte ich ihn. „Ich habe in ihren Armen nach deiner Liebe gesucht." Meine Tränen flossen weiter, und dann spürte ich die Tränen meines Vaters auf meinen Wangen! Das war ein wunderbarer Moment für uns beide. Endlich waren wir uns als Vater und Sohn nähergekommen.

Im darauffolgenden Jahr tat ich dasselbe mit meiner Mutter. Ich bat sie, mich in den Arm zu nehmen, während ich über den Schmerz unserer Beziehung trauerte. Während ich in ihren Armen lag, sah ich meine Kindheit vor meinen Augen vorbeiflitzen. „Warum hast du mich nicht vor Onkel Philipp beschützt?" konfrontierte ich sie. Mir wurde klar, dass ich meiner Mutter die Schuld dafür gab, dass sie mich nicht vor ihm beschützt hatte. Wir beide weinten und weinten. Zum ersten Mal in meinem Leben ließ ich die Liebe meiner Mutter in mein Herz.

Ein verwundeter Heiler

Ich war mir schon damals darüber klar, dass ich später einmal Menschen dabei unterstützen würde, ihre ungewollte gleichgeschlechtliche Neigung zu überwinden. Aber zunächst wollte ich für Menschen der Schwulenbewegung einfach da sein. Ich arbeitete drei Jahre lang als Freiwilliger mit HIV- und AIDS-Patienten. Es war ein Vorrecht und eine Ehre für mich, bei diesen Männern und Frauen sein zu können, und ich war dankbar für jede neue Begegnung und Erfahrung. Ich lernte das wunderbare Wesen dieser Menschen und ihre starke Sehnsucht nach Liebe erkennen.

Zur gleichen Zeit begann ich ein Masterstudium in Beratungspsychologie. Nebenbei arbeitete ich als Kellner in einem Restaurant und als Ausbilder im Umgang mit HIV und AIDS für das Amerikanische Rote Kreuz. Jae Sook arbeitete als Vorschullehrerin. So konnte sie unseren Sohn und unsere Tochter tagsüber bei sich behalten. Unsere Heilung setzte sich, zusammen mit anderen Paaren, die an Seminaren der Wesleyan Christian Community teilgenommen hatten, fort. Wir unterstützten uns gegenseitig. Es war eine segensreiche Zeit. Trotz der vielen Hochs und Tiefs dieser Tage hatten wir einander – und das genügte uns.

Nachdem ich 1990 meinen Master of Art in Psychologie erhalten hatte, gründete ich die International Healing Foundation (IHF). Mein Ziel war es, Menschen mit ungewollter gleichgeschlechtlicher Neigung und ihren Angehörigen zu helfen.

Ich war auch für katholische Hilfsorganisationen in der Betreuung von missbrauchten Kindern und in der Familienberatung tätig. Außerdem hatte ich eine eigene therapeutische Praxis, in der ich Männer und Frauen begleitete, die ihre ungewollte gleichgeschlechtliche Neigung überwinden wollten.

Ich begann, öffentliche Vorträge über den Veränderungsprozess von ungewollter gleichgeschlechtlicher Neigung hin zu Heterosexualität zu halten, und dachte, dass die Schwulengemeinschaft mich nach meinem langen Engagement in ihrer Mitte nicht als Gegner betrachten würde, sondern als jemanden, der einfach einen alternativen Weg anbietet für die, die sich verändern möchten. Mann, war ich naiv! Wir erhielten obszöne Anrufe und Morddrohungen zu Hause und in meinem Büro. Die Schwulenbeauftragten im Rathaus von Seattle forderten das Rote Kreuz auf, mich als Berater in Sachen HIV und AIDS zu entlassen, da ich angeblich „Homophobie und Hass" verbreite. Viele in der Schwulengemeinschaft fühlten sich durch meine Arbeit bedroht. Ich verstand ihre Ängste und ihren Schmerz. Ich liebe und respektiere jeden Mann und jede Frau, unabhängig von ihren Ansichten.

In den letzten dreißig Jahren bin ich durch die ganze Welt gereist und habe an Hochschulen und Universitäten, in Kirchen, in psychiatrischen Einrichtungen, an therapeutischen Konferenzen und im Fernsehen Vorträge über die Ursachen und die Heilung von ungewollter gleichgeschlechtlicher Neigung gehalten. Außerdem habe ich in den Vereinigten Staaten, Lateinamerika, Europa und im Nahen Osten Heilungsseminare gegeben und Beraterschulungen durchgeführt. In den ersten sechs Jahren meiner Beratungspraxis arbeitete ich fast ausschließlich mit Paaren und Einzelpersonen, die Hilfe auf ganz verschiedenen Gebieten suchten: Beziehungsprobleme, zwanghafte Verhaltensstörungen, Wut, sexueller Missbrauch, Abhängigkeitserkrankungen. In den nächsten fünfzehn Jahren beriet ich Männer, Frauen und Jugendliche, die sich mit ungewollter gleichgeschlechtlicher Neigung auseinandersetzten und ihre Angehörigen. Schließlich hörte ich mit Beratung auf und begann mit der Ausbildung von Therapeuten, Predigern und Coaches.

1995 wurden wir noch einmal reich beschenkt: Gott gab uns einen weiteren Sohn. Er wurde auf dem Fundament unserer (Gottes) Kämpfe und Siege geboren. Unseren drei erwachsenen Kindern geht es wunderbar und sie verändern die Welt zum Besseren!

Im Jahr 2003 half ich bei der Gründung einer anderen gemeinnützigen Organisation namens PATH: Positive Approaches To Healthy Sexuality (Positive Ansätze zu gesunder Sexualität). Im Jahr 2015 lösten wir IHF auf und ich übernahm den Vorsitz von PATH. Im Jahr 2019 veröffentlichte ich *Healing Humanity: Time, Touch and Talk*. Dies beschreibt ein Vorgehen für die Heilung der Menschheit.

Meine Geschichte wäre nicht vollständig, wenn ich nicht eine ganz besondere Frau erwähnen würde, die mir bei meiner Heilung geholfen hat. Hilde Wiemann war meine Mentorin. Sie zeigte mir die Wärme und Fürsorge einer liebevollen weiblichen Person. Außerdem trug ich sowohl zu ihrer persönlichen Heilung als auch zu ihrer beruflichen Entwicklung als Beziehungsberaterin bei. Heute bildet sie andere Lebensberater auf der ganzen Welt aus und führt Familientherapiesitzungen durch (mehr über dieses großartige Konzept in Kapitel 6).

Ich liebe Gott mit ganzem Herzen, Verstand, Körper und Geist. Unsere Arbeit verändert weiterhin viele Leben rund um die Welt. Wir haben Mitgliedsorganisationen in Lateinamerika, den USA, Europa und dem Nahen Osten. Jeden Tag helfen wir Männern, Frauen und Familien. Ich bete dafür, dass der Inhalt dieses Buches dein Verständnis für SSA und die wunderbare Möglichkeit der Veränderung vergrößert.

KAPITEL ZWEI

Gleichgeschlechtliche Neigung: Definitionen und Ursachen

In den letzten dreißig Jahren habe ich Hunderte von Männern und Frauen beraten, die ungewollte gleichgeschlechtliche Neigung erleben. Ich bin mir sicher, dass es für diejenigen, die den Übergang von SSA zu andersgeschlechtlicher Neigung (Opposite-Sex Attraction – OSA) schaffen wollen, möglich ist. Mein persönlicher Weg und die Erfahrungen der vielen Männer und Frauen, denen ich helfen durfte, bestätigen diese Behauptung.

Im Folgenden stelle ich vor, was ich durch persönliche und berufliche Nachforschungen herausgefunden habe. Diese Erkenntnisse stammen aus meinem eigenen Heilungsprozess, aus meiner beruflichen Erfahrung als Therapeut, aus den Beobachtungen und Erkenntnissen anderer Therapeuten und von Menschen, die ihre ungewollte SSA erfolgreich überwunden haben. Für mich sind diese Einsichten lebensentscheidend geworden. Ich war entschlossen, Antworten zu finden, weil ich meinen Traum und meine Bestimmung erfüllen wollte.

In diesem Buch geht es nicht um Schuldzuweisungen. Es geht darum, Dinge, die geschehen sind, klar beim Namen zu nennen, damit Heilung möglich wird. Wir müssen das Verborgene aufdecken, um das Steuer unseres Lebensschiffs wieder selbst in die Hand nehmen zu können. Anderen Vorwürfe zu machen, hat noch niemandem geholfen. Aber genauso wichtig ist es, dass wir die Verantwortung, die andere haben, bei ihnen belassen und nicht sagen: Es ist alles meine Schuld.

Hinweis: Um umständliche Formulierungen wie „er/sie" zu vermeiden, benutze ich sprachlich die männliche Form. Trotzdem gilt das in diesem Buch Gesagte – soweit nicht anders angegeben – für Männer und Frauen.

Definitionen

„Bei Homosexualität geht es in Wirklichkeit gar nicht um Sex, sondern letztlich um Selbstablehnung und um eine Entfremdung vom eigenen wahren Selbst, von anderen und von der eigenen männlichen oder weiblichen Identität" – so Thomas, einer der Männer, dessen Geschichte du in Kapitel 13 lesen wirst.

Ich möchte gerne einige Begriffe definieren. Es gibt Männer und Frauen, die eine ungewollte *gleichgeschlechtliche Neigung (SSA)* verspüren; sie wollen kein homosexuelles Leben führen. Andere akzeptieren ihre SSA, bekennen sich zu ihrer homosexuellen Identität und leben ein homosexuelles Leben. Ein *Bisexueller* fühlt sich zu Menschen beiderlei Geschlechts erotisch-sexuell hingezogen; auch er kann seine Neigung für gut befinden oder Veränderung suchen. Ein Transgender-Mann oder eine Transgender-Frau glauben, dass sie mit dem falschen Geschlecht geboren wurden. Sie möchten das Leben im anderen Geschlecht leben. Er oder sie kann sich einer "geschlechtsangleichenden" Operation unterziehen (Sexual Reassignment Surgery – SRS).

Ich verwende den Begriff „homosexuell" nur als Eigenschaftswort, nicht als Hauptwort. „Wir verwenden das Wort *homosexuell* nicht als Substantiv zur Bezeichnung einer Person, sondern als Adjektiv zur Bezeichnung der Gedanken, Gefühle, Wünsche, Sehnsüchte und des Verhaltens einer Person."[1]

Biologie und Genetik

In den letzten Jahrzehnten wurde viel über die möglichen biologischen, genetischen und hormonellen Ursachen von SSA gesprochen. Diese Ursachenzuschreibung wurde zunächst durch drei große Studien in den 1990er Jahren begründet. Zeitungen auf der ganzen Welt berichteten, dass diese Studien beweisen würden, dass Homosexualität angeboren sei, dass die Menschen so geboren würden.

Ich werde diese drei Studien vorstellen, kurz besprechen und verschiedene Wissenschaftler dabei zu Wort kommen lassen. Es wird überdeutlich, dass es keine wissenschaftlichen Daten gibt, die eine eindeutige genetische oder biologische Grundlage für gleichgeschlechtliche Neigung belegen. Außerdem sind sich die meisten Wissenschaftler einig, dass es psychosoziale und biologische Ursachen sind, die zur Entwicklung gleichgeschlechtlicher Neigung bei Männern und Frauen führen kann.

Drei Studien

Die LeVay-Studie

Die Studie von Simon LeVay, „A Difference in Hypothalamic Structure Between Heterosexual and Homosexual Men" wurde im August 1991 in der Zeitschrift *Science* veröffentlicht. LeVay gab an, eine Gruppe von Neuronen (INAH3) im Hypothalamus (einer Region des Zwischenhirns) gefunden zu haben, die bei heterosexuellen Männern doppelt so groß zu sein schien wie bei homosexuell orientierten Männern. LeVay vermutete, dass dieser Teil des Hypothalamus etwas mit dem sexuellen Verhalten zu tun habe und dass damit die sexuelle Orientierung in irgendeiner Weise biologisch vorherbestimmt sei.

Kurze Kritik der LeVay-Studie:

- Alle 19 homosexuellen Probanden waren an AIDS gestorben. Wir wissen, dass HIV/AIDS zu biochemischen Veränderungen im Gehirn führen kann. Anstatt die Ursache von Homosexualität konnten wir also die Auswirkungen von HIV/AIDS auf das Gehirn beobachten.

- LeVay hat die sexuelle Orientierung seiner Kontrollgruppe nicht geprüft. Dazu schrieb er selbst: „Zwei der Personen (beides AIDS-Patienten) hatten angegeben, nicht homosexuell aktiv gewesen zu sein. Die Unterlagen über die übrigen 14 Patienten enthielten keine Informationen über ihre sexuelle Orientierung; wir nehmen an, dass sie überwiegend oder ganz heterosexuell waren."[2] „Annahmen" sind aber keine wissenschaftlichen Belege.

- Drei der 19 untersuchten homosexuell orientierten Personen hatten eine größere Neuronendichte im Hypothalamus als der Durchschnitt der heterosexuellen Vergleichsgruppe. Drei der 16 heterosexuellen Personen dagegen hatten eine kleinere

Neuronendichte, als es dem Durchschnitt der homosexuell orientierten Gruppe entsprach. Dies bedeutet immerhin, dass 6 von insgesamt 35 untersuchten Personen der Hauptthese von LeVay nicht entsprachen. Die Ergebnisse der Studie sind damit nicht statistisch signifikant oder zuverlässig.

- Es gibt keine Beweise dafür, dass diese Anordnung von Neuronen tatsächlich etwas mit Sexualität zu tun hat. Der verstorbene Dr. Charles Socarides, Professor für Psychiatrie am Albert Einstein College of Medicine in New York City, kommentierte: „Die Vorstellung, dass eine fast submikroskopisch kleine Region des Gehirns über die sexuelle Objektwahl entscheiden soll, ist absurd. Eine Ansammlung (von Neuronen) im Gehirn kann nicht die sexuelle Objektwahl vorausbestimmen."[3]

- LeVay stellte selbst klar: „Es ist wichtig zu betonen, was ich nicht gefunden habe. Ich habe nicht bewiesen, dass Homosexualität genetisch ist, und ich habe auch keine genetische Ursache für Homosexualität entdeckt. Ich habe nicht gezeigt, dass homosexuelle Männer so geboren sind, nur wurde meine Arbeit häufig so fehlinterpretiert. Ich habe auch kein homosexuelles Zentrum im Gehirn gefunden. [...] Da ich die Gehirne Erwachsener untersuchte, wissen wir nicht, ob die Unterschiede, die ich dort fand, bereits seit Geburt da waren oder ob sie sich erst später entwickelt haben."[4]

- Kenneth Klivington (Salk Institute, San Diego): „Es gibt zahlreiche Hinweise darauf, dass verschiedene Strukturen des Gehirns sich auf bestimmte Umweltreize hin verändern können. Unterschiede in den Gehirnstrukturen Homosexueller können daher auch das Ergebnis von Umwelt- und Verhaltensfaktoren sein."[5]

Die Studie von Bailey und Pillard

Die Studie von J. Michael Bailey und Richard Pillard, „A Genetic Study of Male Sexual Orientation" erschien in *Archives of General Psychiatry* im Dezember 1991. Die Autoren untersuchten Zwillingspaare (eineiig und zweieiig), Brüderpaare und Adoptivbrüder unter der Fragestellung: Wenn einer der Brüder homosexuell ist, mit welcher Häufigkeit ist dann auch der zweite Bruder homosexuell? Ihr Ergebnis: Bei 52 % (29 von 56

Geschwisterpaaren) der untersuchten eineiigen Zwillinge war auch der zweite Zwilling homosexuell. Bei den zweieiigen Zwillingen war in 22 % (12 von 54 Paaren) auch der zweite Zwilling homosexuell. Bei den Adoptivbrüdern waren in 11 % (6 von 57 Paaren) der Fälle beide Brüder homosexuell, aber nur bei 9 % (13 von 142 Paaren) der untersuchten biologischen Brüder (keine Zwillinge) waren beide Brüder homosexuell. Die Forscher kamen zu dem Schluss, dass es wohl eine genetisch bedingte Ursache für Homosexualität geben müsse.

Kurze Kritik der Bailey-Pillard-Studie:

- Die größte Schwachstelle der Studie ist die Interpretation der Zahlen durch die Autoren. Aus der Tatsache, dass bei fast 50 % der eineiigen Zwillinge nicht beide schwul waren, sondern nur einer, ergibt sich, dass die Genetik nicht die entscheidende Rolle in der sexuellen Orientierung spielen kann. Sonst müssten in 100 % der Fälle entweder beide Zwillinge heterosexuell oder beide homosexuell sein, denn eineiige Zwillinge haben ja dieselbe genetische Struktur. Die Ergebnisse können also genauso gut dahin ausgelegt werden, dass Homosexualität auf Umwelteinflüsse zurückgeht. Die Biologin Anne Fausto-Sterling von der Brown University kommentierte: „Wenn eine solche Studie überhaupt Sinn machen soll, muss man Zwillinge untersuchen, die getrennt aufgewachsen sind. Die Interpretation der genetischen Daten ist ausgesprochen schwach."[5]

- Die Auswahl der untersuchten Zwillingspaare war keine neutrale Stichprobe, da die Versuchspersonen durch Anzeigen in homosexuellen Zeitungen und Zeitschriften und nicht in allgemeinen Zeitungen gewonnen wurden. Die Wahrscheinlichkeit, dass die Versuchspersonen in ihrer sexuellen Orientierung ähnlich waren, war dadurch von vornherein größer.

- Dr. Simon LeVay kommentierte: „Die Zwillingsstudien legen den Schluss nahe, dass [Homosexualität] nicht einfach angeboren ist, denn sogar eineiige Zwillinge haben nicht immer dieselbe sexuelle Orientierung."[6].

- Dr. Bailey räumte selbst ein: „Es muss an der Umgebung liegen, dass es zu der Nicht-Übereinstimmung bei den Zwillingen kommt."[7].

- In einer australischen Zwillingsstudie, die im *Journal of Personality and Social Psychology* (2000), 78 (3), 524-536 veröffentlicht wurde, wurden 33.000 Paare eineiiger Zwillinge in der australischen Datenbank analysiert. Wenn ein Zwilling SSA hatte, hatte der andere Zwilling nur in 11 % der Fälle auch SSA!

Die Hamer-Studie

Die Studie von Dean Hamer et al. vom National Cancer Institute „A Linkage Between DNA Markers on the X Chromosome and Male Sexual Orientation" erschien in *Science* im Juli 1993. Die Medien sprachen anschließend von der „Entdeckung des Homosexuellen-Gens". Die Autoren untersuchten 40 homosexuell orientierte Brüderpaare und kamen zu dem Ergebnis, dass Homosexualität in manchen Fällen einen Bezug zu einem bestimmten Bereich auf dem von der Mutter an ihre Söhne vererbten X-Chromosom (Xq28) habe. 33 der homosexuell orientierten Brüderpaare zeigten eine gleiche Strukturvariation am Ende eines der Arme des Chromosoms, rein statistisch hätten es nur 20 sein dürfen. Hamer nahm deshalb an, dass bei 64 % der Brüder die Sequenz der genetischen Muster von Xq28 mit der Homosexualität korreliere.

Kurzkritik der Studie von Hamer et al:

- „Es gibt kein einzelnes Gen, das die sexuelle Präferenz oder eine andere Vorliebe steuert. [...] Im Allgemeinen sind sich Genetiker einig, dass viele Gene (von mindestens fünf oder sechs bis zu vielen Hunderten) zu einem bestimmten menschlichen Verhalten beitragen."[8]
- Es gab keine Kontrollgruppe. Das ist schlechte wissenschaftliche Methodik. Hamer und seine Kollegen haben es versäumt, die heterosexuellen Brüder zu testen. Was wäre, wenn die heterosexuellen Brüder die gleichen genetischen Marker hätten?
- Es gibt keine Beweise dafür, dass der in Frage stehende Chromosomenbereich einen direkten Bezug zu Sexualität und sexueller Orientierung hat.
- Einer von Hamers Forschungsassistenten zeigte ihn an und behauptete, er habe einige Ergebnisse zurückgehalten, die seine Studie entkräfteten. Das Nationale Krebsinstitut untersuchte Hamers

Studie.⁹ (Bis heute hat es die Ergebnisse seiner Untersuchung nicht veröffentlicht).

- Ein kanadisches Forscherteam, das methodisch ähnlich vorging, war nicht in der Lage, die Ergebnisse der Hamer-Studie zu wiederholen.¹⁰

- Hamer betont selbst: „Diese Gene an sich machen niemanden homosexuell. […] Die Biologie der Persönlichkeit ist viel komplexer als das."¹¹

Äußerungen anderer Wissenschaftler zu diesen Studien

„Evan S. Balaban, Neurobiologe am Neurowissenschaftlichen Institut in San Diego, stellte fest, dass die Suche nach dem biologischen Fundament komplexer menschlicher Eigenschaften in der letzten Zeit wenig rühmlich verlaufen sei. In den vergangenen Jahren haben Forscher und Medien die ‚Entdeckung' von Genen für Alkoholismus, Geisteskrankheit und Homosexualität verkündet. In keinem dieser Fälle, so Balaban, erwies sich die Behauptung als haltbar."¹²
—*Scientific American,* November 1995

„Neuere Studien nehmen biologische Faktoren als Hauptursache für die sexuelle Orientierung an. Es gibt jedoch derzeit keine Fakten, die eine biologische Theorie stützen könnten, so wie es auch keine zwingenden Belege gibt, die für eine einzelne psychologische Erklärung sprechen könnten. Zwar muss jegliches Verhalten irgendwo eine biologische Grundlage haben, doch entspringt die Beliebtheit gegenwärtiger biologischer Erklärungen für sexuelle Orientierung womöglich mehr einer Unzufriedenheit mit dem gegenwärtigen Stand psychologischer Erklärungen als einer Untermauerung durch in Experimenten gewonnene Daten. Eine kritische Untersuchung [der Studien] zeigt, dass es keine Beweise für eine biologische Theorie gibt. In einem alternativen Modell kommt es bei der Herausbildung der Sexualität eines Menschen zu einem Zusammenspiel von Persönlichkeits- und Temperamentsmerkmalen mit dem familialen und sozialen Milieu."¹³
—*Archives of General Psychiatry,* March 1993

„Berichte über strukturelle Unterschiede bei Gehirnen von Menschen mit unterschiedlicher sexueller Orientierung oder Geschlechtsidentität haben zu Spekulationen geführt, dass solche Verhaltensmuster von hormonellen oder genetischen Einflüssen auf das sich entwickelnde Gehirn rühren könnten. Man kann die Ursache-Wirkung-Kette aber auch geradeso gut umkehren und behaupten, dass das sexuelle Verhalten des Erwachsenen die Struktur-Unterschiede verursacht hat. [...] Es ist durchaus möglich, dass Unterschiede im sexuellen Verhalten die Ursache und nicht das Ergebnis von Unterschieden in der Gehirnstruktur sind."[14]
—*Nature,* October 1997

„Eine kritische Analyse hormoneller Theorien der Homosexualität und Transsexualität ergibt, dass es keine solide Datenbasis gibt, die die Rolle von Hormonen in der Entwicklung dieser Verhaltensweisen oder Identitäten bei Menschen belegen könnten."[15]
—*Journal of Neuropsychiatry,* Spring 1993

„Der Mythos des allmächtigen Gens basiert auf einer fehlerhaften Wissenschaft, die den Umweltkontext, in dem wir und unsere Gene existieren, außer Acht lässt. [...] Viele moderne Forscherinnen und Forscher glauben nach wie vor, dass die sexuelle Präferenz bis zu einem gewissen Grad biologisch bedingt ist. Sie begründen diesen Glauben damit, dass es keine einzige umweltbedingte Erklärung für die Entwicklung der Homosexualität gebe. Doch das macht keinen Sinn. Die menschliche Sexualität ist komplex und wird von vielen Dingen beeinflusst. Dass man keine eindeutige umweltbedingte Erklärung fand, ist nicht überraschend, bedeutet aber nicht, dass die Antwort in der Biologie liegen muss. Solche Studien bringen zwangsläufig eine Menge bedeutungsloser Korrelationen hervor, die als weitere Beweise für die genetische Vererbung von Homosexualität verkündet werden."[16]
—*Exploding the Gene Myth,* 1993

„In den frühen 90er Jahren schienen drei viel beachtete Studien darauf hinzudeuten, dass die Wurzeln der Homosexualität genetisch seien. [...] Über fünf Jahre später konnten diese Ergebnisse

immer noch nicht repliziert werden, und die Wissenschaftler behaupten, dass die Öffentlichkeit die Sache mit der ‚Verhaltensgenetik' missverstanden hat. Anders als die Augenfarbe ist Verhalten nicht strikt ererbt, sondern von einer überwältigenden Vielzahl von Umweltfaktoren abhängig. [...] Die Existenz eines bestimmten genetischen Musters unter Homosexuellen bedeutet nicht, dass manche Menschen homosexuell geboren werden. So dürften die Gene für große Körperlänge bei Basketballspielern besonders häufig sein, aber noch lange nicht ein angeborenes Talent zum Basketballspielen bedeuten. [...] Der Biologe Evan Balaban räumt ein: „Ich glaube, wir tappen noch genauso im Dunkeln wie früher."[17]
— *Newsweek,* August 17, 1998

„[...] Die sexuelle Orientierung unterliegt nicht der direkten Beeinflussung durch Chromosomen und Gene. Obwohl sie nicht durch den vorgeburtlichen Einfluss von Hormonen aufs Gehirn vorherbestimmt ist, wird sie dadurch beeinflusst und ist auch stark von der nachgeburtlichen Sozialisierung abhängig."[18]
— *American Psychologist,* April 1987

„Wie alle komplexen psychologischen und Verhaltensphänomene ist auch die Homosexualität multifaktoriell. Sie ist weder ausschließlich biologisch noch ausschließlich psychologisch, sondern das Ergebnis einer bis jetzt nur schwer zu quantifizierenden Mischung aus genetischen Faktoren, pränatalen Einflüssen (einige davon der Mutter angeboren und daher bei jeder Schwangerschaft vorhanden, andere nur bei dieser bestimmten Schwangerschaft), nachgeburtlicher Umwelteinflüsse (z. B. Eltern-, Geschwister- und kulturelles Verhalten) und einer komplizierten Abfolge sich wiederholender Weichenstellungen in kritischen Entwicklungsphasen."[19]
— *Homosexuality and the Politics of Truth,* 1996

„Obwohl in zahlreichen Studien die möglichen genetischen, hormonellen, entwicklungsbedingten, sozialen und kulturellen Einflüsse auf die sexuelle Orientierung untersucht wurden, sind keine Ergebnisse aufgetaucht, die es Wissenschaftlern erlauben würden, zu dem Schluss zu kommen, dass die sexuelle Orientierung durch einen oder mehrere bestimmte Faktoren bestimmt wird. Viele sind der Meinung, dass sowohl die Natur (geboren) als auch die Erziehung (geworden) eine komplexe Rolle spielen. Die meisten Menschen erleben nicht, dass sie Wahlfreiheit in Bezug auf ihre sexuelle Orientierung hätten."

—*American Psychological Association (2008)*
http://www.apa.org/topics/sexuality/orientation.aspx

Schlussfolgerungen

Wiederholtes sexuelles Verhalten und Umweltfaktoren verändern die Struktur des Gehirns und die Chemie des Körpers. Das bedeutet, dass die in diesen und anderen Studien beobachteten genetisch-biologischen-hormonellen Eigenschaften das *Ergebnis* homosexuellen Verhaltens sein können und nicht die *Ursache* sein müssen.

Allen diesen Studien mangelt es an Widerspruchsfreiheit. Ihre Ergebnisse wurden bisher nicht repliziert. Sie sind auch in sich nicht schlüssig und bestenfalls spekulativ. Simon LeVay, Richard Pillard und Dean Hamer sind nach eigenen Angaben selbst schwul. Die Vermutung lässt sich daher nicht ganz von der Hand weisen, dass ihre Arbeiten auch stark von dem Wunsch motiviert wurden, Akzeptanz für das Schwulsein zu schaffen.

Wenn Homosexualität eine normale sexuelle Orientierung ist, warum haben dann nur etwa 1,5 – 3 % der nordamerikanischen Bevölkerung gleichgeschlechtliche Neigungen, und nicht 50 %? Warum gibt es mehr homosexuell orientierte Männer als Frauen?

Masters und Johnson, führende Sexualforscher in den USA, stellten 1985 fest: „Die genetische Theorie der Homosexualität muss heute allgemein als überholt gelten. [...] Kein seriöser Wissenschaftler behauptet, dass es hier eine einfache Ursache-Wirkung-Beziehung gibt."[20]

Die wissenschaftlichen Ergebnisse der letzten 80 Jahre legen überwiegend nahe, Homosexualität als erworben anzusehen. Dr. Irving Bieber, Dr. Charles Socarides, Dr. Joseph Nicolosi, Dr. Lawrence Hatterer, Dr. Robert Kronemeyer, Dr. E. Kaplan, Dr. Gerard van den Aardweg, Dr. Earl Wilson, Dr. Jeffrey Satinover sind nur einige der zahlreichen Psychiater und Psychologen, die dies in jahrelangen klinischen und empirischen Forschungen bestätigt und untermauert haben.

Die beste Methode, eine Theorie zu widerlegen, ist die Erfahrung. Tausenden Männern und Frauen in der ganzen Welt haben sich von einer homosexuellen zu einer heterosexuellen Orientierung verändert. Masters und Johnson gaben in ihren Studien dafür eine Erfolgsrate von etwa 65 % an. Andere Therapeuten, die über erfolgreiche Therapien berichten, sind Bieber, Socarides, Nicolosi, Hatterer, Gershman, Hadden, Hamilton, van den Aardweg, Barnhouse, Ellis und zahlreiche andere.[21] Die National Association for Research and Therapy of Homosexuality (NARTH) ermittelte kürzlich in einer Untersuchung mit 860 Männern und Frauen, dass es möglich ist, seine homosexuelle Orientierung zu verändern, wenn man dies wünscht.[22]

Was ist Homosexualität?

Wenn homosexuelle Neigungen im Wesentlichen nicht durch biologische, genetische oder hormonelle Faktoren verursacht sind, dann sind sie folglich weitgehend entwicklungsmäßig bedingt. Im Folgenden werde ich einen Überblick über die Hauptursachen geben. Dann werde ich zehn Faktoren benennen, die wesentlich zur Entstehung von gleichgeschlechtlichen Neigungen beitragen.

Homosexualität ist ein Symptom

Homosexuelle Gefühle, Gedanken und Wünsche spiegeln im Wesentlichen die zugrunde liegenden Probleme wider. Sie sind oft eine Abwehrreaktion gegen aktuelle Lebenskonflikte, eine Art seelischer Anti-Schmerz-Therapie. Sie können auch ein Zeichen für nicht bewältigte Kindheitstraumata, nicht verarbeitete Emotionen und nicht verheilte seelische Wunden sein. Und schließlich sind sie ein Zeichen für einen Antrieb, wiederherzustellen, was in der homoemotionalen und/oder homosozialen Entwicklung nicht gelungen ist – ein unbewusster nach Wiederherstellung strebender Drang (engl.: reparative drive) nach Bindung an Personen des eigenen Geschlechts. Es war Dr. Elizabeth Moberly[23], die in diesem Zusammenhang den dann von Dr. Joseph Nicolosi[24] weiterentwickelten Begriff *homo-emotionales Liebesbedürfnis*, also das Bedürfnis nach Liebe und Annahme von einer gleichgeschlechtlichen Person, prägte.

Bedeutung hinter gleichgeschlechtlicher Neigung (SSA)

SSA ist ein Symptom für:

- Unverheilte Wunden der Vergangenheit (zehn mögliche Ursachen)
- Unerfüllte Liebesbedürfnisse
- Reparativer Drang zur Erfüllung gleichgeschlechtlich-emotionaler und/ oder gleichgeschlechtlich-sozialer Liebesbedürfnisse

SSA ist im Wesentlichen das Ergebnis beeinträchtigter emotionaler Entwicklungsprozesse:

- Bedürfnis nach Liebe des gleichgeschlechtlichen Elternteils / gleichgeschlechtlicher Gleichaltriger
- Bedürfnis nach Geschlechtsidentifikation
- Angst vor Nähe zu Personen des anderen Geschlechts

SSA steht für einen Mangel an Geschlechtsidentität, verursacht durch:

- Abkopplung vom gleichgeschlechtlichen Elternteil
- Abkopplung von gleichgeschlechtlichen Gleichaltrigen
- Abkopplung vom eigenen Körper
- Abkopplung vom eigenen Geschlecht

© Richard Cohen, M.A., 2025

Dieses Bedürfnis ist ein *unbewusster* Antrieb zur (kritischen) Bindung zwischen Sohn und Vater bzw. Tochter und Mutter. Dies kann eine verborgene tiefe Wunde in der Seele derjenigen sein, die gleichgeschlechtliche Neigung erleben. Wer gleichgeschlechtliche Neigung empfindet, wird, wenn man ihn fragt, natürlich nicht sagen, dass er in den Armen des anderen Mannes die Liebe seines Vaters oder eines Gleichaltrigen sucht. Aber genau das ist sehr oft der unbewusste Antrieb, der tief in seiner Seele vergraben ist.

Dr. Harville Hendrix drückt es so aus: „Jeder von uns, ob er es nun weiß und sich eingesteht oder nicht, tritt mit einem Rucksack voll ungelöster Kindheitskonflikte in das Erwachsenenleben ein. Die daraus entstehenden Bedürfnisse müssen eine Antwort finden, denn für unser Unterbewusstsein ist ihre Befriedigung überlebenswichtig. Deshalb wird die Erfüllung dieser Bedürfnisse zum zentralen Thema in erwachsenen Liebesbeziehungen."[25]

Homosexualität ist im Wesentlichen eine Gefühls-Angelegenheit

Der gleichgeschlechtlichen Neigung liegen im Wesentlichen drei Faktoren zugrunde:

Das Bedürfnis nach Liebe vom gleichgeschlechtlichen Elternteil und/oder von Gleichaltrigen

Viele Fallgeschichten zeigen, dass homosexuelle Gedanken und Gefühle durch vorpubertäre Erfahrungen entstehen. Damit ist Homosexualität im Wesentlichen eine nicht-sexuelle Störung. *„Das homosexuelle Bedürfnis, geliebt zu werden, ist in Wirklichkeit eine Suche nach dem Vater (beim Mann) oder nach der Mutter (bei der Frau). [...] Was der Homosexuelle sucht, ist die Erfüllung normaler Bedürfnisse nach Bindung und Beziehung, die im Verlauf seiner Entwicklung unbeantwortet geblieben sind."*[26] Es handelt sich mithin um einen „wiederherstellenden" Antrieb, der ungestillt gebliebene Bedürfnisse aus der Kindheit nach Liebe und Annahme zu beantworten versucht.[27]

Dieser Antrieb kann auch ein Bedürfnis nach Bindung zu gleichgeschlechtlichen Gleichaltrigen oder eine homo-soziale Wunde darstellen. In der Vorpubertät ist es ihm nicht gelungen, sich an andere Jungen zu binden. Und ihr ist es nicht gelungen, sich an andere Mädchen zu binden. Während der Pubertät/Adoleszenz werden diese grundlegenden Bedürfnisse nach Bindung und Verbundenheit sexualisiert und/oder erotisiert. Das sexuelle Ausleben dieser Wünsche erfüllt jedoch nie die dahinterliegenden Bedürfnisse des Einzelnen, weil es sich um unerfüllte Bedürfnisse eines Kindes oder Heranwachsenden nach elterlicher Liebe und/oder der Liebe Gleichaltriger handelt. Echte, dauerhafte Veränderung ist nur durch gesunde, heilsame, nicht-sexuelle Beziehungen möglich.[28]

Das Bedürfnis, sich als ganzer Mann bzw. ganze Frau fühlen zu wollen

Die Person, die SSA erlebt, verspürt möglicherweise einen Mangel an Männlichkeit bzw. Weiblichkeit in sich und versucht, dieses Loch durch einen anderen Mann oder eine andere Frau zu füllen.[29] Entstanden ist dieser Mangel meist durch eine distanzierte oder gestörte Beziehung zwischen Vater und Sohn bzw. Mutter und Tochter in der frühen Kindheit und/oder einen Mangel an ausreichender Bindung zu gleichgeschlechtlichen Gleichaltrigen in der Vorpubertät.

Geschlechtsidentität ist das Bewusstsein der eigenen Männlichkeit bzw. Weiblichkeit. Männer und Frauen, die SSA erleben, fühlen sich in ihrem innersten Kern untauglich oder unvollständig.[30] Deshalb *suchen sie das, was ihnen selbst fehlt, in einer anderen Person des eigenen Geschlechts.*

Der sexuelle Kontakt mit jemandem des eigenen Geschlechts gibt ihnen – vorübergehend – das Gefühl, „ganz" zu sein.

Die Angst vor Intimität und Nähe zum anderen Geschlecht
Bei einem Mann, der SSA erlebt, lag in der Kindheit möglicherweise eine *zu enge Mutter-Sohn-Beziehung* vor.[31] Erfüllt der Ehemann nicht die emotionalen und körperlichen Bedürfnisse seiner Frau, sucht diese nicht selten Trost und Hilfe bei ihrem Sohn.[32] Natürlich geschieht dies nicht mit der Absicht, dem Sohn zu schaden; aber ein solches Verhalten hat eine tiefgreifende und zerstörerische Wirkung auf die psychosexuelle Entwicklung des Sohnes. Es kann zu einer Überidentifizierung mit der Mutter und der Weiblichkeit kommen, während die erforderliche Identifizierung mit dem Vater und der Männlichkeit zu kurz kommen.

Später, in der Pubertät, fühlt sich der Sohn möglicherweise sexuell zur Mutter hingezogen, was bei ihm extreme Schuldgefühle hervorrufen und zur Unterdrückung normalen heterosexuellen Verlangens führen kann. Um seine Mutter nicht zu „verraten" oder nicht noch einmal diese Schuldgefühle zu erleiden, sucht der Sohn Intimität und Sex mit Männern. Dieser Prozess kann vollständig unbewusst ablaufen.[33]

Frauen, die SSA erleben, sind oft durch den Vater oder andere Männer missbraucht worden. An zweiter Stelle stehen Missbrauchserfahrungen durch andere Frauen.[34] Der Missbrauch kann sexuell, emotional, geistig oder körperlich sein. Wenn der Täter ein Mann war, ist sie durch Männer zutiefst traumatisiert. Die Frau – um nie mehr an den Missbrauch erinnert zu werden – wendet sich anderen Frauen zu, um dort Trost, Liebe und Verständnis zu finden.

Gleichgeschlechtliche Neigung: Definitionen und Ursachen

Faktoren, die zur Entstehung gleichgeschlechtlicher Neigung beitragen können

Erbgut	Temperament	Andersgeschlechtlich-emotionale Wunden	Gleichgeschlechtlich-emotionale Wunden	Geschwister-wunden / Familien-dynamik	Körperbild-Wunden	Sexueller Missbrauch	Soziale oder Gleichaltrigen-Wunden	Kulturelle Wunden	Andere Faktoren
Ungelöste Familienkonflikte (multigenerationale Weitergabe)	Hypersensibilität	Übermäßige Bindung an den andersgeschlechtlichen Elternteil	Mangelnde Bindung an Gleichgeschlechtlichen Elternteil	Missbrauch: seelisch, emotional, physisch, und/oder sexuell	Spätentwickler	Frühzeitige Sexualisierung	Mobbing	Internet-Pornografie	Scheidung
Männer mit Ressentiments gegenüber Frauen, und Frauen mit Ressentiments gegenüber Männern	"Betreuungsintensiv"	Missbrauch: seelisch, emotional, physisch, und/oder sexuell	Missbrauch: seelisch, emotional, physisch, und/oder sexuell	"Passt nicht dazu"	Körperliche Behinderungen	Homosexuelle Prägung	Demütigungen	Medien / Unterhaltungsindustrie wirbt für Sex	Tod
Sucht (Substanzen, Sex, Verhaltenssüchte)	Künstlerisch veranlagt	Parentifizierung (Rollentausch zwischen Eltern und Kind)	Parentifizierung (Rollentausch zwischen Eltern und Kind)	"Gehört nicht dazu"	zu klein, zu gross	Erlerntes / verstärktes Verhalten	Lehrerliebling	Legitime Bedürfnisse nach Liebe sexualisieren	Selbstmord
Medizinische / psychische Belastungen	Neigung zu geschlechts-nonkonformen Verhalten	"Im falschen Körper geboren"	"Im falschen Körper geboren"	Anders als die anderen sein	zu dick, zu dünn	Sex als Ersatz für Zuneigung	Musterschüler		Sucht: Alkohol, Drogen, Sex, Spielsucht, usw.
Finanzielle Schwierigkeiten	Männer eher "weiblich"	Nachahmung andersgeschlechtlichen Verhaltens		Mobbing, Erniedrigungen, verbaler Missbrauch	Hautfarbe		Eigenbrötler		Erlebnisse im Mutterleib führen zu unsicherer Bindung
Ererbte Disposition für Ablehnung	Frauen eher "männlich"				Unbeholfenheit, Ungeschicklichkeit		Nicht sportlich		Adoption
Rassistische, religiöse, kulturelle Vorurteile							Fehlende Geschlechtsidentifikation und/oder geschlechtsuntypisches Verhalten		Erleben von Krieg / Völkermord
									Religiös: schädliche Glaubenssätze

Je nachdem wie schwerwiegend die Verwundungen in jeder Kategorie sind, wird mehr oder weniger Zeit und Aufwand für die Heilung benötigt.

Richard Cohen, M.A. © 2025

SSA kann für Bindungsprobleme stehen

SSA kann eine Bindungsstörung, eine defensive Abkopplung vom gleichgeschlechtlichen Elternteil, von gleichgeschlechtlichen Gleichaltrigen, vom eigenen Körper und von der eigenen Geschlechtsidentität repräsentieren.

Das Vorliegen einer Bindungsstörung kann bedeuten, dass die Person eine Trennung oder emotionale Distanz zu ihren Eltern, Gleichaltrigen, sich selbst und damit zu ihrer männlichen Geschlechtsidentität fühlt. „Ich gehöre da nicht hin", „ich bin anders" sind typische Gedanken von Jugendlichen mit gleichgeschlechtlicher Neigung.

Gleichgeschlechtliche Neigung ist der Versuch der Seele, vergangene Wunden zu heilen und für legitime Bedürfnisse nach Liebe eine Antwort zu finden, die in den prägenden Jahren der psychosexuellen Entwicklung unerfüllt geblieben sind.

Hauptursachen von gleichgeschlechtlicher Neigung

Es gibt ein Zusammentreffen verschiedener Faktoren, die zu einer gleichgeschlechtlichen Neigung führen können. Die Summe ist mehr als ihre Teile, und es ist eine Kombination der folgenden Faktoren, die bei Männern oder Frauen zu einem homosexuellen Bewusstsein führen kann. Ein einzelner Faktor allein führt noch nicht zu gleichgeschlechtlicher Neigung, sondern erst das komplexe Wechselspiel mehrerer Faktoren. Die zehn Faktoren sind: 1. Erbgut, 2. Temperament, 3. andersgeschlechtliche Wunden, 4. gleichgeschlechtliche Wunden, 5. Geschwisterwunden/Familiendynamik, 6. Körperbild-Wunden, 7. sexueller Missbrauch, 8. homo-soziale oder Gleichaltrigen-Wunden, 9. kulturelle Wunden und 10. andere Faktoren. (Siehe die Tabelle „Faktoren, die zur Entstehung gleichgeschlechtlicher Neigung beitragen können").

Es gibt Unterschiede zwischen männlicher und weiblicher gleichgeschlechtlicher Neigung. In meiner langjährigen Praxis konnte ich beobachten, dass viele Frauen, die SSA erleben, sich auch zu Männern hingezogen fühlen; für die Mehrheit der Männer, die SSA erleben, gilt das umgekehrt nicht. Viele dieser Frauen sind so tief von Männern verletzt worden, dass sie sich an Frauen wenden, um Zärtlichkeit und Zuwendung zu erhalten. Aber Männer können für sie trotzdem eine erotische Anziehung haben. Die Psychologie der männlichen und der weiblichen Homosexualität ist also nicht gleich. In Janelle Hallmans *The Heart of Female Same-Sex Attraction* (*Das Herz der weiblichen gleichgeschlechtlichen Anziehung*) findest du eine ausführlichere Analyse der weiblichen SSA.

Erbgut

In der Psychologie wird manchmal davon ausgegangen, dass wir bei unserer Geburt ein „unbeschriebenes Blatt" seien. Erst durch unsere Umwelt, unsere Eltern und Geschwister entstünden seelische Wunden. Ich halte dies für eine zu stark vereinfachende Sicht. Wir werden nicht als „unbeschriebenes Blatt" geboren. Die Systemische Familientherapie kann uns helfen, dies besser zu verstehen.

Die intergenerationale und transgenerationale Systemische Familientheorie „geht davon aus, dass Beziehungsmuster durch die Generationen hindurch erlernt und weitergegeben werden und dass das heutige Verhalten des Einzelnen und der Familie ein Ergebnis dieser Muster ist. Die richtige Beurteilung der funktionalen wie der dysfunktionalen Beziehungsmuster ist daher nicht nur der erste Schritt zum Verständnis von Familien aus einer Mehr-Generationen-Perspektive, sondern auch ein wesentlicher Schritt hin zur richtigen Therapie."[35] „Die heutige Intergenerationale Familientherapie geht davon aus, dass Schwierigkeiten und Störungen in Beziehungen zwischen früheren Generationen sich später in den Beziehungen zwischen nachgeborenen Generationen wiederholen können, was die Komplexität und die Möglichkeit für seelische Verletzungen bei den Mitgliedern dieser Familien erhöht."[36]

Ich gehe davon aus, dass wir mit einer doppelten Natur geboren werden. Der eine Teil ist unsere ursprüngliche Schöpfungs-Natur, unser von Gott geschaffenes authentisches, eigentliches Selbst, fähig zu Güte, Reinheit, Kreativität und dazu, mit Gott zu kommunizieren. Aber wir werden auch mit einer ‚ererbten' Natur geboren, die aus den Niederlagen unserer Vorfahren, unserer Kultur und unserer Nation besteht. Auf der Negativseite dieser ererbten Natur finden sich möglicherweise Dinge wie sexuelle Süchte, sexueller Missbrauch, Persönlichkeitsstörungen, Rassismus, Groll gegen Religionen usw. Im Alten Testament heißt es: „Der HERR, der HERR ist ein barmherziger und gnädiger Gott, langmütig und reich an Gnade und Treue, der Gnade auf Tausende hin bewahrt, der Unrecht, Übertretung und Sünde vergibt, doch auch (den Schuldigen) keineswegs ungestraft lässt, sondern die Schuld der Väter an Kindern und Kindeskindern heimsucht, am dritten und am vierten Glied."³⁷ Andere Religionen nennen es Karma – „Wie man in den Wald hineinruft, so schallt es heraus".

Was man heute allgemein als scheinbar genetische Prädisposition/Veranlagung oder angeborene Neigung bezeichnet, kann auch als generationenübergreifende „Sünde" oder multigenerationale Weitergabe ungelöster Familienprobleme verstanden werden. Diese Sünden gehen sozusagen in die genetische Struktur dieser Familien-Linie ein. „Wir werden mit Rissen geboren – von unseren Vorfahren, in unseren Genen –, sie kommen nicht alle von unseren Eltern."³⁸

Dr. Bernard Nathanson beleuchtet die Macht und die Geheimnisse des Genoms. Die Regierung der Vereinigten Staaten hat ein 5-Milliarden-Dollar-Programm mit dem Namen „Human Genome Project" gefördert. Dessen Ziel war es, die Struktur und die Position aller Gene in unserem Körper zu bestimmen. Theoretisch reicht eine kleine Blut- oder Speichelprobe aus, um festzustellen, ob jemand anfällig für Krebs oder Diabetes ist, wie intelligent er sein wird und ob er zu Gewaltverbrechen, Alkoholismus usw. neigt. „Gene sind kein unverändertes und unverfälschtes Schicksal. Wir können das Gen für Alkoholismus haben, aber vielleicht nie ein Trinker werden, weil wir es steuern können. Bis zu einem gewissen Grad hast du die Macht über deinen Körper. Aber es gibt diese Veranlagung. Das Gen gibt dir die Vorliebe für Alkoholismus oder Gewaltverbrechen oder welches Verhaltensgen es auch sein mag."³⁹

Das Forschungsgebiet der Epigenetik hat herausgefunden, dass sich unser Genotyp – die fest verdrahtete DNA-Sequenz, mit der wir geboren werden – zwar nie verändert. Aber unser Phänotyp – die Art und Weise, wie sich diese Gene ausdrücken – kann sich verändern und tut dies auch, weil unsere Gene ihrerseits als Reaktion auf Hinweise und Stressfaktoren aus unserer Umwelt unterschiedlich agieren und reagieren. Tatsächlich wird die überwältigende Mehrheit unserer Gene als Reaktion auf unsere Lebenserfahrungen auf unterschiedliche Weise reguliert (aktiver und reaktionsfreudiger oder ruhiger und weniger funktionsfähig) oder sogar ganz abgeschaltet. *Diese Veränderungen sind vererbbar.* Dieser Prozess wird „transgenerationale epigenetische Vererbung" genannt. Indem wir unser Leben ändern, können wir die Art und Weise ändern, wie sich unsere Gene ausdrücken.

Wir werden also nicht einfach als „unbeschriebenes Blatt" geboren, sondern wir sind ausgestattet mit Wahrnehmungsfiltern und mit Neigungen, die Einfluss darauf haben, wie wir eine bestimmte Situation einschätzen und wie wir darauf reagieren. Diese Filter und Neigungen sind etwas Ähnliches wie eine getönte Brille. Wir betrachten die Dinge aus einer bestimmten Perspektive und nicht unbedingt so, wie sie in Wirklichkeit sind. Unser Wahrnehmungsfilter kann dazu führen, dass wir die Handlungen oder Worte eines Menschen falsch deuten. „Der Begriff des Filters oder der ‚Wahrnehmungs-Ausrüstung' ist eng verwandt mit dem, was man ‚Lern-Ausrüstung' oder ‚kognitive Landkarte' nennt. Es handelt sich um eine Regel, mit der jemand Lernaufgaben oder Reize aus seiner Umgebung interpretiert."[40]

Wie dies die Entwicklung von SSA beeinflusst, kann bei jeder Person unterschiedlich sein und hängt von den Problemen im Familiensystem ab. Der Kern von SSA ist das Gefühl, nicht dazuzugehören, nicht dazu zu passen, anders zu sein. Diese Gefühle und Gedanken können bereits im emotionalen Erbe des Kindes vorhanden sein, so dass es mit einer Prädisposition, also einer gewissen *Neigung, sich schnell abgelehnt zu fühlen*, geboren wird. Das Kind tendiert dazu, das Verhalten und die Worte seiner Eltern und anderer entsprechend fehlzudeuten. Die entscheidende Prägung entsteht nicht durch das Ereignis selbst, sondern durch die *Interpretation* des Ereignisses. *Die Wahrnehmung wird zur Wirklichkeit*. Diese ererbbare Einstellung kann zu dem Gefühl beitragen, *abgelehnt* oder *anders zu sein;* ein Gefühl, das SSA zugrunde liegt.

> Roland wuchs in einer Mittelklasse-Familie auf. Sein Vater war in der Ortsgemeinde hoch anerkannt. Die Familie ging regelmäßig zur Gemeindeversammlung. Rolands Vater war sehr kritisch und anspruchsvoll, wie es dessen eigener Vater auch gewesen war. Roland fühlte sich immer unsicher und minderwertig in der Nähe seines Vaters: Vaters Erwartungen erfüllen – unmöglich! Schon in einem sehr frühen Alter distanzierte sich Roland emotional von seinem Vater und hängte sich an seine Mutter. Ich vermute, dass er möglicherweise schon mit einer Neigung zum Sich-schnell-abgelehnt-Fühlen geboren wurde. Er kam aus einer Familienlinie, die schwerste Verfolgungen erlitten hatte, und neigte so dazu, sich nicht zugehörig, minderwertig oder „anders" zu fühlen.

Albert wurde in ein Familiensystem mit viel Stress hineingeboren. Sein Vater war leitender Angestellter in einem großen Unternehmen. Er brachte die Belastungen und Sorgen seiner Arbeit mit nach Hause und beklagte sich ständig über das Leben. Alberts Mutter war sehr unglücklich in ihrer Beziehung mit ihrem Mann. Sie nahm ihren Sohn in den Arm und teilte ihren Schmerz und ihre Sorgen mit ihm. Als Kleinkind hatte sich Albert innerlich von seiner Mutter und seinem Vater losgelöst. Er fühlte sich nicht akzeptiert und wie ein Außenseiter. Er war sich sicher, dass er adoptiert worden war, auch wenn seine Eltern noch so oft beteuerten, dass er ihr Kind sei. Albert stammte aus einer Familie, die seit vielen Generationen unter starker sozialer Ablehnung und Diskriminierung zu leiden hatte. Er hatte die Veranlagung, Spott und Ablehnung besonders stark zu empfinden, die er dann auf seine Eltern und schließlich auf seine Geschwister und Gleichaltrigen projizierte.

Temperament

Einige der temperamentsmäßigen Eigenschaften, die dazu führen können, dass eine Person SSA empfindet, sind Übersensibilität, eine künstlerische Ader, Frauen und Mädchen, die männliche Verhaltensweisen zeigen, Männer und Jungen, die weibliche Verhaltensweisen zeigen, und/oder das Phänomen des „betreuungsintensiven" Kindes.

Die Eigenschaft der Überempfindlichkeit (oder erhöhten Sensibilität) kann eine angeborene Eigenschaft sein oder anders ausgedrückt, eine biologische oder genetische Veranlagung. Meine Kollegen und ich haben beobachtet, dass viele Männer und Frauen, die SSA erleben, eine höhere Empfindlichkeit gegenüber bestimmten Reizen haben. Das bedeutet natürlich nicht, dass alle sensiblen Kinder auch SSA entwickeln werden. Wie gesagt, es braucht ein Zusammentreffen mehrerer Faktoren, die zu homosexuellen Gefühlen bei Jungen oder Mädchen führen können; es ist nicht nur ein Faktor allein.

Das übersensible Kind reagiert stärker als andere Kinder auf das Familiensystem. Wenn die Menschen in seinem Umfeld seine Sensibilität schätzen und akzeptieren, entwickelt es möglicherweise keine SSA. Wenn sie jedoch sein Anderssein kritisieren oder lächerlich machen und weitere wichtige Faktoren dazukommen, kann dies zur zukünftigen Entwicklung von SSA beitragen. Ein solches Kind kann auch eher nachgiebig als durchsetzungsfähig sein und eher dazu neigen sich zu fügen und zurückzuziehen, als aufzustehen und seine Meinung zu sagen.

Auch eine künstlerische Begabung kann zur Belastung werden, wenn die übrige Familie ihr mit Ablehnung oder Unverständnis begegnet. Das „sensible" Kind, das in einer „groben" Umgebung aufwächst, ist in seiner geistigen, emotionalen und geistlichen Entwicklung erhöhtem Stress ausgesetzt. Dies kann bei dem Kind ein hohes Maß an Ängstlichkeit hervorrufen.

Ein Mädchen, das sich von Natur aus eher männlich verhält, oder ein Junge, der sich von Natur aus eher weiblich verhält (man spricht hier von *geschlechts-nonkonformem Verhalten*), kann von Eltern, Geschwistern und Gleichaltrigen leicht zur Zielscheibe des Spotts werden, was bei dem Kind dann zu Zweifeln führen kann, ob es „wirklich" ein Mädchen/Junge ist. Das Kind, das sich verstanden, angenommen und ermutigt fühlt, wird Selbstsicherheit in seinen Begabungen entwickeln. „Die unterschiedlichen Reaktionen der Familie auf das ‚Muttersöhnchen' und den ‚Wildfang' sind möglicherweise ein Grund für die unterschiedliche Häufigkeit von männlicher und weiblicher Homosexualität.", so Dr. Dean Byrd.[41]

Hinweis: Die Eltern sollten ein Kind, das geschlechts-nonkonformes Verhalten zeigt, zu gesunden gleichgeschlechtlichen Aktivitäten ermutigen. Jungen sollen sich austoben können, auch wenn sie sehr sensibel und künstlerisch veranlagt sind, und auch das „wilde" Mädchen braucht Mädchenspiele. Die Identifikation mit dem eigenen Geschlecht ist äußerst wichtig in den Jahren, die für die psychosoziale, psychologische und psychosexuelle Entwicklung prägend sind. Gleichgeschlechtliche Aktivitäten sind von der Vorschulzeit bis zum Ende der Pubertät unverzichtbar.

Das „betreuungsintensive" Kind braucht besondere Zuwendung. Jedes Kind wird mit einem ganz individuellen Charakter geboren. Einige Kinder *brauchen* mehr Aufmerksamkeit als andere. Das „betreuungsintensive" Kind braucht viel Bestätigung, Berührung und beständige Aufmerksamkeit. Bekommt es diese nicht, entwickelt sich aus dem Mangel ein gestörtes Selbstbild.

Bernard war der jüngere von zwei Jungen. Seine Mutter ging auf seine hochsensible Natur ein, sein Vater lehnte ihn ab. Bernards

Großvater väterlicherseits war sehr kalt und streng und hatte seine Familie zuletzt verlassen. Dies bedeutete, dass Bernards Vater selbst nie väterliche Wärme, Ermutigung und körperliche Nähe erfahren hatte. Jedes Mal, wenn Bernard Gefühle zeigte, verspottete und kritisierte sein Vater ihn. Bernard lernte bald, dass es gefährlich war, vor Männern Gefühle zu zeigen. Er wandte sich innerlich vom Vater ab und entwickelte Zweifel an seiner eigenen Männlichkeit.

Matthias' Vater wuchs im 2. Weltkrieg in England auf. Der Großvater väterlicherseits war im Krieg gefallen, so dass Matthias' Vater nie väterliche Liebe erfahren hatte. Matthias' Stiefgroßvater hatte seinen Vater gelehrt, dass es unmännlich sei, Gefühle zu zeigen, und das wurde zur Lebensphilosophie von Matthias' Vater. Als Matthias geboren wurde und ein hochsensibles Temperament zeigte, fühlte sich sein Vater deshalb in seiner Gegenwart unbehaglich. Er schrie den Jungen an, er solle aufhören zu heulen, nicht solch eine „Memme", sondern zäh zu sein. Matthias wurde schließlich wie sein Vater – ein kalter Stoiker. Er ging auf Konfrontationskurs zu seinem Vater und tat alles, was er konnte, um ihn aus der Fassung zu bringen.

Es gibt zahlreiche Geschichten von Männern, die als Jungen wegen ihrer hohen Sensibilität die Ablehnung ihres Vaters zu spüren bekamen. Statt Annahme erfuhren sie Kritik und Spott. Dabei zeigt sich folgendes Muster: Schon die meisten Väter dieser Männer hatten die gleiche Ablehnung ihrer Sensibilität durch ihre Väter erfahren. Um zu überleben, hatten die Väter gelernt, ihren emotionalen, sensiblen Teil der Persönlichkeit tief in sich zu vergraben. Bemerkt ein solcher Vater nun in seinem eigenen Sohn die gleiche Sensibilität, muss er sie im Sohn genauso unterdrücken, wie er sie in sich selbst unterdrückt hat. Tut er das nicht, wird er sehr viel Schmerz, Zorn und Trauer zu verarbeiten haben.

Andersgeschlechtliche Wunden

Zahlreiche Bücher sind geschrieben worden über die überbehütende, die dominierende oder die sich ständig einmischende Mutter. Ich wiederhole hier: Mir geht es nicht darum, irgendjemanden Schuld zuzuschieben. Mir sind keine Eltern bekannt, die es bewusst darauf anlegen, ihrem Kind Schaden zuzufügen, und es sind nie nur die Geschehnisse an sich, welche die

Persönlichkeit eines Kindes prägen, sondern auch seine von Veranlagung und Temperament beeinflussten Reaktionen auf die jeweilige Situation.

Dr. Bieber et al.,[42] Socarides,[43] Nicolosi,[44] van den Aardweg,[45] Freud,[46] Siegelman,[47] Westwood,[48] Schoefield,[49] Thompson et al.[50] und Kronemeyer[51] berichten übereinstimmend, dass Männer, die SSA erleben, in ihrer Kindheit eine ungesunde, zu enge Mutterbindung hatten. Die Mutter-Sohn-Beziehung ist durch ein ungesundes ‚Klammern' anstelle einer gesunden Bindung gekennzeichnet. Oft ist die Beziehung der Mutter zum Ehemann distanziert und sie bindet sich, als Ersatz sozusagen, übermäßig an ihren Sohn. Die Psychologin Dr. Patricia Love spricht von dem „Emotionalen Inzest-Syndrom". Die Mutter vertraut alle ihre Probleme und ihren Kummer ihrem Sohn an und macht ihn zu ihrem Ersatzehemann. Derart von seiner Mutter vereinnahmt und von seinem Vater entfremdet, wird der Sohn mehr wie seine Mutter. Es kommt zur Überidentifizierung mit der Mutter und ihrer Weiblichkeit, und eine ausreichende Identifizierung mit der Männlichkeit, die der Vater repräsentiert, findet nicht statt.

Ein Klient berichtete mir: „Als Kind war ich in meiner Beziehung zu meiner Mutter so verwirrt, dass ich nicht wusste, ob ich ihr Sohn oder ihr Liebhaber war. Alles, was sie bedrückte, vertraute sie mir an." Eine Über-Identifikation mit dem Weiblichen und eine Unter-Identifikation mit dem Männlichen habe ich bei den meisten meiner männlichen Klienten festgestellt.

Manchmal kritisiert die Mutter den Vater direkt oder indirekt: „Werde nicht so wie dein Vater." – „Er taugt nichts." Diese Botschaft entfremdet den Sohn noch mehr von seinem Vater und damit von seinem ersten wichtigen männlichen Vorbild. Aus Angst, die Liebe der Mutter zu verlieren, distanziert er sich – weil der männliche Vater ja der Feind ist – auch von seiner eigenen Männlichkeit und wird zum Spiegelbild der Persönlichkeit seiner Mutter. „C.G. Jung äußerte etwas Beunruhigendes über diese Form der Verwicklung. Wenn der Sohn seine eigenen Gefühle primär über die Mutter erfährt, dann, so meint Jung, wird er die weibliche Haltung zur Männlichkeit einnehmen und eine weibliche Sicht seines Vaters und seiner eigenen Männlichkeit entwickeln. Er wird seinen Vater mit den Augen der Mutter sehen."[52] Dr. Charles Socarides kommt in seinen zahlreichen Studien über die Entwicklung der Homosexualität zu dem Ergebnis, dass *die für die Entwicklung der Geschlechtsidentität so entscheidende Trennung/ Individuation bzw. Abgrenzung zwischen Mutter und Sohn fehlt.*[53]

Ähnlich kann bei der Frau, die SSA erlebt, eine abnorm enge Vater-Tochter-Bindung vorliegen. Dr. Socarides wie auch Dr. Zucker und Bradley[54] sprechen von Töchtern, die sich nach dem Bild ihres Vaters formen. In manchen Fällen betrachtet die Tochter die Mutter als unzuverlässig, inkompetent oder schwach und nimmt sich so den kompetenteren, stärkeren Elternteil zum Vorbild – ihren Vater. Äußert sich dieser auch noch abfällig über seine Frau, erhöht das die Distanz der Tochter zu ihrem weiblichen Vorbild.

Oft ist die Frau, die SSA erlebt, als Kind von ihrem Vater oder anderen wichtigen Männern (Bruder, Onkel, Großvater, Stiefvater oder Freund der Familie) missbraucht worden. Dieser Missbrauch kann sexuell, emotional, geistig und/oder körperlich gewesen sein. Sie sucht dann Trost, Liebe und Verständnis bei anderen Frauen, um die Erinnerung an den Missbrauch loszuwerden.

In anderen Fällen nimmt die Tochter wahr, dass die ihr selbst distanziert begegnende Mutter den Vater liebt, und überidentifiziert sich darauf mit ihrem Vater, macht sich „männlicher", um die Liebe und Anerkennung ihrer Mutter zu gewinnen.[55] Ähnlich kann ein Sohn sich „weiblicher" machen, um die Zuwendung seines Vaters zu gewinnen.

Ein weiterer Faktor in der Mutter-Sohn- oder Vater-Tochter-Beziehung ist die Nachahmung des Verhaltens. Dies ist bei allen Kindern die erste und wichtigste Lernmethode. Alles, was sie um sich herum sehen, fühlen und erleben, ahmen Kinder nach. Wenn ein Sohn eine zu enge Mutterbindung erfährt, wird er in seinem Wesen „weiblicher" werden. Die Tochter, die eine zu enge Vaterbindung erfährt, wird entsprechend „männlicher" werden. In beiden Fällen kann das Kind seinem eigenen Geschlecht mehr und mehr entfremdet werden und Eigenheiten des anderen Geschlechts verinnerlichen. Auch dies beeinträchtigt eine normale psychosoziale und psychosexuelle Entwicklung.

Schließlich gibt es den Fall, dass ein Elternteil „lieber einen Jungen/ein Mädchen" haben wollte: Spürt das Kind dies, übernimmt es womöglich Merkmale des anderen Geschlechts, um mehr Anerkennung und Liebe von den Eltern zu gewinnen. Auch dies trägt zur Entstehung einer mangelhaften Geschlechtsidentität bei. Einige Beispiele:

Robert war der liebe Junge der Mutter, der in ihrem Bett schlief und an ihrem ganzen Leben teilnahm. Er war das, was sein Vater nicht sein konnte – ein aufmerksamer, perfekter Gentleman. Das Problem war, dass Robert ein Kind war und Mama erwachsen.

Jims Mutter kritisierte ihren Mann oft dafür, dass er ein Versager, ein Nichts und weniger als ein Mann war. Aus Angst, die Liebe seiner Mutter zu verlieren, stellte sich Jim auf die Seite seiner Mutter und entfernte sich immer mehr von seinem Vater.

Johns Vater, Akademiker und Leiter einer wissenschaftlichen Institution, berührte seinen Sohn nie. John lernte ihn nur als den großen Kritiker kennen. Er fand die Zuwendung, die er suchte, in den Armen seiner Mutter. Da er sah, dass sein Vater seine Mutter liebte, wurde er immer mehr wie sie, in der Hoffnung, so die Liebe seines Vaters zu wecken.

Betty war der Liebling ihres Vaters. Jedes Wochenende spielte sie mit ihm und seinen Freunden Ball. Schon als Kind ging sie mit ihrem Vater in die Kneipe und saß dabei, wenn er und seine Kumpels tranken. Ihre Mutter war immer mit der Arbeit beschäftigt und wenn sie zu Hause war, kochte sie entweder oder erledigte Hausarbeiten. Betty sehnte sich nach der Zuneigung ihrer Mutter, die sie als nicht verfügbar erlebte. Wie John eiferte auch sie ihrem andersgeschlechtlichen Elternteil nach, um die Liebe ihres gleichgeschlechtlichen Elternteils zu gewinnen. Betty trug Jungenkleidung, hatte kurze Haare und verhielt sich maskuliner. All diese Maßnahmen waren jedoch wirkungslos, um die Zuneigung und Aufmerksamkeit ihrer Mutter zu gewinnen.

Gleichgeschlechtlich-emotionale Wunden

In der Vater-Sohn- oder Mutter-Tochter-Beziehung kommt es zu einer gleichgeschlechtlichen Wunde, wenn das Kind seinen gleichgeschlechtlichen Elternteil als kalt, distanziert, abwesend, passiv, ausfallend oder unerreichbar erlebt. Diese gleichgeschlechtlich-emotionale Wunde ist ein absoluter *Schlüsselfaktor* in der Entwicklung gleichgeschlechtlicher Neigung. Im Herzen vieler Männer und Frauen, die gleichgeschlechtliche Neigung erleben, gibt es ein Empfinden von Distanz, ein inneres Sich-Abwenden vom gleichgeschlechtlichen Elternteil. Dies kann völlig unbewusst sein, da die entsprechende Prägung bereits im Mutterleib oder in sehr früher Kindheit erfolgt sein kann. 90 % des Gehirns sind entwickelt, wenn ein Kind drei Jahre alt ist, und Erfahrungen von Entfremdung, die in den allerersten Lebensjahren geschehen, sind tief im Unterbewusstsein verankert. Das ist der Grund, warum so viele Menschen, die SSA erleben, sagen: „So weit ich mich zurückerinnern kann, dachte ich, ich sei schwul bzw. lesbisch."

Moberly und Nicolosi kommen zu dem Ergebnis, dass der prähomosexuelle Junge in seiner Vaterbeziehung eine Verletzung oder Enttäuschung erlebt hat.[56] Um sich vor weiteren Verletzungen zu schützen, hat der Junge eine Distanz, eine emotionale Blockade zwischen sich und seinem Vater aufgebaut. Er kann sich mit dem Vater bezüglich des Geschlechts nicht identifizieren, sondern lehnt – aufgrund der erfahrenen Verletzung – den Vater und das, wofür er steht, nämlich die Männlichkeit, ab. Mehr über Bindungsstörungen findet sich in den Werken von John Bowlby.[57]

Der Vater hat möglicherweise Schwierigkeiten, zu seinem Sohn eine Beziehung aufzubauen, wenn dieser übersensibel ist und/oder sich geschlechtsuntypisch verhält. Vielleicht ist er auch mit seinen eigenen Problemen so beschäftigt, dass er keine Zeit für den Sohn hat. Oder er gibt seine Erziehungsverantwortung ganz an seine Frau ab. Vielleicht hat er seine Familie verlassen – oder er ist zwar körperlich anwesend, aber emotional unerreichbar. Der Junge erlebt seinen Vater als gefühlsmäßig distanziert, möglicherweise auch als verbal oder tätlich verletzend und als für die Nöte und Bedürfnisse des Kindes „nicht da". In manchen Fällen kommt es auch zu einer emotionalen Verstrickung, einem Verlust von Grenzen zwischen Vater und Sohn: Der Vater macht den Sohn zum „Kameraden", und der Sohn verliert in dem Bemühen, für seinen Vater zu sorgen, seine eigene Identität.

Wenn der Sohn vom Vater Missbilligung, Enttäuschung über ihn oder Distanzierung erfährt, zieht sich der Junge möglicherweise verletzt aus der Beziehung zurück – „Mein Vater will mich nicht." Es kommt zu einer tiefen Ambivalenz gegenüber dem gleichgeschlechtlichen Elternteil: „Ich brauche dich, aber du willst mich ja nicht. Also bleib mir vom Leib, aber komm doch und nimm mich in den Arm, aber das tut so weh." Dr. Moberly nennt dies eine „defensive Abkoppelungs-Reaktion"[58], Dr. Martha Welch spricht von Bindungsstress oder Bindungs-Last (attachment strain).[59] Das Kind schützt sich vor weiteren Verletzungen, indem es einen imaginären

Schutzschild um seine Seele legt und zu seinem gleichgeschlechtlichen Elternteil auf Abstand geht.

Diese Ambivalenz gegenüber dem Vater und dem, was er verkörpert, der Männlichkeit und damit auch gegenüber dem eigenen Geschlecht, führt zu einer Hass-Liebe. Der Junge sucht Bindung zu einem Mann, aber dieses Bedürfnis ist verbunden mit dem zornigen und verletzten kleinen Jungen. Das ist ein Grund, warum Beziehungen unter Schwulen so kurzlebig sind. Die ambivalenten, also gegensätzlichen Gefühle gegenüber Männern sind verantwortlich für eine u. U. lebenslange Blockade gegen eine volle Identifikation mit der eigenen Männlichkeit.[60]

Diese defensive Abkopplung – sie ist im Allgemeinen unbewusst – schneidet den Jungen psychisch und emotional von seinem Vater und damit seinem männlichen Vorbild ab. Er wird dem Vater, sich selbst und den anderen Personen gleichen Geschlechts entfremdet – „Ich bin anders." Indem er das erste Rollenvorbild für Männlichkeit ablehnt, lehnt er zutiefst die Entwicklung der eigenen Männlichkeit ab.

Der Sohn fühlt sich auf einer sehr tiefen Ebene von seinem Vater abgelehnt. Die Ursache dafür muss nicht notwendigerweise im Verhalten des Vaters liegen; sie kann auch tief im Kind selbst liegen, in einer ererbten Neigung, sich schnell abgelehnt zu fühlen, oder in einem Ablehnungserlebnis während der Schwangerschaft. (Über Erfahrungen im Mutterleib werde ich unter „Andere Faktoren" mehr sagen.) David Seamands schreibt: „Kinder sind die besten Empfänger der Welt, aber die schlechtesten Interpreten."[61]

Der eineinhalb- bis dreijährige Junge hat eine zusätzliche Entwicklungsaufgabe im Vergleich zu den Mädchen (in dieser Phase lernt das Kind zu laufen und zu sprechen): die Individuation und Abnabelung von seiner Mutter und gleichzeitig die Einführung in die Welt der Männer durch seinen Vater oder ein anderes männliches Rollenvorbild. Auch das Mädchen hat in diesem Alter die Aufgabe der Individuation und Abnabelung, aber es kann sich geschlechtsmäßig weiterhin mit seiner Mutter, dem primären weiblichen Rollenvorbild, identifizieren. Es gibt drei Dinge, die den Jungen seines männlichen Rollenvorbildes und seiner neuen Kraftquelle berauben können: 1. Die Mutter lässt ihren Jungen nicht los. – 2. Der Vater ist nicht da oder übergibt die Erziehungsverantwortung ganz der Mutter. – und/ oder 3. Der Sohn fühlt sich vom Vater abgelehnt. Die Bedeutung dieser

Altersstufe für die Entwicklung einer gesunden Beziehung zum Vater oder anderen Männern kann kaum überschätzt werden.[62]

In einem Kinderbuch heißt es: „Gott – das ist Mamas lieber Kuss und Papas warme, starke Arme." Das Bild zeigt einen Vater und eine Mutter, die ihre Kinder umarmen. Die Eltern sind für ein Kind Gottes männliche und weibliche Stellvertreter. Wenn ein Kind sich von seinem männlichen oder weiblichen Stellvertreter Gottes abkoppelt, koppelt es sich von seinen Rollenvorbildern der Geschlechtsidentität ab. Eine defensive Abkopplung von Vater oder Mutter kann daher zu einer defensiven Abkopplung von Gott führen.

Hier liegt der Grund, warum es dem Erwachsenen später trotz allen Bemühens nicht gelingen will, sich von seiner gleichgeschlechtlichen Neigung frei zu machen. Denn an der Wurzel dieser Neigung liegt der Wunsch nach „Vervollständigung", die Sehnsucht, vergangene Mängel, Defizite – die in der frühen Kindheit ungenügend erfolgte Beziehungsbildung zum gleichgeschlechtlichen Elternteil – endlich auszugleichen.[63]

In seinem Buch *Counseling the Homosexual* stellt Michael Saia ein Fünf-Phasen-Modell der Entwicklung gleichgeschlechtlicher Neigung vor:

- Phase 1: Das Kind fühlt sich vom gleichgeschlechtlichen Elternteil *abgelehnt*.
- Phase 2: Das Kind *lehnt* seinerseits den gleichgeschlechtlichen Elternteil ab.
- Phase 3: Das Kind *lehnt* seine eigene Männlichkeit (bzw. Weiblichkeit) ab, indem z. B. der Junge sich unbewusst sagt: „Wenn Männer so sind, dann will ich keiner werden."
- Phase 4: Das Kind *lehnt* sich selbst ab, weil es das gleiche Geschlecht hat wie der Elternteil, den es abgelehnt hat. Seine unbewusste Schlussfolgerung: „Wenn Papa nichts taugt und wenn er ein Mann ist, dann tauge ich nichts, weil ich ein Junge bin."
- Phase 5: Das Kind *lehnt* andere Personen seines Geschlechts als Selbstschutz gegen künftige Verwundungen ab.[64]

Während und nach der Pubertät werden die ungestillten gleichgeschlechtlichen Bedürfnisse als homosexuelle Gefühle erlebt. Es folgt der womöglich lebenslange Versuch, diese Beziehungsbedürfnisse durch homosexuelle Beziehungen zu stillen.

Natürlich kann die defensive Abkopplung auch gegenüber dem andersgeschlechtlichen Elternteil erfolgen. Dies ist einer der Gründe dafür, warum so viele Ehen scheitern und so viele Männer und Frauen zwar nach einem Partner suchen, sich aber sehr schwer tun mit dem Aufbau einer von echter Nähe und Intimität gekennzeichneten Beziehung. Die defensive Abkopplung gegenüber dem andersgeschlechtlichen Elternteil sitzt zu tief. *Diese Menschen stecken in einer andersgeschlechtlichen Beziehungsstörung (Opposite Sex Attachment Disorder – OSAD)*, und solange ihre Wunden nicht verheilt sind, werden ihre Versuche nach Beziehungen von inniger Nähe immer wieder durch defensive Verhaltensweisen gestört werden. (Mehr darüber erfährst du in meinem Buch *Healing Humanity: Time, Touch, and Talk*.)

Chris' Vater war autoritär und überstreng. Chris war sensibel und erlebte die väterliche Strenge als persönliche Zurückweisung. Er flüchtete sich in die Welt seiner Mutter und identifizierte sich mehr mit ihr und seiner Schwester als mit seinem Vater und Bruder. Dies ging auch im Schulalter weiter. Chris war stets der Liebling der Lehrer und brachte in den geistigen Fächern ausgezeichnete Leistungen, aber mit den anderen Jungen in der Klasse kam er nicht zurecht. Als Erwachsener gab sich Chris Fantasien hin, in denen er mit den Männern, die er bewunderte, sexuelle Beziehungen hatte. Sein Bedürfnis nach mehr Liebe und Anerkennung von seinem Vater hatte sich nach der Pubertät in sexuelle Sehnsüchte verwandelt. Heute ist Chris dabei, mehr ein Mann unter Männern zu werden; er kann jetzt offener mit seinem Vater reden und lernt es, Freundschaften mit anderen Männern zu schließen.

Tom war ein anderer junger Mann, der zu mir in die Therapie kam. Als er das erste Mal kam, hielt er die Beziehung zu seinem Vater für fast perfekt. Es dauerte einige Zeit, bis wir das Knäuel entwirrt hatten, denn Toms Vater hatte ihn zu seinem Freund und Vertrauten gemacht und Tom hatte das halbe Leben damit verbracht, die seelischen Wunden und Schwächen seines Vaters auszugleichen. Seit Toms Kindheitsjahren hatte sein Vater all seine Probleme und seinen Schmerz mit ihm geteilt. Der Vater hatte sich von seiner Umgebung isoliert, sein einziger Freund war sein Sohn. Tom hatte entsprechend gelernt, seine eigenen Gefühle und

Bedürfnisse zu verleugnen und in die Rolle des Retters, besten Freundes und Vertrauten seines Vaters zu schlüpfen.

Nachdem Tom mehr Selbstwertgefühl entwickelt und klare Grenzen aufgebaut hatte, begann er den Prozess der Individuation und Abgrenzung von seinem Vater – was ihm zunächst Angst machte. Jedes Mal, wenn er einen Rückfall hatte und – für seinen Vater oder andere Autoritätsfiguren – wieder der liebe kleine Junge war, kam die gleichgeschlechtliche Neigung hoch. War er dagegen fest und drückte sich auf eine gesunde, positive, bestimmte Weise aus, erfuhr er eine ganz neue Männlichkeit. Es wird deutlich, wie seine SSA ein Symptom, eine defensive Reaktion auf vergangene und gegenwärtige Konflikte war.

Tom arbeitete daran, seine Beziehung zu seinem Vater zu verändern. Heute ist er erwachsen und nicht mehr der liebe kleine Junge. Er wartet nicht mehr darauf, dass sein Vater sich *gefälligst ändern* solle, sondern nimmt selbst die notwendigen Veränderungen in seinem Leben vor, um in seine von Gott gegebene männliche Identität hineinzuwachsen.

Nicht wenige meiner Klienten waren Männer, deren Väter im Militär oder im Gemeindedienst tätig und durch ihren Beruf bedingt oft längere Zeit nicht zu Hause waren, worauf ihre Söhne sich von ihnen verlassen fühlten. Andere hatten Väter, die zwar körperlich präsent, aber emotional abwesend waren; was sie auch taten, um die Zuwendung des Vaters zu gewinnen, er war gleichsam unerreichbar. Andere hatten Väter, die arbeitssüchtig waren. Sie waren nie genügend lange zu Hause, um ein Teil des Lebens ihrer Söhne zu werden. Oder der Vater war Alkoholiker, drogensüchtig, sportsüchtig oder jähzornig. Manche wussten nie, ob ihr Vater im nächsten Augenblick der Nette oder der Böse sein würde; jede Sekunde mussten sie auf der Hut sein.

Geschwisterwunden / Familiendynamik

Der Prä-SSA-Junge, der temperamentsmäßig anders ist oder eine körperliche Behinderung hat, kann Zielscheibe emotionalen, geistigen, körperlichen und/oder sexuellen Missbrauchs durch Geschwister oder Verwandte sein. Beißende Kritik durch gleichgeschlechtliche Geschwister (vor allem wenn sie älter sind) kann zur Störung der Geschlechtsidentität beitragen[65] – ein weiterer Faktor, der das schwache Selbstbild des Jungen verstärkt.

Das potenziell homosexuell orientierte Kind kann das älteste, mittlere, jüngste oder einzige Kind im Familiensystem sein. Das Älteste kann der Familienheld oder das Kind mit der Elternrolle werden, das sozusagen in eine Erwachsenenrolle schlüpft, um die Familienprobleme zu lösen, damit aber das Empfinden einer eigenen Identität verliert. Das zweitälteste Kind wird manchmal der Rebell und entwickelt entsprechende Verhaltensauffälligkeiten. Der Rebell reagiert sich auf negative Art ab, um Aufmerksamkeit und Zuwendung zu bekommen. Das mittlere Kind zieht sich womöglich zurück und hat – scheinbar – nicht so viele Bedürfnisse wie das älteste oder jüngste. Es wird unsichtbar, schüchtern und isoliert sich. Das Jüngste dagegen ist oft das verwöhnte Kind. Es kann auch der Empfänger der unausgedrückten Gefühle des gesamten Familiensystems sein; wenn es diese dann zum Ausdruck bringt, gilt es als das „Problemkind". Um Aufmerksamkeit und Zuwendung zu erhalten, wird das Jüngste zuweilen zum Familienclown oder Schauspieler.

> Bernd war das jüngste von vier Kindern. Sein älterer Bruder Markus war der Familientyrann. Markus und sein Vater hatten eine extrem antagonistische Beziehung. Der Vater ließ seine Wut an Markus aus, und der dann wiederum an Bernd. Wenn keiner in der Nähe war, der es sehen konnte, schlug Markus Bernd. Er demütigte ihn auch mit Worten („Memme", „Homo", „Schwuchtel"). Bernd lebte in ständiger Angst vor den Wutanfällen seines Bruders. Das Ergebnis war, dass er sich noch mehr von seinem Vater und von Männern allgemein zurückzog. Eine Strategie für Bernd, mit dem Beziehungsstress mit seinem Bruder, seinem so fernen alkoholisierten Vater und der ungesund engen Beziehung zu seiner Mutter fertig zu werden, bestand darin, den Friedensstifter in der Familie zu spielen. Wenn die Geschwister oder die Eltern sich wieder einmal stritten, war Bernd sofort zur Stelle, um die Situation zu glätten. Er war der Künstler, der Harmonie in das Chaos zu bringen versuchte.

Ähnliche Muster gab es bei etlichen meiner Klienten: Sie waren von ihren gleichgeschlechtlichen Geschwistern wegen ihrer erhöhten Sensibilität schlecht behandelt und kritisiert worden. Viele wurden gehänselt. In vielen

Fällen hatten die älteren Brüder eine schlechte Beziehung zu ihrem Vater und ließen dann ihre Frustrationen am jüngeren Bruder aus. Andere spielten die Rolle des Familienhelden – gute Noten, der liebe Junge – aber was sie auch versuchten, sie bekamen nie die Liebe, nach der sie sich so sehnten.

Körperbild-Wunden

Spätentwickler, Frühreife, körperliche Behinderung, zu groß, zu klein, zu dick, zu dünn – diese und andere Probleme (bzw. die Reaktionen von Gleichaltrigen, Eltern, Geschwistern oder anderen Menschen darauf) können zu seelischen Wunden in Bezug auf das eigene Körperbild führen. Körperbild-Wunden scheinen auf der Skala der zur Homosexualität beitragenden Faktoren recht hoch zu stehen. Viele, wenn nicht alle meiner männlichen Klienten hatten ein gestörtes Selbstwertgefühl, weil ihr Körper oder Teile ihres Körpers ihnen irgendwie nicht gut genug schienen. Sie hatten sich vom gleichgeschlechtlichen Elternteil distanziert, dann von ihrem eigenen Geschlecht und schließlich vom eigenen Körper. Denn dieser Körper erinnerte sie so sehr an das Geschlecht, welches sie doch gar nicht wollten.

In der Jugendzeit entwickelten sich einige nicht so schnell wie die anderen und fühlten sich dadurch den Gleichaltrigen unterlegen. Andere waren entweder übergewichtig oder besonders dünn, wieder andere fühlten sich wegen ihrer geringen Körpergröße minderwertig. Oder sie hatten körperliche Behinderungen und wurden (oder fühlten sich) entsprechend gehänselt und abgelehnt.

> Ich arbeitete mit einem großen, gutaussehenden Mann namens Dirk zusammen. Wenn du ihn gesehen hättest, hättest du dir nicht vorstellen können, dass er jemals mit seinem Körperbild zu kämpfen hatte. Heute ist Dirk ein Bodybuilder und sehr muskulös. Aber in der Schule hatte er sich sportlich inkompetent und in Beziehungen den anderen Jungs gegenüber minderwertig gefühlt. Um diese Wunden im Erwachsenenalter zu heilen, betrieb er eine Reihe von Sportarten, lernte einer dieser Typen zu sein, und hatte endlich Spaß an sich selbst. Mehrere Organisationen, die Menschen dabei helfen, von ungewollter SSA zu heilen, organisieren Sportaktivitäten, die ihnen helfen können, ihre Angst vor Sport und Wettbewerb zu überwinden.

Daniel war Feuerwehrmann und äußerlich der typische Macho: stattlich, muskulös, athletisch und gepflegt. Er fühlte sich jedoch anderen Männern unterlegen und sexuell zu Jungen in der Pubertät hingezogen. Daniel war ein Spätentwickler, der erst mit 15 Jahren in die Pubertät gekommen war. Wenn er sich nach dem Sportunterricht mit den anderen Jungen duschte, schämte er sich seines so wenig erwachsenen Körpers. Seinem Vater mochte er von seiner Not nichts sagen. Der Vater war alkohol- und arbeitssüchtig, und wenn er betrunken war, auch gewalttätig. Da Daniel diese wichtige Phase seines Lebens nicht verarbeitet hatte, war ein Teil seiner Person in eben dieser psychosexuellen Entwicklungsphase stecken geblieben. Obwohl er als Erwachsener ein starker, stattlicher Mann war, fühlte er sich nach wie vor wie der pubertäre Junge, der mit anderen Männern nicht mithalten konnte.

Einige Männer, die ich beriet, waren besonders klein. Das hatte Einfluss auf ihre Unsicherheit in Bezug auf ihr Geschlecht. Da sie gleichzeitig gefühlsmäßig von ihren Vätern abgekoppelt waren, fühlten sie sich anderen Jungen unterlegen. Andere waren übergewichtig, sehr dünn oder hatten irgendeine Behinderung. Dies trug jedes Mal zu mehr Entfremdung vom eigenen männlichen Körper bei.

Sexueller Missbrauch

Ein hoher Prozentsatz von Erwachsenen, die gleichgeschlechtliche Neigung erleben, sind als Kind sexuell missbraucht worden – das zeigen Studien und klinische Beobachtungen. Man rechnet, dass in den USA etwa 90 % der Frauen, die gleichgeschlechtliche Neigung erleben, als Kinder von heterosexuellen Männern missbraucht wurden; bei den Männern, die gleichgeschlechtliche Neigung erleben, liegt die Rate verschiedenen Studien zufolge zwischen 75 und 85 %.[66]

Patrick Dimock[67] und Mike Lew[68] ermittelten, dass sexueller Missbrauch in der Kindheit zu einer Verunsicherung in Bezug auf die eigene sexuelle Orientierung führt. David Finkelhor, ein führender Forscher auf dem Gebiet des sexuellen Kindes-Missbrauchs, sowie Johnson und Shrier fanden eine statistisch hohe Korrelation zwischen sexuellem Missbrauch in der Kindheit und homosexuellem Verhalten in Pubertät und

Erwachsenenalter. „Bei Jungen, die von älteren Männern missbraucht worden sind, ist die Wahrscheinlichkeit, dass sie sich als Erwachsene homosexuell verhalten, über viermal größer als bei nicht missbrauchten Jungen."[69] Johnson und Shrier fanden bei ihrer über sechs Jahre gehenden Studie mit Heranwachsenden heraus, dass die jungen Männer, die als Kinder missbraucht worden waren, „sich fast siebenmal so oft als derzeit homosexuell und fast sechsmal so häufig als bisexuell" identifizierten im Vergleich mit nicht in der Kindheit missbrauchten Jugendlichen.[70]

Dr. Charles Socarides und andere Therapeuten haben die Beobachtung gemacht, dass ein hoher Prozentsatz ihrer Patienten als Kinder sexuell missbraucht wurde. Wendy Maltz und Beverly Holman bestätigen: „Studien mit Jungen, die von Männern sexuell missbraucht wurden, zeigen in der Tat, dass ein hoher Prozentsatz von ihnen sich im Erwachsenenalter homosexuell verhält."[71] Auch Leiter von Hilfsorganisationen für Ex-Schwule bezeugen, dass viele der Männer und Frauen, die Hilfe bei ihnen suchen, als Kinder sexuell missbraucht wurden.

Die meisten sexuell missbrauchten Kinder hatten zum Zeitpunkt des Missbrauchs bereits eine defensive Abkopplung zum gleich- oder andersgeschlechtlichen Elternteil. Besonders leicht zum Opfer eines männlichen Täters wird das seinem Vater entfremdete und mit der Mutter überidentifizierte männliche Kind. Die Täter scheinen ein Gespür für Kinder mit diesen unerfüllten gleichgeschlechtlichen Bedürfnissen zu haben. Meist gehört der Täter zur Familie oder ist ein enger Freund der Familie. Das Heimtückische am Missbrauch ist, dass er fast immer als gefühlsmäßige Nähe beginnt und erst später sexuell wird. Der Täter gewinnt das Vertrauen des Kindes und erfüllt dessen Bedürfnisse nach Zuwendung und Bestätigung von einem Erwachsenen des eigenen Geschlechts, antwortet also auf fundamentale gleichgeschlechtliche Liebesbedürfnisse. Dann steuert er die Beziehung in Richtung Sex. Für das innerlich hungrige, leicht zu beeindruckende Kind ist dies eine sehr verwirrende Botschaft. Die seelische Prägung, die sich auch in das Gehirn eingraviert, bringt die verwirrende Botschaft, dass Liebe, homosexueller Sex, Nähe und Zuwendung dasselbe seien. „Manche Missbrauchsopfer übernehmen die sexuelle Orientierung und die Rolle, die sie bei dem Missbrauch spielten, weil sie dabei sexuell erregt wurden und nun meinen, diese Erregung beweise die (homo-)sexuelle Orientierung, die sie bei dem Missbrauch hatten, als die richtige."[72] Da das Kind nach der

Liebe des gleichgeschlechtlichen Elternteils hungert, sich aber gleichzeitig davon abgeschnitten fühlt, kann es das erlernte homosexuelle Verhalten wiederholen, um seine Bedürfnisse nach Liebe und Annahme irgendwie zu stillen.

Stephans Vater, ein Alkoholiker, misshandelte sowohl seine Frau als auch Stephan körperlich. Als er sechs Jahre alt war, wurde Stephan von einem Nachbarn sexuell missbraucht. Im Alter von neun und zehn Jahren geschah dies erneut durch ältere Jungen aus der Gemeinde. Diese Erfahrungen und seine Abneigung gegenüber seinem Vater legten den Grundstein für sein homosexuelles Verhalten im Erwachsenenalter. Durch eine erfolgreiche Therapie war Stephan in der Lage, die Verluste seiner Vergangenheit zu betrauern, gesunde männliche Freundschaften zu erleben und seine SSA zu überwinden.

Howards Vater war geschäftlich viel unterwegs, und wenn er zu Hause war, verhielt er sich seinem Sohn gegenüber passiv. Mit vier Jahren wurde Howard von einem älteren Schuljungen sexuell missbraucht. Er hatte diesen schon einige Zeit gekannt und von ihm Aufmerksamkeit und Zuwendung erhalten – und schließlich sexuelle Intimität. So formte sich ein bestimmtes Muster in Howard: Um Liebe von einem Mann zu bekommen, musste er Sex mit ihm haben. Als Erwachsener flüchtete sich Howard jedes Mal, wenn der Druck in seinem Leben zu groß wurde, in homosexuelles Verhalten. Dies war sein Ventil und sein „schnelles Rezept" für Beziehungen zu Männern.

Ich kann Dutzende ähnlicher Fälle aufzählen, die zeigen, dass sexueller Missbrauch ein weiterer Faktor ist, der zu homosexuellen Gedanken beitragen kann.

Homo-soziale oder Gleichaltrigen-Wunden

Einige Personen mit SSA erfuhren Beschimpfungen und Herabsetzungen wie „Musterknabe", „Streber", „Schwuchtel" usw. Bei solchen Jungen könnten Raufereien und sportliche Aktivitäten gefehlt haben. Mädchen andererseits waren möglicherweise bei vielen maskulinen Aktivitäten dabei.

Auch diese Art seelischer Verletzungen und Wunden rangiert oben auf der Skala der SSA begünstigenden Faktoren. Die meisten Menschen mit gleichgeschlechtlicher Neigung fühlten sich als Kinder als Außenseiter. Dabei scheint es zwei Extreme zu geben: Überlegenheit („Ich bin besser als ihr alle") und Minderwertigkeit („Ich tauge nichts"), wobei der Einzelne im Laufe eines Tages etliche Male zwischen beiden Extremen hin und her wechseln kann.

„Ein Vater kann seine Kinder in einer anderen Weise beeinflussen als die Mutter, besonders wenn es um Bereiche wie die Beziehung zu Altersgenossen und die schulische Leistung geht. So gibt es Hinweise, dass Jungen, deren Väter nicht bei ihnen leben, es schwerer haben, ein Gleichgewicht zwischen männlichem Selbstbewusstsein und Zurückhaltung zu finden. Es ist auch schwieriger für sie, sich Selbstbeherrschung beizubringen und auf sofortige Erfolgserlebnisse zu verzichten. Diese Fertigkeiten gewinnen aber zunehmend an Bedeutung, wenn sie Freundschaften schließen wollen und nach schulischem und beruflichem Erfolg streben. Die positive Gegenwart des Vaters kann freilich auch bezüglich der schulischen und beruflichen Erfolge eines Mädchens von Bedeutung sein, obwohl die Forschungsdaten hier weniger eindeutig sind. So viel ist jedoch klar: Mädchen, deren Väter an ihrem Leben teilnehmen, neigen vergleichsweise seltener zu früher sexueller Promiskuität und sind besser vorbereitet, als erwachsene Frauen gesunde Beziehungen zu Männern einzugehen."[73]

Dr. Gerard van den Aardweg ist der Auffassung, dass ein Außenseiterstatus gegenüber Gleichaltrigen ein Hauptfaktor für die Entstehung von SSA ist. „Die stärkste Korrelation besteht nicht zwischen Homosexualität und Vater-Kind- oder Mutter-Kind-Beziehungen, sondern zwischen Homosexualität und Beziehung zu den Gleichaltrigen. […] Sich weniger männlich bzw. weniger weiblich als die gleichaltrigen Geschlechtsgenossen zu fühlen, bedeutet so viel wie: ‚Ich gehöre nicht dazu.'"[74]

Viele prähomosexuelle Jungen haben eine mangelnde Augen-Hand-Koordination und wenig sportliche Begabung und fühlen sich daher ihren männlichen Schulkameraden unterlegen. Selbst wenn sie sich sportlich betätigen, haben sie ein Minderwertigkeitsgefühl. Manche künstlerisch veranlagten Jungen ziehen sich ganz zurück, entweder von Natur aus oder als Abwehrreaktion auf die Erfahrung, sich weder beim Vater noch bei den Brüdern noch im eigenen Körper wohlzufühlen. Um das Minderwertigkeitsgefühl zu kompensieren, kann die Flucht in einen ungesunden Perfektionismus erfolgen, der ein Versuch der Seele ist, Anerkennung und Annahme von anderen zu erhalten.

„Erkenntnisse über eine Verbindung zwischen körperbetontem väterlichen Spielverhalten und der kindlichen Fähigkeit, mit Gleichaltrigen auszukommen, haben Ross Parkes und Kevin MacDonalds in ihren Studien mit drei- und vierjährigen Kindern und ihren Vätern ermittelt. Sie haben zwanzigminütige Spielperioden von Kindern und Vätern beobachtet. Dabei stellte sich heraus, dass die Kinder, deren Väter stark körperbetont spielten, bei ihren Spielkameraden am beliebtesten waren. Dabei gab es allerdings einen ebenso interessanten wie wichtigen Unterschied: Kinder mit stark körperorientierten Vätern waren selbst nicht dominant und übten keinen Druck aus. Kinder von körperorientierten und gleichzeitig herrischen Vätern waren am wenigsten beliebt. Weitere Studien haben ähnliche Ergebnisse erbracht. Es wurde durchweg festgestellt, dass Kinder die besten sozialen Fähigkeiten entwickeln konnten, wenn ihr Vater ihnen positiv zugewandt war und ihnen erlaubte, den Spielverlauf mitzubestimmen."[75]

Viele athletisch veranlagte Frauen waren als Kinder dem Spott anderer Mädchen ausgesetzt. Manche Mädchen spielten aufgrund von Veranlagung und/oder Erziehung lieber Fußball als mit Puppen. Wenn gleichzeitig andere Faktoren wie gleichgeschlechtliche und/oder andersgeschlechtliche Wunden vorhanden sind, kann dies zusammen zur Entwicklung gleichgeschlechtlicher Neigung beitragen.

Für den Heilungsprozess ist es von großer Bedeutung, dass Männer lernen, sich als Männer unter Männern als Teil der Männerwelt zu fühlen. Für Frauen gilt das Entsprechende. Die Teilnahme an männlichen Aktivitäten (bei Männern) bzw. an weiblichen Aktivitäten (bei Frauen) kann für einige wichtig sein, um eine gesunde Geschlechtsidentität zu erfahren.

> David war von der Grundschule bis zum Abitur ein Musterschüler. Er erhielt viel Lob und zahlreiche Auszeichnungen für gute Leistungen und vorbildliches Verhalten. Aber mit seinen Mitschülern kam er nie zurecht. Er war ein verhinderter kleiner Erwachsener, der niemals wirklich Kind gewesen war. Er wusste zu früh zu viel und war der Vertraute und Freund seiner Mutter.

Christian war ein sehr religiöser Junge. Er war in der Kirchgemeindejugend aktiv, nahm an Freizeiten teil, kannte sich in der Bibel aus und wurde von anderen als Leitfigur gesehen. Aber er war seinem Vater extrem entfremdet und glaubte, dass er anders war als andere Jungen. In der Schule nannten viele ihn „Schwuchtel", „Homo" oder „Memme". Er hasste sich selbst und sehnte sich nach der Liebe eines Mannes.

Ob im Ballwerfen oder im Hundertmeter-Lauf – Roland war sportlich eine Null. Sein Vater, ein vielbeschäftigter Lehrer, hatte keine Zeit für ihn, und Roland fühlte sich abgeschoben und deshalb minderwertig. Aufgrund seines überaus sensiblen, in sich zurückgezogenen Naturells bat er seinen Vater nie um Rat, sondern trug seine Wunde durch seine ganze Kindheit und Jugendzeit hindurch in sich vergraben mit. Wenn die anderen Kinder in den Schulpausen ihre Mannschaftsspiele machten, saß er still daneben und schaute ihnen sehnsüchtig zu; er durfte nie mitmachen.

Kulturelle Wunden

Kulturelle Wunden werden durch die Medien, das Bildungssystem, die Unterhaltungsindustrie, das Internet und die Pornografie verursacht. Diese Einflüsse führen zu mentalen Fehlwahrnehmungen. Heute glauben viele blindlings an den „Mythos", dass Homosexualität im Wesentlichen angeboren und unveränderlich sei. Dies jedoch wird durch die wissenschaftliche Forschung nicht gestützt. Einige behaupten, dass verschiedene Tiere homosexuell orientiert sind. „Bevorzugte Homosexualität kommt bei keiner Säugetierspezies natürlich vor. Männliche und weibliche Unterschiede sowie heterosexuelle Präferenzen sind auf der phylogenetischen Skala ziemlich einheitlich."[76]

Lesbische, schwule, bisexuelle, transsexuelle und queere (LGBTQ) Aktivisten haben eine Strategie der „Großen Lüge" benutzt. Sie ist ganz einfach und funktioniert so: Wenn man etwas lange genug und laut genug wiederholt, wird es im Laufe der Zeit als Tatsache akzeptiert. Einige Beispiele: „Schwule sind schlicht so geboren." – „Einmal schwul, immer schwul." – „Homosexuelle können sich nicht ändern." – „Zehn Prozent der Bevölkerung sind schwul." Alles Mythen, und alle sind falsch.

Wenn man einen Frosch in kochendes Wasser taucht, springt er sofort heraus. Taucht man ihn in lauwarmes Wasser, schwimmt er fröhlich. Erhöht man dann ganz allmählich die Temperatur, merkt er zunächst nichts davon, aber wenn das Wasser zu kochen beginnt, stirbt er jämmerlich.

So hat sich auch unsere gesellschaftliche Einstellung zur Homosexualität gewandelt. Früher hatte man Vorurteile und missverstand die Homosexualität. Heute heißt man sie gut, akzeptiert sie und missversteht sie immer noch. LGBTQ-Aktivisten haben diese Mythen über Jahrzehnte hinweg wiederholt. Ohne dass wir es merken, wird Homosexualität heute als angeboren und unveränderlich akzeptiert.

Viele Menschen glauben diese Mythen über die Homosexualität, die heute im Internet, von den Medien, der Unterhaltungsindustrie, dem Bildungssystem, dem psychologischen Establishment und manchen religiösen Institutionen verbreitet werden. Die hartnäckige Wiederholung dieser Falschinformation hat die jüngere Generation und viele wohlmeinende Menschen dazu gebracht, sich diese Mythen zu eigen zu machen.

In den meisten Schulen, Hochschulen und Universitäten auf der ganzen Welt wird unseren Kindern unter dem Vorwand von Menschenrechten und sozialer Gleichheit beigebracht, dass Menschen mit SSA geboren werden und sich nicht verändern könnten. Gerade diese Mythen aber sind ein weiterer Faktor, der Menschen zum entscheidenden Schritt verleiten kann, eine Schwulen-Identität anzunehmen. Hier werden Jugendliche in einem leicht zu beeinflussenden Alter, wenn sie noch dabei sind, ihre sexuelle Identität zu finden, kulturell indoktriniert. Die Scheidungsrate in den USA liegt derzeit bei 50 %, was bedeutet, dass viele Kinder weitgehend ohne gleichgeschlechtlichen Elternteil aufwachsen. Nach Untersuchungen der National Fatherhood Initiative lebten 2017 in den USA etwa 19,7 Millionen Kinder (also beinahe eines von vier) als Kinder alleinerziehender Mütter (http://www.fatherhood.org/fatherhood-data-statistics). Das lässt Kinder gegenüber kulturellen und gesellschaftlichen Einflüssen deutlich schutzloser dastehen.

Einige der LGBTQ-Aktivisten sagen: „Unsere erste Aufgabe ist die Desensibilisierung der amerikanischen Öffentlichkeit gegenüber Schwulen und Schwulenrechten. [...] Wir werden die Massen nie davon überzeugen können, dass Homosexualität etwas Gutes ist. Aber wenn wir sie dahin bekommen, dass sie es mit einem Achselzucken für etwas ganz Normales ansehen, dann ist der Kampf um unsere Rechte in Gesetz und Gesellschaft praktisch gewonnen."[77]

Heute kann sich jedes Kind pornografische Darstellungen im Internet anschauen, die jede denkbare und nicht-denkbare Variante sexueller Handlungen zwischen zwei oder mehr Männern oder Frauen zeigen. Dies ist Missbrauch der Seelen unserer Kinder. Außerdem wird in vielen Schulen im Sexualkundeunterricht gelehrt, dass es normal ist, schwul zu sein, ohne dass Alternativen aufgezeigt werden, z. B. die Möglichkeit, von SSA zu andersgeschlechtlicher Neigung zu wechseln.

In Fernsehshows, Filmen und Lokalnachrichtensendungen werden Homosexualität und homosexuelle Beziehungen positiv dargestellt. Immer mehr nach Liebe und Zuwendung hungernden Kindern wird das Wissen vorenthalten, dass Veränderung möglich ist, da Menschen nicht einfach mit SSA geboren werden.

Die „Schwulenrechtsbewegung", die Medien, das Bildungssystem und das psychiatrische Establishment in den USA wollen uns einreden, Homosexualität sei normal, angeboren und unveränderlich. Schauen wir uns einige der Statistiken über homosexuelles Verhalten an:

- Sexuell übertragbare Krankheiten (Sexually Transmitted Diseases – STDs) nehmen unter schwulen und bisexuellen Männern zu, wobei landesweit ein Anstieg von Syphilis zu verzeichnen ist. Im Jahr 2014 machten schwule, bisexuelle und andere Männer, die Sex mit Männern hatten, 83 % der primären und sekundären Syphilisfälle mit bekanntem Geschlecht des Sexualpartners in den USA aus. Schwule, bisexuelle und andere Männer, die Sex mit Männern haben, infizieren sich häufig auch mit anderen Geschlechtskrankheiten wie Chlamydien und Gonorrhoe.[78]

- In einer großen Studie der CDC (Centers for Disease Control), die in Kliniken für sexuell übertragbare Krankheiten (STD) in fünf großen US-Städten durchgeführt wurde, fanden Forscher heraus, dass die Rate neuer HIV-Infektionen unter Männern, die Sex mit Männern hatten (Men who have Sex with Men – MSM), neunmal höher ist als bei Frauen und bei heterosexuellen Männern. Anderen Untersuchungen der CDC zufolge tragen eine Reihe von Faktoren zu den hohen Infektionsraten unter MSM bei, darunter psychosoziale Probleme wie Depressionen und illegaler Drogenkonsum, das Alter der Sexualpartner und die niedrige Rate an HIV-Tests unter jungen MSM, insbesondere Afroamerikanern.[79]

- Männer, die Sex mit Männern haben (MSM), begannen ihr Sexualleben früher als Heterosexuelle. Unter den MSM gingen 86 % der 18- bis 24-Jährigen und 72 % der 35- bis 39-Jährigen im vergangenen Jahr eine neue Partnerschaft ein, verglichen mit 56 % der heterosexuellen Männer und 34 % der Frauen im Alter von 18 bis 24 Jahren und 21 % bzw. 10 % im Alter von 35 bis 39 Jahren. MSM wählten auch häufiger Partner, die mehr als 5 Jahre älter waren, und berichteten zwei- bis dreimal so häufig wie Heterosexuelle über neue, parallele Partnerschaften. MSM haben [...] eine größere Häufigkeit von parallelen Partnerschaften und oft größere Altersunterschiede als Heterosexuelle. Diese Faktoren tragen wahrscheinlich dazu bei, die höheren HIV/STD-Raten unter MSM zu erklären, obwohl sie häufiger Kondome benutzen.[80]

- Selbstmord ist die zweithäufigste Todesursache bei jungen Menschen zwischen zehn und vierundzwanzig Jahren. Bei LGB-Jugendlichen (Lesben, Schwulen, Bisexuellen) ist die Wahrscheinlichkeit eines Selbstmordversuchs fast fünfmal so hoch wie bei heterosexuellen Jugendlichen. Selbstmordversuche von LGBTQ-Jugendlichen führen vier- bis sechsmal häufiger zu Verletzungen, Vergiftungen oder Überdosen – solche die von einem Arzt oder einer Krankenschwester behandelt werden müssen – als bei ihren heterosexuellen Altersgenossen. In einer nationalen Studie gaben 40 % der transsexuellen Erwachsenen an, einen Selbstmordversuch unternommen zu haben. 92 % dieser Personen gaben an, vor ihrem fünfundzwanzigsten Lebensjahr einen Selbstmordversuch unternommen zu haben.[81]

- Lesbische, schwule und bisexuelle (LGBTQ) Jugendliche weisen im Vergleich zu heterosexuellen Jugendlichen höhere Raten von Drogenkonsum auf. In einer Meta-Analyse war die Wahrscheinlichkeit, dass LGB-Jugendliche Drogen konsumieren, um 90 % höher als bei heterosexuellen Jugendlichen, und der Unterschied war in einigen Untergruppen besonders ausgeprägt: Bisexuelle Jugendliche konsumierten 3,4-mal so häufig Substanzen wie heterosexuelle Jugendliche, und lesbische und bisexuelle Frauen konsumierten viermal so häufig wie ihre heterosexuellen Altersgenossen.[82]

- Schätzungsweise 20– 30 % der LGBTQ-Gemeinschaft missbrauchen Drogen, verglichen mit etwa 9 % der Gesamtbevölkerung.[83]
- Über 50 % der schwulen und bisexuellen Männer haben ihren Partner betrogen, wie eine neue Umfrage im Jahr 2018 ergab. Darüber hinaus glaubt fast die Hälfte dieser Gruppe, dass ihr Partner nicht wusste, dass sie untreu waren. Das geht aus einer Umfrage der Health Equality and Rights Organization (HERO) für das britische *FS Magazine* hervor. Nach der Befragung von 961 schwulen und bisexuellen Männern gaben 52 % an, dass sie ihren Partner betrogen hatten, wobei 45 % glaubten, dass ihr Partner es nicht herausgefunden hat. Es ist jedoch wahrscheinlich, dass die zweite Zahl höher ist, denn 58 % der Befragten gaben an, dass ein Partner ihnen untreu war. Von denjenigen, die untreu waren, gaben 17 % an, dass sie sich eine sexuell übertragbare Infektion zugezogen hatten. Und falls du einen Grund brauchst, nie wieder jemandem zu vertrauen: Von denjenigen, die sich eine STI zugezogen haben, hatten 39 % ihren Partner nicht informiert […] Neue Untersuchungen der San Francisco State University zeigen, wie verbreitet offene Beziehungen unter Schwulen und Lesben in der Bay Area sind. Die Gay Couples Study beobachtete 556 Paare drei Jahre lang; etwa 50 % der Befragten hatten mit dem Wissen und der Zustimmung ihrer Partner außerhalb ihrer Beziehung Sex.[84]

Diese Zahlen zeigen uns die ungesunden Folgen von homosexuellen Verhaltensweisen. Mitglieder der LGBTQ-Gemeinschaft halten dagegen, dass die zerstörerischen Verhaltensweisen durch gesellschaftliche Intoleranz und Vorurteile verursacht sind, und ich glaube, dass dieses Argument eine gewisse Berechtigung hat. Doch die tieferen Ursachen liegen in den emotionalen Wunden und unerfüllten Liebesbedürfnissen, die überhaupt zu SSA geführt haben. Gesellschaftliche Vorurteile verschlimmern allerdings den bereits vorhandenen tiefen Schmerz, der ohnehin schon in ihren Seelen sitzt.

Matthias wurde als Schüler süchtig nach homosexueller Pornografie im Internet. Sein Vater versuchte immer wieder, den Computer so einzurichten, dass Matthias nicht mehr an diese Websites kam, doch Matthias konnte jeden Code knacken. Was er auf dem Bildschirm sah und las, zog ihn immer tiefer in homosexuelles Verhalten hinein. Es kam zur Masturbationssucht und er isolierte sich mehr und mehr von den Gleichaltrigen.

Nathan wurde von seiner Frau zu mir geschickt in der Hoffnung, dass ich ihn „heilen" könnte. Natürlich war er an dieser Art von Therapie nicht interessiert. Nathan hatte seiner Frau offenbart, dass er „schwul" sei und sich nach zwanzig Jahren Ehe scheiden lassen wolle. Nathan hatte seine gleichgeschlechtliche Neigung fast fünfzig Jahre lang verdrängt. Jetzt würde er versuchen, sich diese „natürlichen" Wünsche zu erfüllen. Nachdem er die Medienberichte über das „Schwulen-Gen" und die biologischen Erklärungen für Homosexualität gelesen hatte, war er überzeugt, dass er „schwul" geboren war. Schließlich zog er aus, ließ sich von seiner Frau scheiden, lebte ein homosexuelles Leben und starb auf der Suche nach seinem Traumpartner leider an AIDS.

Andere Faktoren

Scheidung, Tod, Erlebnisse im Mutterleib, Adoption und Religion sind weitere einflussreiche Faktoren, die zur Entstehung von SSA beitragen können. Wenn Eltern sich scheiden lassen oder ein Elternteil oder naher Verwandter stirbt, kann die Seele des Kindes diese Erfahrungen wie eine persönliche Zurückweisung empfinden. Es koppelt sich noch mehr von den anderen und vom eigenen Selbst ab. Diese Botschaft liegt möglicherweise tief im Unterbewusstsein des Einzelnen verborgen.

Kinder neigen dazu, sich für die Scheidung ihrer Eltern, ja unter Umständen sogar für ihren Tod, schuldig zu fühlen. Im Unterbewusstsein des Kindes klingt ständig eine zerstörerische Botschaft: „Wenn ich nur besser wäre, wenn ich nur dies und das getan hätte, dann hätten Mama und Papa sich nicht scheiden lassen, dann wäre Papa nicht gestorben und hätte mich nicht verlassen." Auch hier kann dieser Gedanke dem Kind gänzlich unbewusst sein.

„Dass die meisten erwachsenen Scheidungskinder von einem Elternteil und ein Teil von ihnen sogar von beiden Eltern entfremdet sind, sollte unseres Erachtens der Gesellschaft allen Grund geben, beunruhigt zu sein.

Es bedeutet nämlich, dass viele dieser jungen Leute besonders anfällig für außerfamiliale Einflüsse sind, also Einflüsse der Medien, anderer erwachsener Autoritäten oder anderer Gleichaltriger. Diese Einflüsse müssen nicht notwendigerweise negativ sein, aber sie sind kaum ein angemessener Ersatz für eine stabile und positive Beziehung zu Vater und Mutter."[85]

Auch Erfahrungen im Mutterleib können zur Distanzierung des Kindes von einem Elternteil oder beiden Eltern beitragen. Wenn die Mutter während der Schwangerschaft Probleme in der Beziehung zu ihrem Mann hatte, sich von ihm abgelehnt, zurückgestoßen oder ungeliebt fühlte oder sonstige schmerzliche Gefühle durchmachte, erlebt das ungeborene Kind diese Gedanken und Gefühle möglicherweise so, als seien sie gegen es selbst gerichtet. Der Psychiater Dr. Thomas Verny stellt fest: „Der Leib der Mutter ist die erste Welt des Kindes, und die Art, wie es diese Welt erlebt – freundlich oder feindlich –, führt zu Prädispositionen in Bezug auf Persönlichkeit und Charakter. Der Mutterleib prägt in einem sehr realen Sinne die Erwartungen des Kindes. Wenn er warm und liebevoll ist, wird das Kind erwarten, dass auch die Außenwelt so ist. Das Kind hat dann eine Neigung zu Vertrauen, Offenheit, Extravertiertheit und Selbstvertrauen. Die Welt wird seine Muschel sein, so wie es der Mutterleib war. Hat es den Mutterleib jedoch als eine feindliche Umgebung erlebt, wird es erwarten, dass die Welt draußen genauso abweisend ist, und wird zu Argwohn, Misstrauen und Introversion neigen; es wird ihm schwerfallen, mit anderen Menschen umzugehen und sich selbst zu behaupten. Das Leben wird für dieses Kind schwieriger sein als für ein Kind, das ein gutes Mutterleiberlebnis hatte."[86]

Dr. Verny zitiert eine Vielzahl von Studien aus den USA und Europa, die alle zeigen, dass die ersten Lebenserfahrungen im Mutterleib die Persönlichkeit eines Kindes entscheidend mitprägen. Die Ergebnisse seiner Untersuchung im Einzelnen: 1. Der Fötus kann sehen, hören, erleben, schmecken und fühlen. 2. Was das Kind im Mutterleib fühlt und wahrnimmt, beginnt seine Erwartungshaltung gegenüber dem Leben zu prägen. 3. Die Hauptquelle dieser prägenden Botschaften ist die Mutter des Kindes. 4. Auch die Gefühle des Vaters gegenüber seiner Frau und dem Ungeborenen beeinflussen den Fötus.[87] Dr. Verny nennt dieses Gebiet pränatale Psychologie. In seinem Buch *Das geheime Leben des ungeborenen Kindes* (New York: Dell, 1981) lassen sich Fallgeschichten und zahlreiche

Studien nachlesen, die die Auswirkungen von vorgeburtlichen und Geburtserfahrungen auf die Persönlichkeit des Kindes beschreiben.

Dr. Monika Lukesch, Psychologin an der Universität Konstanz, kam in einer Studie mit 2.000 schwangeren Frauen zu dem Ergebnis, dass die Haltung der Mutter zum Ungeborenen der Einzelfaktor mit dem größten Einfluss auf die spätere Reifung des Kindes war.[88] Dr. Dennis Stott untersuchte über 1.300 Kinder und ihre Familien und zog daraus den Schluss, dass eine Frau mit Eheproblemen ein um 237 % höheres Risiko hat, ein seelisch oder körperlich beeinträchtigtes Kind zur Welt zu bringen, als eine Frau in einer stabilen Ehe.[89]

Leanne Payne, eine bekannte Seelsorgerin, spricht davon, dass sie mehreren Menschen half, von den Auswirkungen schmerzhafter vorgeburtlicher Erfahrungen geheilt zu werden. „Es ist beeindruckend, eine Person, die aufgrund von Zurückweisungen *vor der* Geburt mehrmals im Krankenhaus war, eines Tages geheilt zu sehen".[90]

Auch eine Adoption kann zu Bindungsschwierigkeiten mit dem gleichgeschlechtlichen und/oder andersgeschlechtlichen Elternteil beitragen. Wenn die Bindung an den gleichgeschlechtlichen Adoptivelternteil nicht gelingt, kann es zu SSA kommen.

> Sarah klammerte sich an ihre Adoptivmutter. Ständig wollte sie bemuttert werden, dann war sie wieder ablehnend. Nach dem Schulabschluss suchte sie andere Frauen, um ihr ständiges Bedürfnis nach Aufmerksamkeit und Liebe zu stillen. Ihre Beziehungen hielten nie sehr lange. Hinter ihren homosexuellen Sehnsüchten steckte das ambivalente Kind, das sich von seiner biologischen Mutter ungeliebt und abgewiesen fühlte.

Ein weiterer Faktor, der dazu beitragen kann, ist Religion. Ich habe die extreme Selbstverurteilung beobachtet, die eine junge Person erfahren kann, wenn sie in einer konservativen oder verurteilenden Kirche oder Religion aufwächst. Einige ihrer Erfahrungen könnten lauten: Ich bin ein „Spinner", „Versager" oder „hoffnungsloser Fall". Diese schwerwiegende Verletzung treibt sie in den Abgrund und führt zu Schuldgefühlen, Scham und Entfremdung von Gott und anderen.

Als ein weiterer Faktor können bestimmte religiöse Vorstellungen ein Kind, das sich bereits von einem oder beiden Eltern innerlich abgekoppelt hat, zusätzlich negativ belasten. Die Eltern sind für das Kind die ersten Stellvertreter Gottes, sie machen ihm Gott gleichsam sichtbar. Vater und Mutter symbolisieren unser Rollenmodell für Männlichkeit und Weiblichkeit, die beide in Gott vereint sind. Gott ist für das Kind eine Überhöhung der Vaterfigur. Wenn das Kind seine Eltern ablehnt, wird es leicht auch ihre religiösen Vorstellungen ablehnen. Damit aber geht es auf Distanz zu Gott, seinen Eltern und zu Autoritäten überhaupt. Es ist getrennt von einem sicheren Gefühl der Zugehörigkeit in dieser Welt. Für Dr. Joseph Nicolosi ist das „Coming out" eines Menschen mit SSA das öffentliche Kundtun einer defensiven Abkopplung von der Gesellschaft.[91]

> Alan entwickelte nie eine Bindung zu seinem Vater oder seiner Mutter. Er fühlte sich nie wirklich zur Familie dazugehörig. Während seiner Therapie erinnerte er sich schließlich an ein vorgeburtliches Erlebnis, das mit großem Schmerz und Angst verbunden war. Er kam mit dem Gefühl zur Welt, unerwünscht und ungeliebt zu sein: „Ich gehöre hier nicht hin. Warum habt ihr mich in die Welt gesetzt?" Später sprach er mit seiner Mutter und fragte sie, wie es ihr in den neun Monaten der Schwangerschaft ergangen war. Sie sagte ihm, dass sein Vater damals eine Affäre mit einer anderen Frau hatte und dass sie sich verlassen und ungeliebt vorkam. Alan begriff, dass er diese ihre Gefühle übernommen und in seine Persönlichkeit eingebaut hatte.

> Jörgs Mutter versuchte im mittleren Schwangerschaftsdrittel eine Abtreibung. Sie gelang nicht, und Jörg kam zur Welt. Er verspürte immer eine gewisse Abneigung gegen seine Mutter und eine Distanz zu seinem Vater. Ähnlich wie Alan hatte auch er das Gefühl, fehl am Platz zu sein, so, als ob er gar nicht gewollt war. Bevor er seine Mutter fragte, hatte er nicht gewusst, dass sie versucht hatte, ihn abzutreiben.

> Jerry war ein Perfektionist. Wenn er nur alles richtig machte – dann würden ihn die anderen annehmen und lieben. Als er von seiner Erstkommunion nach Hause kam, zerbrach ihm eine Vase, die seiner Mutter sehr lieb war. Er vergab sich das nie und distanzierte sich in der Folge noch mehr von Gott und der Religion

seiner Eltern. Er fühlte sich als der ewige Versager und versuchte verzweifelt und peinlich genau, der perfekte liebe Junge zu sein. Er ging nie aus seinem Schneckenhaus heraus, um seinen Eltern seine Probleme mit sich selbst anzuvertrauen. Gott wurde für ihn der große himmlische Ankläger und strenge Richter.

Zusammenfassung

Die in diesem Kapitel behandelten zehn Einflussfaktoren – *Erbgut, Temperament, andersgeschlechtliche Wunden, gleichgeschlechtliche Wunden, Geschwisterwunden/Familiendynamik, Körperbild-Wunden, sexueller Missbrauch, homo-soziale oder Gleichaltrigen-Wunden, kulturelle Wunden, sowie zusätzliche Einflussfaktoren* – tragen wesentlich zur Entstehung von SSA bei Männern und Frauen bei. Werden sie Punkt für Punkt angegangen und ihre Bedeutung und Auswirkungen aufgedeckt, kann der oder die Betroffene heil werden und zur vollen Erfahrung der eigenen Geschlechtsidentität kommen und ein stabiles Selbstwertgefühl entwickeln. Die Schwere der Verletzungen in den einzelnen Kategorien wirkt sich direkt darauf aus, wie viel Zeit und Mühe die Heilung in Anspruch nehmen wird.

Eine letzte Beobachtung, die ich im Laufe der Jahre in meiner Arbeit mit Klienten gemacht habe: Je *weniger* sich jemand seiner Gedanken, Gefühle und Bedürfnisse in seinen gegenwärtigen Beziehungen *bewusst ist*, umso stärker wird es ihn zu homosexuellen Verhaltensweisen oder Fantasien drängen. Sex wird der Weg zurück zum eigenen Körper und der eigenen Seele, entweder durch Masturbation (Sex mit sich selbst) oder durch Sex mit einem anderen Menschen. Sex ist der Versuch, das verlorene Selbst oder abgesplittete Teile davon zurückzugewinnen. Sex mit anderen und Masturbationssucht sind Manifestationen des reparativen Antriebs, das zerbrochene Selbst wiederherzustellen. Frustrierend ist, dass das nie gelingt.

Mögliche Ursachen für gleichgeschlechtliche Neigung

Zwei unsichtbare Ursachen:

Vererbung (Generationen-übergreifende ungelöste Probleme) +

Temperament (Überempfindlichkeit / genetische Komponente) =

Veranlagung oder Vorliebe für SSA
Nicht Vorherbestimmung

Acht sichtbare Ursachen:

Eltern + Gleichaltrige + Umwelt

1. Wunden durch den gleichgeschlechtlichen Elternteil
2. Wunden durch den andersgeschlechtlichen Elternteil
3. Wunden durch Geschwister
4. Körperbild-Wunden
5. Sexueller Missbrauch
6. Wunden durch Gleichaltrige
7. Kulturelle Wunden
8. Andere Faktoren (Scheidung / Tod / Adoption / Religion)

Wenn die acht Ursachen überwunden sind, ist Veränderung möglich!

Richard Cohen, M.A. © 2025

KAPITEL DREI

Stephan

Ich habe einige Menschen, die ich auf ihrem Weg begleiten durfte, gebeten, ihre Geschichte in diesem Buch zu erzählen. Ihre Erfahrungen werden es uns ermöglichen, den Prozess der Veränderung und Heilung deutlicher zu erkennen und verstehen zu lernen. Ich danke ihnen allen für ihren Mut, ihre Geschichten öffentlich zu machen. Ich bin sicher, dass ihre Worte der Hoffnung zum Segen für viele werden können. Namen, Daten und andere Details wurden natürlich geändert.

Meine Eltern sind beide während der Weltwirtschaftskrise geboren. Sie kamen in eine Welt, in der Angst, Verzweiflung und Pessimismus herrschten. Die Schatten meiner Familienvergangenheit kamen von meinen Großeltern über meine Eltern zu mir. Mein Vater versuchte, als er Mitte zwanzig war, seine Probleme zu lösen – ohne Erfolg. Meine Mutter blieb nach ihrem Studium noch einige Jahre bei ihren Eltern wohnen; sie dachte, sie würde nie heiraten. Aber mit 25 lernte sie meinen Vater kennen, der damals 28 war, und bald heirateten sie. Fünf Jahre später wurde meine Schwester geboren, vier Jahre nach ihr kam ich. Meine Geburt war sehr schwierig. Mit meinen fast fünf Kilogramm Gewicht war ich für meine kleine Mutter ein schwerer Brocken. Mein Eintritt in die Welt war also bereits mit Schwierigkeiten verbunden. Mit zehn Monaten erkrankte ich und kam für eine Woche ins Krankenhaus. In den folgenden Jahren musste ich noch oft zum Arzt wegen verschiedener Probleme meiner Atemwege. Schon als kleines Kind hatte ich immer das Gefühl, ich sei schwach und dem Tod nahe und würde nicht lange leben. Mein Körper wurde mir zum Fremdkörper. Ich mied Sport, Rangeleien und körperliche Aktivitäten, bei denen ich mich meines Lebens nicht sicher fühlte.

Schon früh riegelte ich mich emotional von anderen ab. Ob nun aus Missverständnis oder aufgrund der mangelnden Fähigkeit, zu anderen emotionale Bindungen aufzubauen, oder warum auch immer – meine Bedürfnisse wurden oft nicht beantwortet. Ich hatte Probleme, eine Verbindung mit meinem Vater aufzubauen. Da er aufgrund seiner eigenen Probleme nicht wirklich auf mich eingehen konnte, konnte ich mich mit seiner Männlichkeit nicht richtig verbinden. Die meisten Jungen gehen als Kleinkind durch eine Phase, in der sie sich mehr von der Mutter abnabeln und sich mit dem Vater oder einem anderen männlichen Vorbild identifizieren. Zwischen meinem Vater und mir ist es nie zu einer Verbindung gekommen. Vielleicht lehnte er mich unbewusst ab – und ich ihn. Ich muss wohl gedacht haben: Wenn Männer mich so behandeln, will ich lieber keiner werden. Ich fing an, mich von den anderen zurückzuziehen und Trost bei meiner Mutter zu suchen. In der Schule merkte ich bald, dass ich mit guten Noten die Aufmerksamkeit meiner Eltern bekommen konnte, nach der ich mich so sehnte. Damals bildete ich mir ein, dass meine Leistungen meinen Wert als Mensch bestimmten. Ich strengte mich sehr an, ein guter Schüler zu sein und mich nie danebenzubenehmen. Mit sieben Jahren fing ich mit Geigenunterricht an. Ich hatte zwei Lehrer, die mir das Leben schwer machten: einen tyrannischen Mann, der zu Wutanfällen neigte, und eine steife ältere Dame aus Deutschland, die überanspruchsvoll war. Ich zog mich noch mehr in mich zurück. Mein Leben bestand aus Schule, Üben, Hausaufgaben und solchen „erwachsenen" Abwechslungen wie Konzerten. Ich vergrub meine Sehnsucht nach mehr Liebe und Zuwendung von meinem Vater, nach Anerkennung meiner Männlichkeit durch meine Mutter und danach, einfach einmal leben und da sein zu dürfen, tief in mir.

Ich hatte immer das Gefühl, dass hinter der nächsten Ecke etwas Schreckliches auf mich wartete: Tod, Krankheit, Unfälle usw. Ich baute mein einsames Leben weiter aus, mit noch mehr Lernen, mehr Konzerten, mehr Üben. Ich wollte gesehen werden! Ich dachte, das sei der Schlüssel zum Glück. Tief in mir wollte ich so gerne zu den anderen Jungen gehören – Fußball spielen, Spaß haben, den Anzug und die Fliege in die Ecke werfen und ein Junge sein! Äußerlich, meinen Eltern, Verwandten und Lehrern gegenüber, war ich der Musterjunge mit den guten Noten, der musikalische Wunderknabe. Es gab einige wenige Erlebnisse, die mich ahnen ließen, wie es ist, einfach einer von meinem eigenen Geschlecht zu sein: wenn ich meinen fröhlichen, kontaktfreudigen und liebevollen Onkel besuchte oder wenn ich all meinen Mut zusammennahm und mich mit anderen Jungen balgte. Aber stets geschah etwas, das mich in mein Schneckenhaus zurücklaufen ließ: eine Krankheit, eine „schlechte" Note (also keine 1 oder 2) oder dass mich in der Schule jemand anschrie. Ich bildete mir ein, dass diese „Missgeschicke" daher kämen, dass ich nicht genug leistete. Ich hatte nur wenige Schulfreunde, die – gleich wie ich – ebenfalls von der Strebersorte waren. Ich fand Trost im Musikhören; das wärmte meine Seele. Aber tief in meinem Innersten wollte ich nichts anderes sein als ein Junge, vom Vater geliebt und von der Mutter anerkannt, einer, der auch Fehler machen darf und sich aus der überbehüteten Welt hinaustraut.

Mein Selbstwertgefühl war sehr gering. Ich bildete mir ein, dass alle anderen besser aussahen, reicher, klüger, schneller waren als ich. Meine Schwester wurde auf ihrer Suche nach Liebe und Anerkennung zur Rebellin. Ich sah, wie sie meinen Eltern damit wehtat. So wollte ich nicht sein; ich hatte ja gehört, wie meine Mutter sagte: „Was sollen die Nachbarn nur denken?"

Mit 12 oder 13 Jahren kam ich in die Pubertät. Ich wollte mich nicht rasieren, eine tiefe Stimme und Schamhaare bekommen. Mein Vater sagte mir, dass es, falls ich irgendwelche Fragen über Sex hätte, ein Buch im Haus gäbe, das ich lesen könnte. So geschah das Unvermeidliche: ich wurde ein Jugendlicher. Die anderen Jungen schienen ihre Pubertät zu genießen – ich nicht. Ich merkte, wie ich ältere Jungen in der Schule anhimmelte und mir wünschte, so zu sein wie sie. Aber wenn einmal einer von ihnen auf mich zuging, bekam ich Angst und wies sie ab.

Ich fühlte mich auch etwas zu Frauen hingezogen und kaufte einige pornografische Bilder von Frauen. Als meine Schwester und meine Mutter sie fanden, sagten sie etwas, das klang für mich wie: „Oh nein! Er fühlt sich zu Frauen hingezogen?" Ich bekam Angst vor engeren Beziehungen zu Frauen. Ich fürchtete, von ihnen abgelehnt zu werden und schämte mich dafür, dass sie mich interessierten.

Dann merkte ich, dass ich mich sexuell zu anderen Jungen und zu jungen Männern hingezogen fühlte. Ich dachte, das würde vorübergehen. Als ich etwa 15 war, freundete ich mich mit einem gleichaltrigen Jungen an. Wir waren beide Musiker. Er fing an, mir Fragen über Sex und Selbstbefriedigung zu stellen. Langsam, aber sicher begann er mich zu verführen, und eines Tages hatten wir zum ersten Mal Sex miteinander. Ich erinnere mich noch heute daran, als sei es gestern gewesen. Eigentlich wollte ich es nicht, aber ich sagte nicht Nein. An diesem Tag wurde die leise innere Stimme, die diesen Sex nicht wollte, stumm. Bald hatten wir regelmäßig Sex. Mein Freund fing auch an, Pornografie zu kaufen und mir zu zeigen.

Unsere Beziehung dauerte einige Jahre. Immer wieder erlag ich den Versprechungen meines Freundes, er würde es mir „schön machen". Ich ließ mich ganz treiben von meiner Sehnsucht nach männlicher Zuwendung. Er zeigte mir auch die Orte, wo Männer sich trafen, um Sex zu haben – in öffentlichen Toiletten, in Parks, in Bars. Mit dem Wechsel aufs College begann meine Entdeckungsreise in diese Welt. Äußerlich war ich weiter der stille, intelligente Musiker, aber gleichzeitig wurde ich mehr und mehr sexsüchtig. Oft war ich mehrmals pro Woche mit Männern zusammen. Es war so spannend, so belebend und so rebellisch – äußerlich der nette Musiker zu sein und heimlich anonymen Sex zu haben. Dies ging ein, zwei Jahre so weiter.

Als ich 19 war, begann ich, nach Auswegen aus diesem Lebensstil zu suchen. Ich wollte nicht schwul sein, ich wollte nicht länger Sex mit Männern haben! Irgendetwas fehlte mir. Ich schrieb Briefe an viele verschiedene Organisationen. Ich nahm Kontakt auf zu Priestern, religiösen Gruppen und Psychologen. Die Antworten waren: „Nimm dich so an, wie du bist." Oder auch: „Nimm Christus an, dann wirst du von selbst heil." Mir schien beides nicht die richtige Antwort zu sein. Dann las ich in einer bekannten Zeitung einen Artikel über Homosexualität, in dem es um mögliche genetische Ursachen ging und darum, dass viele Schwule ganz zufrieden mit ihrem Leben seien. Ganz am Ende des Artikels wurden Psychologen erwähnt, die ihren Klienten, die sich verändern möchten, helfen, die Ursachen ihrer homosexuellen Neigung herauszufinden und zu verarbeiten und die diesen Ursachen zugrunde liegenden Bedürfnisse zu beantworten. Ich schrieb einem dieser Therapeuten, er antwortete mir sofort und ich begann eine Therapie bei ihm. Er gab mir viele wertvolle Hilfen an die Hand – zum Beispiel wie man Freunde und mehr Selbstvertrauen gewinnt. Seine Theorie war, dass nicht-erotische Freundschaften mit anderen Männern die homosexuelle Neigung erheblich verringern würden. Ich begann, mich allmählich besser zu fühlen und versuchte, so viel wie möglich unter anderen Männern zu sein. Ich verehrte sie, meine Freunde konnten mir nie gut genug aussehen. Ich wollte sie für *mich*. Ich suchte in ihnen meine eigene Männlichkeit.

Ein paar Jahre lang war ich glücklicher. Dann, als ich 22 und mit dem College fertig war, zog ich um in eine mir fremde Großstadt. Auf einmal war ich wieder allein – keine Freunde, kein Zugang zur Männlichkeit, keiner, der mich beachtete. Ich fing an, mich wieder sexuell zu betätigen. In der Stadt waren viele öffentliche Toiletten, Parks und Bars. Ich fing an, mich von anderen Männern mit nach Hause nehmen zu lassen; wenn der Sex nicht mehr anonym war, würde es vielleicht drinnen in der Seele nicht so weh tun. Aber der Schmerz ging nicht weg. Ich bildete mir ein, in diesem Lebensstil bleiben und trotzdem eine Frau heiraten zu können – vielleicht eine, die bisexuell war; auf diese Weise könnte ich weiter homosexuell leben und trotzdem Frau und Kinder und ein schönes Zuhause haben. Wäre das nicht das perfekte Doppelleben? Aber etwas in mir sagte: „NEIN. Das ist nicht das, was ich will." Ich beendete die Sitzungen mit meinem Therapeuten.

Dann begann ich erneut mit meiner Suche nach Hilfe. Ich versuchte, abstinent zu leben, denn das sexuelle Ausleben hatte meine Schmerzen nur vergrößert, aber es gelang nicht immer. Ich schloss mich einer religiösen Gruppierung an, die behauptete, Menschen von ihrer Homosexualität heilen zu können. Ihr Motto schien zu lauten: „Bete und reiß dich zusammen!" Ich merkte, dass viele in dieser Gruppe nicht wirklich frei von ihrer Homosexualität wurden; sie verdrängten sie nur und versuchten sie wegzubeten. Mir gelang dies nicht. Ich fühlte mich sehr belastet und hatte Angst, über meine fortdauernden homosexuellen Gefühle und Eskapaden zu reden.

Meine tiefsten Verletzungen – die immer wieder vorkommenden sexuellen Handlungen – wurden schließlich meine Hauptverbündeten in meinem Bemühen, mehr Hilfe zu suchen. Sicher würde es mir etwas bringen, wenn ich mich einer Therapiegruppe von Männern, die auf dem Weg von der Homosexualität zur Heterosexualität waren, anschloss. Ich fand eine solche Gruppe. Da ich nach wie vor ohne homosexuelles Verhalten nicht auskam, fing ich auch eine Einzeltherapie (bei Richard Cohen) an. Ich engagierte mich in einer Männerarbeit und machte mit bei einem Initiations-Wochenende der New Warriors, einer Gruppe, die Männern hilft, ihre Seele wieder zu entdecken und auch für ihr inneres Leben die

Verantwortung zu übernehmen und zu sorgen. Mein Leben begann sich zu verändern und ich lernte nicht mehr nur mit dem Kopf, sondern aus dem Herzen zu leben. Es war eine der wichtigsten Zeiten in meinem Leben.

Ich begann mit einem intensiven Veränderungs- und Heilungsplan. Ich ging in zwei Therapiegruppen sowie in meine Einzeltherapie und suchte Hilfe auch bei anderen, die auf dem Weg der Veränderung schon weiter waren. Viele der Techniken, die ich jetzt benutze, waren mir völlig neu und viel effektiver als alles, was ich zuvor kennen gelernt hatte: das Wahrnehmen eigener Gefühle (focusing on emotions), die Psychodrama-Technik, das Verarbeiten von Emotionen (emotional processing) und nichterotischen Körperkontakt mit anderen Männern erleben. Ich fing an, den kleinen Jungen in mir kennen zu lernen, der sich so verletzt fühlte und sich so sehr danach sehnte, von mir und von den anderen geliebt zu werden. Viele Nächte, Tage, Stunden und Sitzungen verbrachte ich damit, zu weinen, wütend zu werden und zu lernen, mir selbst ein guter Vater zu sein, mich selbst anzunehmen und zu lieben. Ein entscheidender Punkt für mich war, genauer aufzudecken, was unter meiner homosexuellen Neigung und Gefühlen lag. Ich entdeckte immer mehr Dinge, die mich an der Identifizierung mit meinem eigenen Geschlecht gehindert hatten: Verwundungen meines Körperbildes, Angst vor dem Tod, sexueller Missbrauch, ein Vater, der die Erziehungsaufgabe an die Mutter abgegeben hatte; eine emotional sehr bedürftige Mutter und Schwester und noch vieles andere. Als ich ein umfassendes Programm mit bioenergetischer Arbeit, nichterotischer körperlicher Nähe zu Männern und Wahrnehmungsübungen für meine eigenen Gefühle begann, hörten die sexuellen Handlungen auf. Erst dachte ich, dies sei, wie früher schon, nur die Ruhe vor dem nächsten Sturm, aber diesmal war die Freiheit dauerhaft! Ich bin jetzt seit vielen Jahren sexuell „nüchtern". Ich weiß jetzt, dass unter diesem Drang nach Sex viel tiefere, nichtsexuelle Bedürfnisse liegen, und habe gelernt, diese Bedürfnisse auf gesunde Weise zu beantworten.

Aber es gab noch mehr zu tun als nur mein Verhalten zu ändern. Ich wollte, dass das, was meine homosexuellen Gefühle verursacht hatte, wirklich heil wurde. Zurzeit bin ich dabei, meinen gesunden Körper besser kennen und schätzen zu lernen. Ich verarbeite meine Gefühle in Bezug auf das, was in der Beziehung zu meinen Eltern schief gegangen ist, lerne wohltuende körperliche Nähe kennen und erfahre vieles andere, was mir weiterhilft. Meine gleichgeschlechtliche Neigung ist noch nicht vollständig verschwunden, aber dank der konsequenten Arbeit an meinem inneren Leben erheblich zurückgegangen. Wenn homosexuelle Gefühle wieder hochkommen, versuche ich herauszufinden, was mir fehlt. Die Gefühle kommen zum Beispiel, wenn alte Verwundungen aus meiner Vergangenheit sich melden: Alleinsein, sexueller Missbrauch, Krankheits- und Todesgedanken, Angst vor Frauen. Ich stelle aber erfreut fest, dass ich in dem Maße, wie ich mich mehr in meiner eigenen Männlichkeit zuhause fühle, sexuell mehr zu Frauen hingezogen fühle. Ich bin zuversichtlich, dass das konsequente Weiterverfolgen meines Veränderungsplans meine Freiheit und innere Heilung noch vertiefen wird.

In der Heilungsarbeit mit anderen habe ich erkannt, dass seelischer Schmerz sich ganz unterschiedlich äußern kann: in Alkoholismus, Drogenmissbrauch, sexuellen Problemen usw. Tief in jedem von uns gibt es ein wunderbares Kind, das darauf wartet, geliebt und geheilt zu werden. Diejenigen unter uns, die diese Heilung aus ihrer Homosexualität hinausführt, stehen in der heutigen Gesellschaft unter einem zusätzlichen Druck, denn die Ideologie der „politischen Korrektheit" runzelt die Stirn, wenn jemand sich auf den Weg der Veränderung macht. Oft stehen wir zwischen Hammer und Amboss: Die einen meiden uns wegen unserer homosexuellen Gefühle, die anderen, weil wir unsere Homosexualität nicht einfach hinnehmen. Aber ich kann von mir selbst wie von anderen sagen: Für den, der sie will, ist Heilung von Homosexualität möglich. Sicher, dies ist zum Großteil Neuland, aber wir können es schaffen. Das Geschenk der Freiheit ist da – für jeden, der es ergreifen möchte.

Kommentar

Heute ist Stephan verheiratet. Er und seine Frau sind sehr glücklich und haben drei Kinder.

TEIL II:

Heilen

Vier Phasen in der Heilung von ungewollter SSA

Phase I: Übergang (Verhaltenstherapie)

- Aufhören mit sexuellen Aktivitäten
- Ein Unterstützungsnetzwerk aufbauen
- Selbstwert aufbauen und Wert in der Beziehung zu Gott erfahren

Phase II: Grundlagen legen (Kognitive Therapie)

- Mit dem Unterstützungsnetzwerk weiterarbeiten
- Kontinuierlich Selbstwert aufbauen und Wert in der Beziehung zu Gott erfahren
- Fähigkeiten aufbauen: Selbstkompetenztraining, Kommunikationsfähigkeiten, Problemlösungstechniken/Konfliktkompetenz
- Beginn der Heilung des inneren Kindes: Gedanken, Gefühle und Bedürfnisse erkennen

Phase III: Heilung der gleichgeschlechtlich-emotionalen/ -sozialen Wunden (psychodynamisch)

- Weiterführen aller Aufgaben der Phasen I und II
- Entdecken der Ursachen der gleichgeschlechtlich-emotionalen/ gleichgeschlechtlich-sozialen Wunden
- Beginn des Trauerprozesses, Vergebens und Übernehmens von Verantwortung
- Entwickeln gesunder, heilender Beziehungen zu Personen des gleichen Geschlechts

Phase IV: Heilung der andersgeschlechtlich-emotionalen/ -sozialen Wunden (psychodynamisch)

- Weiterführen aller Aufgaben der Phasen I, II und III
- Entdecken der Ursachen der andersgeschlechtlich-emotionalen/ andersgeschlechtlich-sozialen Wunden
- Weiterführen des Trauerprozesses, Vergebens und Übernehmens von Verantwortung
- Entwickeln gesunder, heilender Beziehungen zu Personen des anderen Geschlechts; das andere Geschlecht verstehen und schätzen lernen

© Richard Cohen, M.A., 2025

KAPITEL VIER

Die vier Phasen des Veränderungs- und Heilungsprozesses

„Durch die Wunde tritt der Absteiger hinaus – aus dem ordentlichen und angesehenen Leben. Jetzt ist die Wunde als Tür zu verstehen. [...] Armut, Heimatlosigkeit, körperliche Entbehrungen, Tellerwäscherarbeit sind für den Weg nach unten nicht zwingend erforderlich, doch es hat den Anschein, als sei ein Statusverlust notwendig, ein tiefer Fall vom menschlichen Wesen zur Spinne, vom Angehörigen der Mittelschicht zum gesellschaftlichen Außenseiter. Was zählt, ist das Bewusstsein des Fallens."[1]

—Robert Bly

Durch meinen eigenen Weg zur Heilung und durchs Unterstützen anderer seit 1989 habe ich ein Vier-Phasen-Genesungsmodell entwickelt. Es hat sich bei Menschen, die ungewollte gleichgeschlechtliche Neigung erleben, bewährt. Dieser Prozess gilt sowohl für diejenigen, die sexuell aktiv waren, als auch für diejenigen, die nicht sexuell aktiv waren, aber gleichgeschlechtliches Verlangen verspürten.

Einfach zu heiraten ist keine Lösung für jemanden, der SSA erlebt, da eine Frau niemals die gleichgeschlechtlich-emotionalen und gleichgeschlechtlich-sozialen Bedürfnisse eines Mannes erfüllen kann, ebenso wenig wie ein Mann die gleichgeschlechtlich-emotionalen und gleichgeschlechtlich-sozialen Bedürfnisse einer Frau erfüllen kann.[2] Vielmehr muss der Mann zunächst Heilung im Kontakt mit anderen Männern finden und die Frau mit anderen Frauen.

Bevor ich Hilfe suchte, bekam ich von Freunden immer wieder gut gemeinte Ratschläge: „Richard, du musst nur die richtige Frau finden, die kriegt dich schon hin." Oder: „Du musst nur beharrlich genug beten, dann nimmt Gott dir diese Gefühle weg. Und wenn nicht, dann machst du etwas falsch." Ich wollte, es wäre wirklich so einfach gewesen, aber so war es eben nicht. Wieder und wieder betete ich darum, dass Gott mir meine SSA wegnehmen möge – aber er tat es nicht. Ich heiratete und hoffte, das würde die Sache lösen, aber meine gleichgeschlechtliche Neigung wurde nur stärker. Ich erkannte schließlich, dass ich mehr als 20 Jahre das falsche Gebet gesprochen hatte. Richtig musste es lauten: „Gott, lass mich die Bedeutung hinter meinen gleichgeschlechtlichen Gefühlen erkennen." Später erkannte ich, dass Gott zwar fähig gewesen wäre, meine SSA aber nicht wegnehmen wollte, weil sie mit Verletzungen in meinem Herzen verbunden war, die geheilt werden mussten und mit legitimen Bedürfnissen nach Liebe, die in gesunden Beziehungen erfüllt werden mussten.

Ich habe den Heilungsprozess in vier Phasen unterteilt:

Vier Phasen in der Heilung von ungewollter SSA

I. Übergang (Verhaltenstherapie)
- Aufhören mit sexuellen Aktivitäten
- Ein Unterstützungsnetzwerk aufbauen
- Selbstwert aufbauen und Wert in der Beziehung zu Gott erfahren

II. Grundlagen legen (Kognitive Therapie)
- Mit dem Unterstützungsnetzwerk weiterarbeiten
- Kontinuierlich Selbstwert aufbauen und Wert in der Beziehung zu Gott erfahren
- Fähigkeiten aufbauen: Selbstkompetenztraining, Kommunikationsfähigkeiten, Problemlösungstechniken/Konfliktkompetenz
- Beginn der Heilung des inneren Kindes: Gedanken, Gefühle und Bedürfnisse erkennen

III. Heilung der gleichgeschlechtlich-emotionalen/-sozialen Wunden (psychodynamisch)
- Weiterführen aller Aufgaben der Phasen I und II
- Entdecken der Ursachen der gleichgeschlechtlich-emotionalen/gleichgeschlechtlich-sozialen Wunden
- Beginn des Trauerprozesses, Vergebens und Übernehmens von Verantwortung
- Entwickeln gesunder, heilender Beziehungen zu Personen des gleichen Geschlechts

IV. Heilung der andersgeschlechtlich-emotionalen/-sozialen Wunden (psychodynamisch)
- Weiterführen aller Aufgaben der Phasen I, II und III
- Entdecken der Ursachen der andersgeschlechtlich-emotionalen/andersgeschlechtlich-sozialen Wunden
- Weiterführen des Trauerprozesses, Vergebens und Übernehmens von Verantwortung
- Entwickeln gesunder, heilender Beziehungen zu Personen des anderen Geschlechts; das andere Geschlecht verstehen und schätzen lernen

Dies ist ein lineares Entwicklungsmodell, doch in der Praxis vollzieht sich der Prozess nicht immer so geordnet, wie ich ihn beschreiben werde. Der Klient kann z. B. von Phase I zu Phase III gehen, dann zurück zu Phase II und wieder zu Phase I, je nach seinem Wachstumsprozess, seiner Reife und seinen Bedürfnissen.

Der Vorteil dieses Vier-Phasen-Modells ist, dass es uns eine Art Straßenkarte für den Heilungsweg an die Hand gibt. Wenn jemand von Phase I zu Phase III springt, muss er früher oder später zu Phase II zurückgehen und die dort auf ihn wartenden Aufgaben durcharbeiten. Das ist so ähnlich, wie wenn jemand mit dem Auto von Hamburg nach Spanien fährt. Irgendwo bei Paris erinnert er sich an ein sehr schmerzliches Erlebnis, das er als Kind in Frankfurt hatte. Er steigt in ein Flugzeug, fliegt nach Frankfurt, lässt die Wunde ausheilen, fliegt zurück nach Paris und setzt seine Fahrt fort.

Du denkst jetzt vielleicht: Wenn er von Paris nach Frankfurt fliegen kann, warum fliegt er dann nicht gleich von Hamburg nach Spanien und spart sich die lange Autofahrt? Nun, wenn es um unser Herz geht, kennt das Leben keine Abkürzungen. Im Prozess der Heilung gewinnt der Klient sein verlorenes Selbst wieder, bekommt Zugang zu jenen Teilen seines Wesens, die er vor langer Zeit begraben oder gar nicht entwickelt hat. Das erfordert Zeit, Geduld und harte Arbeit. Es kostet etwas, sein Leben zurückzubekommen, aber es lohnt sich. Wenn ich diese Reise nicht unternommen hätte, wäre ich heute nicht mehr am Leben. Wer einfach davonfliegen will, ohne die Herzensarbeit zu erledigen, endet womöglich als Absturzopfer.

Die folgenden parallelen Therapiephasen fassen diesen Behandlungsplan zusammen:

Vier Phasen des therapeutischen Behandlungsplans

Phase I: Verhaltenstherapie
Phase II: Kognitive Therapie und Heilung des inneren Kindes
Phase III: Psychodynamische Therapie: Heilung gleichgeschlechtlicher Wunden
Phase IV: Psychodynamische Therapie: Heilung andersgeschlechtlicher Wunden

Oft „verläuft der Heilungsprozess von schlimm zu schlimmer und erst dann zu besser"[9]. Der Klient sucht die Beratung, weil es ihm schlecht geht. Entdeckt er dann die Ursachen seines Problems oder seiner Probleme, verstärkt sich sein Schmerz zunächst noch. Erst wenn es zur Heilung und Erfahrung von echter Liebe kommt, wird es ihm besser gehen.

Nachfolgend eine kurze Beschreibung der vier Phasen der Genesung. Eine viel detailliertere Analyse der emotionalen, mentalen, körperlichen und geistlichen Aspekte in jeder der vier Phasen gebe ich in Kapitel 6. Außerdem biete ich Arbeitsbücher und zahlreiche Übungen an, um alle unten aufgeführten Aufgaben zu bewältigen.

Phase I: Übergang (Verhaltenstherapie)

1. Aufhören mit sexuellen Aktivitäten
2. Ein Unterstützungsnetzwerk (Beziehungsnetz) aufbauen
3. Selbstwert aufbauen und Wert in der Beziehung zu Gott erfahren

In der ersten Phase sucht die Person Hilfe wegen ungewollter SSA. Vielleicht hat er vergeblich versucht, seine homosexuellen Gefühle zu unterdrücken. Vielleicht hat er geheiratet in der Hoffnung, seine SSA auf diese Weise loszuwerden, aber sie ist immer noch da. Vielleicht hat er jede Menge Beziehungen, fühlt sich dabei aber leer, verletzt und frustriert. Vielleicht ist er noch jung und über seine Sexualität verunsichert. Vielleicht steht seine SSA im Konflikt mit seinen spirituellen Überzeugungen. Die Szenarien sind vielfältig, aber der gemeinsame Nenner ist ein tiefes Verlangen danach, anders zu werden. Und Veränderung ist in jedem Alter möglich, ob man nun 13 ist oder 73. Ein Schlüsselfaktor dabei ist jedoch die persönliche Motivation. Ohne den entschiedenen Willen zur Veränderung ist der Heilungsprozess so gut wie unmöglich.

In der ersten Phase gibt es drei Aufgaben:

Erste Aufgabe: Aufhören mit sexuellen Aktivitäten

In der Übergangsphase müssen die Verbindungen zu bisherigen „Spielplätzen", „Spielgefährten" und „Spielsachen" gekappt werden:

1. „Spielplätze": Kein Aufsuchen mehr von Orten, die mit homosexuellen Aktivitäten in Verbindung gebracht werden – z. B. Schwulenbars, Porno-Seiten, Schwulenbäder, Schwulentreffs in Parks usw.
2. „Spielgefährten": Beziehungen mit schwulen Freunden und Partnern abbrechen; kein Umgang mehr mit Personen, die wieder zu homosexuellen Aktivitäten verleiten könnten.
3. „Spielsachen": Keine Schwulen-Pornos mehr schauen, kein pornographisches Material oder sonstige Spielsachen mehr kaufen, die mit homosexuellen Aktivitäten in Verbindung gebracht werden.

Es ist wichtig, die Verbindungen zu Quellen zu kappen, die homosexuelles Verhalten weiterhin fördern. Die Person muss sich mit Stimmen umgeben, die sie bestätigen und ihr Hoffnung geben. Später werde ich noch genauer erklären, warum es sehr wichtig ist, sich von diesen äußeren Aktivitäten zu trennen.

Zweite Aufgabe: Ein Unterstützungsnetzwerk (Beziehungsnetz) aufbauen

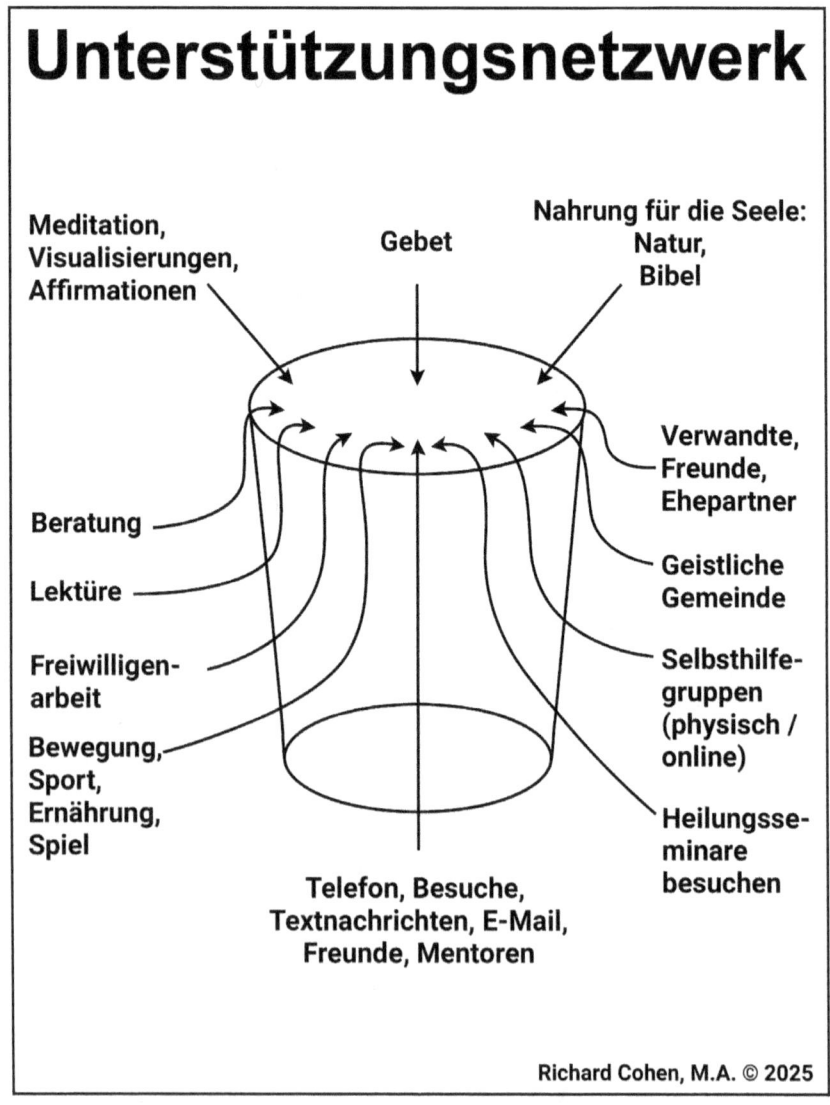

Den Dreh- und Angelpunkt im Leben eines Menschen mit gleichgeschlechtlicher Neigung bilden häufig die gleichgeschlechtlichen Beziehungen. Sexuelle Fantasien, suchthafte Masturbation, „Stammtreffs" (Bars, Schwulenbäder, Parks, Schwulentreffs) und Pornos können dazukommen. Es genügt nicht, jemanden nur anzuweisen, damit Schluss zu machen, denn diese Menschen, Orte und Dinge stellen ungesunde Versuche dar, die legitimen Bedürfnisse der Person zu erfüllen. Das Bedürfnis nach Liebe ist echt und geht über religiöse Doktrinen hinaus; und nur gesunde, heilsame, liebevolle, nichtsexuelle Beziehungen mit Menschen des gleichen Geschlechts erfüllen das tiefere Bedürfnis nach Bindung. Deshalb ist es sehr wichtig, ein Netz von Beziehungen aufzubauen, das dem Betreffenden das Umfeld bietet, das er braucht, damit die Wunden seiner Vergangenheit und Gegenwart heilen können, und wo er echte Liebe, Anleitung und Ermutigung erfahren kann. Gesunde Beziehungen und Verhaltensweisen werden an die Stelle der sexuellen Praktiken und/oder Fantasien treten.

Das Unterstützungsnetzwerk stellt die neue Wahlfamilie dar. Es kann aus Verwandten, Freunden und Ehepartner bestehen, ist aber nicht auf diese Gruppe beschränkt. Gemeinde, Selbsthilfegruppen, Telefonanrufe, Online-Gruppen, Unterstützungspersonen treffen, Mentoren, Sport, Diät, therapeutische Massage, Lesen einschlägiger Literatur, Seelsorge und Beratung, Meditation und Gebet können hinzukommen.

Familie, Freunde und Ehepartner

Die Unterstützung durch Eltern, Gleichaltrige, sonstige Verwandte, Ehepartner (falls verheiratet), geistliche Mentoren, Familienmitglieder und Freunde sind eine große Hilfe im Heilungsprozess. Wenn ein offenes Gespräch möglich ist, ist es für den Klienten heilsam, seine Situation und Bedürfnisse zu erklären. Sollte die Kommunikation im Augenblick noch schwierig sein, lässt sie sich vielleicht später herstellen.

Es gibt fünf Grundtypen von Freundschaften, die für den Heilungsprozess hilfreich sind:

1. Andersgeschlechtlich orientierte (Opposite-Sex Attraction – OSA) Freunde, die von seiner SSA wissen und ihn unterstützen.
2. OSA-Freunde, die nichts von seiner SSA wissen und ihn unterstützen.
3. Mentoren, die eine „Eltern"-Rolle übernehmen.
4. Weggefährten, die auch ungewollte SSA überwinden möchten.

5. Selbst Mentor sein für jüngere Männer/Frauen, die ungewollte SSA erleben.

Einen heterosexuellen Freund zu haben, zu dem man sich hingezogen fühlt, bietet eine perfekte Chance zu Heilung und Wachstum. „Heterosexuelle, sexuell attraktive Freundschaften mit Männern, zu denen der Klient sich erotisch hingezogen fühlt, bieten die größten Heilungschancen. Über solche Beziehungen kann es zur Verwandlung von der erotischen Anziehung zur echten Freundschaft kommen – also zur Demystifikation des fernen Mannes. [...] Diese Verwandlung vom Sexuellen zum Brüderlichen (d. h. von eros zu philia) ist die Kern-Heilungserfahrung bei der männlichen Homosexualität."[4]

Hier ein Vorschlag für den Ablauf, wie man potenziellen OSA-Mentoren und Freunden von seiner SSA erzählen kann:

1. In einem normalen Gespräch erzählt man seinem Freund über den familiären Hintergrund und was man als Kind erlebt hat. Nach dem Erzählen fragt man seinen Freund nach dessen familiärem Hintergrund und was er erlebt hat. Wenn der Freund nicht bereit ist, sich zu öffnen, ist er *keine* sichere Person. Geh weiter und such dir jemand anderen. Wenn der Freund von seiner Herkunft erzählt, gehst du zu Schritt zwei über.
2. In einem Folgegespräch beschreibst du, wie deine Kindheitserfahrungen und -verletzungen dazu führten, dass du dich distanziert fühltest und keine Verbindung zu anderen Jungs in deinem Alter aufbauen konntest. Das hätte ein Loch in deiner Seele hinterlassen und zum bleibenden Gefühl geführt, nicht dazuzugehören und anders zu sein als die anderen Jungs. Dann fragst du deinen Freund: Wie haben sich deine Kindheitsprobleme auf dein Leben ausgewirkt? Wenn der Freund sich nicht öffnen will, ziehe weiter. Er ist *keine* sichere Person. Wenn er sich öffnet, dann gehe zum letzten Schritt über.
3. Jetzt, wo du von deinen Verletzungen in der Kindheit erzählt hast und wie diese dein Leben beeinflusst haben, ist es nur natürlich, zu erklären, dass sich als Folge davon SSA entwickelt hat. Du kannst deinem Freund erzählen, dass du gerade dabei bist, ungewollte SSA anzugehen und ihn um Unterstützung und vielleicht um die

Möglichkeit zur Rechenschaft zu bitten. Du kannst den Heilungsprozess näher erläutern und erklären, wie dein Freund dir dabei helfen kann. Frag den Freund schließlich, wie sich die Wunden aus seiner Kindheit und die daraus resultierenden Erfahrungen auf sein Leben ausgewirkt haben. Jeder Mensch trägt Verletzungen und Wunden aus seiner Vergangenheit mit sich herum. Jetzt, da du von deiner SSA erzählt hast und dein Freund sich über seine Probleme geäußert hat, ist dies die perfekte Situation für gegenseitige Liebe und Respekt. Vertrauen entsteht auf der Grundlage, dass man seine Wahrheit sagen kann, ohne verurteilt zu werden.

Geistliche Gemeinde

Viele religiöse Gemeinschaften engagieren sich mehr und mehr, um diesen tapferen Männern und Frauen zu helfen. Ungewollte SSA zu überwinden, gelingt nicht ohne die Hilfe Anderer. Was in ungesunden Beziehungen entstanden ist, muss in gesunden Beziehungen heilen. Jedermann braucht Zuwendung in Form von *Zeit, Berührung* und *Gespräch* (*time, touch,* and *talk*). Echte, bleibende Heilung erfolgt, wo Gottes Liebe durch Menschen erfahren wird. Es ist höchste Zeit, dass wir als Christen füreinander einstehen und einander unsere Schmerzen, Sorgen und Herzensnöte mitteilen. Wir müssen unseren Glauben in die Praxis umsetzen!

Selbsthilfegruppen

Selbsthilfegruppen in der Übergangsphase: Dies sind Selbsthilfegruppen, deren Mitglieder sich im gleichen Heilungsprozess befinden. Eine solche Gruppe kann, muss aber nicht, geschlechtsspezifisch (d. h. nur Männer, oder nur Frauen) sein. Es ist wichtig, dass die Gruppe von jemandem geleitet wird, der den Veränderungsprozess bereits hinter sich hat und seit mindestens drei Jahren sexuell „trocken" ist, und/oder der den Heilungsprozess von ungewollter SSA versteht.

12-Schritte-Selbsthilfegruppen: Weitere Gruppen, die bei zusätzlichen Arten von Suchtverhalten hilfreich sein können, sind z. B.:

- SLAA – Anonyme Sex- und Liebessüchtige
- SA – Anonyme Sexsüchtige
- AA – Anonyme Alkoholiker
- NA – Anonyme Tablettensüchtige
- CODA – Anonyme Co-Abhängige

- SIA – Anonyme Inzestüberlebende
- ACA – Erwachsene Kinder von Alkoholikern/Dysfunktionale Familien

Vergewissere dich, dass die Gruppe, die du in Betracht ziehst, diejenigen akzeptiert, die ungewollte SSA erleben. Die Person in der Übergangsphase sollte sich darüber im Klaren sein, dass eine Haltung für schwulenbejahende Therapie oder die Unterstützung eines schwulen Lebens unter Psychiatern und in Selbsthilfebewegungen vorherrscht. In vielen 12-Schritte-Gruppen hört man von den Teilnehmern oder Leitern: „Alles ist in Ordnung, akzeptiere einfach, wer du bist; lebe ein schwules Leben und höre auf, dagegen anzukämpfen." Das ist die Realität in verschiedenen 12-Schritte-Programmen. Der Klient muss seine eigenen Zielvorstellungen in die Gruppe einbringen. Er muss seinen persönlichen Wunsch, ungewollte SSA zu überwinden, klar zum Ausdruck bringen und die Gruppenmitglieder bitten, ihn bei diesem Vorhaben zu unterstützen. Wenn die Gruppe diesen Wunsch nicht anerkennen und unterstützen kann, dann ist sie kein sicherer Ort für ihn. Hier geht es um *Selbstbestimmung* und nicht um *soziale Fürsprache*. Wer ungewollte SSA angehen will, muss sich darüber im Klaren sein, was er will, und darf nicht dem folgen, was andere denken, was er zu tun oder zu lassen habe.

Ich schätze die 12-Schritte-Gruppen sehr. Aber eines ist mir ein großes Anliegen: In den ersten Phasen der Heilung wird der Teilnehmer gebeten, sich mit seinem Problem zu identifizieren. Er wiederholt z. B.: „Hallo. Ich heiße Richard. Ich bin Alkoholiker." Hinter dieser Methode steht der Gedanke, dass das Problem zunächst einmal aus der Verdrängung geholt und klar benannt werden muss. Aber ich glaube, dass wenn der Teilnehmer die Verdrängungsphase bewältigt und Stabilität erreicht hat, es zu einer Neuidentifizierung kommen muss. Der Teilnehmer sagt jetzt: „Hallo. Ich heiße Richard und ich bin ein von Gott geliebter und bejahter Mensch." Der Schwerpunkt liegt nun nicht mehr auf dem *Verhalten*, sondern auf dem *Sein*, auf dem unveränderlichen Wert.

Religiöse Selbsthilfegruppen: Dazu gehören u. a.:

- Joel225 – Online-Selbsthilfegruppen weltweit
- Restored Hope Network – Dachorganisation für christliche Ex-Schwulen-Organisationen
- EnCourage (Mut/Ermutigung) – Katholische Organisation

- North Star – Mormonische Organisation
- Witness Freedom Ministries – Afrikanisch-amerikanische Organisation
- One by One – Presbyterianische Organisation
- PFOX – Christliche Organisation für Familienmitglieder
- *Am Ende des Buches findet sich eine Liste von weiteren Informationsstellen.*

Männer- oder Frauengruppen: Die Teilnahme an einer Gruppe des gleichen Geschlechts ist hilfreich, um einen gesunden, nichtsexuellen Umgang mit dem eigenen Geschlecht zu erlernen. Der Klient lernt neue Wege in der Beziehung mit Männern und Frauen kennen und entwickelt ein größeres Selbstvertrauen. Viele religiöse Organisationen haben gleichgeschlechtliche Selbsthilfegruppen.

TTT-Zentren (Time, Touch, and Talk – Zeit, Berührung und Gespräch) sind derzeit weltweit im Aufbau. Lies dazu *Healing Humanity: Time, Touch and Talk* für weitere Informationen (www.TimeTouchandTalk.com).

Telefon / E-Mail / Online-Öffentlichkeitarbeit

Im Heilungsprozess eines Menschen gibt es viele Höhen und Tiefen. Alte Verhaltensweisen und Beziehungen aufgeben und nicht mehr ins Stammlokal zu gehen, lässt einen unsicher, einsam und verletzlich fühlen. Die Person, die sich im Heilungsprozess befindet, muss daher eine Telefon-/E-Mail-Liste mit Personen ihres Unterstützungsnetzwerks erstellen. Dieses Unterstützungsnetzwerk ist gewissermaßen die neue Wahlfamilie.

Bewegung, Ernährung, Sport und therapeutische Massage

Körperliche Bewegung ist wichtig für Menschen, die ungewollte SSA überwinden möchten. Oft ist der Klient von seinem eigenen Körper abgekoppelt. Bewegung, Sport und die richtige Ernährung können bei der Heilung von Wunden im Körperbild und von Wunden durch Gleichaltrige helfen. Die Person muss lernen, sich durch Teilnahme an gleichgeschlechtlichen Aktivitäten in seinem eigenen Körper und unter Gleichaltrigen wohlzufühlen.

Auch ein erfahrener medizinischer Masseur kann den Heilungsprozess beschleunigen. Entspannungsmassage kann den in der Muskulatur des körperlich oder sexuell missbrauchten Menschen steckenden Schmerz lösen und heilen. Der Klient sollte jedoch, bevor er an diese Heilungsmethode denkt, schon solide Fortschritte in den ersten beiden Phasen der Veränderung gemacht haben. Ebenso wichtig ist der richtige Masseur; er sollte zuverlässig, sensibel, gut geschult, sicher in seiner eigenen Geschlechtsidentität sein und Erfahrung mit Missbrauchsopfern haben. Es kann hilfreich sein, wenn der Mentor den Klienten zu einem ersten Massagetermin begleitet und/oder sich vergewissert, dass der Massagetherapeut vertrauenswürdig ist.

Lektüre

Bibliotherapie ist das Studium ausgewählter Literatur. Es gibt hervorragende Bücher über die Ursachen und die Behandlung von ungewollter SSA. Die Lektüre solcher Bücher hilft der Person im Heilungsprozess zu verstehen, was sie durchmacht, und hilft ihr, die ursächlichen Faktoren zu erkennen, die sie zu sexuellen Praktiken oder sexuellen Fantasien geführt haben. Das Studium geeigneter Literatur zur Heilung ungewollter SSA ist äußerst hilfreich. (Siehe Referenzen am Ende des Buches.)

Beratung

Es ist wichtig, einen Therapeuten zu finden, der sich mit dem Wesen gleichgeschlechtlicher Neigung und dem Prozess der Genesung auskennt. Der Berater muss eine enge therapeutische Beziehung zum Klienten aufbauen. Ein „distanzierter" Therapeut verschlimmert nur die im Klienten bereits vorhandene defensive Abkopplung. Das Vorhandensein von SSA spricht gegen eine losgelöste, distanzierte therapeutische Haltung.

Ich empfehle Männern, die ungewollte SSA erleben, mit einem männlichen Therapeuten zu arbeiten, und einer Frau, die ungewollte SSA erlebt, mit einer weiblichen Therapeutin. Männer müssen mit Männern geheilt werden, und Frauen müssen mit Frauen geheilt werden. Der Therapeut muss konsequent, aber herzlich sein; er muss in der Lage sein, dem Klienten neue Fähigkeiten zu vermitteln und ihm bei seiner Trauerarbeit zu helfen. „Sei mehr als ein Therapeut, aber weniger als ein Freund."[5]

Der beste Therapeut ist einer, der seine eigenen Hausaufgaben gemacht und selbst Erfahrung mit dem Heilwerden seiner eigenen vergangenen und gegenwärtigen Wunden hat. Man kann einen anderen nur so weit begleiten, wie man selbst gegangen ist. Man kann nicht weitergeben, was man nicht persönlich erfahren hat. Der Therapeut braucht nicht selbst SSA erlebt zu haben, aber er muss sich mit seinen eigenen Problemen auseinandergesetzt und Siege in seinem Leben errungen haben. Murray Bowen, der Vater der Systemischen Familientherapie, meinte, dass niemand ein Diplom in psychologischer Beratung erwerben sollte, solange er nicht innerhalb seiner Herkunftsfamilie heil geworden ist, und er Vater, Mutter, Geschwistern und anderen Familienmitgliedern als reifer Erwachsener gegenübertreten kann.

Die Aktivitäten und Beziehungen des Unterstützungsnetzwerkes sind die neuen zentralen Faktoren im Leben der Person, die von ungewollter SSA geheilt werden will. Der Aufbau dieses Unterstützungsnetzwerkes kann schon für Menschen mit einem starken Willen und der Fähigkeit zur Selbstdisziplin schwierig sein, aber ist machbar. Für Menschen mit einem schwachen Willen und einer zerbrechlicheren Ich-Struktur kann es überfordernd sein, dieses Unterstützungsnetzwerk aufzubauen. Daher sollten solche Menschen mehr Hilfe und Unterstützung aus der Gemeinschaft erhalten, um ihren Mangel an Disziplin und Willenskraft zu ergänzen. Alleine werden sie es nicht schaffen können. Mentoren, Familie, Freunde und die geistliche Gemeinde sollten demjenigen zur Seite stehen, der nicht in der Lage ist, sich selbst ein Unterstützungsnetzwerk aufzubauen.

Dritte Aufgabe: Aufbau des Selbstwertgefühls und Erfahrung des Wertvoll-Seins in der Beziehung zu Gott

Geschlechtsidentität und sexuelles Verhalten werden in der heutigen Zeit enorm betont. Einer der Hauptgründe dafür ist der Mangel an echter Nähe in der Familie, der dazu führt, dass Sex zu einem Liebesersatz wird. Das Kind, das von seinen Eltern nicht genügend Aufmerksamkeit, Liebe und Bestätigung bekommt, versucht, dies auf verschiedene Arten zu *kompensieren*: durch leistungsorientiertes oder aufmerksamkeitsheischendes Verhalten, übermäßiges Übernehmen von Verantwortung, Co-Abhängigkeits-Beziehungen, Rebellion und Drogen-, Alkohol-, Spiel-, sexuelle oder religiöse Süchte.

Ein weiterer wichtiger Grund für die vermehrte Betonung von sexuellen Aktivitäten ist ein Mangel an Spiritualität und Beziehung zu Gott. Ein Mensch, der nicht die Liebe seiner Eltern und die Liebe Gottes erfahren hat, wird es schwer haben zu erleben oder zu verstehen, dass er selbst wertvoll ist. „Es ist eine Tatsache, dass niemand mit der Fähigkeit geboren wird, sich selbst zu lieben. [...] Selbstliebe ist entweder erworben oder sie existiert nicht, und wer sie nicht oder nicht hinreichend erworben hat, kann seine Mitmenschen nicht oder nur ungenügend lieben. Das Gleiche gilt für die Beziehung eines solchen Menschen mit Gott."[6]

Wir haben einen Wert, weil wir geliebt sind, und nicht, weil wir etwas getan oder geleistet haben oder gut aussehen. Wahrer, bleibender Wert entspringt schlicht daraus, dass man geliebt *wird*. Eine der ersten Aufgaben im Heilungsprozess besteht darin, die Betonung von der – homosexuellen oder heterosexuellen – Identität wegzunehmen und stattdessen die wahre Identität als Sohn oder als Tochter Gottes zu betonen.

Unter den von Menschen gemachten Identitätsbegriffen, die sich auf sexuelles Verhalten und Geschlechtsidentität beziehen, liegt das Wesentliche unseres Lebens verborgen: die Sehnsucht eines Kindes nach Liebe. Es ist unerlässlich, sich täglich neu den Wert jedes Einzelnen vor Augen zu führen, der von Gott, dem Ursprung des Lebens und der Liebe, kommt.

Meditation, Bibelstudium, Gebet und Affirmationen sind Hilfswerkzeuge in diesem Prozess; in Kapitel 6 werde ich sie genauer vorstellen. Innere Wunden programmieren unser Denken, Herz, Körper und Geist mit ungesunden, destruktiven Botschaften. Wir werden ohnehin ständig mit Negativbotschaften bombardiert. Wir alle haben solche Sätze schon gehört: „Das kannst du nicht." – „Das darfst du nicht." – „Das tust du nicht." – „Das geht nicht." – „Die Menschen sind nun mal so". Heute machen sich die Medien und die Unterhaltungsindustrie für die Akzeptanz der Homosexualität stark, und es ist gerade in den frühen Stadien der Heilung wichtig, sich von diesen Quellen abzukoppeln, d. h. bestimmte Shows, Filme, Magazine und Online-Kanäle nicht mehr anzuschauen bzw. zu lesen. Durch Meditation, Bibelstudium, Gebet und Affirmationen führen wir unserem Körper, Geist und Seele Positivbotschaften zu, Botschaften der Wahrheit und der Liebe.

In jeder Phase des Heilungsweges geht es darum, sich seinen unveränderbaren Wert, der aus der Beziehung zu Gott erwächst, immer wieder vor Augen zu halten. „Jeder Homosexuelle ist ein latenter Heterosexueller."[7] Menschen mit gleichgeschlechtlicher Neigung sind einfach Spätzünder – latent Heterosexuelle, die auf einer frühen Stufe der psychosexuellen Entwicklung stehen geblieben sind. Wenn die geistigen und emotionalen Blockaden aus dem Weg geräumt sind, kommt der natürliche Wachstumsprozess wieder in Gang – und dann stellt sich auch heterosexuelle Anziehung ein.

Fassen wir zusammen: Die in der ersten Phase zu erledigenden drei Hauptaufgaben sind: 1. Aufhören mit sexuellen Aktivitäten, 2. Ein Unterstützungsnetzwerk aufbauen und 3. Aufbau von Selbstwertgefühl und Erfahrung des Wertvoll-Seins in der Beziehung zu Gott. Es ist wichtig zu verstehen, dass die Person in dieser und den folgenden Phasen wahrscheinlich von anderen abhängig wird, weil sie keine ausreichende Bindung zu dem gleichgeschlechtlichen Elternteil und/oder gleichgeschlechtlichen Gleichaltrigen hat. Während des Heilungsprozesses ist daher viel aktives Engagement anderer Menschen erforderlich. Ein solides Netzwerk, das nicht nur aus einer Person besteht, ist ein unbedingtes Muss.

Alex war der jüngste von vier Kindern. Sein älterer Bruder war Jason, und seine älteren Schwestern waren Becky und Sarah. Er lebte in Ohio, wo sein Vater für ein großes Unternehmen arbeitete und seine Mutter eine Verwaltungsangestellte war. Alex hat sich nie gut mit seinem Vater verstanden. Sein Vater neigte zu Wutausbrüchen, vor allem wenn er trank, was immer häufiger vorkam, je älter Alex wurde. Seine Mutter beklagte sich über ihre Enttäuschungen mit ihrem Mann, während sie Alex im Arm hielt. Da Alex von Natur aus ein hochsensibles Kind war, erlebte er ihren Schmerz und ihr Leid, als wäre es sein eigener. Alex schloss sich mehr und mehr seiner Mutter an und verachtete seinen vernachlässigenden und missbrauchenden Vater immer mehr.

Jason war der Sportler in der Familie. Er war ein Naturtalent in Baseball, Basketball und Fußball. Alex hatte das Gefühl, dass er mit Jasons sportlichen Fähigkeiten nicht mithalten konnte. Als Liebling seiner Mutter interessierte er sich mehr für Kunst und Lesen. Er schaute Jason und seinen Freunden beim Sport zu und wünschte sich, er wäre auch einer der Jungs; er jedoch spielte mit seinen Schwestern und fühlte sich in ihrer Welt wohler. Als sein Vater ihn mit seinen Schwestern spielen sah, nannte er ihn eine „Schwuchtel". „Du wirst eines der Mädchen werden", sagte sein Vater. Er verbrachte nie viel Zeit mit seinem Sohn. Wenn er zu Hause war, versteckte sich sein Vater hinter der Zeitung, sah fern oder war im Internet beschäftigt. Oft kam er erst spät nach Hause, nachdem er mit seinen Kumpels unterwegs war und getrunken hatte.

Alex begann in den letzten Jahren der Grundschule, gleichgeschlechtliche Neigung zu empfinden. Er war immer neidisch auf die Jungs, die sportlicher und kompetenter waren. Er sehnte sich danach, genau wie sie zu sein. Als er sich in der Pubertät sexuelle Beziehungen vorzustellen begann, die er mit den Klassenkameraden, die er bewunderte, haben könnte, wurden diese Gefühle erotisch. Er wagte es nicht, diese Gedanken und Gefühle seiner Familie zu erzählen. Sein Vater hielt ihn bereits für eine Schwuchtel, und sein Bruder verprügelte ihn häufig. Jasons Beziehung zu seinem Vater war durch Feindseligkeit, wie Streit und Schlägereien, geprägt. Alex wollte damit nichts zu tun haben, also blieb er ein Außenseiter, allein mit seinen Männerfantasien.

Ein Nachbar zeigte Alex, wie man sich selbst befriedigt. Schließlich wurden sie zu häufigen Sexpartnern. Aber Alex schämte sich für diese Aktivitäten. Er und seine Familie besuchten jede Woche die Kirche. Er hörte, dass homosexuelle Aktivitäten mit Gottes Wort unvereinbar seien, doch seine Gefühle waren sehr stark. Die Schuldgefühle waren groß, aber sein Bedürfnis nach männlicher Intimität war größer. Die Beziehung zu seinem Nachbarn hielt während der gesamten Mittelschule an, bis er wegzog. Dann begann Alex, mehrmals am Tag zu Schwulenpornos zu masturbieren.

Alex hatte während der Mittelschule Sex mit mehreren Mitschülern. Es waren alles nur kurzfristige Beziehungen, denn Alex kämpfte weiter gegen sein Verlangen. Auf dem College begann er, in Parks und Toiletten anonymen Sex mit Männern zu haben. Er war ein ausgezeichneter Student mit den Hauptfächern Wirtschaft und schließlich Jura. Alex hatte einen scharfen Verstand und wurde von den meisten seiner Klassenkameraden bewundert, aber niemand wusste, dass Alex ein Doppelleben führte. Tagsüber galt er als kluger und brillanter Student. Nachts suchte er zwanghaft nach Männern, um seine Einsamkeit und seinen Schmerz zu betäuben.

Als ich begann, Alex zu beraten, war er Ende zwanzig und ein sehr erfolgreicher Anwalt, der ein ausgezeichnetes Gehalt verdiente. Aber Alex war unglücklich. Seine Kollegen bewunderten seinen brillanten Verstand, seine Wortgewandtheit und sein erfolgreiches Prozessgeschick. Aber Alex hasste sich selbst; er sehnte sich danach, einer von den Jungs zu sein. Er hatte das Gefühl, von außen zuzuschauen. Er schämte sich für seine Sucht nach anonymem Sex, Schwulen-Pornos und zwanghafter Masturbation; er wollte raus, aber er wusste nicht, wie er sich ändern sollte.

Zuerst ließ ich Alex den Fragebogen zur Familiengeschichte ausfüllen, der in Kapitel 6 aufgeführt ist. Nachdem ich mir seine Geschichte angesehen hatte, legte ich ihm einen Beurteilungs- und Behandlungsplan vor. Dann begannen wir unsere therapeutische Beziehung. Ich ließ Alex mehrere Bücher über die Entstehung gleichgeschlechtlicher Neigung lesen (das vorliegende Buch war noch nicht erschienen). Nach und nach begann er zu verstehen, woher dieses Verlangen kam. Er verstand, dass er sich emotional von seinem Vater gelöst hatte und eine ungesunde Bindung zu seiner Mutter hatte. Da er sensibler war, fürchtete er seinen Vater und die Stärke, die er verkörperte. Anstatt sich gegen seinen Vater zu wehren, flüchtete er sich in die Arme seiner Mutter und seiner Schwestern. Er erkannte, dass seine sexuellen Heldentaten ein Ersatz für die nicht erhaltene Liebe und Zuneigung seines Vaters und seine Unfähigkeit waren, seine Bedürfnisse auf positive und selbstbewusste Weise zu kommunizieren.

Alex war hungrig zu lernen und zu wachsen. Die nächste Aufgabe bestand darin, ihm zu helfen, ein starkes Unterstützungsnetzwerk aufzubauen, um die sexuellen Abhängigkeiten durch gesunde, heilende Beziehungen zu ersetzen. Er hatte Angst davor, anderen von seinem Kampf zu erzählen. Seit er gleichgeschlechtliche Neigung empfand, hatte er diesen Teil seines Lebens isoliert. Ich ermutigte ihn behutsam, sich einer Selbsthilfegruppe mit anderen Männern, die im Veränderungsprozess waren, anzuschließen. Er sträubte sich, bis ich ihm sagte, dass ich ihm nur helfen würde, wenn er einer solchen Gruppe beiträte. Schließlich willigte er ein, an einem Treffen teilzunehmen. Dort traf er zu seiner großen Überraschung andere Männer, die genau wie er ihr ganzes Leben lang mit ähnlichen Gefühlen und Erfahrungen zu kämpfen hatten. Er war so erleichtert und dankbar zu erfahren, dass er nicht allein war. Er traf andere, die ihn verstanden.

Alex begann ein Trainingsprogramm. Er trat einem Fitnessstudio bei und trainierte mit Männern, die sich ihrer Sexualität sicher waren. Da Alex immer am Rand gestanden und seinem Bruder und anderen Jungen zugeschaut hatte, war es für ihn beängstigend, an Gruppensport teilzunehmen. Er suchte einen Mentor, der ihm grundlegende sportliche Fähigkeiten beibringen konnte: den Basketball passen, den Ball fangen, Dribbling und Körbe werfen. Im Laufe der Zeit begann er, seine eigene Stärke und Kraft kennenzulernen. (Ein warnendes Wort: Ich ermutige diejenigen, die ungewollte SSA überwinden wollen, sich *familienfreundliche* Fitnessstudios zu suchen und mit gesunden Freunden zu trainieren).

Ich trug Alex auf, jeden Morgen und Abend zu meditieren. Er hörte sich Botschaften mit Affirmationen an. Er begann, sich neu zu definieren. Nun wurde er nicht mehr durch seine SSA definiert, sondern als wertvoller Sohn Gottes. Allmählich begann Alex zu verstehen, dass er sich Liebe und Akzeptanz nicht durch Äußerlichkeiten oder äußeren Erfolg verdienen musste, er wurde einfach so geliebt, wie er war. Das war eine Erkenntnis für Alex. Diese innere Veränderung in Verbindung mit neuen sozialen Fähigkeiten, seiner Selbsthilfegruppe und wöchentlichen Beratungsgesprächen gab ihm die Kraft, seine sexuellen Aktivitäten einzustellen. Gelegentlich hatte er noch sexuelle Begegnungen, aber das wurde von Woche zu Woche weniger.

Phase II: Grundlagen legen (Kognitive Therapie; Heilung des inneren Kindes)

1. Mit dem Unterstützungsnetzwerk weiterarbeiten
2. Kontinuierlich Selbstwert aufbauen und Wert in der Beziehung zu Gott erfahren
3. Fähigkeiten entwickeln: Selbstkompetenztraining, Kommunikationsfähigkeit und Problemlösungstechniken / Konfliktkompetenz
4. Beginn der Heilung des inneren Kindes: Gedanken, Gefühle und Bedürfnisse kennen lernen

Immer wieder habe ich beobachtet, dass ein Mensch mit gleichgeschlechtlicher Neigung weder in seinem Körper noch in seiner Seele zu Hause ist. Er muss zuerst Fähigkeiten entwickeln, die ihm helfen, in der Gegenwart Halt zu finden und sich selber besser zu verstehen und Erfüllung zu finden, damit die Wunden der Vergangenheit heilen können. In dieser Phase geht es um die Schaffung von Zufriedenheit und innerem Frieden, um eine neue Wahrnehmung des eigenen Da-Seins im eigenen Herzen, Denken, Körper und Geist.

In der zweiten Phase gibt es vier Aufgaben:

Erste Aufgabe: Mit dem Unterstützungsnetzwerk weiterarbeiten

Es ist wichtig, dass der/die Einzelne das Unterstützungsnetzwerk entwickelt, daran teilnimmt und es stärkt. Das Unterstützungsnetzwerk gibt der Person gleichsam einen geschützten Raum. Es gibt einer inneren Wirklichkeit seine äußere Form. Es ist eine gesunde, positive, liebevolle und Hilfe bietende „neue Familie" und Gemeinschaft. Die in diesen Beziehungen erfahrene Liebe kann die Person später nach und nach verinnerlichen.

Jeder, der zu diesem Unterstützungsnetzwerk gehört, muss bereit sein, sich wirklich zu engagieren. Der Bruch mit sexuellen Aktivitäten und Fantasien führt dazu, dass Gefühle und Gedanken nun stärker erlebt und wahrgenommen werden als zuvor. Bisher wirkte das sexuelle Verhalten als Betäubungsmittel gegen unangenehme Gefühle und negative Gedanken. Sexuelles Verhalten und Fantasien können – ähnlich wie Drogen – Fluchtmechanismen zur Vermeidung von Schmerz, Enttäuschungen und anderen unangenehmen Gefühlen sein. Das Unterstützungsnetzwerk in all seinen Komponenten ist die Festung, die Kraft und Halt gibt, ist die bergende Burg und der fruchtbare Boden, der Nahrung zum Wachsen liefert.

Zweite Aufgabe: Kontinuierlich Selbstwert aufbauen und Wert in der Beziehung zu Gott erfahren

Meditation, Gebet, das Studium religiöser Texte und die Erfahrung von Bestätigung sind wesentlich für den Aufbau eines starken geistlichen Lebens und einer engen und lebendigen Gottesbeziehung. Mehr über persönliche Bestätigung und Affirmationen in Kapitel 6. Meditation ist Hören. Beten ist Reden. Meditation bietet der Seele einen Raum zur Ruhe und Achtsamkeit. Gebet ist Kommunikation zwischen Körper, Seele, Geist und Gott. Das Studium von wahren und aufbauenden Texten erneuert unser Herz und Denken. Affirmationen dienen der Umerziehung unseres Unterbewusstseins und verhelfen uns zu mehr Glauben, Hoffnung und gesundem Selbstbewusstsein.

Dritte Aufgabe: Fähigkeiten entwickeln: Selbstkompetenztraining, Kommunikationsfähigkeit, Problemlösungstechniken / Konfliktkompetenz

Mit einem starken, wirksamen Unterstützungsnetzwerk und durch von Meditation, Gebet, Studium religiöser Texte und Affirmationen beginnt die Phase des Heilungsprozesses, in der die Grundlagen gelegt werden. Menschen mit SSA sind oft unfähig, die eigenen Gefühle und Gedanken zu steuern. Sie brauchen daher Anweisung und Einübung im Umgang mit Alltagsbeziehungen, bevor eine Heilung der Wunden aus der Vergangenheit möglich ist.

In dieser Phase muss der Klient Strategien zum richtigen Umgang mit unangenehmen, schmerzhaften Gedanken und Gefühlen lernen. Das Erlernen von Grundfähigkeiten im Bereich bewussten Erkennens und Verhaltens hilft ihm, negative Denkmuster bei sich besser wahrzunehmen, zu benennen und aufzulösen.

Vielleicht muss er systematisch lernen, sich selbst und die eigenen Anliegen besser zur Sprache zu bringen, Kommunikationstechniken erwerben und ein gesundes, bestimmtes Auftreten einüben, also gewissermaßen seine Stimme wiederbekommen. Einzelheiten über die Entwicklung dieser Fähigkeiten beschreibt Kapitel 6.

Ein Mensch, der gleichgeschlechtliche Neigung erlebt, kann wie ein Chamäleon sein, das seine Farbe (hier: seine Persönlichkeit) den Erwartungen der anderen (oder dem, was es für diese Erwartungen hält) anpasst. Diese Persönlichkeitseigenschaft kann ein Plus oder ein Minus sein. Bei einem Menschen, der seinem eigenen Geschlecht entfremdet ist, kann sie zur verstärkten Distanzierung vom wahren und authentischen Selbst führen. Dieser und andere Verteidigungsmechanismen schaffen gleichsam ein falsches Selbst, eine innere Rüstung zum Schutz für die verletzte Seele. Ein anderer Zug, den ich häufig beobachtet habe, ist Ungeduld bzw. Mangel an Selbstregulierung. Der Betroffene muss folglich lernen, unangenehme

Gefühle in Alltagsbegegnungen und -situationen aktiv anzupacken und nicht länger wegzurennen oder sich zu betäuben. Dies ist für viele schwierig. Die erste Reaktion ist oft die, sich wieder in aktiven Sex oder sexuelle Fantasien zu flüchten. Der Klient muss daher neue Verhaltensmuster lernen. Auslöser für homosexuelle Sehnsüchte im Alltag sind oft Frustrationen und Ablehnungserlebnisse, Einsamkeit, Wut und Übermüdung,[8] und der Einzelne muss bessere Strategien zum Umgang mit diesen Erfahrungen entwickeln. Es gibt hierzu eine Reihe hilfreicher Methoden:

- Hilfe im Unterstützungsnetzwerk suchen
- Gebet, Meditation und die Erfahrung von Bestätigung (beispielsweise durch Affirmationen)
- Bioenergetische Übungen, Wutabbau, EFT (Emotional Freedom Technique), Durcharbeiten der Gefühle und Identifizieren der Kernthemen
- Focusing – eine Technik zum Herausfinden der Leidensursache und zum Abbau von Spannungen in Körper und Seele
- HALT – eine Technik, um die Ursache(n) für sexuelle Lust, Masturbation und Pornos oder sexuelle Praktiken zu identifizieren (Genaueres siehe in Kapitel 6):
  Hunger: Es besteht ein physischer Hunger und/oder Gefühl des Abgelehntwerdens, das der Betroffene mit einer anderen Person oder Substanz stillen will.
  Aggressionen, Wut: Nicht ausgedrückte Gefühle werden erotisiert.
  Leere, Einsamkeit: Legitime Bedürfnisse nach echter Nähe und Liebe, die nicht erfüllt wurden, können als sexuelle Bedürfnisse wahrgenommen werden.
  Todmüde, Stress: Stressfaktoren können den Wunsch nach „Abhilfe" durch altbekannte sexuelle Gewohnheiten wieder wach werden lassen.
- Tagebuch führen – hilft dem Klienten, seine Gedanken und Gefühle besser zu verstehen und zu sehen, was die Auslöser für falsche Verhaltensweisen sind. Ein Auslöser ist jede Aktivität, Ereignis oder Situation, die den Betreffenden dazu führt, sich sexuell abzureagieren oder emotional unter Stress zu kommen. Manche genesenden Menschen müssen sich möglicherweise mit zwanghaftem Verhalten auseinandersetzen. Schreiben hilft, ein Stück Distanz zu sich selbst und der Intensität des Erlebten zu gewinnen.

Vierte Aufgabe: Beginn der Heilung des inneren Kindes: Gedanken, Gefühle und Bedürfnisse kennen lernen

Um die Gefühle und unerfüllten Liebesbedürfnisse des Klienten zu verstehen, nutze ich das Modell vom inneren Kind. Ich gebe dem Klienten verschiedene Arbeitsbücher und erkläre ihm die Anwendung verschiedener Techniken vom inneren Kind. Durch die Arbeit damit und mit der Erforschung des Unbewussten beginnt er zu verstehen, woher die starken Kräfte in ihm und um ihn herum kommen, und was sie bedeuten.

Es gibt drei Stufen in der Arbeit mit dem inneren Kind: Für sich selbst ein Mentor werden; sich geistige und geistliche Mentoren innerlich vorstellen; Freunde haben, die Mentoren sind.

> Als Erstes muss der Klient lernen, sein eigener Mentor zu werden, der ideale Vater und die ideale Mutter, nach denen er sich immer gesehnt hat. Danach kann er durch kreative Visualisierung schöner, heilsamer Aktivitäten seinen innerlich vorgestellten Mentor dazu bringen, sich um sein inneres Kind zu kümmern. Und schließlich erfährt er Heilung mit und in der Gegenwart anderer Mentoren, die ihn in die Welt der Männer einführen. Diese dritte Stufe muss auf der Basis der beiden ersten geschehen, damit es nicht zu einer ungesunden Abhängigkeit von den Mentoren kommt.

Ich bringe ihm auch bei, durch verschiedene Techniken mit seinem Körper in Kontakt zu kommen: Bioenergetik, Rollenspiele, Stimmendialog, Focusing und EFT (natürlich gibt es noch zahlreiche andere wirksame therapeutische Maßnahmen, die den Menschen bei der Heilung helfen). Diese Methoden helfen ihm, in tieferen Kontakt mit seinem eigenen Körper und seinem Charakter zu kommen. Auf diese Weise lernt er, seine Probleme zu lösen, anstatt nach sexuellen Beziehungen zu suchen, zu masturbieren, Pornos zu schauen oder zu viel zu arbeiten.

Bevor die psychodynamische Phase mit der Aufdeckung und Heilung der seiner SSA zugrunde liegenden tieferen Ursachen beginnen kann, muss der Klient stabiler in seinen gegenwärtigen Beziehungen werden. Er muss lernen, Schmerz durchzustehen, sich emotional selbst zu regulieren und sich nicht unangemessen zu verhalten. Ungelöste Probleme aus der Vergangenheit haben seine SSA verursacht, doch solange der Klient nicht lernt, seine gegenwärtigen Beziehungen und Umstände zu bewältigen und ein erfolgreicher Kommunikator zu werden, ist er nicht in der Lage, den Schmerz zu ertragen, der bei der Heilung der Ursachen hochkommt, sondern er wird weglaufen, die Therapie abbrechen, in alte sexuelle Verhaltensmuster zurückfallen oder die Hoffnung auf Änderung verlieren.

Zusammengefasst sind die vier Aufgaben, die in der zweiten Phase zu bewältigen sind: 1. Mit dem Unterstützungsnetzwerk weiterarbeiten; 2. Kontinuierlich Selbstwert aufbauen und Wert in der Beziehung zu Gott erfahren; 3. Fähigkeiten entwickeln wie Selbstkompetenztraining, Kommunikationsfähigkeit und Problemlösungstechniken / Konfliktkompetenz; und 4. Beginn der Heilung des inneren Kindes: Gedanken, Gefühle und Bedürfnisse kennen lernen.

In den ersten Phasen meiner eigenen Heilung führte mein Therapeut mich an die tiefen, schmerzlichen Ursachen meiner SSA heran, ohne mir zu helfen, ein Unterstützungsnetzwerk aufzubauen. Er prüfte nicht, ob ich Freunde, Verwandte und andere Stützen hatte, die mir helfen konnten, mit dem unglaublichen Schmerz, der da auf mich zukam, fertig zu werden. So suchte ich in der homosexuellen Gemeinschaft Trost, denn die Menschen in meiner Kirche und in meinem sozialen Umfeld konnten meinen Schmerz und mein Bedürfnis nach Nähe nicht verstehen. Die Hölle, die ich damals durchmachte, die erstickende Einsamkeit, kann ich nicht beschreiben. Dass keiner mich verstand, machte die Wunden noch schlimmer. Ich lernte damals auf einem sehr schweren Weg, wie notwendig es ist, dem Betroffenen zunächst zu mehr Stabilität in der Gegenwart, einem belastungsfähigen Netzwerk von Beziehungen und neuen Fähigkeiten im Umgang mit Problemen zu verhelfen.

Ein Therapeut muss weise sein. Wenn du selbst Therapeut bist, dann führe deinen Klienten bitte erst dann an seine tieferen Wunden heran, wenn er die Ressourcen entwickelt hat, mit ihnen fertig zu werden. Und wenn du der Klient bist, dann lasse dich erst dann von deinem Therapeuten in den Schmerz der Vergangenheit hineinführen, wenn du die inneren und äußeren Grundlagen hast, bessere Bodenhaftung sozusagen, du also in der Gegenwart stabiler geworden bist.

Alex besuchte wöchentlich seine Selbsthilfegruppe. Sie gab ihm ein Stabilitäts- und Kameradschaftsgefühl, das er auf seinem Weg der Heilung brauchte. Alex erzählte mir mehrmals, dass die

Erkenntnis, dass SSA ein *Symptom* für ungelöste Probleme ist, sein Leben verändert hat. Er sagte, dass dieses Konzept ihn dazu befähigte, den Fokus von seiner Sexualität zu nehmen und sich mit den zugrunde liegenden Ursachen seiner gleichgeschlechtlichen Neigung zu beschäftigen. Wir trafen uns weiterhin zu unseren wöchentlichen Beratungsgesprächen. Ich bat ihn, das Buch *"Ten Days to Self-Esteem"* von Dr. David Burns zu benutzen. Widerstrebend begann er, die Aufgaben zu lösen. Wie viele andere, die ich beraten habe, mochte Alex dieses Arbeitsbuch nicht. „Es erinnert mich an die ganzen Hausaufgaben, die ich in der Schule machen musste." Ich sagte ihm: „Ich verstehe deinen Widerstand, und es ist in Ordnung, wenn du es hasst. Mach es einfach trotzdem." Und das tat er.

Durch die Anwendung von Burns' Methoden lernte Alex, seine negativen Selbstgespräche und kognitiven Verzerrungen zu erkennen, die ihn in einen Teufelskreis aus Depression und Sexsucht geführt hatten. Indem er die täglichen Stimmungsprotokolle und andere von Burns vorgeschlagenen Aktivitäten durchführte, gewann er ein stärkeres Gefühl der Selbstwirksamkeit. Anstatt sich über sich selbst und andere aufzuregen, nahm er sich die Zeit, über seine negativen Gedanken nachzudenken und sie in positive Energie umzuwandeln. Auf diese Weise erlangte er ein größeres Selbstbewusstsein und mehr Macht über den Suchtkreislauf. Dr. Douglas Weiss beschreibt den Suchtkreislauf anhand der folgenden sechs Phasen: 1. Schmerzauslöser (emotionales Unbehagen, ungelöste Konflikte, Stress oder das Bedürfnis, sich zu binden); 2. Abgrenzung; 3. veränderter Zustand; 4. das Streben nach Verhalten; 5. das Verhalten; und 6. die Zeit zwischen den Handlungen.[9]

Alex meditierte weiterhin täglich mit einigen der MP3-Aufnahmen, die ich ihm zur Verfügung gestellt hatte. Er machte auch eine Aufnahme mit Affirmationen, um sein Selbstwertgefühl zu stärken. Ich bat ihn, eine Liste mit Affirmationen zu schreiben – Dinge, von denen er sich wünschte, dass sein Vater und andere sie ihm gesagt hätten, als er aufwuchs. Alex ließ eine solche Aufnahme von einem Mentor und einigen Freunden erstellen. Sie war nur etwa fünf Minuten lang und wurde mit beruhigender Musik unterlegt. Einige der Affirmationen waren: „Alex, ich liebe dich so, wie du bist." „Du bist mein wertvoller Sohn." „Du bist genug." „Du bist talentiert, begabt und stark." „Ich glaube an dich." Durch die tägliche Anwendung dieser Affirmationen begann Alex, an seinen Wert und Selbstwert als geliebter Sohn Gottes zu glauben.

Durch Teilnahme an Sport und Bewegung stärkte Alex auch seine Männlichkeit. Nachdem er monatelang mit seinem Mentor gearbeitet hatte, fasste er endlich den Mut, mit anderen Männern Basketball zu spielen. Das war anfangs sehr beängstigend für ihn. Er nutzte die kognitiven Techniken, um negative Selbstgespräche mit positiven und rationalen Antworten zu bekämpfen. Es fiel ihm sehr schwer, das zu tun. Er benutzte kreative Visualisierungstechniken, indem er sich vorstellte, dass er bereits ein kompetenter, erfolgreicher Basketballspieler war. Er übte diese Vorstellung mehrmals am Tag. Jedes Mal, wenn er Basketball spielte, setzte er sich ein Ziel: Einmal war sein Ziel, einfach Spaß zu haben, egal wie er spielte; ein anderes Mal war sein Ziel, sich auf die Verbesserung seiner Fähigkeiten zu konzentrieren – das Dribbeln und Passen des Balls. Ein anderes Mal war es sein Ziel, so selbstbewusst wie möglich zu sein. Er bat auch einen Freund, mit ihm zu üben. Durch seine ständigen Bemühungen verbesserte sich sein Spiel allmählich und er lernte, Spaß zu haben.

Nachdem er die kognitive Therapie von Burns abgeschlossen hatte, begann er mit der Heilung des inneren Kindes. Alex machte die Aufgaben in Dr. Lucia Capacchiones Buch, *Recovery of Your Inner Child*. Als Jurist fand er diesen Ansatz lächerlich und dumm. „Was hat das Malen von Bildern mit meiner nicht-dominanten Hand damit zu tun, meine ungewollte SSA zu lösen? Das ist doch absurd!" Wieder sagte ich Alex: „Es ist in Ordnung, wenn du es hasst. Tu es einfach." Und das tat er dann auch. Anfangs fielen ihm die Übungen zum Zeichnen und zum Dialog mit dem inneren Kind sehr schwer. Es ging nur langsam voran. Mit seinem Herzen in Kontakt zu kommen, war für Alex ein mühsames Abenteuer. So viele Jahre lang hatte er den verletzten kleinen Jungen unter all den guten Noten, dem Lächeln, den Nettigkeiten und seinen sexuellen Aktivitäten begraben. Aber durch seine konsequenten und konzertierten Bemühungen begann das Kind in ihm (sein Unbewusstes) schließlich zu sprechen.

Alex war schockiert über das, was da zum Vorschein kam: ein sehr wütender und rasender kleiner Junge. Er war nicht nett. Er war nicht süß. Er war verletzt, und er wollte gehört werden. Alex fertigte viele Zeichnungen an und erlaubte dem kleinen Jungen in seinem Inneren, seine Gefühle zu äußern. In mehreren Sitzungen entwickelte ich Übungen für dieses innere Kind. Er machte bioenergetische Arbeit, indem er mit einem Tennisschläger auf Kissen schlug (mehr dazu in Kapitel 6). Alex war nicht mehr das süße, unterwürfige Kind, sondern eine starke und kraftvolle, männliche Autorität.

Er widmete sich auch anderen Teilen seiner inneren Familie – das beschützende Elternteil, das nährende Elternteil, das kritische Elternteil, das spielerische und kreative Kind. Alex erweckte Teile von sich selbst, die jahrelang geschlummert hatten. Er lernte, auf Gefühle, Gedanken und Bedürfnisse zuzugreifen, von denen er gar nicht wusste, dass er sie hat. Alex benutzte mehrmals pro Woche die Meditations-Aufnahme *„Healing Your Inner Child"* (siehe Ressourcenmaterial – MP3-Liste). Durch diese Aktivitäten zur Heilung des inneren Kindes begann er, seine emotionale Mitte zu finden und sich stärker bewusst zu werden, wer er ist, anstatt sich danach zu richten, was andere über ihn denken und fühlen.

Phase III: Heilung der gleichgeschlechtlich-emotionalen und/oder gleichgeschlechtlich-sozialen Wunden (psychodynamische Therapie)

1. Fortfahren mit den Aufgaben aus Phasen I und II
2. Entdecken der Ursachen der gleichgeschlechtlich-emotionalen und/oder gleichgeschlechtlich-sozialen Wunden
3. Beginn des Trauerprozesses, Vergebens und Übernehmens von Verantwortung
4. Entwickeln gesunder, heilsamer gleichgeschlechtlicher Beziehungen

„Wer sich nicht an seine Vergangenheit erinnert, ist dazu verdammt, sie zu wiederholen."
—George Santayana

Die dritte Phase ist eine emotionale, geistige und geistliche Heilung durch tiefes Trauern. Zuerst sind die Ursachen der gleichgeschlechtlichen Neigung zu erhellen. Dann müssen die Wunden verheilen. Schließlich müssen die unbeantwortet gebliebenen Liebesbedürfnisse in gesunden, heilsamen, nicht-erotischen gleichgeschlechtlichen Beziehungen erfüllt werden. Durch diesen Prozess wird der Klient schließlich seine volle männliche Identität zurückgewinnen und erfahren.

In der dritten Phase gibt es vier Aufgaben:

Erste Aufgabe: Fortfahren mit den Aufgaben aus Phasen I und II

- Setze das Unterstützungsnetzwerk ein: Dies ist unerlässlich, da der Klient jetzt in die psychodynamische Arbeit einsteigt und die Wunden der Vergangenheit aufzudecken und zu betrauern beginnt. Sein Unterstützungsnetzwerk umgibt ihn dabei mit Liebe, Verständnis und Hilfe.

- Baue dein Selbstwertgefühl weiter auf und erfahre deinen Wert in der Beziehung mit Gott: Es ist wichtig, dass der Klient die geistliche Dimension, die Gottesbeziehung, weiter pflegt, in der die innere Stimme der Leitung und Hilfe vernehmbar wird. Eine persönliche Beziehung zu Gott wird ihm während des Trauerprozesses mehr Kraft geben.

- Entwickle deine Fähigkeiten weiter: Selbstkompetenztraining, Kommunikationstechniken, Problemlösungstechniken / Konfliktkompetenz. Hinterfrage weiterhin fehlerhaftes Denken und sei in persönlichen und beruflichen Beziehungen authentisch. In dem Maße, wie der Klient authentischer wird, wird er verantwortungsbewusst, erfüllt und kraftvoll.

- Setze die Heilung des inneren Kindes fort, indem du lernst, Gedanken, Gefühle und Bedürfnisse zu erkennen. Die Arbeit mit dem inneren Kind ist gleichsam der Dünger für den Boden der noch kommenden tieferen Arbeit – der Entdeckung und dem Heilwerden-Lassen der Grundursachen der gleichgeschlechtlichen Neigung. Indem der Klient lernt, auf sein Herz, seinen Verstand und seinen Körper zu hören, bereitet er sich darauf vor, mit dem Schmerz und der Trauer umgehen zu können, die in dieser dritten Heilungsphase auftreten.

Zweite Aufgabe: Entdecken der Ursachen der gleichgeschlechtlich-emotionalen und/oder gleichgeschlechtlich-sozialen Wunden

In dieser Phase muss der Klient herausfinden, welche Geschehnisse aus seiner Vergangenheit ihn von seiner eigenen Geschlechtsidentität getrennt haben. Eine der Hauptursachen für SSA, der Abkopplung von dem gleichgeschlechtlichen Elternteil, ist möglicherweise nicht das Ergebnis der Abwesenheit des Elternteils, sondern das Ergebnis der *defensiven Abkopplung* des Kindes von dem Elternteil. Das Kind fühlt sich zuerst von seinem Vater oder der Mutter zurückgewiesen und baut als Folge davon zum Selbstschutz eine emotionale Mauer um sein Herz.[10] Außerdem wurde es vielleicht gemobbt und/oder konnte keinen Kontakt zu gleichgeschlechtlichen Gleichaltrigen finden. Im Prozess der Heilung müssen diese Mauern der Abkopplung fallen. SSA bedeutet eine Entfremdung vom wahren Selbst: in dem anderen Mann wird das gesucht, was man selbst nicht entwickelt hat.[11] Das *falsche Selbst* ist eine Anpassung des eigenen wahren Wesens, um Liebe zu gewinnen oder um sich vor Schmerz zu schützen. Andere Namen für das falsche Selbst sind: Maske, Defensivmechanismen, innere Rüstung. Das *wahre oder authentische Selbst* ist das eigene Wesen, so wie Gott es geschaffen hat – rein, liebevoll, geistlich, vergebend und verständnisvoll.

Was es mit unseren „Persönlichkeitsschichten" auf sich hat

Im Kern unseres Wesens ist einerseits das von Gott gegebene *wahre Selbst*, das voller Liebe, Verständnis und Vergebung ist. Man kommt andererseits mit einem *ererbten Selbst* zur Welt, einer Kombination aus den Erfolgen und Misserfolgen der Vorfahren (wie in der Transgenerationalen Familientherapie beschrieben und von der aufstrebenden Wissenschaft der Epigenetik vorgeschlagen).

Die vier Phasen des Veränderungs- und Heilungsprozesses

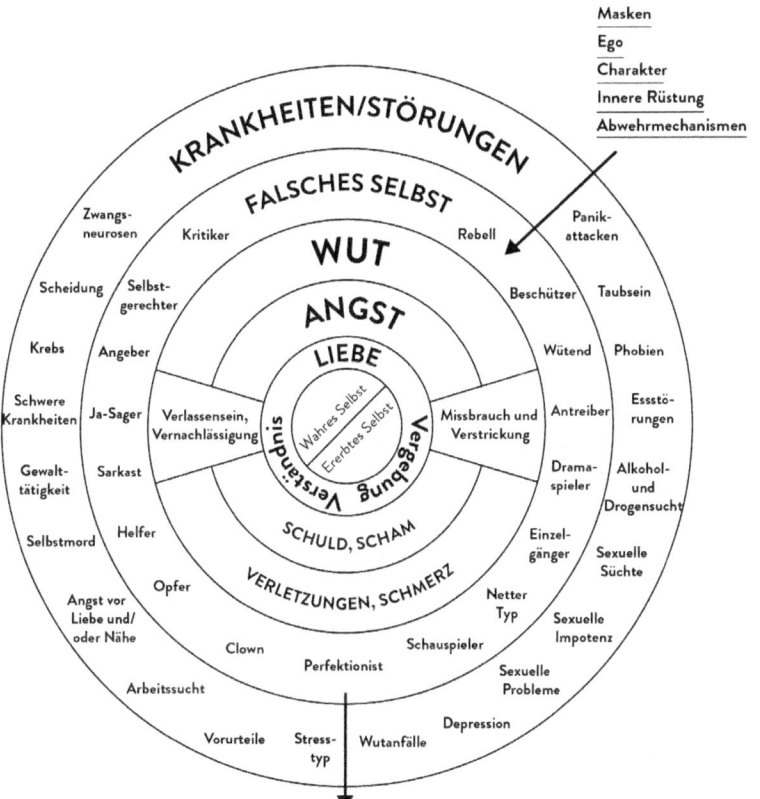

Fühlt man sich in irgendeiner Form zurückgewiesen, verlassen, vernachlässigt, missbraucht oder emotional verstrickt (persönliche Grenzen verletzt), ist die erste Gefühlsreaktion *Angst*. Und da Kinder immer sich selbst als die Schuldigen ansehen, liegen unter der psychologischen Angst *Schuld* und *Scham*. Schuld kommt aus dem Verhalten: „Ich habe etwas Unrechtes getan." Scham kommt aus dem Sein: „Ich bin nicht recht." Kann das Kind seine Gefühle offen zum Ausdruck bringen und hören seine Eltern und/oder Betreuer es an und nehmen diese Gefühle ernst, kommt es zur Heilung. Finden Gefühle dagegen keinen Ausdruck bzw. werden nicht verstanden, verdrängt das Kind sie. „Verdrängung ist ein Zustand emotionaler Betäubung. […] Zu ihr kommt es, wenn man des Widerstands, Ärgers, der Ablehnung so müde ist, dass man alle negativen Gefühle unterdrückt, um des lieben Friedens in der Familie oder um des Ansehens in der Welt willen."[12]

Gehen Vernachlässigung, Missbrauch und/oder emotionale Verstrickung weiter, ist die nächste Gefühlsreaktion *Wut*. Dr. Stephen Stosny beschreibt die physiologische Komponente von Wut wie folgt: „Wut kommt aus einer kleinen Region im Gehirn, die man das limbische System nennt; es ist auch als das Säugetiergehirn bekannt, weil wir es mit allen Säugetieren gemeinsam haben. Wut gehört zum Kampf-Flucht-Überlebensinstinkt, den wir mit allen Säugetieren gemeinsam haben, und mobilisiert den Organismus zum Kampf. Sie ist die einzige Emotion, die *jede Muskelgruppe und jedes Organ* des Körpers aktiviert. Die durch Wut im Gehirn freigesetzten chemischen Stoffe – Epinephrin und Norepinephrin – wirken ähnlich wie der Wachmacher Amphetamin und wie Schmerzmittel: sie betäuben den Schmerz und erzeugen einen Energieschub."[13].

Wut ist eine physiologische Reaktion auf Gefahr (akut) und eine psychologische Reaktion auf *Verletzungen* und *Schmerz*. Psychologisch ist sie immer eine Verschleierung von Schmerz. Wenn jemand seine Wut auf konstruktive Weise zum Ausdruck bringen darf, können die Verletzungen heilen und der Schmerz verschwinden. Lehnt die Umwelt aber die geäußerte Wut ab oder unterdrückt man sie selbst, wird damit auch der Schmerz „geschluckt" (und wird oft chronisch). *Lebendig begrabene Gefühle sterben nie. Die Zeit heilt keine Wunden; sie vergräbt sie nur noch tiefer.*

Um in einer Umgebung zu überleben, in der die eigenen Gedanken und Gefühle nicht gehört und Grundbedürfnisse nach Liebe nicht beantwortet werden, entwickelt ein Mensch schließlich zahlreiche Strategien,

Abwehrmechanismen und eine „innere Rüstung". Diese bilden zusammen das *falsche Selbst*. Sie basieren zwar auf dem ursprünglichen Wesen des jeweiligen Menschen, den Gaben, die Gott ihm gegeben hat, aber diese Gaben dienen jetzt einem zweifachen Zweck: 1. der Verdeckung von Schmerz, Schuld und Scham und 2. dem Erlangen von Zuneigung, Zuwendung, Bestätigung und Annahme, die nie erfahren oder wahrgenommen wurden.

Die Schicht des falschen Selbst besteht aus den vielen Masken, die jemand trägt, den Dramen, die er spielt, der seelischen Rüstung, die er anlegt, und den Abwehrmechanismen, mit denen er sein verwundetes Herz vor weiteren Verletzungen zu schützen versucht. Das Problem ist nur: Wie sehr er sich auch anstrengt, um ein wenig von der Zuneigung, Bestätigung und Annahme zu bekommen, die er sich so sehr wünscht – was er erhält, wird seine Seele nie zufrieden stellen. Denn sein Verhalten ist motiviert durch das Bedürfnis nach Anerkennung, eine Anerkennung, die er durch Leistung zu erringen hofft. Die so sehr gewünschte bedingungslose Anerkennung der Person wird er auf diese Weise nicht erfahren. Genau dies ist aber ein menschliches Grundbedürfnis: dass die anderen uns schätzen aufgrund dessen, was wir sind, und *nicht* aufgrund dessen, was wir tun oder wie wir aussehen.

Ich habe in der Liste oben „Zuneigung", „Zuwendung", „Bestätigung" und „Annahme" aufgeführt, nicht aber „Anerkennung", denn Anerkennung basiert auf Verhalten. Es ist in Ordnung, wenn die Eltern, der Ehepartner, der Chef, Kollegen, Freunde oder Gott ein Verhalten missbilligen, denn Verhalten hat mit Tun (Leistung) zu tun, und nicht mit Sein. Ich kann einen Menschen durchaus weiter lieben (aufgrund seines *Seins*), auch wenn ich sein Verhalten (sein *Tun*) nicht billige.

Eine wachsende Zahl von Gesundheitsexperten, Forschern und Heilern erkennt, dass unsere Emotionen einen tiefgreifenden Einfluss auf unsere körperliche Gesundheit haben. Viele, wenn nicht die meisten Krankheiten und Störungen haben einen psychologischen Ursprung – das Ergebnis eines verletzten oder verlorenen Herzens und negativen Einstellungen und Erwartungen. Körper, Geist, Herz und Denken des Klienten sind miteinander verbunden. Ein Bereich beeinflusst den anderen. Darum braucht es Zeit, bis die inneren Kinder (beide, das verletzte Kind und das „goldene" Kind) entdeckt werden und genesen können. Wie bei einer Zwiebel müssen die Schichten eine nach der anderen weggeschält werden. Der Klient kann nicht direkt an seinen Lebensnerv gehen und dabei seine Persönlichkeit verändern, vielmehr muss er seine Schutzschichten systematisch entfernen und durch eine gesunde Verhaltens- und Seinsweise ersetzen. Erst wenn er in seiner Beziehung zu Gott, zu sich selbst und zu seinen Mitmenschen ein hinreichendes Selbstwertbewusstsein erlangt hat, kann er tiefer in den Brunnen hinabsteigen, um seine verlorene Seele wiederzugewinnen.

Ich benutze mehrere Techniken, um dem Klienten den Zugang zu seinen verlorenen oder verdrängten Erinnerungen zu erleichtern: Zeichnungen und Dialoge des inneren Kindes, Heilung der Erinnerungen, Bioenergetik, Rollenspiel, Psychodrama, Focusing und Stimmendialog. Es gibt eine Fülle von Techniken, die dem Einzelnen helfen, geheilt zu werden. Auf diese Weise kann er Zugang zu verlorenen oder verdrängten Erinnerungen bekommen.

Es ist entscheidend, dass wir die Wurzeln unserer gleichgeschlechtlichen Wünsche wirklich verstehen; rein verhaltenstherapeutische Versuche, SSA „unter Kontrolle zu bekommen", führen nur zu lebenslanger Enttäuschung, Schuldgefühlen und Scham. Erst wenn die Grundursachen gefunden sind, werden die Schutzmauern fallen und die Tür zu Liebe und Nähe sich öffnen. Solange diese Mauern noch da sind, ist jede „Technik" nur ein oberflächliches Mittel zur Kontrolle von Gedanken, Gefühlen und Verhaltensweisen.

Ich glaube an die vollständige Befreiung der Seele. Wer sich auf den Weg der Veränderung macht, wird den Weg zurück nach Hause finden und fähig sein, seine psychosexuelle, psychologische und psychospirituelle Entwicklung fortzusetzen, wenn er die tiefen Ursachen entdeckt und die Wunden heilen lässt. Dazu gehören: Verwundung durch den gleichgeschlechtlichen Elternteil, Verwundung durch gleichgeschlechtliche Geschwister/Verwandte und Gleichaltrige, Verletzungen des Körperbildes, sexueller Missbrauch, Scheidung und/oder der Tod eines Elternteils (siehe die zehn möglichen Verwundungsursachen).

Dritte Aufgabe: Beginn des Trauerprozesses, Vergebens und Übernehmens von Verantwortung

Die Phasen der Heilung bei dieser Aufgabe sind: Erinnern, Loslassen, Erleichterung, Erkennen und Verantwortung.

- Erinnern: Der erste Schritt besteht im Erinnern an die Ereignisse, die zu gleichgeschlechtlichem Verlangen geführt haben, z. B.

Verletzungen durch den gleichgeschlechtlichen Elternteil, gleichgeschlechtliche Gleichaltrige, Geschwister und jeder anderen bedeutenden Person des gleichen Geschlechts.

- Loslassen: Jetzt beginnt der Prozess des Trauerns. Hier können Tränen, Wut, Zorn und andere Gefühle auftreten. *Wir müssen fühlen und echt sein, um geheilt zu werden.* Ohne wirklichen Kontakt mit den Gefühlen werden die inneren Blockaden bestehen bleiben, und es kommt nicht zur Heilung.

- Erleichterung: Nachdem die emotionalen Gifte ausgespült wurden, wird eine enorme Erleichterung folgen. Gleichgeschlechtliche Neigung ist mit den Wunden verknüpft. Wenn die Mauern fallen, kann Liebe einströmen, und der Klient erlebt seine Geschlechtsidentität.

- Erkennen: Nach dem Betrauern gleichgeschlechtlich-emotionaler und gleichgeschlechtlich-sozialer Wunden und der Erfahrung der Erleichterung erkennt der Klient, dass er vergeben muss: sich selbst, seinen Mitmenschen und Gott. Die Vergebung macht ihn frei von Bitterkeit und von der Opferrolle. Hält er seinen Zorn und Groll dagegen fest, wird er diese Gefühle auf Andere übertragen, besonders auf die, die ihm am nächsten stehen. Wer nicht vergeben kann, trägt tief verborgen Schuld mit sich herum. Und unter der Wut und den Schuldzuweisungen ist die Stimme des inneren Kindes zu hören: „Es ist alles meine Schuld."

Es gibt zwei Arten von Vergebung: die eine kommt aus dem Kopf, die andere aus dem Herzen. Die erste Art ist eine bewusste Entscheidung, alle Bitterkeit und Schmerz loszulassen und dem Menschen, von dem er Verletzung oder Schmerz erfahren hat, das Geschenk der Vergebung zu machen. Die zweite Art der Vergebung kommt aus dem Verstehen. Endlich hat das Herz des verwundeten Kindes Gehör gefunden. Nun kann der Klient die gleiche Wunde im Herzen des Menschen sehen, der – absichtlich oder ungewollt – die Wunde geschlagen hat. Diese zweite Art des Vergebens folgt nach der Trauerarbeit über die Verluste der Vergangenheit. Zwischen dem Kopf und dem Herzen liegt ein langer Weg.

Vergebung heißt nicht, dass die schmerzlichen Gefühle auf einmal alle weg sind; dies braucht Zeit. Vergebung vollzieht sich über viele Stadien unseres Lebens hinweg. Auch Heilung ist wie das Schälen einer Zwiebel: eine Schutzschicht nach der anderen wird vom Herzen abgeschält, und auf jeder neuen Stufe kann es zur Vergebung kommen. Ein Wachstumsprinzip lautet: Je näher man andere Menschen an sich heranlässt, desto größer kann der Schmerz werden. Der Klient hat Angst vor zu viel Nähe, erhielt er doch seine Kindheitswunden von den engsten Bezugspersonen. In engen menschlichen Beziehungen werden sich diese Ur-Wunden daher wieder melden. Dies ist der Grund dafür, dass es viele Stufen der Trauer und des Verlustes gibt, durch die man sich durcharbeiten muss.[14]

Vergebung ist ein Geschenk. Vergebung befreit. Sie hilft dazu, die Vergangenheit loszulassen und in eine hellere Gegenwart und Zukunft hineinzugehen, und eröffnet Möglichkeiten, in der Liebe zu wachsen.

- Verantwortung: Nach dem Trauer- und Vergebungsprozess sieht der Klient deutlicher, was in seiner Kindheit geschehen ist. Er erkennt, was für Kernüberzeugungen er als Reaktion auf seine Eltern/Betreuer oder auf bestimmte Geschehnisse als Kind entwickelt hat – z. B.: „Ich darf nicht sagen, was ich denke oder fühle, sonst mögen die anderen mich nicht." – „Immer schön lächeln und sich ja nichts anmerken lassen; den anderen ist ja doch egal, wie es in mir aussieht." – „Vertraue niemandem, alle Menschen sind Egoisten." – „Ich bin unerwünscht, ich gehöre nicht dazu."

In dieser Phase beginnt er, seine eigene Rolle in dem Drama zu sehen – wie er die Situation anders hätte angehen oder deuten können, auch als Kind oder Jugendlicher. Es ist daher wichtig, dass er seine Kernüberzeugungen und Fehlinterpretationen, die dazu führten, dass er sich abgewiesen vorkam oder sich von den anderen so verletzen ließ, erkennen und benennen lernt. Dass man als Kind selbst eine wichtige Rolle bei der Entwicklung der Dinge gespielt hat, ist für viele zunächst ein radikaler Paradigmenwechsel (das war bei mir nicht anders). Es wird jedoch klarer und einsichtiger, wenn die Stufen des Trauerns und Vergebens durchgearbeitet sind. Wenn man das nicht erlebt hat, kann dies schwer zu begreifen sein.

Sind die Verzerrungen und Fehlinterpretationen des Kindes erkannt und benannt, erweitert sich der Raum der Freiheit noch einmal. Der Klient kann seine Eltern, Geschwister oder andere vermeintliche Täter von der Anklagebank entlassen. Er sieht jetzt, wie er als Kind oder in der Vorpubertät seine eigene defensive Abkopplung schuf und die Möglichkeiten zur Liebe aus seinem Leben verbannte.

Diese letzte Phase ist äußerst befreiend und verleiht vielen eine ganz neue Energie. Indem der Klient Verantwortung für seine Rolle in dem Drama übernimmt und seine Missverständnisse versteht, kann er aufhören, immer nur den anderen die Schuld zu geben und sich selbst als Opfer zu fühlen. Er kann anfangen, sich selbst als ganzen Mann anzunehmen. Robert Bly spricht davon, dass wir in unseren Herzen zwei Räume für unseren Vater einrichten: „Der Sohn, dem die grausame und zerstörerische Seite des Vaters immer schon bekannt war, wird keine Schwierigkeiten haben, einen dieser dunklen Räume einzurichten. […] Doch derselbe Sohn muss ein zweites Zimmer bauen, um die großherzige und segenbringende Seite seines Vaters zu beherbergen. […] Wenn wir noch keine zwei Räume gebaut und eingerichtet haben, können wir nicht erwarten, dass unser Vater, tot oder lebendig, einzieht. Diejenigen Männer, die beide Räume in ihrer Seele vorbereitet haben, können allmählich daran denken, einen Mentor einzuladen. Auch er wird zwei Räume brauchen."[15] Ich schlage vor, für alle wichtigen Menschen in unserem Leben drei Zimmer einzurichten: 1. eines für den Teil, der Gutes tut, 2. eines für den Teil, der Schlechtes tut, und 3. einen für ihr verletztes inneres Kind.

Vierte Aufgabe: Entwickeln gesunder, heilsamer gleichgeschlechtlicher Beziehungen

Was aus zerbrochenen, ungesunden Beziehungen erwachsen ist, muss in liebevollen, konstruktiven Beziehungen geheilt werden. Heterosexualität kann erst aufblühen, wenn jemand die Erfüllung seiner gleichgeschlechtlich-emotionalen und gleichgeschlechtlich-sozialen Liebesbedürfnisse erfahren und sein Gefühl der Geschlechtsidentität bereits erlebt hat. Darum kann eine Ehe niemals ein Mittel sein, um das Problem gleichgeschlechtlicher Neigung zu lösen.

Heterosexuelle Männer und Frauen sind die Überbringer der Liebe Gottes an den Klienten, indem sie mithelfen, seine gleichgeschlechtlich-emotionalen (und gleichgeschlechtlich-sozialen) Bedürfnisse nach Liebe und Annahme zu stillen und gute Beziehungen aufzubauen.[16] Der Klient, der nie echte männliche oder weibliche Liebe von einem anderen Menschen erfährt, bleibt gefangen in einem Leben der frustrierten

Sehnsucht. Wir erfahren die Liebe Gottes durch andere Menschen. Wir müssen Mentoren füreinander sein.

Männer finden ihre Ganzheit im Kontakt mit anderen Männern, und Frauen mit Frauen. Gemeinsame Aktivitäten wie Gespräche, Spaziergänge, Wandern, Camping, Angeln, Sport oder sich „einfach so" treffen bieten den Raum, in dem Änderung möglich wird. In der Geborgenheit gesunder Beziehungen können die Wunden der Vergangenheit ans Licht kommen und verheilen.

Eine andere therapeutische Methode, die ich benutze und vermittle, ist das *Mentoring*. Dies ist vergleichbar mit dem Neupflanzen nach dem Unkrautjäten und ist ein wesentlicher Faktor dafür, dass es zu wahrer, dauerhafter und organischer Heilung kommen kann. Mentoring meint eine tiefe Beziehung zwischen zwei Personen: dem Mentor und dem Erwachsenen-Kind. „Wenn du ein junger Mann bist und nicht von einem älteren Mann bewundert wirst, wirst du verletzt."[17] Der Mentor wird für den in der Heilung befindlichen Klienten zum Ersatzvater. In dieser Beziehung können die in der Kindheit und/oder Jugend unerfüllt gebliebenen emotionalen und sozialen Bedürfnisse nach Liebe und Zuwendung von einem Menschen des eigenen Geschlechts beantwortet werden.

Wenn es zu einer tiefen, echten Bindung zwischen dem Erwachsenen-Kind und seinem Mentor kommt, kann das Erwachsenen-Kind zornig und widerspenstig werden. Wenn in der Mentor-Beziehung Nähe erfahren wird und der Klient seine Schutzwälle ein wenig öffnet, brechen sich Ur-Emotionen Bahn. Wenn der Mentor die Trauer und den Schmerz mitträgt, können die Wunden der Vergangenheit verheilen und eine gute Bindung entstehen. Vertrauen aufbauen braucht Zeit. Als Erstes braucht es Ehrlichkeit: Der Klient öffnet sich seinem Mentor und fühlt sich von ihm angenommen. Als Zweites braucht es Vertrauen: Man weiß, dass der Mentor da ist und einen weder verlassen noch verurteilen wird. Und drittens braucht es Liebe: Der Klient zeigt dem Mentor seine hässlichsten Seiten, und dieser lässt ihn trotzdem nicht fallen. Mit Hilfe von Gebet, Geduld und Beharrlichkeit gelingen diese Beziehungen.

Das wachsende Vertrauen in den Mentor lässt die Verteidigungsschilde zusammenbrechen und ermöglicht die Erfahrung einer gesunden Bindung. Die gleichgeschlechtlich-emotionalen und -sozialen Bedürfnisse des Klienten werden beantwortet und er erfährt seine Geschlechtsidentität. Wenn der gleichgeschlechtliche Elternteil noch lebt und bereit ist, in diesen Prozess einzusteigen, ist er die beste Person für diesen „Job". Es ist wichtig, möglichst viele Eltern darin zu schulen, wie sie ihren Kindern wirkliche Mentoren sein können. (Das Buch *Gay Children, Straight Parents* liefert zusätzliche Informationen.)

Zusammengefasst sind die vier Aufgaben, die in der dritten Phase zu bewältigen sind, folgende: 1. Fortfahren mit den Aufgaben aus Phasen I und II; 2. Entdecken der Ursachen der gleichgeschlechtlich-emotionalen und gleichgeschlechtlich-sozialen Wunden; 3. Beginn des Prozesses von Trauern, Vergeben und Übernehmen von Verantwortung; 4. Entwickeln gesunder, heilsamer gleichgeschlechtlicher Beziehungen.

Alex verstand die Ursachen seiner SSA und war bereit, sich der Vergangenheit zu stellen, um Heilung für seine Wunden zu finden und unerfüllte Liebesbedürfnisse zu stillen. Seine Süchte nach anonymem Sex, Schwulenpornografie und zwanghafter Masturbation gehörten nicht mehr zu seinem Alltag. Er hatte Freunde, trieb Sport, betete und meditierte und hatte ein starkes Gefühl für seinen Wert als geliebter Sohn Gottes entwickelt. In seinem privaten und beruflichen Leben übte er sich in guter Kommunikation. Wenn jemand verletzende Worte sagte, konnte er selbst damit umgehen, oder er suchte mit der anderen Person ein ehrliches Gespräch.

Nun war es an der Zeit, die Vergangenheit zu erforschen. Mit Hilfe von Sprachdialog, Bioenergetik, EFT und Heilung der Erinnerungen begannen wir, den Schmerz zu erkunden, den Alex in der Beziehung mit seinem Vater und seinem Bruder erlebt hatte. *Die Wiederherstellung funktioniert in umgekehrter Reihenfolge, als die ursprüngliche Verwundung entstanden ist.* Zuerst muss man mit den kleineren Wunden fertig werden, bevor man sich der tieferen Wunde stellen kann. Alex spürte, dass er zuerst mit Jason Heilung finden musste. Durch Rollenspiele und Sprachdialoge erlaubte er seinem verletzten inneren Kind, hervorzutreten und Jason mitzuteilen, wie er sich gefühlt hatte, als er angegriffen und geschlagen wurde. Erstarrte Tränen und Gefühle der frühen Kindheit wurden freigesetzt, als Alex' inneres Kind über seinen Schmerz sprach. „Warum hast du mich immer wieder geschlagen? Ich hätte deine Liebe so sehr gebraucht, aber alles, was ich fühlte, war deine Wut."

Wir verwendeten bioenergetische Übungen, um seinem inneren Kind zu erlauben, seine Wut und seinen Schmerz auszudrücken. Ich ließ ihn sich vorstellen, wie Jason auf der anderen Seite der Kissen stand, während Alex schrie, schlug und schließlich seine Autorität zurückeroberte. Alex hatte sich auf höchst ungesunde Weise Jason und seinem Vater untergeordnet. Er hatte die Verantwortung abgegeben, indem er sich emotional zurückgezogen hatte und so zum „Opfer" wurde. In mehreren Sitzungen konnte Alex mit Hilfe der Heilung der Erinnerungen den Mangel an einer engen Beziehung zu seinem Bruder betrauern, Erleichterung erfahren und Jason schließlich vergeben. Indem er seine eigene Wunde bluten ließ, konnte er die gleiche Verwundung in Jason erkennen, der ebenso wenig die gesunde Liebe des Vaters erfahren konnte. Durch Rollenspiele, Sprachdialog, Bioenergetik, EFT und Heilung der Erinnerungen konnte Alex einen Teil seiner Männlichkeit zurückgewinnen.

Als nächstes war es an der Zeit, die Beziehung zu seinem Vater zu erkunden. Alex erlaubte seinem inneren Kind, seinem Vater mitzuteilen, wie er sich gefühlt hatte, als er verbal, emotional und geistig missbraucht wurde. Durch Rollenspiele, Sprachdialoge, Bioenergetik und Heilung der Erinnerungen trauerte Alex über den Schmerz und den Mangel an Liebe von seinem Vater. „Warum warst du nicht für mich da? Wo warst du? Ich hätte dich gebraucht. Ich bin kein Weichei. Ich bin ein Junge, und ich verdiene deine Liebe." Alex schlug wie wild um sich, schrie und brüllte, forderte seine Kraft zurück und holte sich die männliche Energie, die er vor so vielen Jahren aufgegeben hatte. „Ich bin ein Junge. Ich bin ein Mann. Ich verdiene es, geliebt zu werden. Ich werde deine Beschimpfungen nicht mehr hinnehmen. Ich gebe dir all deine Scham, all deine Beschimpfungen, all deine Schuldgefühle und deinen Selbsthass zurück!"

Alex lernte, zu seiner Kraft zu stehen und *wurde vom Opfer zu einem Sieger in Sachen Liebe*. Als er seine Wut, seine Frustration und seinen Schmerz losließ, begann er, mehr Kraft in sich selbst zu spüren. Durch die Heilung der Erinnerungen konnte er seinem Vater vergeben und das verletzte Kind in seinem Vater sehen. Als er erkannte, dass sein Vater nicht die Wärme und Ermutigung seines eigenen Vaters erfahren hatte, konnte Alex ihm gegenüber mehr Mitgefühl empfinden und leichter vergeben.

Parallel zu diesem Prozess der inneren Heilung wurde Alex von einem Ältesten seiner Kirchgemeinde als Mentor betreut. Er traf sich wöchentlich mit seinem Mentor Richard. Sie verbrachten Zeit miteinander und tauschten sich aus. Richard war ein guter Zuhörer und ein starkes Vorbild für Alex. Wenn Alex trauerte, nahm Richard ihn in den Arm und ließ ihn Liebe spüren, was ihm ermöglichte, seine jahrelang unterdrückte Wut und seinen Schmerz loszuwerden. Richard war sehr geduldig und liebevoll zu Alex. Auf diese Weise wurde Alex' Neurobiologie neu ausgerichtet. Der Schmerz wurde aus seinem System entfernt und Liebe hineingepflanzt – Unkraut wurde ausgerissen und Samen gepflanzt. Alex und Richard gingen auch gemeinsam zu Sportspielen, spielten Ball und machten Spaziergänge. Alex holte all die Zeit nach, die er mit seinem Vater verpasst hatte.

Alex begann, enge Freundschaften mit einigen Jungs aus dem Fitnessstudio, seiner Selbsthilfegruppe und seiner Kirchgemeinde zu pflegen. Mit ihnen konnte er offen darüber sprechen, was er bei seiner emotionalen und mentalen Aufarbeitung erlebte. Sein Unterstützungsnetzwerk umgab ihn, während er die Vergangenheit Schritt für Schritt losließ und seine Männlichkeit zurückerlangte. Mehr und mehr fühlte er sich in seiner Kraft geerdet. Seine SSA ließ nach, da er nun sein eigenes Gefühl der Geschlechtsidentität erlebte.

Phase IV: Heilung der andersgeschlechtlich-emotionalen und andersgeschlechtlich-sozialen Wunden (psychodynamische Therapie)

1. Weiterführen der Aufgaben aus den Phasen I, II und III
2. Ursachen der andersgeschlechtlich-emotionalen und andersgeschlechtlich-sozialen Wunden erkennen
3. Weiterführen des Trauerprozesses, Vergebens und Übernehmens von Verantwortung
4. Gesunde, heilsame andersgeschlechtliche Beziehungen entwickeln; das andere Geschlecht verstehen und schätzen lernen.

In der letzten Heilungsphase geht der Klient seine andersgeschlechtlich-emotionalen und -sozialen Wunden an. Wie in Phase III, so müssen auch hier die Ursachen erkannt und benannt werden, die Wunden in gesunden Beziehungen verheilen und die unerfüllt gebliebenen andersgeschlechtlich-emotionalen und -sozialen Bedürfnisse nach Liebe eine Antwort finden. Die letzte Aufgabe besteht im Lernen der Wesensunterschiede zwischen Männern und Frauen.

In der vierten Phase gibt es vier Aufgaben:

Erste Aufgabe: Weiterführen der Aufgaben aus den Phasen I, II und III

Arbeite weiter mit dem Unterstützungsnetzwerk; entwickle dein Selbstwertgefühl weiter und erfahre das Wertvoll-Sein in der Beziehung zu Gott; trainiere weiter in Selbstkompetenz und übe Kommunikations- und Problemlösungsfähigkeiten ein; lerne weiterhin Gedanken, Gefühle und Bedürfnisse im Alltag erkennen und benennen und erlebe Liebe in gesunden Beziehungen.

Zweite Aufgabe: Ursachen der andersgeschlechtlich-emotionalen und andersgeschlechtlich-sozialen Wunden erkennen

Als Letztes – und manchmal Schwierigstes – geht es um die Heilung der andersgeschlechtlich-emotionalen und -sozialen Wunden: ungesunde Mutter-Sohn-Bindung, ungesunde Vater-Tochter-Bindung, sexueller Missbrauch durch eine Person des anderen Geschlechts, Zurückweisung von Frauen durch Männer bzw. von Männern durch Frauen.

Möglicherweise bestand eine übermäßige und/oder missbräuchliche Bindung zwischen dem Kind und dem andersgeschlechtlichen Elternteil oder sonst einer wichtigen Person des anderen Geschlechts. Manchmal steckt hinter Homosexualität eine Flucht vor zu engen Beziehungen zu Personen des anderen Geschlechts, um den in der Kindheit und/oder Jugendzeit erlebten Schmerz nicht noch einmal durchmachen zu müssen. Wir alle wissen, dass Gegensätze sich anziehen und gleiche Polaritäten sich abstoßen. Wenn ein Mann sich von einer Frau abgestoßen fühlt, hat das seinen Grund möglicherweise darin, dass er selbst mit dem Weiblichen überidentifiziert ist. In dem Maße, wie er seine männliche Identifikation stärkt, wird er zu seinem Gegenpol (Frauen) hingezogen. „Der Sinn des Lebens ist die innere Vereinigung des Männlichen und Weiblichen zum richtigen Gleichgewicht. Es hat Auswirkungen auf unser gesamtes Verhalten und alle unsere Beziehungen, wenn ein Teil fehlt oder wir im Konflikt zu ihm stehen."[18]

Der im Heilungsprozess befindliche Klient muss die Ursachen aufdecken, die ihn von echten Nähe-Beziehungen zu jemandem des anderen Geschlechts abhalten. Er muss diese Dinge erkennen, benennen und heilen lassen.

Dritte Aufgabe: Weiterführen des Trauerprozesses, Vergebens und Übernehmens von Verantwortung

Die Stadien der Heilung heißen wieder: Erinnern, Loslassen, Erleichterung, Erkennen und Verantwortung (nach demselben Vorgehen wie in Phase III. Der Klient muss seine andersgeschlechtlich-emotionalen und andersgeschlechtlich-sozialen Wunden zunächst auf der emotionalen Ebene durcharbeiten. Danach fährt er auf der intellektuellen Ebene fort und übernimmt persönliche Verantwortung für seinen Teil in dem Drama, indem er seine Kernüberzeugungen identifiziert.

Vierte Aufgabe: Gesunde, heilsame andersgeschlechtliche Beziehungen entwickeln; das andere Geschlecht verstehen und schätzen lernen

In dieser Phase kann es hilfreich sein, einen andersgeschlechtlichen Therapeuten, Coach oder Mentor zu haben. Dies erleichtert Übertragungsvorgänge, in denen die unterdrückten Gefühle gegenüber dem anderen Geschlecht auf den Therapeuten, Coach oder Mentor übertragen werden, wodurch der Heilungsprozess beschleunigt werden kann.

Die Heilung der Mutter-Sohn- bzw. Vater-Tochter-Beziehung ist wesentlich für den erfolgreichen Übergang in gesunde heterosexuelle Beziehungen, denn wenn die Wunden nicht verheilt sind, wird der Klient wahrscheinlich den Groll der Vergangenheit auf den künftigen Ehepartner übertragen; der Ehepartner wird zum Sündenbock der eigenen Kindheitswunden. Dies geschieht in vielen heterosexuellen Beziehungen und ist mit ein Grund für die hohen Scheidungsraten.

Um diesen Prozess zu unterstützen, ist es wichtig, dass der Klient gesunde, heilende, liebevolle, nichtsexuelle Beziehungen zu Menschen vom anderen Geschlecht entwickelt. Die geeignetste Person hierfür ist die Mutter bzw. der Vater. Ich empfehle die Familienheilungssitzungen (Family Healing Sessions), die ich von Dr. Martha Welch, ehemalige Professorin an der Columbia University und Autorin des Buches Holding Time, gelernt habe. Meine Familie und ich haben 1995 eine solche zweitägige Sitzung mit Dr. Welch in Anspruch genommen. Wenn ich schon Jahrzehnte früher eine gesunde Bindung zu meinen Eltern erlebt hätte, wie Dr. Welch sie lehrte, hätte ich meine Gedanken und Gefühle vielleicht nicht mit so vielen Therapeuten und Selbsthilfegruppen durcharbeiten müssen, sondern sie gleich an der Wurzel anpacken können, mit meinem Vater und meiner Mutter. Wenn die Eltern noch leben, sollten sie (wenn sie dazu bereit sind) unbedingt in den Heilungsprozess miteinbezogen werden. (*Wichtig:* Manche Eltern haben nicht die erforderliche seelische Gesundheit, um am Heilungsprozess teilzunehmen. Dies muss akzeptiert werden. Der Versuch, einen Elternteil in den Heilungsprozess hineinzuzwingen, kann das Erwachsenen-Kind neu verletzen. – Mehr zu Familienheilungssitzungen in Kapitel 6.)

Zu dieser letzten Phase gehört auch, dass Männer mehr über Frauen bzw. Frauen mehr über Männer erfahren. Die Werke von Deborah Tannen, John Gray, Harville Hendrix, Pat Love, David Steele, Greg Baer und anderen helfen, das andere Geschlecht besser zu verstehen und zu schätzen (siehe die im Anhang angegebene Literatur). Wenn der in der Heilung befindliche Mann seiner Mutter nahestand und mehr in Kontakt mit seiner weiblichen Seite war, kannte er die Frauen aus der weiblichen Perspektive. Entsprechendes gilt für eine Frau, die SSA erlebt: sie hat womöglich als Kind Männer aus der Männer- und nicht aus der Frauenperspektive kennengelernt. Es ist also wichtig, das andere Geschlecht aus der Perspektive seines eigenen Geschlechts kennen zu lernen. Dies ist für den in der Heilung befindlichen Menschen ein radikaler und gesunder Perspektivenwechsel. *„Wenn der Sohn Gefühle hauptsächlich über die Mutter erfährt, dann wird er auch seine eigene Männlichkeit vom weiblichen Standpunkt aus betrachten. Er mag von der Männlichkeit fasziniert sein, aber er wird sie auch fremd und bedrohlich finden. Er mag Männlichkeit mitleidig ansehen und sie verbessern wollen oder er misstraut ihr und will sie vernichten. Er mag sie bewundern, aber er wird sich nie rundherum wohl in ihr fühlen."*[19] Er sieht also die Weiblichkeit mit den Augen einer Frau, bis er seine eigene Geschlechtsidentität erfährt und dann lernt, Frauen aus einer männlichen Perspektive zu betrachten.

Wenn der Klient seine Geschlechtsidentität als etwas Vertrautes erlebt, seine andersgeschlechtlich-emotionalen und/oder andersgeschlechtlich-sozialen Wunden verheilt sind und er gesunde Beziehungen zu Menschen des anderen Geschlechts aufbauen kann, kommt es häufig zum natürlichen Wunsch nach andersgeschlechtlichen Beziehungen. Ein verheirateter Mann wird eine innigere Beziehung zu seiner Frau bekommen, wenn seine andersgeschlechtlich-emotionalen und -sozialen Wunden verheilt sind.

Der Fall der inneren Mauern der defensiven Abkopplung zwischen Männern und Männern, Frauen und Frauen, Männern und Frauen und Frauen und Männern setzt die wahre Geschlechtsidentität frei und führt zu gesunder Bindungsfähigkeit gegenüber dem eigenen wie dem anderen Geschlecht. Dieser Heilungsprozess führt dazu, dass ein natürliches Angezogen-Sein vom anderen Geschlecht wieder erlebt werden kann. Da ist keine Magie im Spiel; es ist die Erfahrung von verlässlichen, von Liebe geprägten Beziehungen, die in diesem Prozess entstehen, und der Befreiung, die es bedeutet, wenn die Schleier der Distanziertheit gelüftet werden.

Zusammengefasst sind die vier Aufgaben, die in der vierten Phase zu bewältigen sind: 1. Weiterführen der Aufgaben aus den Phasen I, II und III; 2. Die Ursachen der andersgeschlechtlich-emotionalen und andersgeschlechtlich-sozialen Wunden erkennen; 3. Weiterführen des Prozesses von Trauern, Vergeben und Übernehmen von Verantwortung; und 4. Gesunde, heilsame andersgeschlechtliche Beziehungen entwickeln; das andere Geschlecht verstehen und schätzen lernen.

> Alex musste an der Beziehung zu seiner Mutter arbeiten. Er war mit ihr verstrickt, seit er denken kann. (*Verstrickt* beschreibt eine ungesunde Bindung in einer intimen Beziehung, bei der die richtigen Grenzen zwischen Eltern und Kind überschritten und verletzt wurden.) Er war ihr kostbarer kleiner Junge, ihr Liebling und ihr Ersatz-Ehepartner. Die Narben dieser ungesunden Bindung trug er durch seine Jugendzeit und sein Erwachsenenleben. Er fürchtete sich vor der Intimität mit Frauen, weil er befürchtete, von ihren Ansprüchen vereinnahmt zu werden. Es war an der Zeit, sich der Mutter seiner Vergangenheit zu stellen, die tief in seiner Seele lebte. Wir nutzten Rollenspiele, Psychodrama, Heilung des inneren Kindes, Stimmdialog, Bioenergetik, Heilung der Erinnerungen, EFT und eine Familienheilungssitzung.

In den Einzelsitzungen besprach Alex, wie er sich fühlte, wenn seine Mutter ihre Last mit ihm teilte. Durch Rollenspiele und Bioenergetik brachte er viel Traurigkeit, Wut und Schmerz zum Ausdruck. In unserer Selbsthilfegruppe erstellte er ein Psychodrama, bei dem verschiedene Personen die Rollen seiner Mutter, seines Vaters, seines Bruders, seiner Schwestern und seiner selbst spielten. Das war für ihn eine sehr wirkungsvolle Methode, um sich an das Familiensystem zu erinnern und zu sehen, welche Rolle er in dem Drama gespielt hatte und wie sich jedes Familienmitglied gefühlt haben muss.

Alex begann eine Mentorenbeziehung mit Elisabeth, Richards Frau. Auf diese Weise lernte er Frauen aus einer anderen Perspektive kennen. Elisabeth war weder anhänglich noch fordernd. Sie nahm ihn einfach in die Arme und ließ ihn an ihrer und der Welt ihres Mannes teilhaben. Das war eine große Heilungserfahrung für Alex. Er hatte noch nie erlebt, wie es sich anfühlt, einer Frau auf eine nicht bedrohliche Weise nahe zu sein. Sein inneres Kind war ängstlich und aufgeregt, eine Frau kennenzulernen, ohne Angst haben zu müssen, von ihren Bedürfnissen vereinnahmt zu werden. Elisabeth hatte einen sehr erfrischenden Einfluss in Alex' neuem Leben.

Wir arrangierten für Alex' Eltern und Geschwister eine Familienheilungssitzung. Meine Frau unterstützte mich dabei. Auf diese Weise fühlten sich sowohl die Männer als auch die Frauen vertreten und sicherer. Zuerst nahmen sich Alex' Eltern gegenseitig in den Arm. Ich ließ sie ausdrücken, was sie übereinander denken und fühlen, sowohl die guten als auch die schlechten Seiten. Am Anfang waren sie ziemlich oberflächlich und spielten das süße und liebende Paar. Dann stürzten sich Jason, Alex und ihre Schwestern auf jede Seite und schrien: „Hört auf, so süß zu sein. Wir wissen, dass jeder von euch von dem anderen so verletzt ist. Lasst es raus und hört auf, uns das Gefühl zu geben, dass wir uns um euch kümmern müssen!" Das war ein Weckruf für Alex' Mutter und Vater. Während sie ihren Mann im Arm hielt, begann seine Mutter, ihren jahrelangen Schmerz und ihre Enttäuschung auszudrücken. Sie weinte und schrie, wie einsam sie gewesen war, während er unterwegs war und trank. Sie sagte ihm, wie verletzt sie war, dass er die Kinder vernachlässigt und missbraucht hatte. Sie trauerte in seinen Armen, während alle Kinder weinten.

Als nächstes war Papa an der Reihe. Da er immer noch Alkoholiker war, hatte er keinen Zugang zu seinen tiefen Gefühlen. So viele Jahre lang hatte er sein verletztes Selbst unterdrückt. Er erzählte seiner Frau und seinen Kindern, wie sein eigener Vater ihn Tag für Tag, Jahr für Jahr besinnungslos geschlagen und ihm nie ein ermutigendes Wort gewährt hatte. Er sagte ihnen, er wisse, dass er sie im Stich gelassen hatte, aber wenigstens hätte er sie nicht so sehr verletzt, wie sein Vater ihn verletzt hatte. Sie waren alle still und schockiert, denn er hatte noch nie von seiner Familie erzählt. Sie konnten erkennen, dass er seinen eigenen Schmerz durch Alkohol und Überarbeitung überspielt hatte.

Dann ließen wir Mama und Papa die Kinder halten – zuerst Jason, dann Becky und Sarah. Schließlich war Alex an der Reihe. In den Armen seines Vaters schrie und weinte Alex, denn es war das erste Mal, dass er seinen Vater berührte und von ihm berührt wurde. Er schrie wie ein Kind: „Papa, ich habe dich mein ganzes Leben lang vermisst. Ich wollte nie Sex mit anderen Männern haben. Ich war immer auf der Suche nach deiner Liebe. Ich brauche dich, Papa, ich brauche dich. Wo warst du? Warum hast du mich immer kritisiert und mich beschimpft? Bitte halte mich und sag mir, dass du mich liebst." Weiterhin ließ Alex seinen Vater wissen, wie sehr er durch seine Taten und Worte verletzt war. Alex wollte seinen Vater nicht loslassen, denn das war ihr erstes gemeinsames Bindungserlebnis. Sein Vater entschuldigte sich für seine kritische Art und seine Beschimpfungen. Er sagte Alex, es tue ihm leid, dass er kein besserer Vater gewesen sei. Schließlich sagte er zu seinem Sohn: „Ich liebe dich, Alex". Alex weinte daraufhin viele weitere Tränen in den Armen seines Vaters.

Dann hielten sich Alex und seine Mutter in den Armen. Er schrie und weinte und sagte ihr, wie sehr es ihn anwiderte, wenn sie ihr Elend mit ihm teilte. „Ich habe mich gefühlt, als wäre ich dein Mann und nicht dein Sohn. Warum hast du diesen Dreck mit mir geteilt? Ich wollte deinen Schmerz nicht kennen, ich sollte nur deine Liebe haben. Ich habe mich bei dir nie sicher gefühlt, nur belastet und voller Schmerz." Er fuhr fort: „Mama, ich baue jetzt eine neue Beziehung zu dir auf. Ich muss klare Grenzen ziehen. Ich will nichts über deinen Schmerz, deine Probleme und deine Fragen hören. Ich bin dein Sohn, nicht dein Freund. Bitte organisiere dir dein Leben! Finde andere in deinem Alter, die dir helfen können. Das ist nicht meine Aufgabe. Ich bin dein Sohn. Du solltest dich um mich kümmern." Alex fühlte sich erleichtert, nachdem er diese Gedanken, Gefühle und Bedürfnisse seiner Mutter mitgeteilt hatte.

Sie war sehr traurig das zu hören. Dass er sich so verletzt und betrogen gefühlt hatte, davon hatte sie keine Ahnung gehabt. Sie hatte gedacht, sie hätte das Beste für ihn und die anderen Kinder getan. Sie weinte und entschuldigte sich für jede Verletzung, die sie ihrem Sohn zugefügt hatte. Dann sagte sie ihm, dass sie ihn liebte und dass sie versuchen würde, ihre Last nicht mit ihm zu teilen. Darauf verfiel sie in einen „Ich Arme"-Modus und sagte, dass niemand für sie da ist. Alle Kinder hielten sie fest und schrien: „Mama, organisiere dir dein Leben! Such dir Freunde, die dir helfen können und dich lieben. Hör auf, dich auf uns zu verlassen!" Das war sehr schwer für sie zu hören.

Zum Schluss hielten sich die Kinder gegenseitig im Arm und sprachen über ungelöste Probleme, die sie miteinander hatten. Jason und die Mädchen umarmten sich und weinten, als sie sich an viele der Vorfälle erinnerten. Alex nahm Jason in den Arm und erzählte ihm, wie verletzt und gekränkt er durch die verbalen und körperlichen Übergriffe gewesen war. Jason entschuldigte sich, weil er wusste, dass er das, was er für seinen Vater empfand, an Alex weitergegeben hatte. Sie umarmten sich, weinten und vergaben sich gegenseitig.

Ich würde gerne sagen, dass sie alle glücklich bis ans Ende ihrer Tage lebten, aber Veränderung geschieht über einen längeren Zeitraum durch Üben, Üben und nochmals Üben. Alex musste seine Mutter immer wieder daran erinnern, ihren Herzschmerz nicht mit ihm zu teilen. Er bat seinen Vater, etwas Zeit mit ihm zu verbringen. Sein Vater stimmte zu und so begann eine neue Phase in ihrem Leben. Jason und Alex vereinbarten, regelmäßig zu telefonieren, um sich als Erwachsene kennen zu lernen.

Alex' Vater war emotional immer noch nicht zugänglich, sodass Alex weiterhin Zuwendung von seinen männlichen Freunden und Mentoren erhalten musste. Schließlich akzeptierte er die Tatsache, dass sein Vater ihm nicht alles geben konnte, was er brauchte. Diese Erkenntnis schuf in seinem Herzen und seiner Seele Frieden. Er suchte nicht länger bei seinem Vater nach der Liebe, die dieser ihm nicht geben konnte. Alex sah seinen Vater so, wie er war, und lernte, für das, was er geben konnte, dankbar zu sein. Alex' Liebe zu seinem Vater war nun von Dankbarkeit und Reife geprägt.

Nachdem er für seine gleichgeschlechtlich-emotionalen und -sozialen sowie seine und andersgeschlechtlich-emotionalen und -sozialen Wunden Heilung und für seine unerfüllten Liebesbedürfnisse Erfüllung gefunden hatte, begann er, sich für Frauen zu interessieren. Alex begann sich zu verabreden. Nachdem er ein Jahr lang mit verschiedenen Frauen ausgegangen war, lernte Alex Christina kennen. Sie war eine sehr nette und offene Frau. Er erzählte ihr von seiner Vergangenheit und seinem Heilungsweg. Sie war sehr bewegt von seinem Einsatz zur Veränderung, seiner Beharrlichkeit und seinem tiefen Glauben an Gott. Schließlich heirateten sie und bekamen zwei Kinder. Alex ist heute ein guter Vater für seinen Sohn und seine Tochter und ein besserer Ehemann, als sein Vater es je sein konnte. Natürlich ist der Weg nicht immer einfach, denn die Schatten der Vergangenheit kommen immer wieder zum Vorschein. Aber Alex und Christina haben Werkzeuge, mit denen sie ihre jeweiligen Probleme bewältigen können. Auch sie hat viel Arbeit in die Heilung ihrer Vergangenheit gesteckt. Als Einzelne, als Paar und als Familie entwickeln sie sich weiter.

Alex' Therapie dauerte etwa zweieinhalb Jahre. Es hatte ungefähr ein Jahr gedauert, bis er seinen Suchtkreislauf durchbrechen konnte. In dieser Zeit baute er ein solides Unterstützungsnetzwerk auf und erlernte viele Fähigkeiten, um ein besseres Selbstbewusstsein zu entwickeln. Auf dem Weg zu seinem inneren Kind kamen die Wunden seiner Vergangenheit zum Vorschein. Die Heilung erfolgte durch viele der Methoden, die ich bereits beschrieben habe. Alex erfuhr seine eigene Geschlechtsidentität, als sich die Schleier der Distanziertheit zwischen sich und seinem Vater und seinem Bruder lüfteten. Seine Bedürfnisse werden durch gesunde männliche Bindungen gestillt. Er hat mehr über Frauen gelernt, indem er von einer großzügigen Frau begleitet wird. Die Familienheilungssitzung mit seiner gesamten Familie half ihm, eine neue Beziehung zu seinem Vater, seiner Mutter und seinen Geschwistern aufzubauen. Alex wächst jeden Tag weiter als Sohn Gottes, Ehemann, Vater und starker Mann in der Welt.

Anmerkung zur Rolle des Therapeuten

Der vorgestellte Plan, ungewollte SSA anzugehen, verläuft nicht strikt linear. Schon in den ersten beiden Phasen kann es notwendig sein, tiefe Wunden aus der Vergangenheit heilen zu lassen. Die Behandlung solcher seelischen Verwundungen auch in den frühen Phasen ist sehr wichtig. Es ist jedoch unerlässlich, dass der Therapeut den Klienten zum Aufbau eines tragfähigen Unterstützungsnetzwerkes anhält, das ihm einen ruhenden Pol gibt, während er die vier Phasen des Veränderungsprozesses durcharbeitet. Ich sehe die Rolle des Therapeuten als die eines Leiters, Vermittlers, Geburtshelfers, Lehrers, Mentors und Elternteils. Der Therapeut muss den Klienten in jeder der Heilungsphasen begleiten und ihm helfen, die anstehenden sozialen Aufgaben und Entwicklungsaufgaben zu meistern. Es wird im Zuge der therapeutischen Beziehung zwangsläufig zu vielen Übertragungsphänomenen kommen, doch der Therapeut sollte für den Klienten nicht die Hauptliebesquelle oder der wichtigste Mentor sein. Der Therapeut muss den Klienten ermutigen, gesunde, heilsame Beziehungen außerhalb des Therapiekontextes aufzubauen.

Schluss

Die obige Beschreibung ist notwendigerweise kurz. In Kapitel 6 werde ich die Therapie ausführlicher darstellen und die in den verschiedenen Phasen zu benutzenden Werkzeuge und Techniken vorstellen. Es ist möglich, ungewollte gleichgeschlechtliche Neigung zu überwinden. Das weiß ich sowohl persönlich als auch beruflich. Es ist eine ebenso bewegende wie dankbare Aufgabe mitzuerleben, wie Menschen die tiefere Bedeutung ihrer Sehnsüchte erkennen und frei werden. Der Heilungsprozess kann zwischen einem und drei Jahren dauern. Die Seele kann man nicht „auf die Schnelle" reparieren.

Einmal kam ein Klient in seiner Verzweiflung zu mir, nachdem er zwanzig Jahre lang Hilfe bei Psychiatern und Psychologen gesucht hatte.

Niemand konnte den Schmerz tief in seiner Seele lindern. Niemand konnte ihm helfen, mit seinen sexuellen Aktivitäten aufzuhören. Nach mehreren Beratungssitzungen, in denen ich seinen Hintergrund analysierte, führte ich ihn in einem tiefen Entspannungszustand zurück zu den Schlüsselereignissen, die seine SSA ausgelöst hatten. Endlich war er in der Lage, sich seinem Vater zu stellen, seine Verluste zu betrauern und ihm zu verzeihen. Das war der Durchbruch, den er lange gesucht hatte. Er sagte: „Eine Mauer wurde eingerissen", und sein Drang zu seinen Aktivitäten hörte vollständig auf. Er erkannte, dass seine Wünsche nur ein Deckmantel für viel tiefere Gefühle waren, die aus Wunden resultierten, von denen er gar nicht wusste, dass sie existierten. Natürlich war dies ein Ausnahmefall, denn die meisten werden nicht so schnell geheilt. Vor unseren Sitzungen hatte er jahrelang Therapien gemacht. Seither sind zwanzig Jahre vergangen und er ist wirklich aufgeblüht!

Die Ursprünge des homosexuellen Verlangens zu verstehen, ist unerlässlich, um einem Mann oder einer Frau mit ungewollter SSA zu helfen. Ich ermutige alle Therapeuten, mehr über den Prozess der Heilung durch unser Counselor Training Program zu erfahren (erhältlich als CD/MP3-Serie auf unserer Website: www.pathinfo.org). Diejenigen, die sich verändern wollen, sollen wissen, dass sie nicht allein sind. Du kannst es schaffen!

Zusätzliche Anmerkung

Manche, die ungewollte SSA erleben, können während der Anfangsphase der Heilung nicht aufhören, Pornos zu schauen und sich sexuell aktiv zu verhalten. Es ist wichtig zu realisieren, dass sie entweder durch diese „Aktivitäten" nach elterlicher und/oder gleichaltriger Bindung suchen oder nicht in der Lage sind, mit der Notlage in den alltäglichen Situationen oder Beziehungen fertig zu werden. Nach und nach sollten sie ein starkes Beziehungsnetz mit gesunden Beziehungen aufbauen, um sexuelle Beziehungen durch platonische zu ersetzen. Das kann Zeit beanspruchen. Sei geduldig mit dir selbst. Sei geduldig mit deinen Klienten oder Angehörigen. Denke daran, dass er oder sie versucht, legitime Liebesbedürfnisse auf ungesunde Weise zu erfüllen. Sex wird diese Grundbedürfnisse niemals erfüllen, denn es sind die eines Kindes, und Kinder wollen und brauchen keinen Sex.

KAPITEL FÜNF

Christian

Es war Juli 1995 und ich war am Ende einer sehr, sehr langen Straße angelangt. Ich war schwul – ein Homosexueller –, und es war Zeit, Schluss zu machen mit der Farce, die ich 44 Jahre lang betrieben hatte. Ich hatte mein tiefes, dunkles Geheimnis vor allen Menschen versteckt. Dieses Gefühl, schwul zu sein, hatte jeden Aspekt meines Lebens durchdrungen, und ich wurde nicht mehr fertig mit dem ungeheuren Schmerz. Nach außen hin hatte ich alles – einen lukrativen und interessanten Job, einen guten Bekanntenkreis, ein Haus, eine schöne, hingebungsvolle Frau, mit der ich seit über 20 Jahren verheiratet war, und die beste Tochter und den besten Sohn, die ein Vater sich nur wünschen konnte. Aber im Grunde fühlte ich mich wie ein Gefangener in meiner Rolle des heterosexuellen Mannes in einer heterosexuellen Welt, zu der ich doch gar nicht gehörte. Es war Zeit für mein Coming-out als Schwuler.

Ich war in den 1950er Jahren aufgewachsen und hatte in den späten 1960er Jahren studiert. Mit der beginnenden Schwulenakzeptanz der 1970er Jahre hatte ich keine Berührung. Als Kind, Teenager und Student fand ich niemanden im öffentlichen Sektor, an den ich mich offen um Hilfe hätte wenden können. „Queers" und „Schwuchteln" waren die Begriffe, die ich kannte, und ich hatte definitiv das Gefühl, in diese Schublade zu passen. Ich hatte als Kind und junger Erwachsener auch nie den Mut, offen zuzugeben, dass ich schwul war. Ich dachte: Wenn du so tust, als ob du normal bist, und schön deine Rolle spielst, geht es vielleicht von selbst weg. Schwul sein – das war nicht salonfähig, das war tabu.

Mit den 1970er Jahren kam eine wahre Flut von Informationen von starken Männern und Frauen, die offen zu ihrem Schwulsein standen. „Hey, du bist schwul und das ist okay", lautete die Botschaft der Medien jetzt. Aber für mich war es nicht okay. Ich war verheiratet und hatte eine Familie gegründet. Ich sehnte mich zwar danach, zur Schwulenszene gehören zu können, aber ich wünschte mir auch, dass meine sexuellen Gefühle für Männer einfach weggehen würden. Ich hatte eine Hassliebe zu Schwulen, weil ich mich ganz allein und isoliert fühlte; ich konnte mich weder mit den heterosexuellen noch mit den homosexuell lebenden Männern identifizieren.

Bis zu den frühen 1980er Jahren hatte ich nur einmal einen christlichen Therapeuten aufgesucht wegen meiner „Depression". Er informierte mich, dass ich latent homosexuell sei und wohl am besten meine Verlobung lösen und mir Nacktfotos von Frauen ansehen sollte, um „geheilt" zu werden. Ich befolgte seinen Rat natürlich nicht, sondern vergaß ihn schnell wieder.

Anfang der 1980er Jahre fühlte ich mich wie ein Vulkan kurz vor dem Ausbruch. Ich hatte noch nie ein sexuelles Erlebnis mit einem Mann gehabt. Ich hatte viele Fantasien und feuchte Träume, aber keine sexuellen Begegnungen. Für mich war die Schauspielbühne eine Methode, in der Nähe von schwulen Männern sein zu können, und nach einer Aufführung offenbarte ich einem schwulen Freund meine sexuellen Gefühle für Männer. Kurz darauf lud er mich in seine Wohnung ein und führte mich in die Welt des homosexuellen Sex ein. Es war, als ob ein dreißig Jahre dickes Bleigewicht sich von meiner Seele hob. Bald fand ich einen weiteren Schauspieler, der mehr als bereit war, Sex mit „dem Neuen" zu haben. Ich kam mir vor wie im Himmel – aber es wurde sehr bald eine Hölle daraus. Ich fühlte mich leer, allein, voller Angst und kam mir wie ein schmutziger Betrüger vor. Nein, das war nicht die Richtung, in die ich gehen wollte!

Ich lebte ein Doppelleben. Schließlich vertraute ich meiner Frau an, dass ich schwul war. Sie wollte nichts davon hören und konnte mir auch nicht helfen. Ein Psychologe versuchte mir zu helfen, hatte aber keine Ahnung, was er mit mir anfangen sollte. Er wusste, dass ich meine Ehe nicht aufgeben wollte, aber er wusste nicht, wie er mir helfen sollte. Ich las jetzt mehr über Homosexualität und fand heraus, dass sie genetisch bedingt und nicht zu ändern sei. Um die genetische Theorie zu stützen, hatte meine Schwester der Familie eröffnet, dass sie lesbisch sei. Ich ging nicht länger zu dem Psychologen, und meine Frau und ich taten, als ob das Problem nicht mehr vorhanden sei. Ich hasste mich selbst.

Einige Jahre später, Mitte der 1980er Jahre, hatte ich keine homosexuellen Beziehungen mehr. Aber die sexuelle Beziehung in meiner Ehe war ein Trümmerhaufen. Ich hasste es, Sex mit meiner Frau zu haben. Meine Frau schickte mich zu einem New Age-Guru, der angeblich die Homosexualität in mir „löschen" konnte. Ich war so verzweifelt, dass ich hinging. Es war furchtbar. Ich frage mich heute noch, ob dieser Mann nicht womöglich von einem Dämon besessen war, der mir die Seele aussaugen wollte. Seine Methode bestand darin, mich vor Hunderten seiner Anhänger einzuschüchtern und zu demütigen. Er erklärte, dass ich der Teufel sei und dass die anderen nichts mit mir zu tun haben dürften. Meine einzige Rettung war die Flucht. Jetzt war ich mir sicher, dass jede Hoffnung, meine Homosexualität loszuwerden, völlig unrealistisch war. Ich begann wieder sexuelle Beziehungen zu Männern zu haben. Es wurde eine richtige Sucht. Es kam zwar vor, dass ich mehrere Monate lang keinen Sex mit Männern hatte, aber dann passierte etwas in meinem Leben, das mich unter Stress brachte, und dann suchte ich wieder homosexuellen Sex. Ich merkte, dass ich dauernd den perfekten Mann suchte, den Mann, der so stark und so voller Liebe war, dass er mich aus der Hetero-Welt erlösen und in das warme Nest der Geborgenheit führen könnte. Im Laufe der Jahre erkannte ich schließlich, dass dies ein Phantasietraum war, der sich nie erfüllen würde.

Aber zurück zum Juli 1995. Ich stand so unter Druck, dass eine Explosion sicher kurz bevorstand. Gegen große innere Widerstände hatte ich angefangen, heimlich einen Therapeuten aufzusuchen, der mir helfen sollte, aus meiner Ehe auszusteigen und einen Einstieg in die Schwulen-Community zu finden. Ich war über diese „Lösung" todtraurig, fand aber, dass ich *gar keine andere Wahl* hätte, wenn meine Frau und ich nicht kaputt gehen wollten. Eines Tages schenkte meine Frau mir ein Buch von Richard Cohen, mit dem Titel *Alfie's Home*. Sie hatte Richard etliche Monate vorher im Fernsehen gesehen und hatte geduldig gesucht, bis sie dieses Buch gefunden hatte. In der Fernsehsendung hatte Richard behauptet, dass er Männern helfen könne, einen Weg heraus aus der Homosexualität zu finden. Ich war wütend und mehr als skeptisch. Bloß nicht noch so ein verrückter Guru […] Dann stellte meine Frau mir das beste Ultimatum meines Lebens: „Lass dir einen Termin bei Richard geben, oder zieh aus und lass dich scheiden!" Ich liebte sie genug, um es doch noch einmal zu versuchen, war aber überzeugt, dass dies nur die nächste Sackgasse sein würde.

Ich war durch und durch skeptisch gegenüber einer Therapie, die die Chance bieten sollte, ein heterosexuelles Leben führen zu können. Ich war 44 und zu alt, um mich zu verändern! Es gab keine magische Verwandlung, es gab kein Zauberwort, das das Problem lösen konnte. Ich glaubte fest an die genetische Theorie; ich war mir sicher, dass meine Homosexualität nichts zu tun hatte mit irgendwelchen Kindheitserlebnissen oder mit meinen Eltern. *Diese Therapie würde scheitern!*

Ich wünschte, man könnte das Gefühlschaos, das mich damals beherrschte, tatsächlich genau vermitteln. Es war eine düstere, hoffnungslose, zerbrochene Figur, die damals in diese erste Therapiesitzung ging. Dass ich eine Vertrauensbeziehung zu Richard aufbauen konnte, war dann der Schlüssel, der mir die Tür zur Veränderung aufschloss.

In dieser Beziehung konnte ich endlich meine tiefsten Gefühle aussprechen und fand ein Gegenüber, jemanden, der mir wirklich zuhörte. Das war eine erste entscheidend wichtige Erfahrung. Richard war selbst den Weg gegangen, und sein lebendiges Beispiel ließ in mir wieder die Hoffnung aufkeimen, dass Heilung vielleicht am Ende doch möglich war. Ich wusste: Ich wollte die Veränderung immer noch. Ich beschloss, es zu versuchen, und den nächsten Schritt zu machen.

Ich lernte, dass es gewisse Schlüsselfaktoren gab, die zu meinen gleichgeschlechtlich-emotionalen Gefühlen beitrugen. Die Erkenntnis, dass meine gleichgeschlechtliche Neigung mit diesen Faktoren zu tun hatten, war wichtig. Bisher hatte ich immer gedacht, dass meine Kindheit perfekt gewesen war. Meine Eltern hatten mir doch alles gegeben – ein schönes Zuhause, Kleidung, Essen, Reisen und Abwechslung. Es war eine unglaubliche Erkenntnis, als ich feststellte, dass weder Vater noch Mutter mir wirklich körperliche Nähe, Zuwendung oder Lob gegeben hatte. Ich konnte mich nicht daran erinnern, dass meine Eltern mir je gesagt hatten, dass sie mich liebten. Ich konnte mich an eine einzige Situation erinnern, in der meine Mutter mich umarmt hatte. Mein Vater tat es nie. Ich spürte, wie furchtbar dies für mich gewesen war. Gesunde körperliche Berührungen durch meine Eltern schien es in meiner ganzen Kindheit und danach nicht gegeben zu haben. Ich erinnere mich heute noch gut daran, wie ich mir als Kind vorstellte, wie die Freunde meines Vaters mich umarmten, und ich dann sexuelle Fantasien über sie hatte. Es hatte keinen Menschen gegeben, der mich auf eine gesunde Art körperlich berührt hatte.

Ich bildete mir ein, dass man sich nur berührte, wenn man Sex wollte, und hatte folglich Angst vor jeder Berührung, da diese ja in Sex mündete. In der Therapie brachten mir Mentoring-Sitzungen, bei denen Männer und Frauen mich ganz fest hielten, unglaubliche Heilungsschritte und meine größten Durchbruchserlebnisse. Ich kam mir vor wie ein kleines Kind auf dem Schoß der Eltern. Ich entdeckte zusehends, dass es möglich war, gesunde Berührungen zu erfahren. Ich wusste: Ich hatte Sex mit Männern gesucht, weil ich diese Berührung gesucht hatte.

Ein weiterer Schlüsselfaktor in meiner Heilung und Veränderung war die Arbeit an den Erinnerungen des inneren Kindes. Als Richard mich bat, mit meiner nicht-dominanten Hand Bilder zu zeichnen und Gefühle und Erfahrungen aufzuschreiben, hielt ich das erst für verrückt. Aber dann kamen die Kindheitserinnerungen auf das Papier – wie ich mich von einem Verwandten auf ungesunde Art berühren ließ und wie Teenagerjungen, die als Babysitter fungierten oder mich auf Ausflüge mitnahmen, mich sexuell missbrauchten. Dies half mir, weitere Schichten dieses Gefühlsgemisches „Ich bin schwul" abzuschälen.

Dass ich Teil einer Gruppe von Menschen war, die den gleichen Weg gingen wie ich, war sehr hilfreich. Ein weiterer Schlüssel zu meiner Heilung war, dass ich eine Selbsthilfegruppe hatte, Menschen, denen ich alles sagen konnte. Manchmal war es, was für Fortschritte meine Heilung machte, oder dass es mir gerade schlecht ging und ich mich am liebsten wieder sexuell abreagieren würde, oder dass ich sexuelle Gefühle für sie hatte, warum diese Gefühle wohl da waren und wie ich sie wohl auf eine gesunde Art bewältigen könnte.

Mein Pastor und sehr guter Freund ist sicher verankert in seiner Heterosexualität. Wir reden über Gott und die Welt. Er hilft mir als Mentor, und wir gehen gemeinsam in den Fitnessclub, spielen Tennis, gehen essen oder treffen uns einfach so. Es ist eine Männer-Freundschaft, in der ich mich rundum wohl fühle.

Eine Massagetherapie hat mir sehr geholfen, angemessene Berührungen annehmen zu können. Der tiefe Druck des Masseurs auf meine Muskeln verschaffte mir das Gefühl, aus der Welt der nur sexuellen Berührung in die Welt der gesunden Berührung hinüberzuwechseln.

Damals, im Juli 1995, begann ich eine Therapie, die mein Leben verändert hat. Knapp zwei Jahre lang ging ich in eine Einzeltherapie, manchmal zwei Mal in der Woche, und nahm daneben an einer Selbsthilfegruppe teil. Nach diesen zwei Jahren konnte ich mit meiner Frau, meinen Kindern und Freunden ein viel besseres, erfülltes Leben führen. Ich hatte und habe alle notwendigen Werkzeuge, um mein Mannsein weiterzuentwickeln. Der innere Schatten und die Angst sind verschwunden. Ich kann das sexuelle Zusammensein mit meiner Frau jetzt wirklich genießen. Ich habe keine gleichgeschlechtlich-emotionalen Gefühle. Ich bin nicht schwul, ich war es nie. Ich hatte vielmehr suchtartige gleichgeschlechtlich-emotionale Gefühle Männern gegenüber. Heute geht es mir ausgesprochen gut, weil ich damals eine Wahl bekam. Ich musste eine Wahl treffen, ich selbst. Eine Wahl, an die ich glaubte. Und ich wählte die Veränderung und erfuhr: *Veränderung ist möglich.*

Ich identifiziere mich nicht mehr mit dem Mann, der ich vor dem Juli 1995 war. Das war ein anderes Leben. Ich fühle mich heute wie neu geboren. Zu Beginn meiner Therapie fühlte ich mich total allein. Dann sagte ein Freund in meiner Selbsthilfegruppe: „Wenn du denkst, du bist allein, liegst du falsch. Du bist nicht mehr allein." Ich habe Gott, meine Frau, meine beiden Kinder und jeden Tag neu die spannende Frage, was das Leben mir heute bringen wird!

Anmerkung: Christian ist heute noch genauso glücklich wie damals!

KAPITEL SECHS

Therapeutische Werkzeuge und Techniken

Ich bin überzeugt, dass Gott die Menschen als einander ergänzende Gegensätze geschaffen hat. Biologisch gesehen passen Männer und Frauen perfekt zusammen. Jeder weiß, dass Gegensätze sich anziehen. Zwei Magnete unterschiedlicher Polarität bewegen sich aufeinander zu, zwei der gleichen Polarität dagegen stoßen sich ab. Wenn ein Mann sich zu einem anderen Mann hingezogen fühlt, sucht er innerlich das, was ihm selbst fehlt. Er versucht, sich die verlorenen oder fehlenden Teile seiner Seele „einzuverleiben". Ein Mann, dem seine eigene Männlichkeit vertraut und selbstverständlich ist und der sich darin sicher und wohl fühlt, wird sich zu seinem „Gegenpol", einer Frau, hingezogen fühlen.

Ich möchte dir – egal ob du Therapeut, Coach, Elternteil, Ehepartner, Familienmitglied, Freund bist, oder jemand, der ungewollte gleichgeschlechtliche Neigung (SSA) erlebt – einige der Werkzeuge und Techniken mitgeben, die Veränderungen auf dem Weg der Heilung erleichtern können. Ich bin davon überzeugt, dass jeder Mann und jede Frau, die ungewollte SSA überwinden möchten, dies mit Hilfe dieser Fertigkeiten und dem Vier-Phasen-Modell der Heilung tun kann.

Jeder verletzte Mensch muss auf vier Gebieten heil werden: Denken, Fühlen, Körper und Seele. Damit die Heilung erfolgreich sein kann, muss der Einzelne sich um jeden dieser Bereiche kümmern. Die Gesprächstherapie beispielsweise spricht nur einen Teil der Probleme an; der Klient muss daher in den verschiedenen Heilungsphasen ein ganzes Spektrum von Techniken benutzen lernen. Dieser Behandlungsplan ist dabei auf seine besonderen Bedürfnisse zuzuschneiden. Er bekommt konkrete Aufgaben, um bestimmte Fähigkeiten zu entwickeln und zu lernen, Probleme besser zu lösen und sich mit seinen Gedanken, Gefühlen und Bedürfnissen auseinander zu setzen. Nach meinen Erfahrungen und denen anderer Kollegen verläuft der Wachstums- und Heilungsprozess schneller, wenn der Klient sich durch „Hausaufgaben" u. a. selbst aktiv in seine Heilung einbringt.

Ein warnendes Wort an Berater, Gemeindeleiter und Begleiter: Wenn du feststellst, dass du selbst mehr arbeitest und mehr in die Therapie investierst als dein Klient, dann stimmt etwas nicht! Du bist die Spitzhacke und hilfst dabei, die Ursachen für aktuelle und vergangene Probleme zu finden. Dein Klient muss die Schaufel nehmen und seinen Teil erledigen, wenn er sich verändern will. SSA ist ein Indiz für verzögerte Entwicklung; der Klient ist auf einer früheren Stufe bzw. Stufen seiner psychosexuellen, psychosozialen, psychospirituellen und psychologischen Entwicklung stehen geblieben. Folglich wird ein Großteil der Arbeit darin bestehen, diese Entwicklungsrückstände zu diagnostizieren und dem Klienten bei der Heilung von Wunden und der Beantwortung unerfüllt gebliebener Liebesbedürfnisse zu helfen. Dazu sind Anleitung und das Aufholen von positiver Vaterschaft und Mutterschaft unerlässlich.

Alle, die mit dem Klienten arbeiten, müssen 1. um die Ursachen von SSA, 2. um die verschiedenen Heilungsphasen und 3. um die Notwendigkeit der Erledigung von Entwicklungsaufgaben in jeder dieser Phasen wissen. Hier werden die therapeutischen Werkzeuge und Techniken wichtig. Es ist wichtig, die vier Phasen in der richtigen Reihenfolge anzugehen, um sicher zu sein, dass der Klient keine Entwicklungsaufgaben auslässt. (Zur Erinnerung: Es kann nötig sein, diesen strikten Ablauf zu verlassen, um ein Problem zu bearbeiten, das gerade zu Tage tritt. Aber im Gesamtverlauf der Therapie sollte die angegebene Reihenfolge eingehalten werden.)

Kurze Zusammenfassung der vier Heilungsphasen
Phase I: Der Klient muss mit Schwulenpornos, mit homosexuellem Verhalten und Beziehungen aus der homosexuellen Welt aufhören und anfangen, ein starkes, gesundes Unterstützungsnetzwerk aufzubauen. Er muss sein Selbstwertgefühl entwickeln, indem er eine persönliche Beziehung zu

Gott/einer höheren Macht sucht und erlebt. Dies ist Verhaltenstherapie: ungesunde Verhaltensweisen werden durch positive, gesunde Quellen von Liebe ersetzt.

Phase II: Der Klient muss Fähigkeiten entwickeln, um in seinen gegenwärtigen Beziehungen glücklich zu sein. Dies ist der kognitive Teil der Therapie. Der Klient lernt Kommunikationstechniken und Konfliktkompetenz, er durchläuft ein Selbstkompetenztraining und berichtigt falsches Denken. Dann beginnt er die Arbeit mit seinem inneren Kind und lernt seine Gefühle und Bedürfnisse kennen. Wird diese Phase übergangen, wird der Klient wahrscheinlich die Behandlung aufgeben und/oder zu homosexuellem Verhalten zurückkehren.

Phase III: Der Klient muss seine gleichgeschlechtlich-emotionalen und gleichgeschlechtlich-sozialen Wunden erkennen und benennen, sie müssen heilen und er muss gesunde, nichtsexuelle gleichgeschlechtliche Beziehungen einüben. Dies ist die psychodynamische Heilungsarbeit: der Klient lernt, Wunden aufzudecken, die Schmerzen und Verluste der Vergangenheit zu betrauern, zu vergeben und mit neuer Kraft weiterzuleben.

Phase IV: Der Klient muss andersgeschlechtlich-emotionale und andersgeschlechtlich-soziale Wunden erkennen und benennen, sie müssen heilen und er muss gesunde andersgeschlechtliche Beziehungen einüben. Er muss Frauen aus der männlichen Perspektive bzw. sie muss Männer aus der weiblichen Perspektive kennen lernen.

Ich werde immer wieder gefragt, wie lange dieser Prozess dauert. Das hängt von vielen Faktoren ab, auch davon, wie tief die Verletzung ist und davon, wie viel Zeit und Kraft der Betreffende in seine Heilung zu investieren bereit ist. Im Durchschnitt dauert eine Therapie ein bis drei Jahre.

Bevor ich jetzt die verschiedenen Werkzeuge und Techniken vorstelle, möchte ich noch eines klarmachen: Die therapeutischen Modalitäten mögen sich verändern; die Aufgaben bleiben dieselben. Wer in den seelischen Heilberufen tätig ist, weiß, dass wir immer dazulernen und uns weiterentwickeln müssen, was das Verständnis intrapersonaler und interpersonaler Beziehungen sowie neuer Heilungsmethoden betrifft. Auch wenn sich die Techniken ändern, so bleiben die zu bewältigenden Aufgaben immer dieselben, um ungewollte SSA zu überwinden, da es sich bei SSA um das Ergebnis beeinträchtigter emotionaler Entwicklungsprozesse handelt. Die Verletzung erfolgte auf eine bestimmte Weise und zu einer bestimmten

Zeit im Leben des Klienten, und der Klient muss diese Wunden erkennen und benennen lernen, verstehen und sie müssen heilen, und ungestillte Liebesbedürfnisse müssen in gesunden Beziehungen gestillt werden. Diese Aufgaben bleiben bestehen, unabhängig davon, was die neuesten therapeutischen Techniken sein mögen.

Die erste Sitzung

Wenn ein Klient zu mir kommt und mir darlegt, wo ihn der Schuh drückt, frage ich ihn als Erstes: „Was sind deine Ziele für unsere Arbeit?" Oft ist sich der Hilfesuchende über seine Ziele überhaupt nicht im Klaren. Aber genau diese Frage muss er sich stellen, damit er darüber nachdenkt, was er will bzw. braucht und damit Klient und Therapeut eine klare Richtung für ihre Arbeit haben.

Wenn der Klient und ich beschließen zusammenzuarbeiten, beginne ich mit einer gründlichen Ermittlung der Vorgeschichte. Dies dauert meist zwei bis drei Stunden, manchmal auch vier. Der Klient hat dabei Gelegenheit, mir aus seinem Leben zu erzählen, darunter vieles, was er vielleicht noch nie einem anderen Menschen gesagt hat. Der Therapeut/Helfer bekommt einen ersten Überblick über das Familiensystem, über die verschiedenen Generationen und viele andere Faktoren, die der Klient auf dem Weg der Heilung angehen muss.

Anstatt die Geschichte in zwei oder drei Sitzungen durchzugehen, kann der Therapeut dem Klienten den Fragebogen zur Familiengeschichte per E-Mail schicken. Bitte ihn, jede Frage kurz und bündig zu beantworten, und zwar auf maximal 8 Seiten. Außerdem bitte ich ihn, ein Genogramm von drei Generationen zu zeichnen (siehe das Beispiel für ein Genogramm). Ich zeige dem Klienten ein Beispiel für ein Genogramm: beginnend mit den Großeltern väterlicherseits und mütterlicherseits, den Eltern des Klienten, den Geschwistern und (falls vorhanden) den Familien der Geschwister.

Es ist sehr interessant zu sehen, wie viel oder wie wenig der Klient über seine Großeltern weiß. Bereits dies kann einem sehr viel über den Zustand der Familienbande enthüllen. Ein hilfreiches Buch über die Erstellung von Genogrammen und Familiengeschichten ist *Family Ties That Bind* von Dr. Ronald W. Richardson.[1]

Hier der Fragebogen zur Familiengeschichte:

Die Eltern und Großeltern des Klienten:

1. Bitte beschreibe die Beziehung zwischen deinem Vater und seinem Vater, deinem Vater und seiner Mutter, deinem Vater und seinen Geschwistern (falls er welche hatte) und deinem Vater und allen anderen wichtigen Personen in seinem Leben, als er aufwuchs. Bitte gib die Namen aller Verwandten und ihr Alter an (Geburtsreihenfolge der Geschwister).
2. Beschreibe die Beziehung zwischen den Eltern deines Vaters – von der Vergangenheit bis heute.
3. Wo wohnte die Familie deines Vaters? Wo wuchs er auf?
4. Was war ihr ethnischer Hintergrund? Was war ihr religiöser Hintergrund?
5. Bitte beschreibe die Beziehung zwischen deiner Mutter und ihrem Vater, deiner Mutter und ihrer Mutter, deiner Mutter und ihren Geschwistern und anderen wichtigen Personen in ihrem Leben, als sie aufwuchs. Bitte gib die Namen aller Verwandten und ihr Alter an (Geburtsreihenfolge der Geschwister).
6. Beschreibe die Beziehung zwischen den Eltern deiner Mutter – von der Vergangenheit bis heute.
7. Wo wohnte die Familie deiner Mutter? Wo wuchs sie auf?
8. Was war ihr ethnischer Hintergrund? Was war ihr religiöser Hintergrund?
9. Bitte beschreibe alle wichtigen Probleme oder Ereignisse, sowohl auf der väterlichen als auch auf der mütterlichen Seite der Familie, z. B. Krieg, Auswanderung, sexueller Missbrauch, körperliche Misshandlung, emotional-geistiger Missbrauch, Drogen-/Alkohol-/Sexsucht, Spielsucht, Essstörungen, sexuelle Probleme, schwere Depressionen, Scheidung, Selbstmord, Vergewaltigung, Mord, Diebstahl, Abtreibungen, Homosexualität, Adoption, Umzug usw. Bitte gib die Namen von Verwandten und anderen wichtigen Personen an.

Die unmittelbaren Familienbeziehungen des Klienten:

1. Beschreibe deine Beziehung zu deinem Vater – von der Vergangenheit (angefangen mit deinen frühesten Erinnerungen) bis zur Gegenwart (derzeitige Beziehung). Wie heißt/hieß er?

2. Beschreibe die Persönlichkeit deines Vaters – von der Vergangenheit bis heute.
3. Beschreibe die Schulbildung, die beruflichen Tätigkeiten und die religiöse Geschichte deines Vaters.
4. Beschreibe deine Beziehung zu deiner Mutter – von der Vergangenheit bis heute. Wie heißt/hieß sie?
5. Beschreibe die Persönlichkeit deiner Mutter – von der Vergangenheit bis heute.
6. Beschreibe die Schulbildung, die beruflichen Tätigkeiten und die religiöse Geschichte deiner Mutter.
7. Beschreibe die Beziehung zwischen deinem Vater und deiner Mutter – von der Vergangenheit bis heute.
8. Beschreibe deine Beziehung zu deinen Geschwistern (falls du welche hast) – von der Vergangenheit bis heute. Bitte gib ihre Namen an, vom Ältesten bis zum Jüngsten.
9. Beschreibe die Persönlichkeiten deiner Geschwister.
10. Beschreibe deine Beziehung zu anderen wichtigen Personen innerhalb oder außerhalb deines Familiensystems, z. B. Großmutter, Großvater, Onkel, Cousin, Nachbar oder Stiefvater/-mutter.
11. Was für eine Rolle hattest du in deinem Familiensystem? (z. B. Held, lieber Junge, Clown, Rebell, Ersatz-Ehepartner, Vorzeigekind, „großer Bruder", Einzelgänger, Sündenbock, Friedensstifter).
12. Beschreibe deinen Bildungsweg – schulische Leistungen und Verhältnis zu den Gleichaltrigen, von der Vergangenheit bis heute.
13. Beschreibe deine sexuelle Geschichte – von deinen frühesten Erinnerungen bis zur Gegenwart. Berücksichtige alles, was mit Sex und Sexualität zu tun hatte, innerhalb wie außerhalb der Familie. Wann haben deine homosexuellen Gefühle und Wünsche begonnen?
14. Beschreibe deine Geschichte der Selbstbefriedigung – wann du damit angefangen hast, wie es sich entwickelt hat und wie häufig du dich heute selbst befriedigst. Gibt es spezielle Rituale, die du bei der Selbstbefriedigung ausführst, z. B. Schwulenpornos schauen usw.? Wird die Selbstbefriedigung von Fantasien begleitet?
15. Beschreibe deine sexuellen Fantasien – von der Vergangenheit bis heute. Wie haben sie sich im Laufe der Zeit verändert? Zu welcher Art von Person fühlst du dich hingezogen? Was für Eigenschaften (Körper,

Persönlichkeit) haben diese? Zu was für Handlungen kommt es und in welcher Umgebung?
16. Beschreibe deine religiöse Geschichte – von der Vergangenheit bis heute.
17. Beschreibe dich selbst. Wie siehst du dich heute?
18. Nenne weitere wichtige Dinge in deinem Leben oder deiner Familie, die von den obigen Fragen nicht abgedeckt werden, z. B. Gesundheitsprobleme, Eheprobleme, außereheliche Affären, Berufsprobleme, Geldsorgen und frühere Behandlungen oder Therapien.
19. Wie fühlst du dich über deinen Körper? Bist du zufrieden damit, wie du aussiehst? Hat sich das im Laufe der Zeit verändert?
20. Nenne deine aktuellen und früheren beruflichen Tätigkeiten und dein Alter.
21. Bitte beschreibe das Leben, das du dir wünschst – wie deine Beziehungen aussehen würden, welche Art von Arbeit du ausüben würdest usw. Wie würde sich dieses Leben von deiner jetzigen Situation unterscheiden?
22. Bitte nenne deine Ziele für die Therapie.
23. Bitte zeichne dein Familiengenogramm.

Ich werde ein paar dieser Punkte aus dem Fragebogen kommentieren: Eine Sache, die bei der Durchsicht der Familiengeschichte des Klienten deutlich wird, ist die Abkopplung zwischen den Generationen, so zwischen gleichgeschlechtlichem Elternteil und Kind, also zwischen Vater und Sohn bzw. Mutter und Tochter. Bei vielen meiner männlichen Klienten habe ich eine relativ schwache Vaterfigur und eine viel stärkere Mutterfigur gefunden. Dies führte den Jungen dazu, sich mehr mit dem Weiblichen, dem „stärkeren" Geschlecht im Familiensystem zu identifizieren.

Ein Klient sagte mir: „Ich wollte immer ein Mädchen sein, weil mein Vater meine Schwester mehr mochte als mich. Er war immer wütend. Meine Mutter hatte mehr Spaß als er, sie sagte, was sie dachte, und war liebevoller."

Es ist wichtig, dass der Klient sich über seine frühesten Kindheitserinnerungen äußert, weil sie der Nährboden für die zukünftige SSA gewesen sind. Achte auf Gedächtnislücken; im Unbewussten sind viele nützliche Informationen verborgen. *Das Bewusstsein ist nicht imstande, Erinnerungen zu behalten, die zu schmerzlich sind.* Diese Orte werden in den Phasen III und IV erneut aufzusuchen sein.

Beim Durchgehen der Freizeitaktivitäten im Schulalter höre ich sehr oft: „Ich bin anders", „Ich gehöre nicht dazu" und „Ich passe nicht dazu".

Die Ermittlung der sexuellen Fantasien ist wichtig. Sie liefern wichtige Informationen, da sich unter ihnen die gleichgeschlechtlich-emotionalen und gleichgeschlechtlich-sozialen Wunden verstecken. Meist ist bei den Fantasien eine Entwicklung festzustellen. Manchmal beginnen sie mit dem bloßen Betrachten nackter Männer oder Frauen; später kommt es zu sexuellen Handlungen. Dies ist bei jedem Klienten anders und hängt von den spezifischen Bedürfnissen und der Intensität der Abkopplung von sich selbst und anderen ab.

Manche Klienten fühlen sich zu älteren Männern hingezogen; sie suchen vor allem den Vater. Manche Heranwachsende/Männer zieht es vor allem zu Gleichaltrigen; sie suchen in anderen Männern das, was sie bei sich selbst als Mangel empfinden. Die meisten zieht es zu muskulösen, starken, selbstbewussten Typen – lauter Eigenschaften, die sie selbst am liebsten hätten. Manche wollen von den Männern, die sie bewundern, dominiert, umarmt, versorgt und väterlich geliebt werden. Wieder andere zieht es zu Jungen oder Teenagern hin, was Verschiedenes bedeuten kann: 1. Nicht bewältigte seelische Traumata im entsprechenden Alter; 2. Unbeantwortet gebliebene Bedürfnisse in dieser Entwicklungsstufe; 3. Verbindungen zu irgendeiner Form von Missbrauch in diesem Alter (oft eine verdrängte Erinnerung an sexuellen Missbrauch).

Es ist wichtig zu sehen, dass sich hinter homosexuellen Fantasien grundlegende, unerfüllte gleichgeschlechtlich-emotionale / gleichgeschlechtlich-soziale Liebesbedürfnisse oder die Angst vor Nähe zu jemandem des anderen Geschlechts verbergen. Nach meinen Erfahrungen kann hinter diesen Fantasien auch eine verdrängte Wut auf einen oder beide Elternteile liegen – eine Wut, die das Kind nicht zum Ausdruck bringen konnte und die nun die Gestalt sexueller Begierden angenommen hat. Wieder andere Klienten, die ihrer eigenen Geschlechtsidentität entfremdet sind, wollen heterosexuellen Männern beim Sex mit Frauen zuschauen; sie finden ihre verlorene Identität in den Männern, die sie selbst gerne sein würden. Es gibt alle möglichen Varianten sexueller Fantasien, und es ist wichtig, sie so genau wie möglich zu ermitteln, um die tiefere Bedeutung hinter der SSA herauszufinden.

Es ist wichtig zu sehen, welche Rolle Religion im Leben des Klienten gespielt hat und welche Rolle sie jetzt spielt. Viele haben in ihrem Glauben Verurteilungen und/oder Verfolgung erlebt. Ich kenne Horrorgeschichten von Klienten, die ihren Pastor um Hilfe baten und von ihm aufgefordert wurden, die Gemeinde zu verlassen. Andere hatten Angst, den anderen von ihrem inneren Kampf zu erzählen, weil sie dann nur als „Sünder" gebrandmarkt worden wären. Andererseits kann eine starke Abkopplung von den Eltern auch zur Abkopplung vom Glauben der Eltern führen. *Oppositionsverhalten ist ein Merkmal von SSA.* Ein junger Klient sagte mir: „Ich wollte anders sein als mein Vater! Wenn er Country-Musik mochte, hörte ich Rock, wenn er weiß wählte, wählte ich schwarz. Das war meine Art, ihm zu signalisieren, dass ich ihn nicht mochte."

Nachdem ich die Antworten des Klienten gelesen habe, schreibe ich eine Bewertung, in der ich meine Beobachtungen und Hypothesen darlege, warum ich glaube, dass er SSA erlebt. Bevor ich dem Klienten diese Bewertung oder Inhaltsanalyse gebe, lade ich ihn ein, mir zuerst zuzuhören. Wenn ich einen Fehler gemacht oder etwas falsch wahrgenommen habe, bitte ich ihn, mich zu korrigieren. Das ist in der Regel eine positive und tief bewegende Erfahrung für den Klienten. Endlich versteht ihn jemand wirklich in seinem Innersten.

Nach dieser Auswertung erstelle ich einen persönlichen Behandlungsplan, der auf den vier Phasen der Heilung basiert. Dann beginnen wir mit der Therapie. Wenn der Klient in der ersten Sitzung oder folgenden Sitzungen innerlich sehr aufgewühlt ist, gib ihm bitte Zeit, seine Gedanken und Gefühle zum Ausdruck zu bringen, bevor du die Familiengeschichte erstellst. Möglicherweise bist du der erste Mensch in seinem Leben, bei dem er seinen Schmerz und seine Frustrationen zeigen kann. Der Therapeut muss dem Klienten einen geschützten Raum anbieten, in dem er sich aussprechen kann, ohne verurteilt zu werden.

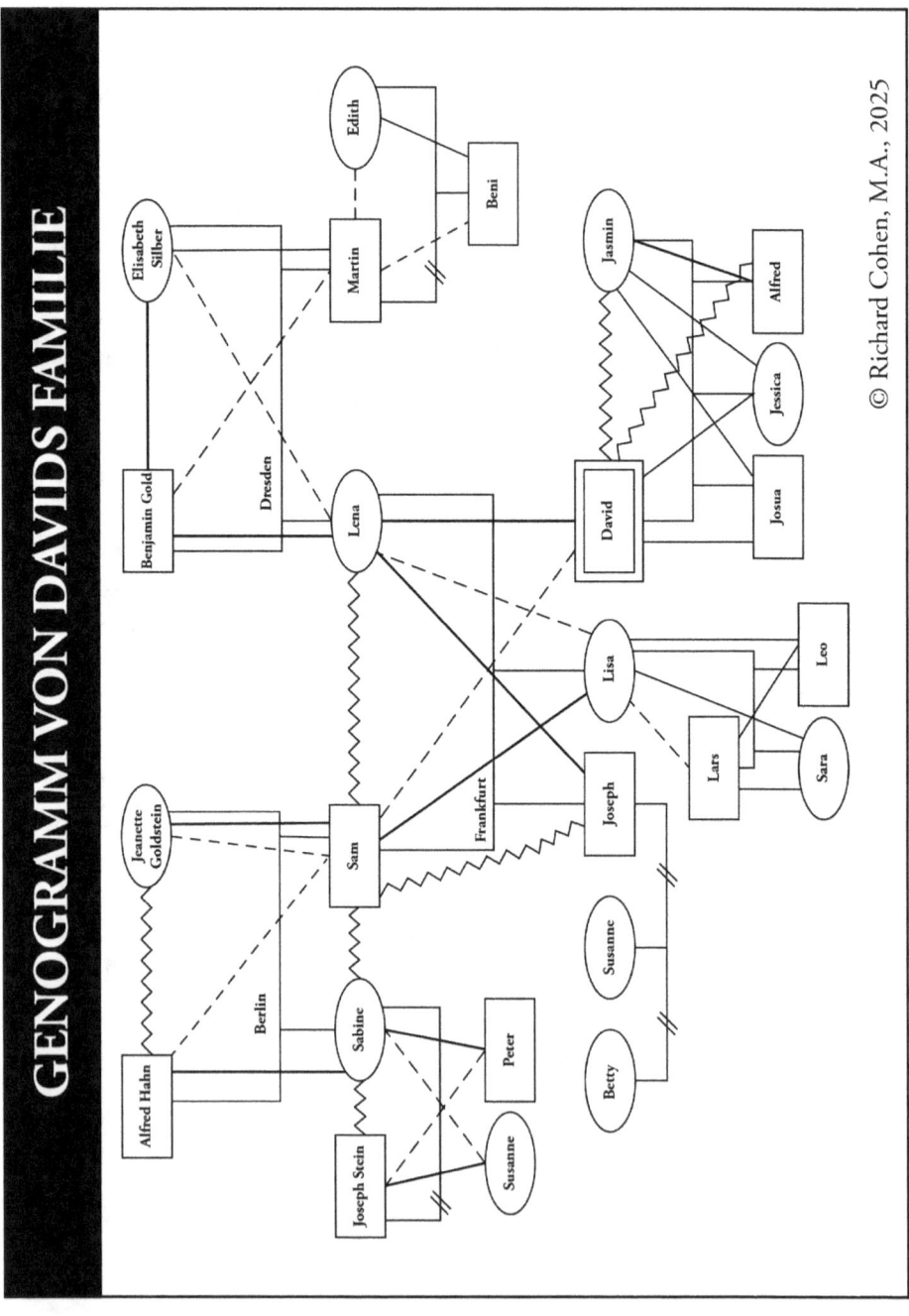

Fragen an potenzielle Therapeuten

Nemo Dat Quod Non Habet – Man kann nicht geben, was man nicht hat.

Oft bitten Klienten mich, sie an einen näher zu ihrem Wohnort liegenden Therapeuten zu überweisen. Viele wissen aber nicht, worauf sie bei der Wahl des Therapeuten zu achten bzw. welche Fragen sie ihm zu stellen haben. Deshalb habe ich diesen Abschnitt für Ratsuchende eingerichtet (auf unserer Website www.pathinfo.org findest du eine Liste von Organisationen, die Menschen mit ungewollter SSA helfen).

Wenn du der potenzielle Klient bist, musst du dir darüber im Klaren sein, dass du dein Herz und deine Seele mit einem Fremden teilen wirst. Deshalb ist es wichtig, dass du ihn oder sie befragst. Bitte um ein kostenloses 15-20-minütiges Beratungsgespräch. Vergewissere dich, ob die „Chemie" stimmt, ebenso wie der Hintergrund und die Fähigkeiten des Therapeuten oder der Therapeutin. Hier sind einige Fragen, die du stellen könntest:

- Welche Ausbildung haben Sie auf dem Gebiet der Therapie der sexuellen Orientierung und geschlechtsangleichender Therapie?
- Welche therapeutischen Methoden wenden Sie an? Können Sie sie mir für einen Laien verständlich darstellen? (Ich empfehle dir, dir einen Therapeuten zu suchen, der nicht starr auf eine Therapieform festgelegt ist, sondern viele Formen gut beherrscht.)
- Haben Sie schon häufiger mit Menschen gearbeitet, die ihre ungewollte gleichgeschlechtliche Neigung angegangen sind?
- Wie häufig wurde dabei ein dauerhafter Erfolg erzielt?
- Glauben Sie an Gott? (Falls es dir wichtig ist: „Was für eine Religion haben Sie?")
- Sind Sie selbst durch einen persönlichen Heilungs- und Reifungsprozess hindurchgegangen?

Es kann sein, dass der Therapeut sich durch die letzte Frage angegriffen fühlt: „Wieso unterstehen Sie sich, mich über mein persönliches Leben zu befragen?" Aber du bist der Kunde, der viel Geld und Zeit in diese Therapie investieren wird! Du wirst dein Geld kaum jemandem geben wollen, der sein eigenes Haus noch nicht in Ordnung gebracht hat. *Heilung ist eine*

Reise, nicht ein Ziel. Wir sind alle unterwegs, auf dem Weg zu unserem Ziel. Ein Therapeut kann dich nur so weit mitnehmen, wie er selbst gegangen ist. Wenn er sein eigenes Leben nicht in Ordnung gebracht hat, wie kann er dir dann helfen, deines in Ordnung zu bringen?

Der Therapeut braucht nicht selbst eine homosexuelle Vergangenheit zu haben. Aber er muss seine eigenen Probleme durchgearbeitet haben. Der beste Mentor ist jemand, der in seinem persönlichen Leben gekämpft und gesiegt hat – sonst redet er nur aus dem Kopf, nicht aus dem Herzen und seiner eigenen Erfahrung. Nur wer selbst im Kampf stand und gesiegt hat, kann ein guter Lehrer im Kämpfen sein.

Werkzeuge und Techniken

Die folgende Liste gibt einen Überblick über therapeutische Hilfsmittel, die sich im gesamten Veränderungs- und Heilungsprozess als hilfreich erweisen können. Dies ist sicherlich keine vollständige Liste von Methoden. Es sind lediglich einige, die ich verwendet habe und die sich als wirksam erwiesen haben. Nachfolgend eine kurze Beschreibung der einzelnen Techniken. Später in diesem Abschnitt empfehle ich Bücher, in denen beschrieben wird, wie man diese Werkzeuge und Techniken im therapeutischen Prozess einsetzt. Auch hier ist es nicht meine Absicht, jeden Ansatz ausführlich zu erklären, sondern Wege und Mittel zur Heilung aufzuzeigen.

1. *Systemische Familientherapie:* Die Familiengeschichte ermitteln, das größere Bild sehen – wie der Einzelne sich zu dem gesamten Familiensystem verhält und von ihm beeinflusst wird.
2. *Bibliotherapie:* Studium der einschlägigen Literatur durch den Klienten, z. B. Bücher über Ursachen gleichgeschlechtlicher Neigung, über Heilung ungewollter SSA, sexuellen Missbrauch, sexuelle Süchte, Probleme im Heilungsprozess.
3. *Psychoedukation:* Der Klient bekommt Unterstützung beim Aufbau eines Unterstützungsnetzwerkes und Anleitung für die Ausbildung von kommunikativen Fähigkeiten, Selbstkompetenz, männliche und weibliche Unterschiede und Problemlösungstechniken / Konfliktkompetenz.
4. *Kognitive Therapie:* Es ist wichtig, falsches Denken und negatives Einreden zu verstehen und neue Fähigkeiten zur Korrektur von Fehlwahrnehmungen zu erlernen.

5. *Meditation und Affirmationen:* Ich halte meine Klienten an, täglich zu meditieren, kreative Visualisierung, Entspannungstechniken zu benutzen und Bestätigung zu finden. All dies hilft zum Aufbau von Selbstachtung, zum inneren Wachstum und zum Erreichen von Zielen.
6. *Heilung des inneren Kindes:* Ich gebe dem Klienten zahlreiche Hausaufgaben, die ihm helfen sollen, in Kontakt mit seinem inneren Kind (dem Unbewussten) zu kommen und zu lernen, seine Gedanken, Gefühle und Bedürfnisse zu identifizieren.
7. *Bioenergetische Therapie:* Durch therapeutische Arbeit mit dem Körper soll der Klient lernen, seine Aggressionen auf gesunde Weise auszudrücken, aufgestaute körperliche Spannungen und Schmerzen abzubauen, zu seinen tieferen Emotionen und Bedürfnissen vorzudringen und mehr in seinem eigenen Körper verankert zu sein.
8. *Rollenspiel/Gestalttherapie:* In Rollenspielen und ähnlichen Prozessen spricht der Klient mit Eltern, Geschwistern, Tätern, sich selbst und sonstigen Personen, die ihn verletzt haben.
9. *Psychodrama:* Diese Technik wird in Gruppensitzungen benutzt und stellt das Familiensystem oder eine andere Situation, die dem Klienten wehtat, nach. Hier kann er die damalige Erfahrung wieder erleben und dadurch verdrängte Gefühle hochkommen lassen.
10. *Heilung der Erinnerungen; neurolinguistisches Programmieren:* Hierbei geht es darum, sich in Erinnerungen zurückzubegeben, das Geschehen erneut zu erleben, es in einem neuen Zusammenhang zu sehen und die Wunden heil werden zu lassen. Dies hilft dem Klienten, von dem Problem Abstand zu gewinnen und sich mit der Lösung zu verbünden.
11. *Mentoring:* Das Mentoring-Modell hilft dem Klienten, unbeantwortete gleichgeschlechtliche und andersgeschlechtliche Bedürfnisse nach Liebe und Annahme zu beantworten. Durch das Mentoring wird ein sicheres Zugehörigkeitsgefühl entwickelt und Liebe wiederhergestellt.
12. *Familienheilungssitzungen:* Dies ist eine Methode, um direkt mit Eltern, Kindern, Geschwistern und anderen Verwandten zu arbeiten. Durch Familienheilungssitzungen können vergangene und aktuelle Wunden heilen, und der Klient kann eine gesunde Bindung im Familiensystem entwickeln oder wiederherstellen.
13. *Stimmen-Dialog (Voice dialogue):* Eine Methode, um die innerlich gespeicherte Familie oder auch Anteile der eigenen Person abzurufen.

Auch sehr gut zur Wiederentdeckung verlorener oder geleugneter Teile der Person.
14. *Fokussierung:* Ähnlich wie der Stimmendialog, jedoch als interner Prozess, um die Ursachen für aktuelle Probleme zu finden.
15. *Therapeutische Massage:* Sie hilft, viele verdrängten Wunden im Körper zu lösen und gesunde, nicht-sexuelle Berührungen zu erleben.
16. *Eye Movement Desensitization and Reprocessing (EMDR):* Eine wirksame Technik, um traumatische Erinnerungen zu behandeln und aufzulösen.
17. *Rechenschaftspflicht:* Disziplin ist ein Schwachpunkt bei einigen, die ungewollte SSA erleben. Es ist wichtig, den Klienten für die Einhaltung über „Hausaufgaben" und andere Aufgaben zur Verantwortung zu ziehen.
18. *Freundschaften:* Das Eingehen gesunder gleichgeschlechtlicher Freundschaften ist sehr wichtig für die Heilung ungewollter SSA.
19. *Transaktionsanalyse:* Dies ist eine Persönlichkeitstheorie, in der im Wesentlichen drei Ich-Zustände als Struktur-Diagramm einer Persönlichkeit vorgestellt werden: Erwachsenen-Ich, Eltern-Ich, Kind-Ich.
20. *EFT (Emotional Freedom Technique):* Eine einfache und effektive Technik, die die Prinzipien der Energiemedizin und der Akupressur nutzt, um Ängste, Stress und körperliche Schmerzen abzubauen oder um aktuelle oder vergangene Probleme zu lösen und zu lindern.
21. *Tagebuch:* Gedanken, Gefühle und Erfahrungen zu Papier bringen als Mittel, sich selbst und den Prozess der Heilung besser zu verstehen
22. *Bewegung und Sport:* Für viele Männer sind Sport und Bewegung ein sehr schmerzliches Thema. Die Teilnahme an Gruppensport wirkt heilsam und ist ein wichtiger Teil der Sozialisation.
23. *Sitzungsprotokolle:* Für viele meiner Klienten hat sich das Aufzeichnen ihrer Therapiesitzungen als hilfreich erwiesen. Sie können dann zu Hause (oder unterwegs im Auto) in aller Ruhe die gelernten Lektionen und Fähigkeiten sowie Wege zur Heilung ihrer inneren Wunden noch einmal durchgehen. (Es muss klar sein, dass nur der Klient diese Aufzeichnungen in die Hände bekommt!).

Zur Erinnerung: Dies sind nur einige Vorschläge, die den Heilungsprozess unterstützen. Es gibt noch viele andere hervorragende therapeutische Methoden.

Die vier Bereiche der Heilung

Ich werde jede der Heilungsphasen in vier Bereiche der Heilung und Veränderung aufteilen: Denken, Fühlen, Körper, Seele (siehe das Übersichtsdiagramm „Therapeutische Werkzeuge und Techniken" auf den folgenden Seiten):

- *Denken:* Der Klient muss seine Denkweise neu konstituieren und ein positives Selbstbild schaffen. Durch (falsche) Wahrnehmungen und ungesunde Beziehungen ist es bei ihm zu Negativgedanken über sich selbst und andere gekommen. Der Klient muss negative Denkmuster identifizieren lernen und durch positive Überzeugungen ersetzen. Er muss selbstbewusste Verhaltensmuster einüben und es lernen, in allen seinen Beziehungen auszudrücken, was er denkt, fühlt und braucht.

- *Fühlen:* Verletzungen der Vergangenheit müssen verheilen. *Wir müssen fühlen und echt sein, um geheilt zu werden.* Er muss die Ursachen seiner gegenwärtigen Schwierigkeiten erkennen, benennen und offenlegen. Dann folgt der Trauerprozess, der in der Gegenwart und mit der liebenden Unterstützung anderer Menschen stattfinden muss. Ein wichtiger Teil dieses Prozesses ist auch die Vergebung. Nach tiefem Trauern ist der Weg zur Vergebung offen, weil ein Verständnis dafür gewachsen ist, dass alle von uns Zerbrüche in uns tragen. Der Klient muss lernen, sich selbst, anderen und oft genug auch Gott zu vergeben. Oft schiebt das innere Kind Gott die Schuld an dem geschehenen Missbrauch bzw. der Vernachlässigung zu. Wenn der Betreffende nicht vergibt, gibt er damit seinem Schmerz nur neue Energie und überträgt das auf andere. Und schließlich muss er lernen, Verantwortung für seinen Teil im Drama der Vergangenheit zu übernehmen, indem er die Verzerrungen und Fehlinterpretationen benennt, die zu seiner Abkopplung von seinen primären Bezugspersonen und anderen Personen führten.

- *Körper:* Das Erleben seiner Männlichkeit und (verlorenen) Geschlechtsidentität ist entscheidend für die Heilung. Regelmäßiger Sport, richtige Ernährung und andere gleichgeschlechtliche soziale Aktivitäten tragen wesentlich dazu bei. Die Heilung von Verletzungen des Körperbildes ist entscheidend, denn er muss lernen, sich so zu akzeptieren, wie er ist. Er muss auch lernen, dass unbeantwortete

Bedürfnisse nach Liebe und Annahme in gesunden, heilsamen, liebevollen, nichtsexuellen Beziehungen mit Menschen vom gleichen und vom anderen Geschlecht eine Antwort finden können. Dies geschieht, indem er sich von den alten Verhaltensweisen trennt und sie durch ein neues Unterstützungsnetzwerk ersetzt. Auf diese Weise beantwortet er seine gleichgeschlechtlich-emotionalen und gleichgeschlechtlich-sozialen Liebesbedürfnisse und erlebt seine eigene Geschlechtsidentität.

- *Seele: Der* Klient möchte vielleicht eine persönliche Beziehung zu Gott/einer höheren Macht entwickeln, seinen Wert erfahren und dafür geliebt werden, wer er ist, nicht dafür, was er tut oder wie er aussieht. Er gründet seine Identität nicht auf sexuelle Gefühle, sondern darauf, ein Kind Gottes zu sein. Schließlich lernt er, Gottes Herz zu verstehen, wie Gott an seiner Seite gelitten hat und seinen Kummer und Schmerz kennt. Gott war/ist immer da, bereit, ihn zu nähren und zu umarmen. Die Person im Veränderungsprozess erfährt dies durch Meditation, Gebet, kreative Visualisierung und Affirmationen.

Ich komme jetzt zu den einzelnen Heilungsphasen und den verschiedenen Werkzeugen und Techniken, die in die vier Abschnitte Denken, Fühlen, Körper und Seele unterteilt sind.

Ich werde viele Hilfsmittel und Techniken vorstellen, die sich in meiner über dreißigjährigen Tätigkeit als Psychotherapeut als äußerst wirksam erwiesen haben. Dies sind die Perlen, Diamanten, Rubine und Edelsteine, die jedem aufrichtigen Mann oder jeder aufrichtigen Frau auf der Suche nach Hoffnung und Heilung helfen können. Der Klient sollte sich nicht von der schieren Menge der vorgestellten Werkzeuge und Techniken überwältigen lassen. Er kann sich diejenigen Dinge aussuchen, die für ihn funktionieren. Mein Motto lautet: *Lieber im Kleinen erfolgreich sein, als im Großen scheitern.* Erreicht er eine Fertigkeit, dann kann er eine weitere hinzufügen. Dann werden die verschiedenen Fertigkeiten schrittweise verbessert, bis er einen umfassenden und ganzheitlichen Ansatz zur Selbstbestimmung und dauerhaften Heilung hat.

Therapeutische Werkzeuge und Techniken

	Phase I	Phase II	Phase III	Phase IV
Denken	Verhaltenstherapie Bibliotherapie Psychoedukation	Kognitive Therapie Kommunikationstechniken Problemlösungstechniken / Konfliktkompetenz	Die Ursachen gleichgeschlechtlich-emotionaler und gleichgeschlechtlich-sozialer Wunden verstehen	Die Ursachen andersgeschlechtlich-emotionaler und andersgeschlechtlich-sozialer Wunden verstehen Unterschiede Männer/Frauen kennen lernen Beziehungen in der Ehe
Fühlen	Gutes Verhältnis zwischen Therapeut und Klient Unterstützungsnetzwerk aufbauen	Heilung des inneren Kindes (IC) Drei Phasen der Heilung des inneren Kindes IC Unterstützungsnetzwerk	Trauern / Vergeben / Verantwortung übernehmen Techniken: Heilung der Erinnerungen / Stimmendialog / Rollenspiel / Psychodrama / Haltende Umarmung / Mentoring / Inneres Kind Unterstützungsnetzwerk	Trauern / Vergeben / Verantwortung übernehmen Techniken: Heilung der Erinnerungen / Stimmendialog / Rollenspiel / Psychodrama / Haltende Umarmung / Mentoring / Inneres Kind Unterstützungsnetzwerk
Körper	Bewegung / Ernährung / Sport / Spaß / gleichgeschlechtliche soziale Aktivitäten	Bewegung / Ernährung / Sport / Spaß / Bioenergetik / Atemübungen / therapeutische Massage / gleichgeschlechtliche soziale Aktivitäten	Bewegung / Ernährung / Sport / Spaß / Bioenergetik / Atemübungen / therapeutische Massage / gesunde gleichgeschlechtliche Beziehungen	Bewegung / Ernährung / Sport / Spaß / Verhaltensschulung / Bioenergetik / Atemübungen / therapeutische Massage / gesunde andersgeschlechtliche Beziehungen
Seele	Selbstwertgefühl aufbauen Sich bei Gott als wertvoll erfahren Meditation / Gebet / Affirmationen / religiöse Texte / geistliche Gemeinde	Selbstwertgefühl aufbauen Sich bei Gott als wertvoll erfahren Meditation / Gebet / Affirmationen / religiöse Texte / geistliche Gemeinde	Selbstwertgefühl aufbauen Sich bei Gott als wertvoll erfahren Meditation / Gebet / Affirmationen / religiöse Texte / geistliche Gemeinde	Selbstwertgefühl aufbauen Sich bei Gott als wertvoll erfahren Meditation / Gebet / Affirmationen / religiöse Texte / geistliche Gemeinde

© Richard Cohen, M.A., 2025

Therapeutische Werkzeuge und Techniken
Phase I: Übergangsphase

Denken	Verhaltenstherapie Bibliotherapie Psychoedukation
Fühlen	Gutes Verhältnis zwischen Therapeut und Klient Unterstützungsnetzwerk aufbauen
Körper	Bewegung / Ernährung / Sport / Spaß / gleichgeschlechtliche soziale Aktivitäten
Seele	Selbstwertgefühl aufbauen Sich bei Gott als wertvoll erfahren Meditation / Gebet / Affirmationen / religiöse Texte / geistliche Gemeinde

© Richard Cohen, M.A. 2020

Phase I: Übergangsphase

1. Aufhören mit sexuellen Aktivitäten
2. Ein Unterstützungsnetzwerk aufbauen
3. Selbstwert aufbauen und Wert in der Beziehung zu Gott erfahren

Denken

- **Bibliotherapie**

Der Klient muss die Ursachen gleichgeschlechtlicher Neigung und den Heilungsprozess verstehen lernen. Ich lasse ihn daher Bücher über Entstehung und Veränderung lesen. Am Ende des Buches findest du eine Liste mit Referenzen.

- **Psychoedukation**

Der Helfer (Berater, Therapeut, Coach, Gemeindeleiter) muss dem Klienten helfen, Entstehungsursachen von SSA und Heilungsprozess besser zu verstehen. Er muss daher selbst Bücher studieren, um im Verstehen der Bedeutung von SSA kundig zu sein.

- **Verhaltenstherapie**

Es ist wichtig, dass sich der Klient von „Spielplätzen", „Spielkameraden" und „Spielsachen" fernhält, die ihn an ein schwules Leben erinnern. Er muss aufhören, Orte aufzusuchen, an denen er solche Dinge gemacht hat; er muss aufhören, sich mit schwulen Freunden zu treffen und Schwulenpornos anzusehen – alles, was homosexuelle Gedanken und Fantasien anregen kann.

Solange der Klient nicht „abstinent" ist, wird sich seine Selbstwahrnehmung, das Wahrnehmen seiner Gefühle kaum ändern können. Die homosexuellen Aktivitäten und Fantasien entfremden ihn von ihm selbst, seinen (negativen) Gefühlen, seinen Gedanken und seinen tieferliegenden Bedürfnissen. Es kann sein, dass die Abstinenz von gleichgeschlechtlichen Aktivitäten ihm sehr schwerfällt. Das Ziel dieser Aufgabe ist es, ihm zu helfen, seinen Körper und seine Seele zurückzuerobern. Falls er sexuell aktiv war, wird dies nicht einfach sein. Darum ist ein starkes Unterstützungsnetzwerk so ungeheuer wichtig. *Practical Exercises for Men (or Women) in Recovery from SSA* von Phelan anzuwenden, ist eine hervorragende Möglichkeit, um beträchtliche Fortschritte zu erzielen.

Im Folgenden findest du einige hilfreiche Aktivitäten, die das Wachstum fördern:

Tagebuch führen. Tagebuch führen hilft dem Klienten, seine Gedanken und Gefühle zu verarbeiten. Es hilft ihm, die Auslöser zu verstehen, die zu Sex mit sich selbst (Masturbation) oder Sex mit anderen führen. Vor oder nach der sexuellen Aktivität kann er beim Tagebuchschreiben das HALT-Diagnoseinstrument (Hunger, Aggressionen/Wut, Leere/Einsamkeit oder Todmüde/Stress) anwenden. Ein Schlüssel zur Freiheit ist, herauszufinden, was zu diesen sexuellen Verhaltensweisen führt. Wenn der Klient z. B. masturbieren will, holt er zuerst sein Tagebuch heraus und schreibt auf, was er fühlt und denkt. Hunger? Sehnt er sich nach einer anderen Person und will sie abschleppen? Dies kommt oft davon, wenn man sich von einer nahestehenden Person zurückgewiesen fühlt oder dies kürzlich erlebt hat. Aggressionen/Wut? Ist er wütend auf sich selbst, einen Kollegen, seine Eltern, seinen Partner usw. Unausgesprochene oder unterdrückte Gefühle führen oft zu unangemessenem sexuellem Verlangen. Leere/Einsamkeit? Wurden seine legitimen Liebesbedürfnisse in gesunden Beziehungen erfüllt und/oder hat er anderen Liebe gegeben? Es ist wichtig, der Familie und Freunden regelmäßig Liebe zu geben und von ihnen zu empfangen, sonst werden diese ungestillten Bedürfnisse leicht sexualisiert. Todmüde? Ist er gestresst aufgrund eines vollen Terminkalenders? Manche können gut mit

Stress umgehen, während andere Sex nutzen, um den Druck abzubauen. Wenn du die Auslöser identifizierst, werden die unangemessenen sexuellen Wünsche meist verschwinden. Führe ein Tagebuch und verwende das HALT-Diagnoseinstrument.

Tagesprotokoll. Der Klient verwendet eine Bewertungsskala, um die Intensität seiner SSA jeden Tag zu ermitteln und beginnt so, einen Zusammenhang zwischen bestimmten Auslösern und verstärkten SSA-Gefühlen zu erkennen (siehe Beispiel unten.)

Meditation/Entspannung. Meditation ist ein Mittel, um die Seele zur Ruhe zu bringen. Sie kann auch genutzt werden, um Herz und Geist mit positiven Bestätigungen (Affirmationen) zu füllen. Progressive Entspannung hilft dabei, Stress zu bewältigen und Ängste abzubauen. Auf unserer Website findest du MP3-Meditationen und Affirmationen: www.pathinfo.org. Ich empfehle, 4–5-mal pro Woche 5 bis 15 Minuten zu meditieren, am besten täglich. Erinnere dich an mein Motto: *Lieber im Kleinen erfolgreich sein, als im Großen versagen.* Der Klient kann damit beginnen, einmal pro Woche zu meditieren und die Häufigkeit zu erhöhen, wenn er sich mit dieser Methode wohler fühlt.

Rechenschaftspflicht. Die Rechenschaftspflicht dient dazu, ihn ehrlich und mit anderen verbunden zu halten. Der regelmäßige Austausch mit zwei oder drei Freunden wird den Heilungsprozess beschleunigen. Ein weiterer Zweck von zwei oder mehr Rechenschaftspartnern ist es, die emotionale Abhängigkeit von einer Person zu vermeiden. Wenn er sich mit Freunden darüber austauscht, wie er sich fühlt und was er denkt, bleibt er verbunden und wächst. Das Wichtigste beim Überwinden von ungewollter SSA ist, ehrlich und aufrichtig mit anderen Männern zu sein. Im Allgemeinen ist die Entwicklung von SSA mit einem Mangel an Beziehungen zu gleichgeschlechtlichen Gleichaltrigen verbunden. Der Austausch mit heterosexuellen Freunden und anderen, die ungewollte SSA erleben, wird ihm helfen, ein Mann unter Männern zu werden.

SSA-Tagesprotokoll

„Es ist wichtig, den Schweregrad deiner SSA in den ersten Phasen der Genesung zu verfolgen. Das hilft dir, deinen aktuellen Stand einzuschätzen und Muster und Trends zu erkennen. Dieses Tagesprotokoll ist ein

Tagesprotokoll

SSA-Stärke

	Montag	Dienstag	Mittwoch	Donnerstag	Freitag	Samstag	Sonntag
10							
9							
8	25. April Gestresst						
7							
6							
5							
4							
3		26. April Schwimmtraining / Fühle mich von den Jungs akzeptiert, sehr niedrige SSA					
2							
1			27. April Mit den Jungs abgehängt, mich richtig gut gefühlt, SSA kaum bemerkt				
0							

25. April – Gestresst

Heute war ich sehr gestresst und wütend auf meinen Vater. Ich hatte keinen guten Tag in der Schule, und dann kam ich nach Hause und er schrie mich wegen einer Kleinigkeit an. Außerdem habe ich am Freitag zwei Tests und bin deswegen sehr nervös. Also habe ich mir einen runtergeholt. Jetzt fühle ich mich ein bisschen entspannt, aber ich fühle mich schuldig.

© Richard Cohen, M.A., 2025

hervorragendes Instrument zuerst für dich, und das du dann mit jemandem weiter bearbeiten kannst."

„So funktioniert es: Nimm dir am Ende eines jeden Tages die Zeit, die Stärke der SSA, die du im Laufe des Tages erlebt hast, zu beurteilen. Erstelle eine Skala von 0 bis 10, wobei 10 für das schlimmste Problem steht und 0 für überhaupt kein Problem. Trage die Zahl für jeden Tag in das untenstehende Beispieldiagramm ein. Notiere schließlich, was du an diesem Tag getan hast, dass du eine solche Bewertung auf der Skala erhalten hast." (James Phelan, *Practical Exercises for Men in Recovery from Same-Sex Attraction, Columbus,* OH: Phelan Consultant, LLC, 2011, Zweite Auflage, S. 2).

Inspirierendes Lesen. Bibliotherapie, das Lesen von inspirierenden Büchern über Heilung oder Spiritualität, hilft uns, unseren Geist und unser Herz mit positiven Botschaften zu füllen.

Emotional ausdrucksstark. Wir müssen fühlen und echt sein, um geheilt zu werden. Dazu gehört auch, dass wir unsere Gefühle auf gesunde Weise ausdrücken können. Der Preis, den wir für vertraute Freundschaften zahlen, sind oft Konflikte in diesen Beziehungen. Es erfordert Übung, zu lernen wie man sich selbstbewusst und positiv ausdrücken kann. Durch tieferen Austausch erfahren wir das Geschenk der Vertrautheit.

Freizeit. Spielen ist ein wichtiger Teil unseres Lebens. Der berühmte Psychologe Erik Erikson sagte: *„Ein erfülltes und reiches Leben strebt nach einem inneren Gleichgewicht zwischen drei Bereichen: Arbeit, Liebe und Spiel."* Die Teilnahme an spielerischen Aktivitäten hilft uns, mit dem Druck des Lebens fertig zu werden und unser körperliches, geistiges und emotionales Wohlbefinden zu erneuern.

Gesunde Beziehungen entwickeln. Der Klient soll fünf Arten von Beziehungen zu Männern erleben:

1. Zu Mentoren, Ältesten, die ihm auf eine Weise Segen geben, wie es sein Vater nicht konnte. Ein Mentor allein wird nicht ausreichen. Finde einen Mentor für Finanzen, einen für Sport, einen anderen für geistliche Führung, einen für gesunde körperliche Berührung usw. William Jarema nennt diese Männer "Väter der zweiten Chance" (*Fathering the Next Generation: Men Mentoring Men,* 1995).
2. Zu Mitstreitern, die sich auf dem Weg der Heilung von ungewollter SSA befinden. Sei klug und vorsichtig. Viele Mitstreiter versuchen,

alle ihre ungestillten gleichgeschlechtlich-emotionalen und gleichgeschlechtlich-sozialen Liebesbedürfnisse von anderen SSA-Mitstreitern gestillt zu bekommen. Das ist sowohl unklug als auch kontraindiziert für den Heilungsprozess. Es ist sehr wichtig, sowohl mit OSA-Männern wie auch mit anderen SSA-Mitstreitern Heilung zu finden. Setze nicht alles auf eine Karte! Indem du genügend Mentoring-Beziehungen hast, verhinderst du eine Co-Abhängigkeit von einer oder zwei Personen.

3. Zu heterosexuellen Freunden, die sich ihrer Geschlechtsidentität sicher sind, die ihn unterstützen und die über seine SSA Bescheid wissen. Beim Aufbau einer solchen gesunden Beziehung zu einem OSA-Mann muss er nicht seine schmerzhaftesten Geheimnisse mit irgendjemandem teilen und sich so in eine unsichere oder beängstigende Lage begeben. Er kann zunächst allgemein über seinen familiären Hintergrund sprechen und darüber, wie dieser sein Leben beeinflusst hat. Dann kann er seinen Freund bitten, ihm von seinem familiären Hintergrund zu erzählen. Wenn der OSA-Mann nicht bereit ist, sich über seinen Hintergrund und sein Leben zu öffnen, dann ist er keine sichere Person. Suche nach Menschen, die gleichermaßen transparent über ihr Leben sind, wie du es sein möchtest.

4. Zu heterosexuellen Freunden, die sich ihrer Geschlechtsidentität sicher sind, die ihn unterstützen und die nichts von seiner SSA wissen. Es ist gesund zu lernen, ein Mann unter Männern zu sein, ohne mit seinen Wunden zu hausieren. Der Klient lernt, Sport zu treiben, gemeinsame Interessen zu haben und zusammen abzuhängen. Der Mann auf dem Weg der Heilung ist viel mehr als seine SSA.

5. Mentor für andere sein: Männer auf dem Weg der Heilung erziehen die nächste Generation. Es ist wichtig, nicht nur zu empfangen, sondern auch zu geben. Indem er anderen etwas gibt (nachdem er ein gewisses Maß an Erfolg und Reife erreicht hat), erfährt er einen neuen Teil von sich selbst, lernt seine Gaben kennen und teilt sie mit anderen. Das ist für jeden Menschen eine Bereicherung.

Mit diesen und anderen Männern ist der Klient für seine erklärten Ziele verantwortlich. Diese Männer stehen ihm zur Seite, um ihm Unterstützung und Liebe zu geben. Wenn er lernt, offen und ehrlich zu sein, dann werden tiefere Gefühle, Gedanken und Bedürfnisse zum Vorschein kommen und Heilung wird eintreten.

Sexuelle Reinheit aufrechterhalten: 1. Integrität mit den eigenen Glaubensüberzeugungen; 2. nicht die Energie einer anderen Person übernehmen; 3. keine Geschlechtskrankheiten aufgabeln; 4. Sex nicht zur Betäubung unangenehmer Gefühle einsetzen; 5. Lernen, sich auf eine positive Weise um sich selbst zu kümmern. Sex mit sich selbst oder mit anderen Männern dient oft zur Verschleierung unverarbeiteter Gefühle und unbeantworteter Bedürfnisse nach Liebe. Der Klient lernt die Auslöser kennen, die zu unerwünschtem Sexualverhalten führen, indem er das HALT-Diagnoseinstrument anwendet und ein Tagebuch führt. Er lernt, sich anderen gegenüber ehrlich auszudrücken. Seine Bedürfnisse nach Liebe und Zuwendung müssen in gesunden gleichgeschlechtlichen Beziehungen eine Antwort finden.

Wenn der Klient sich diese lange Liste anschaut, ist er natürlich versucht, zu sagen: „Wie soll ich denn das alles schaffen? Es gibt viel zu viele Dinge zu tun. Da hab ich doch gar keine Chance!" Ja, es gibt viel zu tun. ***Und die beste Methode, diese Aufgaben anzupacken, ist, sich eine nach der anderen vorzunehmen.*** Benjamin Franklin schrieb einmal eine Liste von Eigenschaften auf, die er gerne in sein Leben integrieren wollte. Auch er war von der Länge der Liste schier erschlagen. Also sagte er sich: „Eins nach dem anderen. Ich fange einfach mit der wichtigsten Eigenschaft an. Ich werde daran arbeiten, diese Persönlichkeitseigenschaft zu verinnerlichen." Was er auch tat. Wenn er dieses erste Ziel erreicht hatte, ging er zum nächsten über.

So verhält es sich auch mit diesen Aufgaben für die Heilung. Fange mit wenigen Punkten an, die du bewältigen kannst, anstatt alles auf einmal zu versuchen und jämmerlich zu scheitern. Mache einen Schritt nach dem anderen und baue so ein solides Fundament, und dein Haus wird sicher stehen.

Fühlen

- **Gute Beziehungen aufbauen**

Es ist äußerst wichtig, dass der Therapeut, Coach, Gemeindeleiter oder Mentor eine enge, unterstützende Beziehung zu seinem Klienten aufbaut. SSA steht für eine ungesunde Bindung an oder extreme emotionale Distanzierung (Abkopplung) von einem oder beiden Elternteilen und/oder gleichgeschlechtlichen Gleichaltrigen. Eine Haltung der Distanz oder Unnahbarkeit beim Helfer wird die bestehende Bindungsstörung nur noch verschlimmern. Der Helfer muss gut zuhören können, das Gehörte umformulieren und spiegeln können und in der Lage sein, das Leben durch die Augen des Klienten zu sehen. Weitere Eigenschaften eines guten Helfers sind: Mitleid, Geduld, Einfühlungsvermögen, nicht verurteilen, ermutigen, im Hintergrund als verlässliche Kraft da sein.

Für einen Mann ist ein männlicher Therapeut am besten, für eine Frau eine Frau. Ein Therapeut vom anderen Geschlecht kann in der Phase IV (Heilung der andersgeschlechtlich-emotionalen und andersgeschlechtlich-sozialen Wunden) hilfreich sein.

- **Aufbau eines starken Unterstützungsnetzwerkes**

Es ist sehr wichtig, die alten „Spielplätze", „Spielkameraden" und „Spielsachen", die der Klient aufgegeben hat, durch gesunde, heilsame, liebevolle und unterstützende Beziehungen, Orte und Dinge zu ersetzen. Der Therapeut muss dem Klienten beim Aufbau der neuen Wahlfamilie helfen; vgl. die in Kapitel 4 aufgelisteten verschiedenen Komponenten des Unterstützungsnetzwerkes. Dies gibt dem Klienten die Geborgenheit, Liebe, Verständnis und Rechenschaftspflicht, die er in allen Phasen des Heilungsprozesses braucht. Im Laufe der Zeit wird er die verschiedenen Quellen von Liebe und Hilfe verinnerlichen und damit die in der Kindheit und Jugendzeit unerledigt gebliebenen Entwicklungsaufgaben nachholen können.

Als Bruce zu mir kam, um Hilfe zu suchen, hatte er sich in seinem Kampf mit SSA völlig isoliert. Wir arbeiteten mehrere Monate lang. Dann bat ich ihn, bevor wir die Behandlung fortsetzen würden, sich nach einer Selbsthilfegruppe in seiner Nachbarschaft umzusehen (er wohnte mehrere Autostunden von meiner Praxis entfernt). Wochenlang schob er dies hinaus, bis ich ihm schließlich sagte: „Wenn du nicht endlich in eine solche Gruppe gehst, müssen wir leider mit der Therapie aufhören. Ich kann dir nicht helfen, wenn du nicht bereit bist, dir selbst zu helfen und dir auch von anderen helfen zu lassen." Dies brachte ihn auf den Teppich; schon eine Woche später war er in einer Gruppe! Es war eine der lohnendsten Erfahrungen seines Lebens, hier andere Männer zu treffen, die ähnliche Schwierigkeiten hatten wie er. Einige waren in ihrer Heilung schon viel weiter als er, andere noch weit zurück. Das Wichtige war, dass Bruce endlich Gemeinschaft mit Weggefährten suchte. Er war nicht mehr allein.

Heutzutage gibt es viele Online-Selbsthilfegruppen für Männer und Frauen, die ungewollte SSA erleben. Eine Liste der Hilfsorganisationen findet sich hinten in diesem Buch.

Körper

- **Bewegung, Sport, richtige Ernährung und gesunde, gleichgeschlechtliche soziale Aktivitäten**

Menschen, die ungewollte gleichgeschlechtliche Neigung erleben, haben oft ein gestörtes Selbstbild. Es ist sehr wichtig für den Heilungsprozess, dass der Klient lernt, sich in seinem Körper wohlzufühlen. Deshalb ist es für ihn vorteilhaft, regelmäßig Sport zu treiben, sich gesund zu ernähren und sich an gesunden Gruppenaktivitäten zu beteiligen.

Dazu kann ein Mentor notwendig sein, da der Klient sich als Kind und Jugendlicher womöglich körperlich, sportlich und im allgemeinen Umgang minderwertig gegenüber den anderen vorgekommen ist. Manche Organisationen haben Sportteams eingerichtet, in denen Männer ihre vergangenen Sportwunden heilen und die Freude am gemeinsamen Spiel entdecken können.

Als Kind hatte George immer das Gefühl, nicht mit den anderen Jungs mithalten zu können. Als Erwachsener in seinen Dreißigern fühlte er sich sportlich inkompetent. Er beschloss, seine Ängste zu überwinden und begann, an Spielen in der Nachbarschaft teilzunehmen. Er fragte ein paar Jungs, ob sie bereit wären, ihn privat zu trainieren. Er erklärte, dass er sich als Kind sportlich überfordert gefühlt hatte. Sie waren gerne bereit, dies zu tun. Heute ist George einer der besten Spieler in seinem örtlichen Team.

Ich arbeitete mit einem Fünfzigjährigen, der sich seit seinem 12. Lebensjahr mit einer schweren Last abschleppte. Er bildete sich ein, dass er keine Augen-Hand-Koordination besäße, keinen Ball werfen könne und daher weniger männlich als die anderen wäre. Ich brachte ihn mit einem Freund von mir zusammen, der bereit war, mit ihm Ball zu spielen. Nach ein paar Tagen fühlte er sich wie neu geboren. Er konnte einen Ball werfen. Er brauchte nur etwas Übung und einen einfühlsamen Partner, der ihm etwas Anleitung gab.

Ein Klient berichtete mir, dass er zwar ein ganz guter Ballspieler und von seinen Freunden anerkannt war, sich aber tief drinnen trotzdem wie ein Außenseiter vorkam. Sein Kopf wusste, was er konnte, aber sein Herz war verunsichert. Er ließ sich schließlich von ein paar Freunden beim Ballspiel auf Video aufnehmen. Mit eigenen Augen zu sehen, dass er ja tatsächlich ein guter Spieler war, brachte den Durchbruch; jetzt glaubte sein Herz endlich seinem Kopf.

Verschreibe deinen Klienten eine tüchtige Dosis Spiel und Spaß. Für jemanden, der einen Großteil seines Lebens mit Leiden und Schmerz verbracht hat, kann dies echte Arbeit sein. Aber es ist wichtig, im Heilungsprozess eine Balance zwischen Licht und Schatten zu haben. Spaß haben und lernen, mit anderen zu spielen, ist gerade so wichtig wie die innere Heilungsarbeit.

Seele

- **Selbstwertgefühl aufbauen**

Ich lasse meine Klienten mehrmals pro Woche verschiedene Meditationen ausüben. Regelmäßiges Meditieren hilft dabei, sich zu zentrieren und sich geistig, emotional, körperlich und geistlich bewusster zu werden. Ich habe mehrere Meditations-MP3s erstellt, die ich verschreibe: 1. Affirmationen, 2. Konflikte der Gegenwart lösen, und 3. inneres Kind heilen (siehe www. pathinfo.org/digital-downloads).

Ich lasse meine Klienten auch eine personalisierte Aufnahme mit Affirmationen erstellen. Sie sollen zwei Listen erstellen: 1. Dinge, die sie sich wünschen, dass ihr gleichgeschlechtlicher Elternteil in ihrer Kindheit sie zu ihnen gesagt oder mit ihnen getan haben sollte, und 2. Dinge, die sie sich wünschen, dass ihre gleichgeschlechtlichen Altersgenossen in ihrer Kindheit sie zu ihnen gesagt oder mit ihnen getan haben sollten.

Achte darauf, dass jeder Satz in der Gegenwart und nur positive Wörter und Ausdrücke enthält. Es sollten keine Wörter wie „nicht", „will nicht", „kann nicht" und „sollte nicht" enthalten. Es soll nicht heißen: „Du bist nicht dumm." Dies soll in eine positive Aussage umgewandelt werden. Wenn du also nicht dumm bist, was bist du dann? Schlau! Formuliere es um und sag: „Du bist schlau." Gehe als Therapeut oder Coach die Listen gründlich durch und stelle sicher, dass jede Aussage in der Gegenwartsform und auf positive Weise formuliert ist.

Der Klient soll dann eine Person auswählen, um die Stimme seines gleichgeschlechtlichen Elternteils aufzuzeichnen, und eine oder mehrere Personen, um die Stimme von seinen gleichgeschlechtlichen Altersgenossen aufzuzeichnen. Diese Personen können dann eine MP3-Aufnahme von all den Dingen machen, von denen der Klient sich gewünscht hat, dass sie ihm in seiner Jugend gesagt worden wären. Es ist wichtig, dass die Personen, die diese Aufnahme erstellen, von Herzen sprechen und nicht nur mit dem Verstand, denn es soll die Seele des Zuhörers berühren. Falls der gleichgeschlechtliche Elternteil bereit ist, die Aufnahme zu machen, muss er oder sie mit Emotionen sprechen und darf nicht nur die Worte vorlesen. Falls der Elternteil nicht in der Lage ist, mit Emotionen zu sprechen, wird dies für den Klienten kaum eine Auswirkung haben. Lassen Sie ihn oder sie daher eine andere Person auswählen, die den gleichgeschlechtlichen Elternteil vertritt, jemanden, der in der Lage ist, seine tieferen Gefühle auszudrücken, um das Herz des inneren Kindes des Klienten zu bewegen.

Wenn die Person die Aufnahme erstellt, muss sie nach jeder Affirmation eine Weile ruhig sein, damit der Zuhörer den Satz leise für sich selbst wiederholen kann. Während der Aufnahme würde man beispielsweise sagen: „Ich liebe dich." Dann wiederhole diesen Satz in Gedanken. Nimm dann die nächste Affirmation auf, „Ich bin so stolz auf dich, mein Sohn", und wiederhole diesen Satz leise für dich selbst, bevor du mit der nächsten Affirmation fortfährst. Nach jeder Affirmation sollte eine ebenso lange Pause folgen, in der der Klient diese Worte für sich selbst wiederholt.

Du kannst entweder während der Aufnahme oder vor dem Fertigstellen der MP3-Datei schöne, wohltuende und beruhigende Musik im Hintergrund einspielen. Musik hilft dem Kunden, ein Gefühl des Friedens zu erleben, während er diese aufbauenden Affirmationen verinnerlicht.

Die fertige MP3 soll in der Regel etwa 5–10 Minuten dauern. Der Klient soll sich diese Aufnahme idealerweise einmal morgens nach dem Aufwachen und einmal abends vor dem Schlafengehen anhören. Wenn das anfangs zu viel ist, dann frage deinen Klienten, was realistisch ist: „Bist du bereit, sie zweimal pro Woche zu verwenden?" Beginne mit einer kleinen Dosis, lasse den Klienten mehrere Wochen lang Erfolg haben und erhöhe dann systematisch die Dosis, bis er sie zweimal täglich verwendet. Wenn er diese Aufnahme mit Affirmationen drei oder mehr Monate lang verwendet, werden sich sein Selbstwertgefühl und sein Wohlbefinden verändern.

Wenn er beim Anhören der Aufnahme eine negative Reaktion auf die Worte verspürt, weise ihn an, die Aufnahme anzuhalten und seine Gefühle frei auszudrücken, z. B. „Warum jetzt, warum nicht damals? Warum sagst du, dass du mich liebst? Ich glaube dir nicht, du …" Weise ihn an, sich emotional zu entgiften, wenn negative Gefühle aufkommen: „Schalte die Aufnahme einfach auf Pause und lass deine Gefühle raus." Wenn er seine verletzten Gefühle im Laufe der Zeit auszudrücken beginnt (dies kann mehrere Monate dauern), wird er allmählich den kraftvollen Botschaften von Liebe und Bestätigung (Affirmationen) glauben. Es ist sehr wichtig, die emotionalen Gifte der Vergangenheit rauszulassen, um die Liebe in der Gegenwart empfangen zu können. Die Verwendung der Aufnahme mit den Affirmationen wird sich im Laufe der Zeit enorm auf sein Selbstwertgefühl auswirken.

Hier sind einige Beispiele für Affirmationen von Klienten, wie sie in *Gay Children, Straight Parents: A Plan for Family Healing* (Richard Cohen, PATH Press, 2016) beschrieben werden.

David: Positive Dinge, von denen ich wünschte, mein Vater hätte sie gesagt und getan:

- Ich liebe dich, mein Sohn.
- Ich möchte Zeit mit dir verbringen.
- Ich bin stolz darauf, dein Vater zu sein.
- David, ich schätze dich sehr.
- David, du bist groß und gutaussehend.
- Du bist sehr wichtig für mich.
- Ich liebe dich, mein Sohn, und ich gebe dir meinen Segen.
- Du bist sehr talentiert, mein Sohn.
- Du bist stark, tapfer und mutig.
- David, du bist es wert, geliebt zu werden.
- Du übertriffst meine Erwartungen als Sohn.

David: Positive Dinge, von denen ich mir wünsche, dass meine Mitmenschen sie sagen und tun würden:

- David, wir sind deine Freunde und du bist uns wichtig.
- Wir akzeptieren dich.
- Du bist stark und gutaussehend.
- Wir wollen mit dir rumhängen.
- Wir schauen zu dir auf.
- Wir sind gerne in deiner Nähe.

- Du verdienst das Beste.
- Ich würde dich als ersten in mein Team wählen.
- Wir schätzen dich sehr.
- Ich wäre gerne dein Freund.
- Wir lieben dich, David.

Affirmationen von Johns Vater:

- Ich liebe dich, John.
- Ich respektiere, wer du bist.
- Ich bin stolz, dass du mein Sohn bist.
- Mich interessiert, was du denkst und fühlst.
- John, du bist sehr wichtig für mich.
- Ich möchte Zeit mit dir verbringen.
- Du bist ein Mann genau wie ich.
- Ich möchte dich umarmen.
- Du gehörst zu mir.
- Ich bin stolz auf dich.
- John, du bist einzigartig, und ich liebe dich.
- John, das ist der Weg, den Männer gehen.
- John, ich möchte, dass du das Beste im Leben hast.
- John, ich bin immer an deiner Seite.

Affirmationen von Johns Freunden:

- John, du gehörst dazu.
- Du machst einen Unterschied.
- Du bist einer von uns.
- Du bist mutig.
- Du bist cool.
- Wir brauchen dich.
- Wir sind für dich da, Mann.

Eric: Dinge, die ich wünschte, mein Vater hätte sie mir gesagt:

- Wie wunderbar, dass ich einen dritten Sohn bekommen habe, an dessen Leben ich mich erfreuen und den ich schätzen kann, wie es kein anderer Mann je könnte. Welcher andere Mann hat das Privileg, dich seinen Sohn zu nennen?

- Ich bin so stolz auf den einzigartigen und begabten jungen Mann, der du bist.
- Dein Körper ist männlich. Dein Gesicht ist männlich. Deine Art ist männlich. Deine Stimme ist männlich. Du bist groß und gutaussehend, wie alle Howell-Männer. Was für eine großartige Bereicherung du für die Familie bist!
- Ich anerkenne deine Kreativität und Sensibilität als von Gott gegebene männliche Eigenschaften. Auch wenn ich als Kind nicht dazu ermutigt wurde, meine Gefühle zu zeigen, erkenne ich, dass du dies tun musst, um dir selbst treu zu bleiben. Ich bewundere die Intensität, mit der du Dinge fühlst, und die Art und Weise, wie du sie ausdrückst. Ich liebe es, wenn du aus deinem Herzen sprichst. So erfahre ich etwas über dich!
- Du bist stark, kraftvoll und männlich, genau wie ich. Du bist ein geborener Anführer.
- Du erfüllst meine Erwartungen an dich in jeder Hinsicht. Du bist intelligent, künstlerisch begabt, sportlich und aufmerksam.
- Ich werde mir die nötige Zeit nehmen, um dir beizubringen, wie man in der Welt der Männer lebt. Dazu gehören Sport, Geschäftliches und der Umgang mit Frauen.
- Du stammst von einer Reihe großartiger Männer ab und trittst in ihre Fußstapfen.
- Du bist immer in meinem Herzen.
- Du bist männlich und sportlich.
- Ich werde mir die Zeit nehmen, dich kennenzulernen und auf die individuelle Art und Weise, wie du es brauchst, mit dir Umgang zu pflegen. Du kannst mir vertrauen, denn ich bin auf deiner Seite.

Eric: Dinge, die ich wünschte, Gleichaltrige hätten sie zu mir in jüngeren Jahren gesagt:

- Möchtest du zu mir nach Hause kommen und spielen?
- Kommst du zu meiner Geburtstagsparty? Es wäre ganz schön toll, wenn du dabei wärst.
- Hey, ein paar von uns treffen sich, um ein bisschen Ball zu spielen. Kommst du zum Spielfeld?

In der Oberstufe, Berufslehre, Gymnasium:

- Jeder kann sich glücklich schätzen, dich als Freund zu haben.
- Wow, du bist wirklich talentiert. Ich bewundere deine Architekturzeichnungen und deine Fähigkeit, auf der Bühne zu spielen und zu singen. Mann, das erfordert Mut.
- Ich finde dich echt cool.
- Du bist echt ein toller Typ. Ich habe schon von anderen Jungs gehört, dass sie dich cool finden.
- Es wäre toll, wenn wir mal etwas Zeit miteinander verbringen könnten, einfach nur abhängen, weißt du? Nur wir Jungs.
- Hey, ein paar von uns gehen am Wochenende Skifahren. Möchtest du mitkommen?
- Mann, wie hast du es nur geschafft, so talentiert zu werden? Zeigst du mir, wie man so zeichnen, schreiben, schauspielern oder singen kann?
- Wow, du bist ein starker Typ – du musst wohl viel trainieren.

Seinen Wert vor Gott erkennen lernen

Ich ermutige jeden Klienten, unabhängig davon, zu welcher Religion er gehört oder ob er zu keiner gehört (jüdisch, christlich, katholisch, muslimisch, hinduistisch), mit geistlichen Übungen zu beginnen. Studien haben gezeigt, dass Menschen, die geistlich aktiv sind und ein Gebetsleben führen, schneller heil werden. Seinen Wert in der Beziehung zu einem liebenden Gott zu finden, ist ein ewiger Schatz. Ich mache meinen Klienten Mut, eine persönliche Beziehung zu Gott als ihrem liebenden Vater zu suchen. Wahrer Wert kommt aus dem *Sein*, nicht aus dem *Tun*. Der Klient braucht die täglich neue Vergewisserung, dass er als Kind Gottes geliebt ist.

Gleich am Anfang verlagere ich den Schwerpunkt weg von der sexuellen Identität – homosexuell sein, bisexuell oder transgender sein – hin zur wahren Identität, ein von Gott geliebter Mensch zu sein. Trenne dich vom Fixieren auf das Symptom und verbünde dich mit der Lösung: Meine wahre Identität liegt darin, ein Kind Gottes zu sein. Hier liegt der unveränderliche Wert. Ermutige den Klienten zu einem geistlichen Leben und dem Aufbau von Selbstwertbewusstsein.

Möglicherweise ist es notwendig, von der Theo-Pathologie geheilt werden: den Urteils-Schlingen und -Pfeilen, die man innerhalb seines Glaubens in seiner Kindheit zu spüren erhalten hat. Viele bekennen sich zum Glauben an einen liebenden Gott und verurteilen dennoch diejenigen, die von SSA betroffen sind. Es ist sehr wichtig, dass alle gläubigen Menschen erkennen, dass es in der Bibel in den Hinweisen auf Homosexualität ausschließlich um das Verhalten geht, nicht um das Wesen, nicht um die Person. Gottes Wort sagt, dass alle sexuellen Aktivitäten außerhalb der Ehe, welche aus einem Mann und einer Frau besteht, nicht sein Ideal sind. Daher ist jemand, der von SSA betroffen ist, nach Gottes Wort kein „Sünder" (wir alle erfüllen Gottes Wunsch für unser Leben nicht). In der Heiligen Schrift wird auf das Verhalten Bezug genommen, nicht auf das Wesen. Wir verstehen, dass SSA nicht geheilte Verletzungen im Herzen und ein legitimes Bedürfnis nach Liebe darstellt, welches noch auf gesunde Weise erfüllt werden muss.

Therapeutische Werkzeuge und Techniken
Phase II: Grundlagen legen

Denken	Kognitive Therapie Kommunikationstechniken Problemlösungstechniken / Konfliktkompetenz
Fühlen	Heilung des inneren Kindes (Inner Child – IC) Drei Phasen der Heilung des inneren Kindes Unterstützungsnetzwerk
Körper	Bewegung / Ernährung / Sport / Spaß / Bioenergetik / Atemübungen / therapeutische Massage / gleichgeschlechtliche soziale Aktivitäten
Seele	Selbstwertgefühl aufbauen Sich bei Gott als wertvoll erfahren Meditation / Gebet / Affirmationen / religiöse Texte / geistliche Gemeinde

© Richard Cohen, M.A., 2020

Phase II: Grundlagen legen

1. Mit dem Unterstützungsnetzwerk weiterarbeiten
2. Kontinuierlich Selbstwert aufbauen und Wert in der Be-ziehung zu Gott erfahren

3. Fähigkeiten aufbauen: Selbstkompetenztraining, Kommunikationsfähigkeiten, Problemlösungstechniken/Konfliktkompetenz
4. Beginn der Heilung des inneren Kindes: Gedanken, Gefühle, Bedürfnisse erkennen.

Denken

- **Kognitive Therapie - falsches Denken verstehen lernen**

„Die größte Revolution in unserer Generation ist die Entdeckung, dass Menschen durch die Änderung ihrer inneren Einstellung die äußeren Aspekte ihres Lebens verändern können."

—William James

Als Kind hatte Peter immer den Eindruck, dass er anders als die anderen war und nicht dazugehörte. Eines seiner Probleme war das gemeinsame Mittagessen in der Schule. Folglich fühlte er sich als Erwachsener nicht wohl, wenn er mit seinen Kollegen in der Kantine saß. Er war der festen Meinung, dass nur er allein dieses Gefühl hatte, nicht dazuzugehören. Auf einem Heilungsseminar machten wir eine kleine Umfrage: „Wie viele von euch hatten das Gefühl, dass sie beim Mittagessen in der Schule nicht dazugehörten?" Etwa 90 Prozent der Anwesenden hoben ihre Hand. Alle Seminarteilnehmer waren Männer und Frauen mit gleichgeschlechtlicher Neigung. Peter war verblüfft. An diesem Tag lernte er, dass er nicht allein war, sondern dass viele das Gefühl hatten, nicht dazuzugehören.

Der Klient muss begreifen, wie sein Denken funktioniert und was für Streiche es ihm spielt. Ich benutze daher eine kräftige Dosis kognitiver Therapie. Eines der besten und einfachsten Hilfsmittel, die ich kenne, ist das Arbeitsbuch von David Burns: *Ten Days to Self-Esteem* sowie der Parallelband *The Feeling Good Handbook*. Meistens lasse ich den Klienten alle zwei Wochen eine von zehn der sehr klaren, einfachen Aufgaben aus dem Arbeitsbuch durcharbeiten und die entsprechenden Abschnitte des Handbuches lesen. Der Klient lernt so neue Fähigkeiten, um mit kognitiven Verzerrungen und selbstzerstörerischen Denkweisen, die ihn in Verstimmungen und Depressionen führen, besser umzugehen.

Ich achte darauf, dass der Klient die Kunst des täglichen Stimmungsbarometers erlernt, eine von Burns eingesetzte Methode, um von

Selbst-Sabotage und Minderwertigkeitsgefühlen wegzukommen. Weitere hervorragende Bücher sind *Mind Over Mood: Changing how you feel by changing the way you think* von Dennis Greenberg und Christine S. Padesky, *Self-Esteem* von Matthew McKay und Patrick Fanning, *The Search for Significance* von Robert S. McGee (christliche Perspektive) und *Reinventing Your Life* von Dr. Jeffrey E. Young und Dr. Janet S. Klosko.

- **Kommunikationsfähigkeiten erlernen**

Eine sehr wichtige Lektion, die es zu lernen gilt, ist, die Verantwortung für seine Gedanken, Gefühle und Bedürfnisse zu übernehmen. Persönliche Kraft zurückgewinnen und die Fähigkeit, sich in persönlichen und beruflichen Beziehungen wirksam zu vertreten, sind für das geistige und emotionale Wohlbefinden von entscheidender Bedeutung. Deshalb bringe ich den Klienten Grundlegendes über Kommunikationstechniken bei. Burns widmet das letzte Drittel seines *Feeling Good Handbook* der Kommunikationskompetenz.

Die folgenden Zuhör- und Mitteil-Kommunikationsfähigkeiten sind ein Auszug aus meinem Buch *Healing Humanity: Time, Touch and Talk*, Richard Cohen, TTT Press, Maryland, 2019, Seiten 224 bis 235.[2]

Effektives Zuhören

1. **Augenkontakt aufrechthalten:** Wenn du einer anderen Person gegenüberstehst oder sitzt, schau ihr direkt in die Augen. Das schafft eine erste Verbindung und lässt dein Gegenüber wissen, dass du ihm aufmerksam zuhörst.
2. **Schließt euch zusammen:** Anstatt Ratschläge zu erteilen oder deine Meinung zu sagen, versetze dich in die Lage deines Gegenübers. Während du zuhörst, versuche seinen Standpunkt zu verstehen. Das erfordert Übung, denn du solltest deine eigenen Gedanken und Meinungen zur Ruhe bringen. Lass dich auf seine Welt ein.
3. **Beobachte**: Achte auf seine Körpersprache, seinen Tonfall und seine Worte. Die Forschung hat gezeigt, dass Körpersprache und Tonfall in der Regel mehr aussagen als das gesprochene Wort. Beobachte seine Körperhaltung, seine Gesten und seine Mimik. Sind seine Arme vor der Brust verschränkt oder liegen sie entspannt an seiner Seite? Ist sein Gesicht fröhlich oder verärgert? Achte auf den Tonfall seiner Stimme.

Sagt er eine Sache und vermittelt doch durch seinen Tonfall und seine Körpersprache eine andere Botschaft? Höre mit deinen Augen, deinem Verstand und deinem Herzen zu.

4. **Reflektierendes Zuhören üben:** Wie von Dr. Harville Hendrix vorgeschlagen, gibt es eine Drei-Schritte-Technik, um die Kunst des reflektierenden Zuhörens zu lehren:
   Erstens: Spiegle oder umschreibe, was dein Gegenüber gesagt hat. Nachdem du dir ein paar Sätze angehört hast, kannst du sagen – hier am Beispiel einer Ehefrau, die spiegelt, was ihr Ehemann eben gesagt hat:

   „Wenn ich dich richtig verstanden habe, hast du gesagt, dass wenn du von der Arbeit nach Hause kommst, du dich darüber aufregst, wenn ich dich nicht mit einer Umarmung und einem Kuss begrüße. Habe ich das richtig verstanden? Oder habe ich etwas vergessen?"

   Höre weiter zu und umschreibe, höre zu und umschreibe alle paar Sätze. Wenn er zu lange redet, unterbrich ihn sanft und sag: „Schatz, wenn ich dich richtig verstanden habe, hast du gesagt …" Wenn du etwas falsch verstehst oder etwas vergessen hast, mach dir keine Sorgen, er wird dich korrigieren. Wenn er alles erzählt hat, fasse alles zusammen, was er gesagt hat:

   „Zusammengefasst habe ich gehört, dass wenn du von der Arbeit nach Hause kommst, du dich aufregst, wenn ich dich nicht umarme und küsse. Ich sollte dich wirklich jeden Abend küssen und umarmen, denn du arbeitest sehr hart, um unsere Familie zu ernähren. Alles, was du brauchst, ist, dass ich dich auf diese Weise ehre. Dann wirst du dich so viel besser und geliebt fühlen. Ist das die Essenz? Habe ich es richtig verstanden?"

   Wenn er sagt: „Ja, aber du hast vergessen …", umschreibst du diesen Gedanken und fragst: „War's das?" Wenn er „Ja" sagt, gehst du zur nächsten Phase über.

   Bringe nicht deine Gedanken, Gefühle oder deinen Tonfall in die Kommunikation ein, wenn du umschreibst. Es ist in Ordnung, wenn du zu 100 % anderer Meinung bist als der Sprecher. Aber du solltest *dich* ihm *anschließen* und wiedergeben, was du gehört hast. Auf diese Weise wird er sich verstanden und respektiert fühlen.

   Zweitens: Bestätige seine Gedanken. Hier stellst du dir vor, wie er aufgrund des Gehörten denkt. Es ist schwierig, Gedanken und Gefühle zu trennen; versuch es einfach.

„Für mich macht das Sinn: Du hast den ganzen Tag hart gearbeitet, um für uns zu sorgen, und willst einfach, dass ich dich mit Zuneigung belohne. Ist es das? Habe ich es verstanden?"

Hier musst du dir vorstellen, wie er *denkt*. Du bestätigst seine Gedanken. Wenn du fertig bist, frage: „Ist das richtig?" Wenn es falsch ist, mach dir keine Sorgen; er wird dich korrigieren. Dann umschreibst du, was er sagt, und fragst: „Ist das richtig?"

Wenn er bestätigt, dass du ihn richtig verstanden hast, dann beendest du mit:

Drittens: Versetze dich in das hinein, was er fühlt, indem du einfache Gefühlswörter benutzt, z. B. traurig, wütend, froh, ängstlich, frustriert, verärgert, wütend.

„Angesichts all dessen kann ich mir vorstellen, dass du dich verletzt, frustriert und traurig fühlst. Sind das deine Gefühle?"
Warte darauf, dass er deine vorgeschlagenen einfachen Gefühlsworte bestätigt oder anpasst.

„Ja, aber ich war auch verärgert und wütend."

Bestätige seine neuen Gefühle mit Worten. „Ich sehe, du warst auch verärgert und wütend. Ist es das?" „Ja, danke, dass du mir zugehört und mich verstanden hast. Ich schätze dich sehr." So hast du erfolgreich gehört, was er gesagt hat.

Beim reflektierenden Zuhören musst du nicht mit dem übereinstimmen, was der Sprecher sagt. Das Wichtigste ist, dass du ihm zuhörst und ihn bestätigst. Meistens brauchen wir keinen Ratschlag, sondern möchten einfach nur gehört werden. Wenn du etwas umschreibst, achte darauf, dass du *keinen* sarkastischen Tonfall anschlägst. Verwende so gut wie möglich den gleichen Tonfall wie der Sprecher. Wenn du einen sarkastischen Tonfall anschlägst, macht das alles zunichte, was er gesagt hat. Denke daran, dass du nicht zustimmen musst, sondern nur zuhören und umschreiben. Das erfordert eine Menge Übung und Geduld. Wie einer meiner Klienten so schön sagte: „Ich möchte lieber eine Beziehung haben, als Recht zu haben."

Reflektierendes Zuhören bedeutet, dass du lernst, in den Schuhen deines Gegenübers zu laufen und sein Leben mit seinen Augen zu sehen. Und wenn du auf das, was er gerade gesagt hat, antworten möchtest, musst du ihn nach Abschließen der Drei-Schritte-Technik des

reflektierenden Zuhörens um Erlaubnis bitten. „Möchtest du meine Gedanken hören?" Wenn er „Ja" sagt, fahre fort. Wenn er „Nein" sagt, dann war's das. Der Kommunikationskreis ist abgeschlossen.
5. **Verwende die magischen Worte**: „Danke, (Name der Person), erzähl mir mehr." Wenn dich seine Worte zu sehr aufregen und du nicht umschreiben kannst, was er sagt, dann sag einfach diese Worte. Das ist eine so einfache, aber effektive Zuhörtechnik. Probiere sie aus und du wirst sehen, wie gut sie bei Familie, Freunden, Kollegen und deinem Chef funktioniert.
6. **Wenn alles andere versagt, HDM**: Halt den Mund, und höre einfach kommentarlos zu. Sei ein stiller Zeuge. Du kannst immer hinzufügen: „Danke, erzähl mir mehr." Nutze HDM, wenn die Anspannung – vor allem deine Anspannung – steigt!
7. **Schweigen ist Gold wert**: Schweigen ist eines der größten Geschenke, die du einer anderen Person machen kannst. Du musst die leeren Momente nicht mit Worten oder Fragen füllen. Sei einfach bei ihr. So weiß sie, dass du für sie da bist, und es gibt ihr die Möglichkeit, tiefer zu gehen.
8. **Sieh nicht auf die Uhr, während die andere Person spricht**: Tu es, wenn *du* sprichst.
9. **Mentale Filter**: Menschen, die noch nicht geheilt sind, und/oder viele ihrer persönlichen Probleme nicht gelöst haben, projizieren weiterhin ihre Wahrnehmungen auf andere, und das sind oft falsche Wahrnehmungen.

ÜBE, ÜBE, ÜBE, besonders in guten Zeiten. Wenn die Gespräche dann hitziger werden, kannst du die Situation entschärfen, indem du diese effektiven Zuhörfähigkeiten einsetzt.

Effektives Erzählen
1. **Verwende „Ich"-Aussagen, nicht „Du"-Aussagen:**
Steh zu deinen Gedanken, Gefühlen und Bedürfnissen.
Sag nicht: „Du solltest nicht so mit mir sprechen."
Sag: „Ich mag es nicht, wenn du so mit mir sprichst."

Sprich in der ersten Person …
Sag nicht: „Du hast mich verärgert, als du …"
Sage: „Ich werde wütend, wenn du …"

Richtige Verwendung von „Ich"-Aussagen: In den USA wird uns von der Grundschule an beigebracht, in der zweiten Person zu sprechen – dass es egoistisch sei, Sätze mit „Ich denke ..." oder „Ich glaube ..." oder „Ich fühle ..." zu beginnen. Auch beim Schreiben wird uns beigebracht, so zu schreiben.

Hör dir jeden Abend die Nachrichten an oder ein Interview mit einem Prominenten oder Politiker oder mit jemandem, der gerade eine geliebte Person verloren hat. Da finden sich Beispiele aus dem echten Leben, die sich so anhören: „Du wirst verletzt und weißt einfach nicht, was du tun sollst. Du bist außer dir vor Angst." „Du gewinnst einen Oscar und bist so überrascht." „Du hast gehört, dass ein Nachbar ermordet wurde, und bist so schockiert."

Uns wird beigebracht, in der zweiten Person zu sprechen und zu schreiben, aber das trennt uns von unseren somatischen Erfahrungen – unseren eigenen Gedanken, Gefühlen und Bedürfnissen. Beginne deshalb damit, dein Bewusstsein auf das Sprechen und Schreiben in der ersten Person umzustellen. Zum Beispiel: „Ich war sehr verletzt, als ich hörte, dass mein Nachbar getötet wurde. Es hat mich schockiert. Ich bin so traurig." „Ich habe den Oscar gewonnen! Ich war wirklich überrascht." „Ich wurde verletzt und wusste nicht, was ich tun sollte."

Jedes Mal, wenn du dich auf deine eigenen Erfahrungen beziehst und eine „Ich"-Aussage statt einer „Du"-Aussage verwendest, trittst du in deine persönliche Kraft ein und lernst dich selbst besser kennen. Fang an, dir selbst zuzuhören, wenn du mit anderen sprichst, und du wirst merken, wenn du die zweite Person „Du" verwendest anstatt „Ich". So veränderst du langsam deine Gedanken, Gefühle und Bedürfnisse und machst sie dir zu eigen. „Ich denke ..." „Ich fühle ..." „Ich sollte ..." Das ist nicht selbstsüchtig, sondern selbstbestärkend. Du wirst zu einem stärkeren Mann oder einer stärkeren Frau.

2. Übe optimale und effektive Kommunikation:
   a. Augenkontakt.
   b. Körperliche Berührung – mit Familie, Freunden und anderen Leuten, die dir nahestehen.
   c. Verantwortungsvolle Sprache – „Ich"-Aussagen, nicht „Du"-Aussagen.

Wenn du jemandem etwas Negatives oder Trauriges zu sagen hast, halte seine oder ihre Hand. Das wirkt wie eine Erdungsleitung zwischen dir und der anderen Person. Die drei besten Arten der Kommunikation sind die Augen, die Worte und die Berührung (Hände halten, Hände auf die Schultern legen usw.). Frauen im Geschäftsleben können dieses Prinzip zu ihrem Vorteil nutzen, wenn sie ein Geschäft abschließen wollen. Wenn sie einen Mann an der Schulter, am Arm oder an der Hand berühren, während sie sagen: „Bitte kaufen Sie mein (Produktname)", wird ihre Botschaft viel überzeugender sein.

3. Ermutige zur Konfliktlösung:
Im Folgenden findest du einen Fünf-Schritte-Ablauf, mit dem du deine Gedanken, Gefühle und Bedürfnisse ausdrücken kannst, wenn du dich über etwas aufregst, das jemand gesagt oder getan hat (in Anlehnung an *Nonviolent Communication* (Gewaltfreie Kommunikation) von Marshall B. Rosenberg, Ph.D., und das *Clearing-Protokoll* des Mankind Projekts):

Erstens: Schildere die Fakten – was er gesagt oder getan hat, das dich zu einer starken Reaktion veranlasst hat. Beziehe dich dabei auf dieses eine Ereignis. Bitte sage *nicht* „Du hast immer …" oder „Du hast nie …" oder „Jeder sagt …" oder „Jeder denkt …". Konzentriere dich auf dieses eine Ereignis, was er gesagt oder getan hat. Beispiel: „Heute Morgen, bevor du zur Arbeit gegangen bist, wurdest du wütend und hast mich angeschrien."

Zweitens: Anerkenne deine Gefühle – benutze einfache Gefühlswörter (traurig, wütend, froh, ängstlich usw.). Beispiel: „Als du heute Morgen deine Stimme gegen mich erhoben hast, war ich verängstigt, wütend und aufgebracht."

Drittens: Benenne die Urteile und Überzeugungen, die du darüber hast, was er gesagt oder getan hat. Hier kommen deine Projektionen und persönlichen Themen zum Tragen, indem das, was er gesagt oder getan hat, dich an vergangene Themen erinnert. Beispiel: „Wenn du mir gegenüber deine Stimme erhebst, erinnert mich das an die Wutausbrüche meines Vaters. Ich werde dann wie ein böses kleines Mädchen."

Viertens: Nenne deine Bedürfnisse, Sehnsüchte oder Wünsche. Beispiel: „Ich habe es nicht verdient, dass man so mit mir spricht. Wenn du verärgert bist, sprich bitte in einem höflichen Ton mit mir oder bitte mich, dich zu halten, damit ich dich trösten kann. Ich weiß das sehr zu schätzen."

Fünftens: Gib an, was du bereit bist zu geben, damit die Beziehung funktioniert. Beispiel: „Ich weiß, dass auch ich mich aufregen und die Beherrschung verlieren kann. Deshalb wollen wir uns beide verpflichten, unsere Gefühle nicht aneinander auszulassen. Ich werde dich bitten, mich in den Arm zu nehmen, wenn ich wütend bin, oder ich werde mich aus dem Raum zurückziehen, um mich zu beruhigen. Bitte erkläre dich bereit, das Gleiche zu tun. Danke."

Achte darauf, dass du im dritten Schritt *nicht* predigst. Keine Predigten auf dem Sofa! Steh zu deinen Reaktionen auf das, was er gesagt oder getan hat. Stelle einfache Bitten und biete das Gleiche an. Dieser Konfliktlösungsablauf funktioniert in allen persönlichen und beruflichen Beziehungen. Wie alle kommunikativen Fähigkeiten erfordert er viel Übung. Probiere diese und die anderen Fähigkeiten aus in Zeiten, wenn alles gut läuft, damit du ihn leichter anwenden kannst, wenn die Gemüter erhitzt sind.

Für diejenigen, die an Jesus glauben: Er stellte in Matthäus 18,15-18 einen anderen Konfliktlösungsablauf vor. „Wenn du dich von einem anderen verletzt fühlst …"

1. Geh zu ihm und äußere deine Bedenken (mit guten Kommunikationsfähigkeiten). Wenn er dir zuhört und gut darauf eingeht, ist es gut, dann ist es vorbei. Wenn er sich aber wehrt und nicht reagiert …
2. Geh noch einmal zu ihm, dieses Mal mit einem oder zwei Zeugen, damit jede Sache bezeugt werden kann. Wenn er es bereut, ist die Sache erledigt. Wenn er immer noch unnachgiebig bleibt …
3. Bringe die Angelegenheit vor die „Gemeinde" oder ein angesehenes Gremium von Ältesten. Wenn er zuhört und es bereut, ist die Sache erledigt. Wenn er stur bleibt und keine Reue zeigt, muss er ignoriert werden. Wisch den Staub von deinen Füßen und zieh weiter. Du kannst eine andere Person nicht dazu bringen, etwas zu tun, was sie nicht tun will. Du kannst nur dich selbst ändern.

4. **Erlerne die „Sandwich-Technik":**

Erstens: Erkläre, wie du über die Person denkst.
„Du bist mir wirklich wichtig."
„Ich liebe dich."
„Ich schätze unsere Beziehung."

Zweitens: Nenne die Schwierigkeiten, die du mit der Person hast. Gib an, welches Ergebnis du gerne sehen würdest.

„In letzter Zeit schreist du mich oft an. Das tut mir sehr weh. Ich fühle mich ungeliebt, unbedeutend und zurückgewiesen. Ich glaube, du stehst unter großem Druck und ich fühle mich für deine Frustrationen verantwortlich gemacht. Bitte gehe verantwortungsvoller mit deinen Gefühlen um. Lass sie nicht an mir aus. Ich bin bereit, dir auf positive Weise zu helfen, aber ich mag nicht dein Prügelknabe sein."

Drittens: Erkläre noch einmal, wie du über die Person denkst.

„Ich liebe dich und ich stehe zu unserer Beziehung."

Auf diese Weise schiebst du das Problem (das Fleisch des Sandwichs) zwischen deine echten Liebesgefühle (das Brot). Das macht es für die andere Person einfacher, deine Aussage zu akzeptieren. Auch hier gilt: Sei verantwortungsbewusst in der Kommunikation und benutze „Ich"-Aussagen anstelle von „Du"-Aussagen. „Ich"-Aussagen bedeuten, dass ich die Verantwortung dafür übernehme, wie ich denke, was ich fühle und was ich brauche. Mit „Du"-Aussagen versuchst du, andere für dein Wohlergehen verantwortlich zu machen.

Nicht die Situation oder die Person beunruhigt uns, sondern unsere nicht geheilten Wunden, die in der Gegenwart wieder aufleben, bereiten uns Kummer. Wir müssen unsere Kernthemen kennenlernen, uns richtig um uns selbst kümmern und auf verantwortungsvolle Weise kommunizieren.

5. Verwende „Und" als Konjunktion anstelle von „Aber":

„Ich denke, was du gesagt hast, ist wichtig, *und* ich habe eine andere Meinung."

Beachte jetzt den Unterschied zwischen diesen beiden Gefühlen:

„Ich liebe dich*, aber* ..."

„Ich liebe dich *und* ..."

Was für einen Unterschied das „und" macht! Wenn du in den meisten Sätzen „aber" als Konjunktion verwendest, vernichtest du alles Gute, das du vor dem „aber" gesagt hast. Wenn der Zuhörer das „Aber" hört, schaltet er ab und zieht seine Mauern hoch. Achte darauf, dass du „und" als Konjunktion in deiner gesamten privaten und beruflichen Kommunikation verwendest. Das gilt auch für Textnachrichten und E-Mails.

„Du bist ein toller Mann, aber dein Temperament macht mir Angst."

„Du bist ein großartiger Mann, und dein Temperament macht mir Angst."

6. Führe eine Tatsachenprüfung durch:
Wenn du denkst, dass jemand etwas Bestimmtes über dich oder eine andere Person denkt, dann frage ihn/sie, ob das korrekt ist oder nicht. Zum Beispiel: „Bist du wütend auf mich?" „Hast du (das und das) gemeint, als du (das und das) gesagt hast?" In Alfred Hitchcocks Film *Verdacht* aus dem Jahr 1941 geht es um die Befürchtung einer Ehefrau, dass ihr Mann sie umbringen will. Ich verrate das Ende: Am Ende des Films stellt sich heraus, dass ihre Hypothese nicht wahr ist.

Wie viele unnötige Streitereien zwischen Ehepartnern, Freunden, Kollegen und Arbeitskollegen könnten vermieden werden, wenn wir nur nachfragen würden, was jemand sagte, oder was wir dachten, was er meinte, als er etwas sagte. Ich habe die Erfahrung gemacht, dass unsere Urteile in mindestens 90 % der Fälle falsch sind. Nutze eine einfache Tatsachenprüfung, um deine Hypothese zu überprüfen. „Hast du (das und das) gemeint, als du (das und das) gesagt hast?" Wenn er dir die Wahrheit sagt, ist es eindeutig. Wenn er sich entscheidet, seine wahren Gedanken und Gefühle zu verbergen (die er deiner Meinung nach in seinem Kopf und seinem Herzen beherbergt), musst du es dabei belassen. Du kannst niemanden zwingen, etwas zu sagen oder zu tun, was er nicht sagen oder tun will. Die gute Nachricht ist, dass die meisten Menschen die Wahrheit mit dir teilen werden.

Stelle keine Vermutungen an! Wenn ich etwas vermute, mache ich beide Personen zum Esel. Wenn du denkst, dass jemand sauer auf dich ist, prüfe die Tatsachen! Ein Beispiel dafür: „Warst du sauer auf mich, als ich dich heute Morgen in der Küche gesehen habe?" Eine Tatsachenprüfung ist ein Prüfstein für eine Überzeugung oder ein Urteil, das du über eine andere Person hast. Sie hilft, Wahrnehmungen zu objektivieren.

7. Denk dran – Erwartungen töten:
Erwarte nicht, dass andere wissen, was du brauchst. Es ist wichtig, dass du lernst, deine Bedürfnisse auszudrücken, anstatt von anderen zu erwarten, dass sie wissen, was du willst (du erwartest von ihnen, dass sie Gedanken lesen können). Säuglinge und Kleinkinder erwarten, dass wir wissen, was sie brauchen, denn sie sind völlig abhängig von den Eltern oder der Betreuungsperson, um zu überleben. Als Erwachsene müssen wir lernen, das

auszudrücken, was wir brauchen, anstatt anzunehmen oder zu erwarten, dass andere wissen, was wir wollen, brauchen oder wünschen.

8. Stelle „Wie"- und „Was"-Fragen, keine „Warum"-Fragen:
„Warum"-Fragen lenken eine Person in ihren Kopf, ihren Verstand. Eine „Wie"- oder „Was"-Frage hilft ihr, das, was in ihrem Herzen ist, genauer mitzuteilen. Zum Beispiel: „Wie war das für dich?" Wenn du fragst: „Warum hast du das getan?" wird die Person sofort nachdenklicher. Stattdessen: „Was hast du durchgemacht?" „Wie hast du dich dabei gefühlt?"

9. Erkenne Triangulation:
Wenn jemand über eine Person verärgert ist und dir dies mitteilt, nennt man das Triangulation. A ist verärgert über B. Anstatt dass A direkt mit B über seinen Ärger spricht, geht er zu C und erzählt ihm von seiner Verärgerung über B. Jetzt ist C zwischen A und B eingeklemmt und befindet sich in einer aussichtslosen Verlierer-Situation. Eine einfache Lösung für dieses Problem ist: Wenn A dir erzählt, dass er sich über B ärgert, sag einfach: „Ich weiß, dass du dich über B ärgerst, ich höre dich und verstehe dich. Aber ganz ehrlich: Dieses Problem geht nur euch beide etwas an. Bitte sprich direkt mit B über deine Gedanken, Gefühle und Bedürfnisse. Ich danke dir sehr." Das war's. Es ist nicht deine Aufgabe, jemand anderen zu retten. Es ist weder gesund noch angemessen, dass du dich in ihre Kommunikation einmischst. Retter sind nicht erwünscht!

Problemlösungstechniken lernen / Konfliktkompetenz
Zu den Methoden, die ich hier benutze, gehören die HALT-Technik, Focusing, die emotionale Landkarte und das Tagebuch.

HALT

Dies ist eine nützliche Technik, die dem Klienten beim Kampf gegen ungewollte Verhaltensweisen hilft. Wenn das Erwachsenen-Kind das Bedürfnis verspürt, sich sexuell abzureagieren, kann es HALT machen und sich fragen: Bin ich gerade hungrig, ärgerlich und wütend, innerlich leer (einsam) oder todmüde (gestresst)? Hat das sexuelle Abreagieren bereits stattgefunden, kann der Klient mit diesen Fragen die Auslöser seines Verhaltens feststellen. Mit dem HALT-Diagnoseinstrument kann er die Auslöser – also die Erfahrungen oder Gedanken, die ihn dazu bringen, zu tun, was er nicht tun will, identifizieren.

Eines Tages war Bryans Vorgesetzter schlecht gelaunt. Er stellte Bryan zur Rede wegen eines Berichts, den er für unvollständig hielt. Bryan war verheiratet und hatte mehrere Kinder, und auch zu Hause hatte er gerade Probleme. Seine Frau wollte, dass er sich mehr um sie kümmerte. Bryan fühlte sich wie eine Kerze, die an beiden Enden gleichzeitig brennt.

Nach der Arbeit ging Bryan in einen nahegelegenen Park, wo er in einer Toilette Sex mit einem Mann hatte. Danach fühlte er sich hundeelend. Wie hatte ihm das nur passieren können? Er hatte doch Gott, sich selbst und seiner Frau versprochen, dass er so etwas nicht wieder tun würde.

Nachfolgend erkläre ich, wie du HALT als Diagnoseinstrument einsetzen kannst, um Auslöser zu identifizieren:

„H" steht für Hungrig.

Wenn wir physisch hungrig sind, können wir die Kontrolle über unser Selbst (Selbst = höheres Selbst) verlieren. Das Verlangen nach einem anderen Menschen ist gewöhnlich ein Zeichen dafür, dass das Erwachsenen-Kind momentan ein geringes Selbstwertgefühl hat und jemanden sucht, der die Leere füllen kann. Dies kann daher kommen, dass sich das Erwachsenen-Kind (ob nun zu Recht oder Unrecht) zurückgewiesen oder kritisiert fühlt (von einem Vorgesetzten, einem Elternteil, einem lieben Freund oder dem Ehe-Partner). Im Falle von SSA sucht das Erwachsenen-Kind bei dem anderen etwas, was es bei sich selbst vermisst. Es hungert nach einem anderen Mann, der den Schmerz stillt oder das Vakuum ausfüllt. Das Gleiche gilt für eine Frau mit SSA. Sie sucht bei der anderen Frau, was sie bei sich selbst vermisst. Denk daran, dass Lust keine Liebe ist.

Bryan fühlte sich von seinem Chef abgelehnt und von seiner Frau unter Druck gesetzt. Das Vakuum kann mit gesunden oder ungesunden Dingen gefüllt werden. Bryan wählte das Letztere.

„H" kann auch „high" bedeuten.

Wenn der Klient sich über irgendetwas freut und diese Freude mit jemandem teilen will, dieser Jemand aber nicht gut reagiert, fühlt er sich womöglich abgelehnt und fällt sofort in depressive Stimmung, worauf er z. B. ins Schlafzimmer oder Bad geht, um zu masturbieren, oder sich einen

Sexpartner sucht. In solch einer Situation dient die Masturbation als eine Art emotionales Betäubungsmittel gegen den Schmerz der Enttäuschung.

„A" steht für Ärger und Wut.

Hat das Erwachsenen-Kind gegenüber einer Person oder Situation Wut- oder Frustgefühle, die es nicht zum Ausdruck gebracht hat? Unterdrückt es Frust, Zorn, Angst oder Schuld? Werden diese Gefühle nicht in einer gesunden Weise zum Ausdruck gebracht, kann es zu sexuellem Verlangen kommen – urplötzlich, wie aus heiterem Himmel.

Bryan war wütend auf seinen Chef, der ihn so kritisiert hatte. Er fühlte sich überfordert von den Ansprüchen seiner Frau. Statt diese Gefühle auszudrücken und sich ihnen bewusst zu stellen, verdrängte er sie und flüchtete sich in Sex, um den Schmerz zu betäuben. Hätte Bryan seine Gefühle auf eine gesunde und angemessene Art zum Ausdruck gebracht, wären die sexuellen Gefühle wieder verflogen.

„L" steht für Leere und Einsamkeit.

Erfüllt das Erwachsenen-Kind seine berechtigten Bedürfnisse nach echter Nähe in angemessenen, gesunden, liebevollen nichtsexuellen Beziehungen? Jeder hat ein Bedürfnis nach Liebe. *Isolation bedeutet Tod.* Einsamkeit trennt uns von den vielen Möglichkeiten, Liebe zu geben und zu empfangen. Je einsamer einer sich fühlt, desto stärker wird sein sexueller Hunger. Jeder braucht Berührungen. Berühren und berührt werden ist eines der Mittel, um gesund zu bleiben. Wenn ein Mensch seine Grundbedürfnisse nicht erfüllt bekommt, wird Sex ein Ersatz für Nähe. Der Klient muss seinen „Liebestank" stets gut gefüllt halten, sonst schert er aus, trocknet innerlich aus und benutzt alle möglichen ungesunden Ersatzstoffe für Liebe (z. B. Sex), um die Leere zu füllen. Lies den Abschnitt über Berührungen in *Healing Humanity: Time, Touch and Talk*, wo viele Übungen für gesunde Berührungen im Alltag erklärt werden.

Bryan hatte sich überarbeitet und hatte seiner Seele zu wenig Nahrung gegeben. Er hatte sich isoliert von seinen Nächsten, seinen Freunden und Gott. Sein Tank war fast leer.

„T" steht für Todmüde und Stress.

Erschöpfung und Stress können das Erwachsenen-Kind in alte Formen der Bedürfnisbefriedigung zurückfallen lassen, z. B. in sexuelle Verhaltensweisen.

Das Erwachsenen-Kind muss sich selbst mit all seinen Stärken und Schwächen besser kennen lernen. Es muss eine gesunde Selbstliebe einüben, sonst kann es andere nicht wirklich lieben, denn Selbsthass frisst sich auch nach außen weiter. Manche kommen mit viel Stress gut zurecht, andere nicht. Die richtige Balance ist wichtig. Wenn man unter Druck ist, können einen sexuelle Begierden wie aus heiterem Himmel überfallen. Aber Sex löst die Probleme nicht, sondern es braucht eine Änderung des Lebensstils oder der gegenwärtigen Situation. Das Erwachsenen-Kind, und keiner sonst, ist für sein Leben verantwortlich. Es muss selbst sein Leben verändern und vom Opfer zum Sieger werden.

Was Bryan brauchte, war, mit seinem Vorgesetzten und seiner Frau über seine Situation zu sprechen und seine Bedürfnisse auf eine positive, nachdrückliche Weise zum Ausdruck zu bringen. Außerdem musste er seinen Stress verringern und etwas Zeit für Spaß und Treffen mit Freunden und Mentoren in seinen Zeitplan einbauen.

Ein weiteres „T" ist Über-Tragung (engl.: Transference).

Wenn das Erwachsenen-Kind spirituell und emotional sensibel ist, spürt es womöglich die „Vibrationen" eines anderen Menschen, der viel sexuelle Energie ausströmt. Es fühlt sich dann sexuell zu ihm hingezogen oder auch von ihm abgestoßen und weiß selbst nicht, warum. Es ist wichtig, dem Erwachsenen-Kind zu helfen, gesunde Grenzen zu entwickeln und das Ich klar vom Du zu trennen. Der Klient muss lernen zu unterscheiden, was zu ihm und was zu den anderen gehört.

Die HALT-Technik ist ein nützliches diagnostisches Werkzeug, das dem Klienten zeigt, wo seine „Auslöser" liegen und wie er sich in guter Weise seinen Bedürfnissen zuwenden kann. Indem er regelmäßig mithilfe der HALT-Technik Buch führt, wird er sein Leben besser in den Griff bekommen, positive Lösungen finden und seine Bedürfnisse auf gesunde Weise stillen.

Focusing – Gefühle in den Blick nehmen

Diese sehr einfache Technik wurde von Dr. Eugene T. Gendlin entwickelt und kann in seinem Buch *Focusing* nachgelesen werden. Sie ist eine sehr wirksame Methode, um dem Klienten Zugang zu seinen tieferen Gefühlen zu geben. Gendlins Modell hat sechs Stufen:

1. Räume den Platz frei, lege andere Sorgen und Probleme beiseite und konzentriere dich auf das Hauptthema.
2. Entdecke und orte das Gefühl im Körper (ein Gefühl oder eine Empfindung, z. B. Spannung, Anspannung, Schmerz, Wut usw.); finde heraus, wo es sich befindet.
3. Gib diesem Gefühl einen Namen, z. B. „Verletzt", „Schmerz", „Wut", „Verwirrung".
4. Lass dieses Gefühl und seinen Namen einen Moment schwingen um sicherzugehen, dass dies wirklich der richtige Name für das Gefühl ist; dann konzentriere dich einen Augenblick nur auf dieses Gefühl.
5. Stelle dem Gefühl Fragen, um auf die tiefere Wahrheit zu stoßen: „Was tut mir hier so weh?" Oder: „Was ist daran so unangenehm?" Das Gehirn wird viele rationale Antworten auf die Frage(n) liefern, aber die eigentliche Wahrheit wird nicht aus dem Kopf, sondern tief aus Körper und Seele herauskommen. Es kann einige Zeit dauern, das richtige Gefühl freizulegen. Der Klient weiß, dass er seine tiefste Wahrheit gefunden hat, wenn es gleichsam tief aus seinem Bauch heraus zu einem Aha-Erlebnis kommt. Nachdem er seine Wahrheit entdeckt hat, lasse ich ihn die Frage stellen: „Was brauche ich?" Darauf lasse ich ihn eine Visualisierung seiner Heilung schaffen oder mit dem Teil seiner Person, für den das Gefühl steht, eine Beantwortung spezifischer Bedürfnisse aushandeln. Vorsätze und Versprechen müssen eingehalten werden. Gebrochene Versprechen verletzen die Seele zusätzlich und zerstören Vertrauen. Der Klient muss ein guter Vater / eine gute Mutter für seine Seele werden.
6. Danke dem Teil der Person, der da in dir gesprochen hat, und anerkenne diese Wahrheit. Sei dankbar.[3]

Kevin saß allein im Wartezimmer und wartete auf seinen Termin. Die Sekretärin bat ihn, sich noch etwas zu gedulden. Er wartete und wartete. Plötzlich hatte er das Gefühl, dass die Wände auf ihn zukamen. Er rannte panisch aus dem Zimmer, der Termin war vergessen.

In der nächsten Sitzung benutzten wir Focusing. Ich ließ ihn die Augen schließen und alles, was ihn beschäftigte, beiseitelegen. Dann bat ich ihn, die Körpergegend zu identifizieren, von der das

Gefühl ausgegangen war, als er seine Panikattacke bekam. Er sagte, dass es unten im Bauch und in der Leistengegend war. Ich fragte ihn, welches dieser beiden Gefühle stärker war. Er sagte, das Gefühl in seiner Leiste. Dann bat ich ihn, das Gefühl mit einem Wort oder Satz zu bezeichnen. Er nannte „Angst" und „Grauen". Ich bat ihn, das Gefühl in seinem Körper (Leistengegend) und die Worte schwingen zu lassen, um sicherzugehen, dass eins zum anderen passte. Es war stimmig. Ich ließ diese Gefühle einen Augenblick auf ihn einwirken, und forderte ihn dann auf, mit ihnen zu reden und sie zu fragen: „Was ist es an dieser Angst, das mir so weh tut oder so unangenehm ist?" Ich sagte ihm, dass sein Kopf ihm viele logische Antworten geben würde, aber dass die tiefere Wahrheit unterhalb des Kopfes sitze, tief in seinem Herzen und seiner Seele. Kevin saß lange ganz still da, dann begann er heftig zu zittern und zu weinen. Er erinnerte sich plötzlich, wie er als Sechsjähriger von dem Vater eines Freundes gepackt und festgehalten worden war. Der Mann hatte die Tür verriegelt, und Kevin war zu klein gewesen, um sie zu öffnen. Der Mann hatte ihn auf jede nur erdenkliche Weise sexuell missbraucht und ihm unter entsetzlichen Drohungen befohlen, ja niemandem davon zu erzählen. Kevin hatte diese Szene über zwanzig Jahre lang tief in sich begraben gehabt.

Danach setzten wir über die Heilung der Erinnerungen (weiter unten näher erläutert) sein inneres Kind instand, den damaligen Verlust der Unschuld und Kindheit zu betrauern und sich helfen zu lassen. Es war ein bemerkenswerter Anfang, um das Knäuel der Verwicklungen zu entwirren, das ihn in suchthaftem homosexuellem Verhalten gefangen gehalten hatte. Es brauchte viele Monate an Trauerarbeit, um seine Gedanken und Gefühle zu bewältigen bezüglich seiner Erinnerungen an den sexuellen Missbrauch. Wir setzten verschiedene therapeutische Techniken ein, um ihm zu helfen, das als Kind erlebte Trauma zu verarbeiten. Heute sind bei Kevin jene Erinnerungen geheilt und er braucht sich nicht mehr sexuell abzureagieren; er hat auch gelernt, in den Beziehungen zu seinen Mitmenschen gesunde Grenzen zu ziehen.

Focusing ist ein sehr effektives Werkzeug, um zu den tieferen Gedanken, Gefühlen und Bedürfnissen durchzudringen. Nicht alle Focusing-Sitzungen sind so positiv wie die mit Kevin. Es ist jedoch eine sehr nützliche Technik, um den Klienten in Verbindung mit seinem Körper und seinen Gefühlen zu bringen, vor allem, wenn er sich angewöhnt hat, alles nur vom Verstand her zu beurteilen.

Emotionale Landkarte

Diese von Dr. Barbara De Angelis entwickelte Methode ist ein sehr praktisches Hilfsmittel, um Gefühlen Ausdruck zu geben und Intimität und echte Nähe herzustellen. Dabei gibt es sechs Stufen:

1. Wut: Dies ist die Phase von Schuldzuweisungen und Groll.
   „Ich hasse es, wenn du …"
   „Es bringt mich auf die Palme, wenn du …"
   „Mir langt's mit dir …"
2. Verletzt sein: Dies ist die Phase von Traurigkeit und Enttäuschung.
   „Es tut mir weh, wenn du …"
   „Ich bin so fertig, wenn du …"
   „Ich bin so enttäuscht, wenn du …"
3. Angst: Dies ist die Phase von Unsicherheit, wenn die Wunden sich melden und der Klient seine Lebenswunde, die durch einen aktuellen Anlass berührt wurde, spürt.
   „Ich habe Angst, wenn du …"
   „Das erinnert mich an …"
4. Bedauern: In dieser Phase beginnt der Klient zu verstehen und Verantwortung zu übernehmen. Er erkennt, dass er Ängste und Gefühle auf andere übertragen hat.
   „Das tut mir leid …"
   „Ich wollte doch nicht …"
   „Bitte vergib mir, dass …
   „Ich weiß, dass ich manchmal …"
   „Ich verstehe es, dass du dich … fühlst."
5. Vorsatz: Dies ist die Phase der Lösungen und Wünsche.
   „Ich will in Zukunft …"
   „Ich verspreche, dass ich …"
   „Ich hoffe, wir können …"

„Lass uns doch versuchen, …"
6. Liebe: Dies ist die Phase von Vergebung und Wertschätzung.
„Ich liebe dich, weil …"
„Danke, dass du …"
„Ich vergebe dir, dass …"[4]

Dies ist ein weiteres Modell zur inneren Heilung und zur Heilung in den Beziehungen mit anderen. Man kann es alleine oder mit jemand anderem durchführen. Nimm dir für jede Phase gleich viel Zeit und konzentriere dich nicht nur auf die Wut und den Schmerz, damit die anderen Phasen nicht zu kurz kommen. Das kann schriftlich oder mündlich geschehen. Mehr über diese Methode erfährst du in Dr. John Grays Buch *„What You Feel, You Can Heal"*. Er und Dr. Barbara De Angelis haben dieses Modell gemeinsam für das Los Angeles Personal Growth Center entwickelt.

Tagebuch

Dies ist eine vorzügliche Methode, um dem Klienten zu helfen, seine Gedanken, Gefühle, Bedürfnisse und Auslöser zu erkennen und benennen zu lernen, und darüber hinaus eine Chronik seiner Reise der Heilung zu schreiben. Ich halte meine Klienten zum regelmäßigen Tagebuchführen an, zu Meditation und Selbstbesinnung. Ein Tagebuch wird ihm auch zeigen, welches seine Auslöser ungesunder Gedanken und Verhaltensweisen sind, indem er das HALT-Diagnosewerkzeug anwendet.

Fühlen

- **Heilung des inneren Kindes**

Hier beginnt der Klient die Heilungsarbeit an seinem inneren Kind. Die Einführung der Arbeit mit dem inneren Kind im späteren Teil der Phase II ist wichtig, um dem Klienten zu helfen, zu seinen tieferen Gefühlen und Bedürfnissen vorzudringen. Ein mehr intellektuell veranlagter Klient, der vor allem mit der linken Gehirnhälfte lebt und wenig Bezug zur rechten Hemisphäre (Körperbewusstsein und Gefühlswahrnehmung) hat, tut oft gut daran, schon vor den Arbeitsbüchern von Burns und der Anwendung anderer kognitiver Techniken mit der Arbeit am inneren Kind zu beginnen.

Der Begriff „inneres Kind" ist austauschbar mit dem „Unbewussten". Das innere Kind steht für die Summe der Erfahrungen, die jemand als

Kind hatte – als Säugling, Kleinkind, in der Vorschul- und Schulzeit bis hin zum Übergang ins Erwachsenenalter. In diesen verschiedenen Entwicklungsstufen hat das Kind viele schöne oder schmerzliche Dinge erlebt. *Lebendig vergrabene Gefühle sterben nie. Die Zeit heilt nicht alle Wunden.* Solange der Klient diese Gefühle nicht nach draußen lässt, bleiben sie in seinem Körper und seiner Seele.

„Das innere Kind ist eine mächtige Wirklichkeit. Es wohnt im Kern unseres Seins. Stell dir ein gesundes, glückliches Baby vor. Spüre seine Lebendigkeit. Mit Begeisterung erforscht es seine Umwelt. Es kennt seine Gefühle und bringt sie klar zum Ausdruck. Die Zeit vergeht, und das Kind stößt mit den Anforderungen der Erwachsenenwelt zusammen. Die Stimmen der Erwachsenen, mit ihren eigenen Bedürfnissen, beginnen die innere Stimme der Gefühle und Antriebe zu übertönen. Eltern und Lehrer sagen: ‚Trau dir selbst nicht, fühle deine Gefühle nicht. Sag dies nicht, lass jenes nicht nach draußen. Tu, was wir dir sagen, wir wissen es besser.'"

„So müssen sich mit der Zeit genau die Eigenschaften, die dem Kind sein Leben gaben – Neugierde, Spontaneität, die Fähigkeit zu fühlen – verstecken. Um überleben zu können, steckt der Mensch, der da aufwächst, seinen wunderbaren kindlichen Geist gleichsam in den Keller und schließt ihn dort ein. Dieses innere Kind wird nie erwachsen und geht nie weg. Es ist lebendig begraben und sehnt sich danach, wieder freizukommen. Das innere Kind versucht immer neu, unsere Aufmerksamkeit zu erlangen, aber viele von uns haben vergessen, wie man auf es hört."[5]

Jedes Kind braucht von seinen Eltern drei „Standbeine" in der Erziehung: Zeit, Berührung und Gespräch.

Zeit: Mit Vater und Mutter zusammen sein, Dinge gemeinsam tun. Berührung: Von den Eltern und anderen nahen Menschen auf dem Schoß gehalten, umarmt, gestreichelt werden. Gespräch: Sich mit Mutter und Vater austauschen, ihnen sagen, wer man ist, und lernen, wer sie sind.[6]

Genügend Zeit, Berührung und Gespräch geben dem Kind das Gefühl, wertvoll zu sein, dazuzugehören, kompetent zu sein. „Wert" ist die innere Überzeugung, dass ich wichtig, wertvoll, einzigartig bin. „Dazugehören" ist das Bewusstsein, dass ich gewollt, akzeptiert, umsorgt, geliebt und gerne gesehen bin. „Kompetenz" ist das Gefühl, dass ich die Aufgabe erfüllen, mit jeder Situation klarkommen und dem Leben ohne Angst entgegentreten kann.[7] Die Beziehungen zu unseren Eltern und anderen

Familienmitgliedern sowie Einflüsse aus unserer Religion, Gruppe, Gesellschaft und Kultur, vermitteln uns ein Bewusstsein von Wert, Dazugehörigkeit und Kompetenz – oder vermitteln es eben nicht.

Der Weg vom Säuglings- zum Erwachsenenalter hat verschiedene Entwicklungsstufen, und jede dieser Stufen konfrontiert uns mit ihren besonderen Aufgaben (siehe Tabelle „Sieben Entwicklungsstufen").

Sieben Entwicklungsstufen

Stadium	Zeit	Aktivität	Bedürfnisse	Lernen
Bindung	0-6/9 M.	Schrei	Spiegeln	Sein Vertrauen Hoffnung
Erforschen	6/9 M. - 18/24 M.	Erforscht	Schutz	Tun Selbstmotivation Wille
Ablösung / Individuation	18/24 M. -3 J.	Rebelliert	Akzeptanz / Grenzen	Denken Unabhängigkeit Wille
Sozialisation	3-5/6 J.	Fragt tut	Antworten	Identität Kraft Zweck Ursache-Wirkung
Latenz	5/6-12/13 J.	Tut streitet	Regeln + Begründungen	Fähigkeiten Struktur Verhandeln Kompetenz
Pubertät und Adoleszenz	12/13-18/21 J.	Alles wie oben, jedoch in reiferer Form		Identität Sexualität Abnabelung Autonomie
Erwachsenenleben	ab 18/21 J.	Wiederholung aller Phasen, je nach spezifischen Erwachsenenbedürfnissen		Unabhängigkeit Interdependenz Treue

Quelle: Jon und Laurie Weiss, Recovery from Codependency © Richard Cohen, M.A., 2025

Wenn Grundbedürfnisse nach Liebe, Zuwendung, Wertschätzung und Anleitung nicht beantwortet wurden und unsere Wunden nicht heilen konnten, können wir als Erwachsene nicht unser volles Potenzial nutzen, unsere Möglichkeiten nicht voll ausschöpfen. *Gleichgeschlechtliche Neigung ist letztlich nur eine Nebelwand, eine Methode, durch die die Seele verzweifelt versucht, die Aufmerksamkeit des Erwachsenen-Ich zu bekommen.*

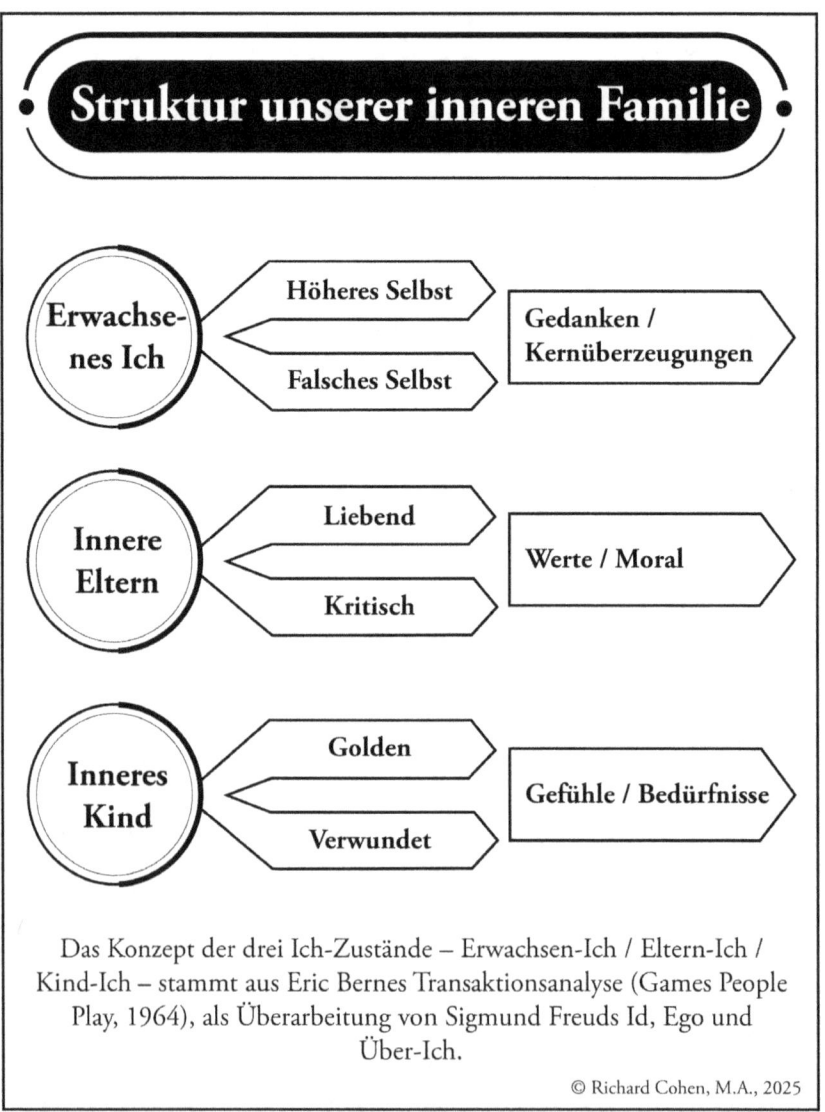

Nach einem Modell aus der Transaktionsanalyse besteht unsere Persönlichkeit im Wesentlichen aus drei Hauptteilen: Inneres Kind, Innere Eltern, Erwachsenes Ich. Jeder dieser drei Teile hat zwei Seiten.

- **Inneres Kind**

Wir haben in uns ein gesundes, authentisches, wahres inneres Kind, das voller Staunen, Liebe, Kreativität, Spielen, fantasievollem Denken und wahrer Spiritualität ist. Die Schattenseite in jedem von uns ist das verwundete oder zerbrochene innere Kind, das an Schmerz, Not, Schuld, Scham, Einsamkeit, Angst, Verzweiflung, Hoffnungslosigkeit und/oder Missverständnissen leidet. Das verletzte innere Kind kann eine Ansammlung unserer eigenen ungelösten inneren Nöte sein, aber auch der ungelösten Probleme unserer Eltern.

- **Innere Eltern**

Es gibt gesunde, liebevolle, fürsorgliche Eltern, die das innere Kind annehmen, schätzen und bestätigen. Ein(e) gesunde(r) Vater/Mutter fördert, ermutigt und lobt das innere Kind. Die Schattenseite oder dunkle Seite ist der kritische, lieblose innere Elternteil, der das innere Kind verurteilt, kritisiert, kalt ist, missbraucht und/oder vernachlässigt. Die inneren Elternstimmen sind eine Ansammlung von dem, was wir von den Eltern, von Autoritätspersonen, religiösen Autoritäten und Botschaften der uns umgebenden Kultur wahrgenommen haben.

- **Erwachsenes Ich**

Es gibt das höhere oder wahre Selbst, das durch Verständnis, Fähigkeit zur Problemlösung, bedingungslose Liebe, Vergebung, Beziehungsstärke und ein starkes Selbstwertgefühl gekennzeichnet ist. Die dunkle oder Schattenseite ist das falsche Selbst, d. h., das Schneckenhaus, die innere Rüstung, die Strategien, die wir zum Schutz des verwundeten inneren Kindes entwickeln. Es sind die Masken, die wir tragen, die Spiele, die wir spielen, um uns vor weiteren Verletzungen abzuschirmen.

Jeder dieser Teile der Person hat ganz spezifische Rollen:

Dem inneren Kind geht es vor allem um Gefühle und Bedürfnisse.
Den inneren Eltern geht es um Werte, Ethik und Moral.
Der innere Erwachsene konzentriert sich auf Gedanken und Glauben/Überzeugungen.

Um sein gegenwärtiges Leben zu verändern, muss der Klient das verwundete Kind in sich aufwecken, entdecken, wiederfinden und heilwerden lassen. Er muss das, was bisher unbewusst war, ins Bewusstsein heben. Er muss die Stimme der kritisierenden inneren Eltern zum Schweigen bringen und liebevolle, ermutigende, fürsorgliche innere Eltern entwickeln. Solange er nicht das, was bisher im Dunkeln war, ans Licht bringt, wird das innere Kind jegliche Bemühungen des Erwachsenen sabotieren und ihm das Leben vergällen. Das Heilwerden alter, bisher unversorgter Wunden ist daher wichtig.

Um diesen Heilungsprozess zu beginnen, muss der Klient zunächst lernen, auf die Stimmen seiner inneren Familie zu hören. Er muss unterscheiden lernen, wer da gerade spricht, und lernen, die Bedürfnisse seines inneren Kindes auf gesunde, angemessene Art zu beantworten. Möglicherweise muss er auch sein inneres ungezogenes Kind und seinen inneren Tyrannen, der sich immer nur eigenwillig durchsetzen will, in die Schranken weisen.

Martha Baldwin beschreibt den inneren Tyrannen als den „Saboteur". „Wer den Saboteur ignoriert, macht ihn damit nur stärker. Wer ihn abzuschütteln versucht, bringt ihm nur bei, wie er sich raffinierter verstecken kann. Die einzige Methode, die Selbstsabotage zu beenden, besteht darin, dass man sich dem Saboteur stellt und ihn gut kennenlernt. Nur dann kann man sich eingestehen, wie destruktiv er ist, kann man seine Gegenwart akzeptieren und lernen, seine Macht in Grenzen zu halten, und ‚Nein' zu sagen zu seinen Versuchen, das Leben zu zerstören. Wenn wir seine Existenz aber ignorieren und leugnen, kann der Saboteur sein tödliches Werk im Geheimen erfolgreich weiter betreiben."[8]

- **Drei Phasen der Heilung des inneren Kindes**

Ich habe den Prozess der Heilung des inneren Kindes in drei Phasen unterteilt:

Drei Phasen der Heilung des inneren Kindes

1. Sich selbst Vater und Mutter sein
- Höre auf Gedanken, Gefühle, Bedürfnisse.
- Sei dir selbst ein guter Vater/eine gute Mutter: Zeit, Berührung, Gespräch.
- Entwickle heilsame Verhaltensweisen.

2. Geistliche Väter und Mütter haben
- Gebet, Meditation, Lesen.
- Erfahre deinen Wert als von Gott geliebter Mensch.
- Heilung der Erinnerungen mit der Hilfe geistlicher Mentoren.

3. Freunde haben, die Mentoren sind
- Heilwerden von gleichgeschlechtlich- und andersgeschlechtlich-emotionalen Wunden.
- Mentoring-Beziehungen.
- Freundschaften und Aktivitäten mit Menschen des gleichen Geschlechts aufbauen.

© Richard Cohen, M.A., 2020

Heilung des inneren Kindes, Phase 1: Sich selbst Vater und Mutter sein

Die drei Aufgaben in Phase I sind:
1. Höre auf Gedanken, Gefühle, Bedürfnisse
2. Sei dir selbst ein guter Vater/eine gute Mutter: Zeit, Berührung, Gespräch
3. Entwickle heilsame Verhaltensweisen

Als Erstes muss der Klient lernen, auf die Stimme seines inneren Kindes zu hören. Bevor er bei anderen Hilfe sucht, muss er zuerst sein(e) eigene(r) gute(r) Vater/Mutter werden. Er muss seine fürsorglichen inneren Eltern verstärken bzw. erst schaffen und die kritisierenden zum Schweigen bringen. Die meisten von uns sehnen sich verzweifelt danach, angenommen zu werden. Diese Annahme beginnt durch mich selbst, nicht durch die Welt um mich herum. Bevor er andere Menschen sucht, die ihn annehmen, muss der Klient sich selbst annehmen, sonst macht er sein Wohlergehen davon abhängig, wie andere über ihn denken – und nicht wie er selbst über sich denkt. Der Weltfrieden beginnt in uns.

Ich lasse alle meine Klienten das Arbeitsbuch *„Recovery of Your Inner Child"* von Dr. Lucia Capacchione benutzen. In diesem Arbeitsbuch hilft sie, die verschiedenen Teile der inneren Familie zu erkennen – das verletzliche Kind, das wütende Kind, den fördernden Elternteil, den beschützenden Elternteil, den kritischen Elternteil, das verletzte Kind, das spielerische, kreative und geistliche Kind. Das Arbeitsbuch ist eine sehr gute Grundlage, um mit der Heilung des inneren Kindes zu beginnen. Der Klient sollte die Übungen zum Zeichnen und zum Stimmendialog machen. Ich schlage vor, dass der Klient sich etwa zwei Wochen Zeit nimmt, um alle Übungen in jedem Kapitel auszuführen (beginnend mit Kapitel 2). Wenn er mit seinem inneren Kind in Einklang und in Kontakt gekommen ist, kann er ein(e) bessere(r) Vater/Mutter für seine Seele werden.

Nachdem der Klient alle Übungen in *Recovery of Your Inner Child* ausgeführt hat, kann er wieder bei Kapitel 2 beginnen und alle Übungen wiederholen, diesmal auf einer tieferen Ebene. Als Nächstes lasse ich ihn ein Tagebuch zum Stimmendialog zwischen dem inneren Kind und dem/der innere(n) Vater/Mutter lesen und selbst eines erstellen, wie es John K. Pollard III in *Self Parenting: The Complete Guide to Your Inner Conversations* erklärt.

> Seit über dreißig Jahren kämpfte Rolf mit ungewollter gleichgeschlechtlicher Neigung. Er war bei vielen Therapeuten gewesen, bevor er zu mir kam. Sie hatten ihm geholfen, mit seiner Neigung „umzugehen", aber keiner half ihm, den Ursprung zu erkennen, und dann alte Wunden heil werden zu lassen und legitime Liebesbedürfnisse in gesunden Beziehungen zu erfüllen. Seine Zeichen- und Dialogübungen mit seinem inneren Kind enthüllten ihm ein zorniges, frustriertes Kind hinter einer Fassade des netten

und braven Jungen. Als er begann, diese Gefühle nach draußen zu lassen, wurde seine gleichgeschlechtliche Neigung schwächer. Er entdeckte, dass sein homosexuelles Verhalten zur Verschleierung des zornigen, verletzten inneren Kindes diente.

Mark war fünfundvierzig und hatte so ziemlich alles versucht, um anders zu werden, aber nichts hatte seinen unersättlichen Appetit auf Männer wegnehmen können. Bei der Arbeit mit seinem inneren Kind entdeckte er, dass er mit vier Jahren sehr schlimm sexuell missbraucht worden war. Erst jetzt, wo er seinem inneren Kind die Zeit und den Raum zum Heilwerden gab, kam diese Wunde an die Oberfläche. Durch tiefe Trauerarbeit und Mentoring ließ er den Schmerz abfließen und ersetzte ihn durch neue Erfahrungen gesunder, männlicher Liebe. Heute ist Mark von seinen homosexuellen Gefühlen frei, denn er hat den Schlüssel zu seiner Schatzkammer gefunden. Als er die Wunde wahr sein ließ, fand er Zugang zu seinem Herzen.

> Hier ein kurzes Wort zum Falschen Erinnerungs-Syndrom. (Der Ausdruck bedeutet, dass der Klient sich an einen Missbrauch erinnert, der aber gar nicht stattgefunden hat.). Ich achte sehr genau darauf, dass ich meinen Klienten gegenüber die Möglichkeit eines sexuellen Missbrauchs nicht von mir aus erwähne oder auch nur andeute. In vielen Fällen kommt aber ein Missbrauchserlebnis von selbst an die Oberfläche. Bei mir selbst kamen die Erinnerungen hoch, ohne dass mein Therapeut über einen möglichen Missbrauch gesprochen hatte.

Als Zweites muss der Klient seinem inneren Kind Zeit widmen und sich mit ihm beschäftigen – durch Zeichnen, Gespräche, Meditation. John Pollards Buch *Self-Parenting* beschreibt eine einfache und effektive Methode des Dialogs mit dem/der innere(n) Vater/Mutter und dem inneren Kind. Er lässt mit der dominierenden Hand die Stimme der Eltern sprechen und mit der nicht dominierenden Hand die des Kindes. Das mag verrückt klingen, aber es ist unglaublich effektiv. Durch das Schreiben bzw. Zeichnen mit der nicht dominierenden Hand kann der Klient seine intellektuelle Verdrahtung umgehen und in Kontakt zu seinem Körper und

Skulptur eines Klienten, die seinen beschützenden/nährenden
inneren Elternteil darstellt.

seinen Gefühlen kommen. Er kann das Blatt, auf dem er arbeitet, einfach in zwei Hälften teilen und z. B. links die Elternstimme Fragen stellen und rechts das innere Kind antworten lassen.

Eine weitere Methode Zugang zum inneren Kind zu bekommen, ist die Meditation. Ich habe mehrere Inneres-Kind-Meditationen *(„Inner Child")* entwickelt (www.pathinfo.org). Ich lasse meine Klienten diese Meditationen regelmäßig anwenden. Während der Arbeit mit dem inneren Kind, schlage ich dem Klienten vor, die Meditationen des inneren Kindes und andere Meditationen/Affirmationen täglich anzuwenden, am besten nach dem Aufstehen und vor dem Schlafengehen. Wenn dem Klienten das zu viel erscheint, lasse ich ihn weniger häufig meditieren. Er verwendet die Aufzeichnung(en) erst ein paarmal pro Woche und steigert sich dann, bis er eine tägliche Routine entwickelt hat.

Drittens muss der Klient für sein inneres Kind heilsame Tätigkeiten ausüben, z. B. Radtouren, Spaziergänge, Wanderungen, Ausflüge. Durch Dialog, Zeichnen und Meditation wird das innere Kind seine Bedürfnisse anmelden. Es ist wichtig, sich rechtzeitig und auf die richtige Weise um diese Bedürfnisse zu kümmern. Er soll keine Versprechungen machen, die er nicht halten kann! Konsequenz ist der Schlüssel zu erfolgreicher Selbst-Elternschaft. Ein einmal gegebenes Wort muss gehalten werden. Auf diese Weise wird das innere Kind des Klienten anfangen, ihm zu vertrauen, und ihm immer tiefere Wahrheiten enthüllen.

Wieder ist die rechte Balance zwischen schönen und beschwerlichen Tätigkeiten wichtig – Zeit, um vergangene Wunden heilen zu lassen und Zeit zum Spielen.

Heilung des inneren Kindes, Phase 2: Geistliche Väter und Mütter haben

Die Aufgaben dieser Phase lauten:
1. Gebet, Meditation, Lesen.
2. Erfahre deinen Wert als von Gott geliebter Mensch.
3. Heilung der Erinnerungen mit der Hilfe geistlicher Mentoren

Erstens: Der Klient kommt durch Gebet, Meditation und das Lesen von geistlichen Texten mit den Wunden und Bedürfnissen seines inneren Kindes in Berührung.

Zweitens: Durch tägliche Affirmationen kann er das Selbstwertgefühl seines inneren Kindes wiederherstellen. Ich lasse meine Klienten dazu ihre Aufnahmen mit Affirmationen verwenden. Wenn sein inneres Kind andere, neue Botschaften zu hören braucht, kann er selbst eine neue Aufnahme mit Affirmationen erstellen oder seine Mentoren bitten, dies zu tun. Wichtig ist, den Verstand, das Herz und den Geist kontinuierlich mit Botschaften zu füllen, die seinen Wert als kostbares Kind Gottes unterstreichen. „Das Prinzip der positiven Einrede stellt jeden von uns vor die Wahl, entweder das Unterbewusstsein mit schöpferischen, fruchtbaren Gedanken zu füttern oder aber im fruchtbaren Garten des Geistes destruktive Vorstellungen wuchern zu lassen. [...] *Die ständige Wiederholung bestimmter, an das Unterbewusstsein gerichteter Vorstellungen und Befehle stellt die einzige bisher bekannte Methode dar, willentlich den geistigen Zustand des festen und unerschütterlichen Glaubens zu schaffen.*"[9]

Die *dritte* Aufgabe ist die Heilung der Erinnerungen. Mittels kreativer Visualisierung versetzt sich der Klient in vergangene schmerzliche Szenen zurück und stellt sich vor, wie sein inneres Kind dort Hilfe durch Mentoring erfährt. Der geistliche Mentor kann dabei eine (gedachte) religiöse Person sein, ein vertrauenswürdiger Freund, sonst ein geliebter Mensch oder der eigene Vater und/oder Mutter in idealisierter Form. Die „inneres Kind"-Meditationen können dabei helfen.

Wenn der Klient bereit ist, seine Vergangenheit anzugehen, zu verarbeiten und heil werden zu lassen, ist das eine wichtige Hilfe im Heilungsprozess. Wenn die Erinnerung ein schweres seelisches Trauma zu Tage fördert, muss das Heilwerden jedoch in der Gegenwart einer anderen Person erfolgen – eines, wie die bekannte Psychiaterin Alice Miller sagt, „mitfühlenden Zeugen", der dem Klienten in dem Schmerz des Heilungsprozesses helfend und Halt gebend zur Seite steht. Was in ungesunden Beziehungen entstanden ist, muss in gesunden Beziehungen heilen.

Das Heilwerden der Erinnerungen kann auch dazu dienen, positive, glückliche Erfahrungen zu machen. Der Mentor kann das innere Kind in Aktivitäten hineinnehmen, die ihm Spaß, Wärme und neue Erkenntnisse bringen und so seine tiefsten unbeantwortet gebliebenen Bedürfnisse stillen. Der Mentor kann mit dem Klienten Fußball spielen, Angeln, Spazieren gehen oder das innere Kind gleichsam auf den Schoß nehmen.

Heilung des inneren Kindes, Phase 3: Freunde haben, die Mentoren sind

Die drei Aufgaben dieser Phase sind:
1. Heilwerden von gleichgeschlechtlich- und andersgeschlechtlich-emotionalen Wunden.
2. Mentoring-Beziehungen.
3. Freundschaften und Aktivitäten mit Menschen des gleichen Geschlechts aufbauen

Erstens: Wenn der Klient in seinem Selbstwertgefühl, seiner Selbsterkenntnis und im guten mütter- bzw. väterlichen Umgang mit sich selbst sicherer geworden ist, kann er sich nach Helfern für den Prozess des Heilwerdens seiner gleichgeschlechtlich- und andersgeschlechtlich-emotionalen Wunden umsehen. Die erste und beste Wahl sind seine Eltern. Wenn die Eltern bzw. ein Elternteil dazu bereit sind, fange ich an, mit der ganzen Familie zu arbeiten. Ich bitte den Klienten, seine Eltern sowie etwaige Geschwister zu einer Familienheilungssitzung einzuladen. Diese dauert gewöhnlich ein oder zwei Tage, je nachdem, wie groß die Familie ist und wie viele ungelöste Probleme es unter ihnen gibt.

In den letzten fünfundzwanzig Jahren haben meine Kollegin Hilde Wiemann und ich ein hervorragendes Vorgehen entwickelt, das dabei hilft, langjährige Konflikte zwischen den Familienmitgliedern zu lösen. Dies ist für alle Beteiligten ein sehr tiefgreifender und lohnender Prozess. Der Schwerpunkt der Familienheilungssitzung liegt darauf, vergangene Probleme zu lösen und mehr Liebe und Intimität zwischen allen Familienmitgliedern zu schaffen. (Ich habe dieses Vorgehen von Dr. Martha Welch, der Autorin von *Holding Time* und ehemaligen Professorin an der Columbia University, gelernt. In den letzten fünfundzwanzig Jahren haben wir ihren Ansatz modifiziert und aufgeweicht. Mehrere Eltern erzählten mir, dass die Familienheilungssitzung gleich viel wert war wie ein bis zwei Jahre Therapie).

Zweitens: Falls die Eltern bereits verstorben oder nicht bereit sind, mitzuarbeiten, ermutige ich den Klienten, sich Mentoren zu suchen, die ihm beim Heilungsprozess helfen. Falls er zu einer Kirche, Synagogengemeinde, Moschee, Tempel oder sonstigen religiösen Organisation gehört, ist dies der natürliche Ort, sich einen Mentor zu suchen. Es gilt, Mentoren zu finden, die der liebevolle Vater/die liebevolle Mutter sind, die der Klient selbst nie erlebt hat. Glücklich verheiratete Personen sind die besten Mentoren. (Mehr darüber in Kapitel 12, wo ich die Rollen und Pflichten des Mentors sowie des Erwachsenen-Kindes auflliste.).

Im Kontext einer solchen liebevollen, loyalen Beziehung können beim Klienten die Wunden verheilen und seine Bedürfnisse beantwortet werden. Besonders ältere und erfahrene Menschen, deren Kinder schon aus dem Haus sind, können diesen Menschen, die so dringend neue Eltern brauchen, wunderbare Mentoren sein. Es ergibt sich eine Situation, bei der niemand verlieren kann. Die Jungen empfangen viel Segen durch die Älteren, und die Älteren erfahren die verdiente Anerkennung für ihre Weisheit und Liebe. Ich empfehle dringend, dass der Klient mindestens drei Mentoren sucht. Wenn er nur einen Mentor hat, kann das zu unnötiger Enttäuschung führen, wenn er nicht verfügbar ist. Deshalb ist es gesünder, drei Mentoren zu haben, um ein Burnout für den Mentor und Enttäuschungen für den Klienten zu vermeiden. Mehr dazu steht im Kapitel über Mentoring.

Drittens ist es sehr wichtig, den Klienten zum Aufbau gesunder gleichgeschlechtlicher Freundschaften zu ermutigen. Auch hierin liegt eine große Möglichkeit zum Heilwerden. Wie schon erwähnt, gibt es drei Typen von Freunden: 1. Weggefährten, 2. gesunde heterosexuelle Männer, die vom inneren Kampf des Klienten wissen und ihn unterstützen, und 3. gesunde heterosexuelle Männer, die von diesem Kampf nichts wissen, aber ein gutes Rollenvorbild und Freunde sind.

- **Stimmendialog**

Der Stimmendialog (voice dialogue) ist eine Technik, mit der das Unbewusste und seine Beziehung zu den bewussten Anteilen unserer Person erforscht werden kann. Diese Technik ist dem Focusing sehr ähnlich, mit dem Unterschied, dass bei diesem Prozess die verschiedenen Teile unserer inneren Persönlichkeit laut sprechen, anstatt einen stillen, inneren Prozess zu durchlaufen. Der Stimmendialog kann uns helfen, „verschüttete" Bereiche unseres Wesens besser zu verstehen und wiederzugewinnen. In jedem von uns wohnen viele Stimmen. Jede von ihnen hat eine Aufgabe zu erfüllen. Diese Stimmen kennenzulernen, bringt uns größere Selbsterkenntnis und mehr inneren Frieden, so dass unser wahres Selbst seine rechtmäßige Führungsposition einnehmen und jeden Teil unseres Wesens anhören und zur Geltung kommen lassen kann. Das bedeutet nicht, dass wir jeder Stimme in uns folgen müssen; aber wir lassen sie zu Wort kommen.

Mehr über den Stimmendialog erfährst du im Buch *Embracing Our Selves* von Hal und Sidra Stone, die diese Technik entwickelt haben. Wenn jemand in seinem Heilwerdungsprozess „festgefahren" ist, ist dies eine wunderbare Methode, um wieder in Schwung zu kommen. Die Methode hat sich bei vielen meiner Klienten bewährt, die dazu neigen, sich selbst zu analysieren, aber wenig Zugang zu ihren Gefühlen haben.

Zu den verschiedenen Stimmen in uns gehören u. a. die des Beschützers, des Antreibers, des netten Typen, des Rebellen, des Einzelgängers, Märtyrers, Schaffers, Angebers, Betreuers, des Opfers, des ständig Klagenden und des verletzlichen Kindes. (Vgl. das Diagramm „Schichten unserer Persönlichkeit" in Kap. 4.).

Einer meiner Klienten, Sam, sah sich zwanghaft Schwulenpornos an und masturbierte regelmäßig. Aufgrund seiner geistlichen Überzeugungen schämte er sich sehr für sein Verhalten. Ich schlug ihm vor, mit der moralischen Selbstkasteiung aufzuhören und sich stattdessen zu fragen, warum er denn dauernd muskulöse, nackte Männer betrachten musste. Wir benutzten die Technik des Stimmendialogs, die uns tiefe Einblicke in Sams Inneres brachte. Lassen wir Sam selbst reden:

„Richard ließ mich meine Internet-Sitzungen analysieren, indem er mir half, Zugang zu den Gefühlen in meinem Körper zu finden. Als Erstes kam die Kraft, sie kam aus meiner Brust. Ich nahm die Positur eines Bodybuilders ein. Diese Kraft wollte nicht, dass ich mir den Schund im Internet ansah; sie fand, dass es reine Zeitvergeudung sei, denn das, was ich mir da anguckte, hatte ich doch selbst. Die Kraft wollte gerne, dass ich immer auf sie hörte und nicht nur meistens.

Als Zweites kam die Angst, sie kam aus meinem Bauch. Die Angst wollte, dass ich mir Schwulenpornos ansehe. Sie fühlt sich stark, wenn sie sich die nackten Männer zu Willen machen kann. Sie sagte mir, das sei so, als ob man ein starkes Raubtier in einem Käfig vor sich habe – wild, aber völlig ungefährlich. Die Angst wollte, dass ich mir die Bilder weiter ansehe, damit sie tun, was ich will.

Als Drittes kam die Wut. Ich nannte sie Wilhelm. (In einer Stimmendialog-Sitzung frage ich den Klienten oft, ob er der Stimme, die gerade spricht, nicht einen Namen geben will.) Sie kam mehr aus der Leistengegend als aus dem Penis. Wilhelm wollte auch, dass ich die nackten Männer ansehe – um zu sehen, dass sie nicht mehr haben als ich! Wilhelm kam in Sammys Leben, als er 13 war. (Sammy war Sams Spitzname als Kind.) Sammy bekam es mit der Angst zu tun und versteckte Wilhelm hinten im Schrank. Sammy wollte Mamas guter kleiner Junge sein. Solange Wilhelm aber da war, war er eine Bedrohung für die enge Beziehung zu Mama, und so musste er sich verstecken. Sammy hatte Angst vor Wilhelm. Er drückte ihn in die Ecke – und anschließend gab er ihm die Schuld dafür, dass Sammy sich nicht männlich genug fühlte. Aber er konnte nicht beides haben – Wilhelm und Mama auf die Weise wie bisher. Entweder er würde ein Mann werden oder nicht! Dann sagte Mama zum Glück, dass Billy ihr Liebling sei, womit sie das unausgesprochene Abkommen brach und Sammy freigab. (Billy war Sams jüngerer Bruder.)

Richard sagte mir, dass ich alle drei Stimmen anhören muss und dass ich, wenn ich Schwulenpornos / Bodybuilder ansehe, jeden von ihnen ausreden lassen sollte."

Wie du siehst, hatte jede von Sams Stimmen einen anderen Grund dafür, nackte Männer zu betrachten. Indem er jede der Stimmen ihre Wahrheit formulieren ließ, konnte Sam ein guter Vater seiner inneren Familie werden. In späteren Sitzungen berichtete er mir, dass sein Verlangen, nackte Männer im Internet zu betrachten, praktisch verschwunden sei, nachdem er begriffen hatte, woher dieses Bedürfnis kam.

Der Stimmendialog schärft das Bewusstsein des gesunden Erwachsenen- und Eltern-Ichs, so dass es bessere Entscheidungen treffen kann. Wieder geht der Weg zu den verschiedenen Stimmen über das Wahrnehmen von Gefühlen im Körper. Focusing bedeutet, sich auf eine innere Entdeckungsreise zu begeben. Der Stimmendialog ist ein Prozess der Erforschung durch Hörbarmachen der inneren Stimmen. Beide Methoden sind hoch wirksam.

Körper

- **Bioenergetische Therapie**

Ich benutze Bioenergetik, wie sie von Alexander Lowen gelehrt wurde. Er arbeitete zusammen mit Wilhelm Reich und entwickelte seine eigene Variante der körperzentrierten Therapie.

Ich verwende diese Methode gerne, um dem Klienten zu helfen, Zugang zu seiner Kraft zu bekommen. Ich habe die Erfahrung gemacht, dass viele, die gleichgeschlechtliche Neigung erleben, sehr viel verdrängte Wut in sich haben. Da Wut so wichtig für den Heilungsprozess ist, werde ich diesem Thema ein ganzes Kapitel widmen (Kapitel 8).

Durch Bioenergetik bekommt der Klient Zugang zu Wut, Angst, Schmerz und anderen verdrängten Gefühlen. Nach verschiedenen bioenergetischen Übungen erinnerte sich der zwanzigjährige Christopher plötzlich daran, wie er als Siebenjähriger sexuell missbraucht worden war. Jahrelang hatte er diese Erinnerung aus seinem Bewusstsein verdrängt; die Bioenergetik machte sie ihm wieder zugänglich. Tief in der Muskulatur des Körpers versteckt liegt ein ganzes Magazin unausgedrückter Gefühle. Alte Gefühle und Gedanken, die wir vor langen Jahren vergruben, leben in der Zellstruktur unseres Körpers weiter. Bioenergetische Übungen können uns

Erinnerungen aus Kleinkindalter, Kindheit und Jugendzeit zurückbringen. Christopher schlug mit einem Tennisschläger, zum Teil auch mit den Fäusten, auf Kissen ein, und in dieser Sitzung schossen die Erinnerungen zurück in sein Bewusstsein, und Heilung konnte beginnen.

Ich habe für diese Schlagübungen einen besonderen Kissenaufbau entwickelt. Die Kissen sind fast hüfthoch. Ich bedecke sie mit einem Betttuch und gebe dem Klienten Sporthandschuhe, um seine Hände zu schützen. (Früher bekamen viele Blasen an den Händen von dem heftigen Schlagen.) Darauf bekommt er einen Tennisschläger, mit dem er auf die Kissen eindrischt. Ich weise ihn an, sich vorzustellen, dass der Mensch, der ihn verletzt hat, auf der anderen Seite der Kissen steht. Dann sage ich ihm, dass er seinen ganzen Zorn und Schmerz herauslassen soll. Es ist wichtig, dass er gleichzeitig das, was in ihm vorgeht, mit Worten ausdrückt (siehe die Fotos zu bioenergetischem Schlagen in Kapitel 8.)

Das richtige Atmen ist wichtig. Eine tiefe Bauchatmung (Zwerchfellatmung) hilft, die aufgestauten Gefühle nach außen zu bekommen. Manchmal weiß der Klient nicht, was er seinem eingebildeten Gegenüber sagen soll, oder hat Angst, es zu sagen. Ich weise ihn dann an, wiederholt einfach den Namen der Person zu sagen, bis Gedanken oder Gefühle hochkommen. Geht es z. B. um den Vater, sagt der Klient immer wieder: „Papa", „Papa" usw., bei gleichzeitiger Zwerchfellatmung. Es ist wichtig, dass er den Namen benutzt, mit dem er den Vater als Kind anredete, und zwar in seiner Muttersprache, auch wenn er inzwischen im Ausland wohnt. Wir legen unsere Erinnerungen in unserer Muttersprache ab.

Achtung: Für Klienten, die zu Wutanfällen neigen, ist der Einsatz der Bioenergetik nicht geeignet, ja kontraindiziert. Sie müssen andere Methoden lernen, hinter ihre Wutmaske vorzudringen und ihre Wunden direkt angehen.

- **Atemübungen**

Tiefes Atmen (wie es von Dr. Stanislav Grof gelehrt wird) kann dem Klienten Erinnerungen aufschließen und emotionale Blockaden lösen helfen. Tiefes Atmen (somatische Atemarbeit) bringt Licht in die dunklen Regionen unserer Seele. Ich habe die Erfahrung gemacht, dass die Technik des verwandelnden (transformationellen) Atmens äußerst hilfreich ist. Ich benutze diese Methode in der Einzel- wie in der Gruppentherapie. Die Gruppe, die ich acht Jahre lang leitete, genoss diese Technik sehr, denn sie ermöglichte es jedem Einzelnen, in seinen eigenen Raum einzutreten und in der Sicherheit der Gruppe verborgene Stellen zu entdecken, die Heilung brauchten.

Eine Atemtherapiesitzung dauert meist etwa eine Stunde, ließe sich aber leicht stundenlang fortsetzen. Zuerst üben wir ein Standardmuster ein: tiefe Bauchatmung, wobei über den Mund ein- und ausgeatmet wird. Der Rhythmus ist: ein Schlag (eine Sekunde) einatmen, zwei Schläge (zwei Sekunden) ausatmen. Dieser Rhythmus wird etwa 45 Minuten lang geübt. Die genaue Länge scheint von dem natürlichen Körperrhythmus bestimmt zu werden. Man sollte meinen, dass es eigentlich unmöglich ist, so lange eine Tiefenatmung beizubehalten, doch nach den ersten ca. zehn Minuten führt der Körper sie von selbst weiter.

Ich habe Klienten erlebt, die durch diese Atemtechnik unglaubliche Durchbrüche schafften. Unerlässlich ist jedoch die qualifizierte Anleitung und Begleitung durch den Therapeuten, da diese Technik den Klienten in Bereiche seiner Seele führen kann, wo er fachmännische Hilfe benötigt.

- **Bewegung, bewusste Ernährung, Sport, Freude**

Es ist wichtig, dass der Klient seinen Körper wieder in Besitz nimmt. Eine häufige Erfahrung von Menschen, die SSA erleben, ist ein minderwertiges Selbstbild. Ermutige den Klienten zur Teilnahme an Sport und körperlichem Ausgleich, da dies ein wichtiger Aspekt des Heilungsprozesses sein kann. Der männliche Klient braucht möglicherweise männliche Mentoren, die ihn sportlich schulen.

- **Therapeutische Massage**

Gesunde Berührungen sind sehr wichtig und notwendig – nicht nur für jene, die von ungewollter SSA geheilt werden möchten, sondern für jeden Mann, jede Frau und jedes Kind. Gesunde Berührungen verbessern unser emotionales, geistiges, körperliches und geistliches Wohlbefinden. Auch im Kampf gegen Alkoholismus, Drogensucht, die Folgen von sexuellem Missbrauch, gegen sexuelle Süchte, Spielsucht, Arbeitssucht, Kaufsucht, Sportsüchte und dergleichen mehr, ist es eine große Hilfe, wenn wir lernen, auf gesunde Art und Weise uns zu berühren und miteinander in Verbindung zu treten. Mehr darüber in Kapitel 10. Lies außerdem den Abschnitt über Berührung in *Healing Humanity: Time, Touch and Talk*.

Wenn der Klient sexuellen oder körperlichen Missbrauch oder starke Vernachlässigung erfahren hat, wird der Heilungsprozess durch eine Massagetherapie unterstützt. Dazu braucht er unbedingt einen

Massage-Therapeuten, der sicher ist, Erfahrung mit Opfern von Missbrauch und Vernachlässigung und eine starke heterosexuelle Identität hat.

Seele

Affirmationen, Meditation, Gebet und geistliche Texte fördern die innere, geistliche Entwicklung. Ich empfehle meinen Klienten, sich einer religiösen Gruppe anzuschließen, in der sie Gott und die liebevolle Zuwendung durch andere Menschen erfahren können.

Der Klient muss lernen, mit dem zufrieden zu sein, was er momentan ist und hat, anstatt dauernd zu überlegen, was er erreichen oder was oder wer er in der Zukunft werden will. Es geht darum, eine Grundeinstellung der Dankbarkeit zu entwickeln. Menschen mit SSA neigen dazu, sich entmutigt und/oder deprimiert zu fühlen. Deshalb sollte jeder Mann und jede Frau auf dem Weg der Heilung Sätze vom Typ „Ich bin dankbar, dass …" sprechen üben und die Erfahrung machen, so geliebt zu werden, wie er oder sie jetzt ist, ohne etwas ändern zu müssen.

Therapeutische Werkzeuge und Techniken Phase III: Heilung der gleichgeschlechtlich-emotionalen und gleichgeschlechtlich-sozialen Wunden

Denken	Die Ursachen gleichgeschlechtlich-emotionaler und gleichgeschlechtlich-sozialer Wunden verstehen
Fühlen	Trauern / Vergeben / Verantwortung übernehmen Techniken: Heilung der Erinnerungen / Stimmendialog / Rollenspiel / Psychodrama / Haltende Umarmung / Mentoring / Inneres Kind Unterstützungsnetzwerk
Körper	Bewegung / Ernährung / Sport / Spaß / Bioenergetik /Atemübungen / therapeutische Massage / gesunde gleichgeschlechtliche Beziehungen
Seele	Selbstwertgefühl aufbauen Sich als bei Gott wertvoll erfahren Meditation / Gebet / Affirmationen / religiöse Texte / geistliche Gemeinde

© Richard Cohen, M.A., 2020

Phase III: Heilung der gleichgeschlechtlich-emotionalen und gleichgeschlechtlich-sozialen Wunden

1. Weiterführen aller Aufgaben der Phasen I und II
2. Entdecken der Ursachen der gleichgeschlechtlich-emotionalen und gleichgeschlechtlich-sozialen Wunden
3. Beginn des Trauerprozesses, Vergebens und Übernehmens von Verantwortung
4. Entwickeln gesunder, heilender Beziehungen zu Personen des gleichen Geschlechts

In dieser Phase beginnt der Klient mit der psychodynamischen oder emotionalen Heilungsarbeit

Denken

Es ist sehr wichtig, dass der Klient die Grundursachen seiner SSA wirklich versteht. Ein Mann muss die Wunden angehen, die er im Umgang mit seinem Vater, Brüdern und anderen Männern erhalten hat, die sein Wachstum und seine Entwicklung beeinflusst haben. Eine Frau muss entsprechend die Wunden angehen, die sie von ihrer Mutter, Schwester(n) und anderen wichtigen Frauen in ihrem Leben bekommen hat. Gleich wichtig sind Wunden durch gleichgeschlechtliche Gleichaltrige, Körperbildwunden, (homo)sexueller Missbrauch und andere schmerzliche Erfahrungen von der frühen Kindheit bis zur Jugendzeit zu behandeln.

Wenn es immer noch an Bewusstsein oder Verständnis für die Ursachen der gleichgeschlechtlich-emotionalen und gleichgeschlechtlich-sozialen Wunden mangelt, sollte der Klient Bücher über die Ursache von SSA lesen. In dieser dritten Phase sollte sich er jedoch der vielen Ursachen für seine SSA bewusst sein.

Fühlen

Ich wende für die Heilung der Wunden der Vergangenheit eine Vielzahl von Methoden an:
Stimmendialog, Rollenspiel/Gestalttherapie, Heilung des inneren Kindes, Psychodrama, Bioenergetik, Heilung der Erinnerungen, geführte Imagination, Emotional Freedom Technique (EFT), Eye Movement

Desensitization and Reprocessing (EMDR) und Familienheilungssitzungen. Dies sind nur einige der therapeutischen Methoden, die man anwenden kann, um vergangene Wunden und traumatische Ereignisse zu verarbeiten. Es gibt eine ständig wachsende Zahl wirksamer Therapien.

Die wichtigste Aufgabe, um heil werden zu können, ist, fühlen zu lernen und die Wunden der Gegenwart und Vergangenheit zu betrauern. Der schnellste Weg zur Heilung besteht darin, wann immer möglich an die Ursache der Wunden zu gehen. Ich empfehle dazu sehr die Arbeit mit den Eltern des Klienten, egal wie alt sie und ihr Erwachsenen-Kind sind. Ob acht oder achtzig – es ist nie zu spät, um heil zu werden und zu reifen. Gott hat in jeden von uns die Fähigkeit hineingelegt, gesünder und heiler werden zu können. Sie besteht, einfach ausgedrückt, im *Trauern können*. Ein Kind, das sich wehgetan hat, schreit und weint seinen Schmerz hinaus. Danach braucht es kurz getröstet zu werden, und dann spielt es wieder weiter.

Auf diese Weise sollten wir eigentlich alle mit unseren inneren Schmerzen umgehen. Doch das Problem mit dem inneren Kind des Heranwachsenden und des Erwachsenen ist, dass es gelernt hat, den Mund zu halten und sich abzuschotten. Es hat hundert Methoden gelernt, *nicht* zu fühlen und sich nicht direkt seinen Gefühlen, Gedanken oder Bedürfnissen zu stellen.

Im Folgenden beschreibe ich kurz einige der Methoden, die ich verwende.

- **Familienheilungssitzungen (Family Healing Sessions – FHS)**

Es ist unerlässlich, den Schmerz an der Stelle heilen zu lassen, wo er entstanden ist, an seinem Ursprung. Falls die Eltern des Klienten noch leben, gewillt sind mitzuwirken und emotional stabil sind, sollte der Therapeut dazu ermutigen, dass Heilung im Familiensystem geschieht. Familienheilungssitzungen sind eine hervorragende Methode, um Nähe und Bindung zwischen Eltern und Kindern zu schaffen. Meine Frau, unsere drei Kinder und ich nahmen 1995 zum ersten Mal an einer solchen Familienheilungssitzung mit Dr. Martha Welch teil. Sie wirkte Wunder und half, langjährige Konflikte, vergrabene Verletzungen aus der Vergangenheit und einfache Auseinandersetzungen in der Gegenwart zu lösen. Durch dieses kraftvolle Vorgehen können die Kinder und Eltern ihre tieferen Gedanken, Gefühle und Bedürfnisse sicher zum Ausdruck bringen. (Es ist wichtig anzumerken, dass eine Familienheilungssitzung nicht für unsichere Eltern geeignet ist, bei denen Gewalt, Süchte oder Missbrauch im Spiel sind).

Ich erlebte eine Familienheilungssitzung mit meinen eigenen Eltern; innerhalb Stunden konnten jahrelang verdrängter Groll, Schmerz und Missverstehen gelöst werden. Ich bin immer wieder erstaunt, wie Menschen mit gleichgeschlechtlicher Neigung die Handlungen und Worte ihrer Eltern missverstanden haben. Daher muss bei der Heilung der Eltern-Kind-Beziehung als Erstes das Erwachsenen-Kind seinen Zorn, seine Wut und seinen Schmerz loswerden können. Danach kann der Elternteil seine eigene Perspektive des Geschehenen mitteilen. Erst dann ist das Kind in der Lage, die Liebe und Wahrheit des Elternteils anzunehmen.

Der 16-jährige Jared hatte in jeder Nacht Fantasien über Männer, die ihn umarmten und Sex mit ihm hatten. Nach kurzer Einzeltherapie lud ich seine Eltern zu einer Familienheilungssitzung ein. Als sein Vater ihn auf den Schoß nahm, wollte Jared am liebsten weglaufen, äußerlich wurde er steif wie ein Stock. Er hatte so viel Wut gegen seinen Vater aufgehäuft, dass er nicht fähig war, seine Liebe anzunehmen. Sein Vater war ein guter, liebevoller Vater, aber Jared hatte sich emotional von ihm abgeriegelt. Einer der Hauptgründe lag weit zurück: Als Jared in die Grundschule ging, musste sein Vater häufig Überstunden machen und war oft geschäftlich unterwegs. Jared und seine Mutter vermissten ihn sehr, und wenn er wieder einmal verreist war, verlor die Mutter oft die Beherrschung und ließ ihre Enttäuschung an Jared und seinen Geschwistern aus.

Eine kurze Anmerkung: Ich habe die Erfahrung gemacht, dass die meisten Männer, die zu mir kommen, sensibler sind im Vergleich zu anderen Männern. Wenn es einen biologischen oder genetischen Faktor gibt, der zur SSA einer Person beiträgt, dann ist es wohl dieser. Diese Männer und Jungen nehmen sich die Dinge mehr zu Herzen als ihre Geschwister und können sie nicht so leicht loslassen. Anstatt ihre tieferen Gedanken, Gefühle und Bedürfnisse auszudrücken, verschließen sie sie in sich selbst, ohne dass die Eltern etwas davon ahnen.

Jared vermisste seinen Vater und hatte Angst vor seiner Mutter. Dann kam es zu einem interessanten Phänomen: Er warf seinem Vater unbewusst vor, nicht da zu sein, um seinen Sohn vor den Wutausbrüchen der Mutter zu schützen. Diesen Groll gegen seinen Vater ließ er nicht mehr los. Die ganze Zeit spielte sein Vater durchaus eine aktive Rolle in seinem Leben: Er las dem Jungen Gutenachtgeschichten vor und unternahm alles Mögliche mit ihm. Die anklagenden Gefühle aber gegen den Vater hielt Jared tief in sich vergraben.

In der Pubertät begann Jared, sexuell mit anderen Jungen zu experimentieren. Er schaute sich Schwulenpornos an und begann sein aktives Fantasieleben. Von seinem Vater hatte er sich innerlich gänzlich abgeriegelt, seine Umarmungen wehrte er ab. Jared begann, mehrmals am Tag zu masturbieren und regelmäßig Schwulenpornos zu schauen.

Ein weiterer wichtiger Faktor war, dass Jareds Vater ihm verbot, seine Wut offen auszudrücken. Ihm selbst war dies als kleiner Junge nicht erlaubt, und er gab nun diesen Teil seines Wesens, den unterdrückten wütenden Jungen, an Jared weiter. Unter Jareds verdrängtem Zorn lag seine innere Verletztheit – und unter dieser wiederum die warmen Gefühle, die er gegenüber seinem Vater hatte. Um Zugang zu dieser Liebe zu bekommen, musste er folglich zuerst seinen Zorn und Schmerz loswerden.

Indem er seinen Vater umarmte, kam sein Zorn zum Vorschein. Während sein Vater ihn festhielt, kamen alle Gründe, warum er seinem Vater nicht mehr vertraut hatte, in Jareds Bewusstsein zurück. „Ich brauchte dich, und du warst nicht da." – „Wo warst du, wenn Mutter uns so angeschrien hatte?" Und so ging er die ganze Liste seiner Klagen durch. Sein Vater hatte keinen Schimmer davon gehabt, wie verletzt Jared durch seine häufige Abwesenheit war. Er entschuldigte sich unter Tränen. Jareds Groll und Zorn begannen zu schmelzen, und nach mehreren Sitzungen, in denen er in den Armen seiner Mutter und seines Vaters seinen Schmerz herausgelassen hatte, begann eine neue Beziehung zu beiden Eltern.

Indem Jared so seine volle Identität als Sohn und junger Mann erwarb, verflog seine homosexuelle Neigung. Dies war nur natürlich, war er jetzt doch nicht mehr von seinen tieferen Gefühlen und seinen Eltern abgekoppelt. Ganz offensichtlich ist SSA eine Form der psychologischen und spirituellen Abkopplung vom Selbst und von anderen Menschen.

Harvey Jackins, der Begründer der Re-Evaluations-Beratung, hat diesen Heilungsprozess so erklärt: Als erstes müssen wir die schmerzliche Erfahrung wieder aufsuchen. Zweitens müssen wir den seelischen Schmerz und die unangenehmen Gedanken von damals herauslassen. Und drittens müssen wir verstehen, was damals eigentlich geschah, und diese Information in unser Bewusstsein aufnehmen.[10]

Die Familienheilungssitzung ist ein effektiver und schneller Weg, um langjährige Konflikte zu lösen und mehr Nähe zu schaffen. Wo sie nicht möglich ist, wende ich andere Methoden an, die bereits genannt wurden.

Das Buch *Where Were You When I Needed You Dad?* von Jane Myers Drew enthält über fünfzig Übungen, die den Heilungsprozess unterstützen. Diese Übungen eignen sich auch für das Heilwerden anderer Beziehungen, z. B. zur Mutter, zum Stiefvater / zur Stiefmutter, zu Geschwistern und Großeltern.

- **Heilung der Erinnerungen**

Heilung der Erinnerungen ist ein Prozess, bei dem man zurückgeht zu dem schmerzlichen Ereignis, die Gedanken und Gefühle von damals wieder erlebt, den Schmerz loslässt und durch die Hilfe eines Mentors das Ereignis in einem neuen Zusammenhang sieht, diesmal mit einem positiven Ergebnis. Der Mentor kann eine (gedachte) religiöse Person sein, ein(e) liebe(r) Vater/Mutter, ein guter Freund – oder der Klient selbst als Erwachsener. Wie bereits erwähnt, können die tiefsten Wunden nur in der Gegenwart eines mitfühlenden Zeugen heilen. Was in einer ungesunden Beziehung entstand, muss im Kontext einer gesunden, liebevollen Beziehung heil werden. Einige Bücher, die sich für die Heilung der Erinnerungen als nützlich erwiesen haben, sind *The Broken Image*, von Leanne Payne; *Healing of Memories* and *Healing for Damaged Emotions*, von David Seamands; *The Gift of Inner Healing*, von Ruth Carter Stapleton; und *Making Peace with Your Inner Child*, von Rita Bennett.

- **Rollenspiel**

Beim Rollenspiel übernimmt ein anderer den Part der Person, die (tatsächlich oder in den Augen des Klienten) für den Schmerz verantwortlich war. Der Klient kann so all seine seit langer Zeit verdrängten Gedanken und Gefühle herauskommen lassen. Er kann schreien, weinen und sich auf andere Weise äußern, ohne sich selbst, den anderen oder Möbel zerstören zu müssen. Wenn er mit dem Erzählen fertig ist, kann er den Stuhl wechseln, sich in die Position des Täters oder Missbrauchers versetzen und sich vorstellen, wie diese Person reagieren könnte. Es ist oft sehr bewegend, wenn er sich in die Lage des Täters oder der Täterin hineinversetzt und sich vorstellt, wie er oder sie gedacht und gefühlt haben könnte. Nach diesem Austausch setzt er sich wieder auf seinen Stuhl und antwortet auf das, was er gehört hat. Damit ist das Rollenspiel abgeschlossen.

- **Bioenergetik**

Ist die Wut sehr groß, kann bioenergetische Arbeit hilfreich sein. Allgemein gesprochen vergraben Frauen ihre Wut unter Tränen, während Männer ihre Tränen unter ihrer Wut vergraben. Doch ein seiner Geschlechtsidentität entfremdeter Mann hat seine Wut möglicherweise wie eine Frau, unter seinen Tränen, gespeichert.

Bioenergetik ist eine sehr befreiende, heilsame und sichere Methode, seine Wut und den Schmerz loszulassen. Viele haben Angst davor, ihre Wut zu zeigen – sei es, dass ihre Eltern es ihnen verboten haben oder dass ein Elternteil oder der Bruder / die Schwester den Ausdruck von Wut für sich beansprucht hat, während der Klient der liebe kleine Junge / das liebe kleine Mädchen war.

- **Psychodrama**

Die Selbsthilfegruppe kann auch ein Psychodrama aufführen – eine „Wiederaufführung" eines Ereignisses aus der Vergangenheit, das die schmerzlichen Beziehungen/Erfahrungen darstellt. Die verschiedenen Mitglieder der Gruppe schlüpfen in die Rolle der Eltern, Geschwister oder sonstigen Beteiligten, so dass der Klient seine Gefühle und Gedanken von damals erneut durchlebt. Vielleicht lässt er seinen eigenen Part ebenfalls von jemand anderem spielen, sodass er das Drama als Zuschauer erleben kann. Oft ist dies sehr provozierend. Der Klient kann auch sämtliche Rollen selbst spielen; er schlüpft dann in die Rolle des Vaters/der Mutter/des Bruders usw. und spricht und verhält sich so, wie er es sich von ihnen vorstellt; auf diese Art kann er die möglichen Gefühle und Gedanken der anderen hautnah erleben. Auch in Online-Sitzungen kann der Therapeut den Klienten auffordern, Figuren vorzubereiten, die die verschiedenen Familienmitglieder darstellen. Während der Sitzung stellt er die Figuren zunächst so auf, wie er sich selbst im Familiensystem erlebt hat. Dann stellt er sich in die Position jedes Familienmitglieds und spricht so, wie er glaubt, wie sie sich mitteilen würden. Zum Schluss stellt er sich in seine Position und sagt seine Wahrheit. Es gibt viele verschiedene Methoden, das Psychodrama anzuwenden.

- **Mentoring**

Mentoring ist eine wichtige Methode, um zur Liebe zurückzufinden, besonders wenn die Eltern verstorben, nicht zu erreichen und/oder nicht in der Lage bzw. nicht bereit zur Mitarbeit sind. Mentoren sind unersetzlich für das Heilwerden der Vaterwunde beim Mann und der Mutterwunde bei der Frau. Das helfende gleichgeschlechtliche Rollenvorbild oder Zweite-Chance-Vater oder -Mutter, beschleunigt den Heilungsprozess – und das Verheilen der Wunden lässt die SSA abklingen. Ich habe diese wundervolle Heilung am eigenen Leib erfahren, und ebenso haben es die vielen Männer und Frauen erfahren, mit denen ich gearbeitet habe.

> Nathan wollte nicht mehr leben, als er zu mir kam. Seit über fünfzehn Jahren hatte er anonymen Sex mit Männern in Parks und Toiletten. Nachdem er bei mehreren Therapeuten gewesen war, wollte er aufgeben. Der Schmerz war einfach zu groß. Dabei hatte Nathan bereits die erste und zweite Therapie-Phase hinter sich. Aber seine bisherigen Therapeuten kannten sich nicht mit der Dynamik der Phasen III und IV aus. Sie hatten kognitive und verhaltensorientierte Methoden benutzt, aber verstanden die tieferen Ursachen seiner Wunden und die Notwendigkeit des emotionalen Durcharbeitens nicht. Durch Heilen der Erinnerungen führte ich Nathan zurück zu den Ereignissen, die die gleichgeschlechtlich-emotionalen und gleichgeschlechtlich-sozialen Verwundungen bei ihm verursacht hatten: schmerzliche Begebenheiten mit seinem Vater und Bruder und sexueller Missbrauch durch mehrere Männer. Ein Junge mit einer tiefen Vaterwunde wird sehr leicht zum Opfer sexuellen Missbrauchs, da dieser ein Ersatz für die Liebe des Vaters wird. An der Wurzel homosexueller Gefühle im Teenager- und Erwachsenenalter ist oft die Sehnsucht nach der verlorenen oder nie erfahrenen Liebe des Vaters und/oder Gleichaltriger. Wenn er sexuell missbraucht wurde, wiederholt er eine frühe Prägung, nämlich dass Sex ein Ersatz für Liebe sei.
>
> Nathan beweinte Jahre des Elends, als er die Missbrauchsszenen in der Erinnerung wieder erlebte. Da sein Vater bereits gestorben war, ließ ich ihn während der Sitzung von einem Mentor in den Armen halten. In diesen Augenblicken des Trauerns und des Entgegennehmens von Liebe ließ sich Nathans gleichgeschlechtliche

Neigung nach. Die sexuellen Wünsche waren neurologisch mit den schmerzlichen Erlebnissen der Vergangenheit verbunden. In dem Augenblick, als Nathan zu den Erinnerungen vorstieß und die schmerzhaften Emotionen losließ und gesunde Liebe von Männern erfuhr, verringerte sich das sexuelle Verlangen, da es nicht mehr nötig war, da sein inneres Kind gehört, geheilt und gehalten worden war.

Als Christian (siehe Kapitel 5) zu mir kam, war er kurz davor, sich nach zwanzig Ehejahren von seiner Frau scheiden zu lassen. Er hatte verschiedene Therapeuten aufgesucht, die ihm geraten hatten, sein Schwulsein als von Gott so geschaffen anzunehmen. Er war bereit, alles aufzugeben und seine Frau und seine Kinder zu verlassen. Durch Aufspüren und Betrauern der ursprünglichen Verletzungen (Zorn und Angst gegenüber der Mutter, Sehnsucht nach einem Vater, der nicht da war, und sexueller Missbrauch durch einen Nachbarn) verringerte sich sein homosexuelles Verlangen. Endlich war er frei von „dem Schmerz tief in meinem Bauch", der ihn von Kind auf begleitet hatte. Wir wandten Bioenergetik, Heilung der Erinnerungen, Psychodrama und Mentoring an. Heute sind er und seine Frau einander nah, und er ist ein freier Mann.

Ich glaube an vollständiges Heilwerden, und nicht nur an ein Schmerzpflaster oder eine religiöse Hungerdiät gegen „sündige Begierden". Ich weiß, dass die Begierden und Sehnsüchte an schmerzliche Erinnerungen gekoppelt sind. Sobald aber der Betroffene die schmerzhaften Erinnerungen der Vergangenheit aufschließt und wiedererlebt, und er gesunde Liebe erlebt, können die homosexuellen Gefühle verfliegen. Wenn die Mauern, die der Klient um sein Herz gebaut hat, gefallen sind, fängt er an, seine wahre Geschlechtsidentität zu erleben.

Hat der Klient die Emotionen der Vergangenheit nacherlebt und bearbeitet, steht er vor drei wichtigen neuen Aufgaben: 1. emotionale Aufbauarbeit, 2. Umstellen der Gedanken, 3. gezielte Verhaltensänderungen.

Emotional braucht er viel Zeit mit seinen Eltern oder Mentoren, um mehr gesunde Berührung und Bindung zu erfahren, die ihm bisher gefehlt hat. Er muss jetzt auch unerledigte Entwicklungsaufgaben angehen. Die Gemeinschaft mit andersgeschlechtlichen Freunden und Mentoren wird ihn tiefer in die Welt der Männer bzw. Frauen einführen. Mehr über diesen Prozess in Kapitel 12 über Mentoring.

Rational-intellektuell braucht es eine Neueinstellung der Gedanken. Jahre falschen Denkens, unreifen Verhaltens und mangelhafter Kommunikation müssen durch gesunde Gedanken, selbstbewusstes Verhalten und gute Kommunikation ersetzt werden.

Er muss schädliche Angewohnheiten verlernen. Laut Harville Hendrix sind emotionale Durchbrucherlebnisse allein nicht ausreichend für dauerhafte Veränderungen; der Klient muss auch sein Verhalten verändern. „Das Erkennen von Kindheitswunden ist ein entscheidendes Element in der Therapie, aber es reicht nicht aus. Der Klient muss auch lernen, kontraproduktive Verhaltensweisen einzustellen und durch bessere zu ersetzen."[11] Es dauert Monate der wachsamen Arbeit an sich selbst, um eine Angewohnheit zu ändern. Eingefahrene Verhaltensweisen wie Wutanfälle oder Vogel-Strauß-Reaktionen, wenn Probleme kommen, verschwinden nicht über Nacht. Dem Erlernen der richtigen Grenzen kommt eine wichtige Rolle beim Ausfüllen der Entwicklungslücken zu.

Es ist wichtig zu betonen, dass emotionale Heilung allein nicht reicht, es muss auch zu Änderungen im Denken und Verhalten kommen. Die Umstellung im Denken und die Einübung neuer, gesunder Verhaltensmuster ist ein weiteres Teil in dem Puzzle. „Jede bedeutsame, auf Dauer angelegte Veränderung erfordert beharrliches Üben, egal, ob es darum geht, das Geigenspiel zu erlernen oder zu lernen, wie man ein offenerer, liebevollerer Mensch wird."[12] Wenn die Eltern an der Therapie beteiligt sind, können sie ihrem Sohn / ihrer Tochter bei der Erneuerung von Geist, Körper und Seele helfend zur Seite stehen. Sind sie nicht präsent, können der Mentor / Berater / religiöse Vertrauenspersonen oder andere helfen.

Körper

Es sollte weiter für genügend Sport, Ausgleich, Spaß und die richtige Ernährung gesorgt werden. Die Arbeit mit einem qualifizierten Massage-Therapeuten ist ebenfalls hilfreich.

Seele

Bestätigung und Affirmationen sind täglich wichtig für die Genesung der Seele und die Entwicklung eines gesunden Selbstwertgefühls. Das Hören von Liebe und Wahrheit, z. B. durch Anhören seiner Bestätigungsaufnahmen, bewirkt Veränderung. Der Klient kann auch Meditation, Gebet, geistliche Texte und andere hilfreiche MP3s einsetzen.

Therapeutische Werkzeuge und Techniken
Phase IV: Heilung der andersgeschlechtlich-emotionalen und andersgeschlechtlich-sozialen Wunden

Denken	Die Ursachen andersgeschlechtlich-emotionaler und andersgeschlechtlich-sozialer Wunden verstehen Unterschiede Männer/Frauen kennen lernen Beziehungen in der Ehe
Fühlen	Trauern / Vergeben / Verantwortung übernehmen Techniken: Heilung der Erinnerungen / Stimmendialog / Rollenspiel / Psychodrama / Haltende Umarmung / Mentoring / Inneres Kind Unterstützungsnetzwerk
Körper	Bewegung / Ernährung / Sport / Spaß / Verhaltensschulung / Bioenergetik / Atemübungen / therapeutische Massage / gesunde andersgeschlechtliche Beziehungen
Seele	Selbstwertgefühl aufbauen Sich als bei Gott wertvoll erfahren Meditation / Gebet / Affirmationen / religiöse Texte / geistliche Gemeinde

© Richard Cohen, M.A., 2020

Phase IV: Heilung der andersgeschlechtlich-emotionalen / andersgeschlechtlich-sozialen Wunden

1. Weiterführen aller Aufgaben der Phasen I, II und III
2. Entdecken der Ursachen der andersgeschlechtlich-emotionalen / andersgeschlechtlich-sozialen Wunden
3. Weiterführen des Trauerprozesses, Vergebens und Übernehmens von Verantwortung
4. Entwickeln gesunder, heilender Beziehungen zu Personen des anderen Geschlechts; das andere Geschlecht verstehen und schätzen lernen

Denken

Hier muss der Klient mögliche Verletzungen durch den andersgeschlechtlichen Elternteil oder andere wichtige Personen des anderen Geschlechts nachgehen. Männer, die SSA erleben, hatten als Kind möglicherweise eine verstrickte, ungesunde Bindung zu ihrer Mutter, weiblichen Verwandten und anderen Frauen gehabt. Frauen, die SSA erleben, hatten als Kind möglicherweise eine übermäßig enge, ungesunde Bindung zu ihrem Vater und anderen Männern gehabt. Unter Umständen ist es auch zu körperlichem, emotionalem, geistigem oder sexuellem Missbrauch gekommen, der der Heilung bedarf.

Es ist äußerst wichtig, dass der Klient die Ursachen versteht, die zu der Angst vor zu viel Nähe zu dem anderen Geschlecht geführt haben. Wenn er diese Probleme nicht angeht, wird er die ungeheilten Wunden und unbeantworteten Bedürfnisse unbewusst auf seinen Ehepartner oder anderen engen Freunden oder Kollegen vom anderen Geschlecht übertragen.

Eine weitere Aufgabe in dieser letzten Phase der Heilung ist es, das andere Geschlecht verstehen und schätzen zu lernen. Ich empfehle einige Bücher über den Unterschied zwischen Männern und Frauen und über Ehebeziehungen: *Real Love in Marriage,* von Greg Baer; *Getting the Love You Want,* von Harville Hendrix; *You Just Don't Understand,* von Deborah Tannen; *Why Marriages Succeed or Fail,* von John Gottman; *Saving Your Marriage Before It Starts,* von Les und Leslie Parrott.

Fühlen

Wir verfahren im Wesentlichen wie in Phase III mit Stimmendialog, Gestalttherapie, Bioenergetik, Atemarbeit, Rollenspiele, Psychodrama, Familienheilungssitzungen, Mentoring, Heilung der Erinnerungen, EFT, EMDR und Heilung des inneren Kindes.

Wieder ist wichtig: Ich muss fühlen und echt sein, um geheilt zu werden. Der Klient muss das emotionale Gift der andersgeschlechtlich-emotionalen und andersgeschlechtlich-sozialen Wunden herauslassen. Für manche Klienten ist das andersgeschlechtliche Problem nicht so bedeutsam oder stark wie das gleichgeschlechtliche; bei anderen sind die andersgeschlechtlich-emotionalen und andersgeschlechtlich-sozialen Wunden und unbeantworteten Bedürfnisse tiefer.

Wo immer möglich sollte der Prozess der Heilung bei der Ursache ansetzen. Liegt das Problem im Verhältnis zu Mutter, Vater, Geschwistern oder anderen Verwandten, empfehle ich, diese Personen in die therapeutische Arbeit miteinzubeziehen. Zur Vorbereitung lasse ich den Klienten Übungen aus Jane Myers Drews Buch *Where Were You When I Needed You Dad?* durcharbeiten. Alle fünfzig Übungen sind geeignet.

Dr. Drew hat ein Acht-Stufen-Modell der Heilung ausgearbeitet:

1. Werde dir des Einflusses der betreffenden Person auf dein Leben bewusster
2. Den Schmerz betrauern und loslassen
3. Den Elternteil oder die andere wichtige Person neu sehen lernen
4. Das innere Kind heil werden lassen
5. Sich selbst ein(e) gute(r) Vater/Mutter sein
6. Die Weisheit in der Wunde finden
7. Neue Beziehung zu dem Elternteil oder der anderen wichtigen Person aufbauen
8. Erfüllende Beziehungen pflegen[13]

Dies sind gute Übungen zur Vorbereitung der heilenden Begegnung mit der/den Person(en), mit denen es zu der seelischen Verletzung kam. Bitte beachte: Bevor eine Versöhnung möglich ist, muss der Klient viel Aufarbeitungsarbeit leisten. Eine verfrühte Versöhnungssitzung kann in gegenseitige Schuldzuweisungen ausarten – eine Katastrophe für alle. Gute Vorbereitung und Aufarbeitung sind der Schlüssel, damit Versöhnung stattfinden kann. Das erwachsene innere Kind muss die volle Verantwortung für seine Gedanken und Gefühle übernehmen. Die Vorbereitungsphase kann mehrere Monate bis Jahre dauern. Das Ziel jeder Versöhnungssitzung ist es, die eigene Kraft zurückzuerlangen, indem man sie mit dem Erwachsenen-Ich teilt, nicht mit dem verletzten inneren Kind.

Der schnellste Weg zur Heilung ist die Familienheilungssitzung mit dem andersgeschlechtlichen Elternteil. Kann dieser selbst nicht teilnehmen oder ist nicht gesund genug, sollten Mentoren des anderen Geschlechts an seine Stelle treten. Ein glücklich verheiratetes Paar sind die besten Mentoren für das Erwachsenen-Kind. Der Umgang mit dem anderen Geschlecht sollte mit ungezwungenen, nichtsexuellen Beziehungen beginnen. Unsere Kultur ist sehr stark sex-betont, und viele Männer können Sex, Liebe und echte Nähe nicht unterscheiden. Die meisten Frauen hungern nach körperlicher und emotionaler Nähe zu ihren Ehemännern, doch ihre Männer denken, Sex sei schon Nähe, und sie können beides nur schwer voneinander unterscheiden. Auch hier gibt es viele Übungen in *Healing Humanity: Time, Touch and Talk*, um diesen Prozess zu unterstützen.

Körper

Die Übungen und Techniken der dritten Phase sollen weiter angewendet werden. Darüber hinaus braucht der Klient möglicherweise ein Verhaltenstraining. Einige ehemalige SSA-Männer zeigen eher weibliche Verhaltensweisen, und einige ehemalige SSA-Frauen zeigen eher männliche Verhaltensweisen. Männer müssen deshalb mehr männliches, Frauen mehr weibliches Verhalten lernen.

In dieser Phase ist der Einsatz von Videoaufnahmen, die dem Klienten seine Verhaltensweisen direkt vorführen, sehr hilfreich. Ein körpersprachliches Verhaltenstraining kann dem Klienten wiedergeben, was er in der frühen Phase seiner kindlichen Entwicklung verpasste – männlicher zu sein und sich männlicher zu verhalten. Benutze ein Smartphone oder einen Spiegel. Auf diese Weise kann der Klient sein Verhalten sehen und herausfinden, wie er es ändern kann.

Ich konzentriere mich erst in dieser letzten Phase der Heilung auf die Schulung des Verhaltens, weil zuvor sehr viele andere wichtige Veränderungen angegangen werden müssen.

Seele

Auch hier werden die Übungen aus Phase III weitergeführt. Hat der Klient Sicherheit und Vertrautheit in seiner Geschlechtsidentität erlangt, kann er anfangen, selbst weiterzugeben, was er empfangen hat und für andere ein Helfer werden.

Fazit

Denken, Fühlen, Körper, Seele und Geist müssen in den Heilungsprozess einbezogen werden. Der Klient muss deshalb eine neue, von echter Nähe gekennzeichnete Beziehung zu Gott, zu sich selbst und zu anderen Menschen herstellen.

Eines Abends nach unserer Selbsthilfegruppe räumte ich auf und verschüttete das Wachs eines fünfstöckigen Kerzenständers auf dem Teppich. Überall waren rote, grüne und weiße Flecken zu sehen. Ich fragte meine Tochter Jessica, wie ich das Wachs aus dem beigen Teppich herausbekommen könnte. Sie zeigte mir, wie man weißes Papier über das Wachs legt und mit dem heißen Bügeleisen das Wachs wieder erwärmt, damit es in das Papier einzieht. Ich saß fast eine Stunde lang da und staunte darüber, wie die verschiedenen Wachsfarben aus dem Teppich und auf die vielen Papierstücke gesaugt wurden.

Als ich dort saß, fragte ich Gott: „Warum passiert das? Ich bin so erschöpft von der Gruppe, von den Beratungen der ganzen Woche, vom Schreiben meines Buches, vom Ehemann- und Vatersein. Ich bin völlig erschöpft. Was gibt es hier zu lernen?" Ich hörte ganz deutlich: „Ich bin das Eisen. Du bist das Papier. Der Teppich sind deine Klienten, und das Wachs sind all ihre Schmerzen, Wunden und Verletzungen, die an die Oberfläche kommen und ihren Körper verlassen. Ich bin die Hitze, die die Heilung hervorbringt. Du bist nur ein Instrument, mit dem ich sie von ihrem Leid und ihren Schmerzen befreie."

Männern und Frauen dabei zu helfen, von ungewollter SSA und anderen Belastungen des Herzens geheilt zu werden, ist keine einfache Aufgabe. Es braucht Zeit, Mut und Entschlossenheit. Es ist der Weg der größten Anstrengung und nicht der Weg des geringsten Widerstands, der zu einem reichen und erfüllten Leben führt.

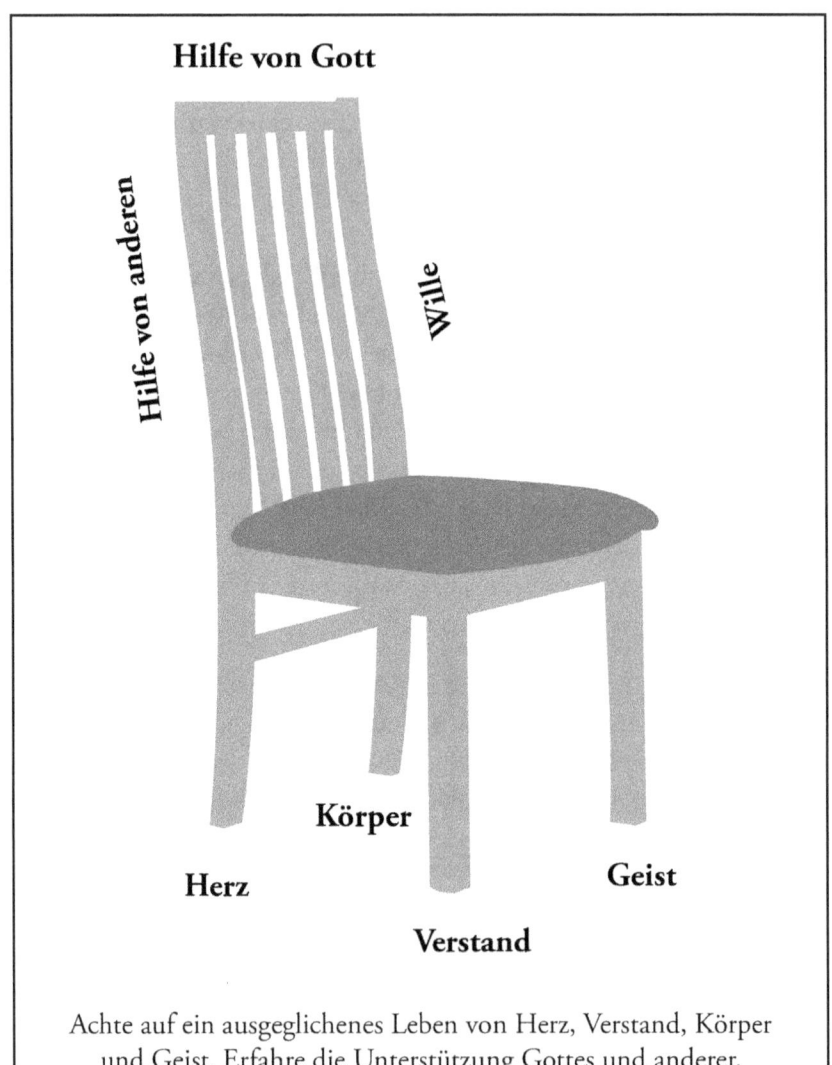

Achte auf ein ausgeglichenes Leben von Herz, Verstand, Körper und Geist. Erfahre die Unterstützung Gottes und anderer.

© Richard Cohen, M.A., 2025

KAPITEL SIEBEN

Markus

Ich bin in einer „anständigen" Familie aufgewachsen. Wir waren vier – Vater, Mutter, mein älterer Bruder und ich. Bei uns schien alles in Ordnung zu sein. Die halbe Stadt beneidete uns wegen der Arbeit meines Vaters, durch die wir viel in der Welt herumkamen. Wir wohnten in einem osteuropäischen Land, das seit Jahrzehnten vom Kommunismus beherrscht war. Dies beeinflusste unsere Familie, wie ich erst Jahre später verstehen sollte.

Ich wusste nicht, was mit mir los war. Ich war zu jung, um mich bewusst anders zu fühlen. Soweit ich mich zurückerinnere, waren meine Gefühle zu Männern irgendwie besonders und diese Gefühle verunsicherten mich. Das erste Mal, als ich mich so „anders" fühlte, muss in einem Umkleideraum gewesen sein. Ich weiß nur noch, wie da ein nackter Mann vor mir stand. Seitdem ließ dieses Gefühl mich nie mehr los. Es war eine Mischung aus Angst, Erregung, Schmerz, Bedürftigkeit und Verwirrung, und ich spürte dieses Gefühl, wenn ich in der Nähe meines Bruders war oder meines Vaters oder irgendeines anderen Mannes. Es verfolgte mich in meinen Träumen und wenn ich allein war. Ständig war sie da, diese Sehnsucht nach Männern – und gleichzeitig hatte ich Angst vor ihrer Nähe.

Schon früh begann ich mit Selbstbefriedigung. Es war ein schönes Gefühl – vielleicht das einzige Schöne in meinem Leben. Später zeigte ich das meinem Bruder, und wir machten es zusammen. Für den Augenblick war es immer schön; hinterher fühlte ich mich umso schlechter. Es war eine Art Betäubungsmittel. In meinen Teenagerjahren wurde es zu einer richtigen Sucht. Ohne dass ich es merkte, eroberte es nach und nach mein ganzes

Leben, ja meine Identität. Mein Selbstwertgefühl hing davon ab, ob mein Bruder sich für mich interessierte, und später davon, ob andere Männer mich wollten.

Ich wurde ein „unsichtbarer" Junge. Niemand wusste, was in mir vorging, und meine Eltern hatten keine Ahnung davon, was ich durchmachte und womit ich kämpfte. Als ich dreizehn war, war mein ganzes Lebensziel, dass ein Mann analen Sex mit mir machen würde; nichts anderes zählte, nichts anderes interessierte mich. Ich konnte nicht mehr lernen, ich hatte keine Freunde. Zum Glück waren dort, wo wir wohnten, homosexuelle Beziehungen tabu, und die Angst davor, dass ich womöglich ins Gefängnis kommen oder mein Vater seine Arbeit verlieren würde, bewahrte mich davor, zu sehr über die Stränge zu schlagen. Ich ging auf Nummer sicher und hatte nur Sex mit meinem Bruder. Wenn ich heute zurückblicke, begreife ich nicht, wie ich mit all meinem verwirrten Schmerz damals überleben konnte. Aber ich kam mir sogar glücklich vor.

Mein Vater ist ein guter Mann, der aus einer zerbrochenen Familie kam. Sein Vater hatte ihn und seine Schwester und Mutter verlassen. Mein Vater bemühte sich vor allem darum, materiell für die Familie zu sorgen, weniger um unsere emotionalen Bedürfnisse. Als ich endlich merkte, wie sehr ich ihn brauchte, gab es keine Beziehung mehr zwischen uns. Dieses Bedürfnis und diese Sehnsucht nach einem starken Mann in meinem Leben, der mich führte und liebte, wurden im Laufe der Jahre ein sexuelles Bedürfnis.

Als ich zwanzig wurde, fiel das kommunistische Regime, und ich beschloss, die neue Freiheit zu nutzen und ging mehrere homosexuelle Beziehungen ein. Es war wie eine Achterbahnfahrt. Die ganze über all die Jahre aufgestaute Gefühlslawine kam ins Rollen, und alle Fantasien wurden Wirklichkeit. Es war, wie wenn eine warme Cola-Dose explodiert: Alles läuft über. Bei mir lief alles über. Mir wurde klar, dass ich das so gar nicht gewollt hatte. Die Welt, die ich mir vorgestellt hatte, gab es so gar nicht, und die Liebe, die ich dort suchte, auch nicht. Ich versuchte es also auf die „richtige" Art, mit einem Mädchen. Vielleicht würde mich das wiederherstellen? Aber es funktionierte nicht. Es dauerte eine Zeit, bis ich merkte, dass ich eigentlich sehr unglücklich war, dass ich vor einem Scherbenhaufen stand und dass das anders werden sollte. Ich begann nachzudenken. Wer war ich und was wollte ich? Die homosexuellen Gefühle, die Versuchung, der Schmerz und das innere Durcheinander – es war alles noch da, auch die Erfahrungen, die ich in meiner eigenen Haut gemacht hatte. Ich hatte niemanden, mit dem ich über meine inneren Kämpfe und meinen Schmerz reden konnte. Schließlich wandte ich mich in meiner Ratlosigkeit sogar an Gott – das war eine Sache, in der ich nicht gerade Übung hatte.

Ich suchte verschiedene Leute auf, Therapeuten und Berater, ohne eine klare Antwort zu bekommen. Ich merkte, dass sie mir helfen wollten. Einige spürten den Schmerz in mir, aber wussten nicht, wie sie damit umgehen sollten. Meine Enttäuschung wurde immer größer. Schließlich vertraute ich mich meinen Eltern an, aber sie waren auch hilflos. Ich nahm mir vor: Wenn es irgendwo in der Welt Hilfe für mich gab, wollte ich sie finden. Damals hörte ich – über einige Freunde und durch ein Wunder – dass Heilung möglich sei. Freunde besorgten mir ein Video, in dem es um den Heilungs- und Veränderungsprozess ging – und es überzeugte mich. Gut zwei Jahre später konnte ich endlich in die USA gelangen und dort eine Therapie beginnen.

In der Therapie hörte ich viele Erklärungen über die möglichen Ursachen, lernte die Therapiewerkzeuge kennen, sah endlich ein Ziel und auch einen Weg dorthin. Doch dies war erst der Anfang. Endlich Fakten zu kennen und zu verstehen, brachte zunächst eine große Erleichterung. Aber die wirkliche Arbeit lag jetzt erst vor mir. Die erste Schlacht hieß: Selbstwertgefühl aufbauen und Kommunikationsfähigkeiten lernen. Dann kamen Mentoring und dann die effektive Therapie. Wir trafen uns zwei Mal in der Woche. In der ersten Wochensitzung gab es vor allem Arbeit für die grauen Zellen. Wir gingen meine Familiengeschichte durch. Wir sprachen viel miteinander, und dies half mir, meine Gedanken und Gefühle besser und selbstbewusster auszudrücken und in meinem sozialen Umfeld besser zurechtzukommen. Ich lernte, meine eigenen Denkmuster besser zu durchschauen, allmählich lernte ich auch, die Entscheidungen über mein Leben und meine Reaktion auf das, was mir passiert, wieder selbst in die Hand zu nehmen. In der zweiten Wochensitzung ging es um Emotionen – um den Ausdruck von Gefühlen wie Angst, Schmerz und Wut. Es ging darum, Liebe und Annahme zuzulassen, Respekt vor mir selbst zu entwickeln und durch die gemeinsam verbrachte Zeit, durch Berührungen und Gespräche aufbauende Liebe zu erfahren. Das war etwas ganz Neues für mich. Zum ersten Mal interessierte sich jemand für mich, ohne mich sexuell zu begehren. Zum ersten Mal durfte ich Liebe „einfach so" entgegennehmen. Das war ein Kampf. Ich musste lernen, zu vertrauen, Grenzen zu setzen und Liebe anzunehmen.

Zwei Jahre vergingen. Ich ging regelmäßig in die Therapie und machte meine Hausaufgaben. Ich begann, Freundschaften zu schließen, vor allem in der Selbsthilfegruppe, die Richard eingerichtet hatte. Das half mir, die neu gelernten Fertigkeiten auszuprobieren. Es wurde viel leichter für mich, mit meinen Gefühlen positiv umzugehen und herauszufinden, woher sie kamen. Aber der Kampf mit homosexuellen Gefühlen war immer noch da. Ich wusste und spürte, dass da immer noch eine Mauer um mein Herz war, die mich daran hinderte, die Liebe, die ich zur Heilung meiner tiefsten Wunde so nötig brauchte, zuzulassen und anzunehmen. Immer noch war meine Seele im Innersten wund, immer noch gab es diesen Schmerz.

Nachdem ich einige Zeit gesucht hatte, fühlte ich mich stark genug, das Problem konzentrierter anzugehen und ein von einer Männergruppe organisiertes Wochenendseminar zu besuchen. Schritt um Schritt näherten wir uns an diesem Wochenende unseren Wunden. Ich sah, wie all diese anderen Männer in die Tiefe gingen, sich ihren Gefühlen stellten, sie losließen und wie ihre Wunden anfingen zu heilen. Ich sah die helfende Hand der anwesenden Psychologen, nahm mir ein Herz und sprang in den Teil meines Herzens hinein, wo die Wunde war, in den Kern meiner Seele. Es war die Hölle. Alles, was ich in den vergangenen zwei Jahren gelernt hatte, kam in diesen fünfzehn Minuten zusammen und trug Frucht. Es war genau der richtige Ort und der richtige Zeitpunkt; es hätte nicht besser sein können. Ich sank hinein in den Sumpf meiner Angst und ging bis zur Mauer. Ich sah sie vor mir, und zu meiner Überraschung sah ich auch, dass all die Arbeit der letzten beiden Jahre nach und nach kleine Breschen in die Mauer geschlagen hatte. Jetzt genügte ein einziger Schlag, und die Mauer fiel um.

Die Mauer fiel, und ich sah den kleinen Jungen in dem Umkleideraum, hilflos und zu Tode erschrocken. Es war niemand da, der ihn vor dieser Bedrohung hätte schützen können, dem nackten Mann, der vor ihm stand. Ich erlebte sie wieder, die Panik, die Angst und die Wut von damals. Ich trauerte um das unschuldige Kind und seinen Schmerz. Ich ließ sie endlich los, die schrecklichste Erfahrung, und als ich zurück in den Raum kam und all die Männer um mich sah mit Tränen in ihren Augen, fühlte ich mich zum ersten Mal in meinem Leben frei. Ich war wie neu geboren, der bohrende Schmerz in meiner Brust war weg. Es dauerte noch Monate, bis ich dieses Erlebnis in mein Leben integrieren und wirklich glauben konnte, dass es geschehen war. In dem Augenblick, wo meine Wunden zu heilen begannen, verschwanden meine homosexuellen Gefühle. In den folgenden Tagen und Wochen spürte ich die Veränderung immer deutlicher, und ein Gefühl von Frieden und auch von Glück breitete sich allmählich in mir aus. Als das geschehen war, ordnete sich auch alles andere. Heute sind seit jenem Wochenende über zwei Jahre vergangen. Ich bin der Mensch geworden, der ich werden wollte. Ich bin verheiratet und ein werdender Vater. Ich fühle mich wohl in meiner Haut. Ich bereue keine Sekunde, was ich während meines Heilungsprozesses alles durchgemacht habe. Ich habe Menschen in meinem Leben, die mir wichtig und wertvoll sind. Ich liebe und werde geliebt. Das Leben ist gut.

Kommentar

Markus und seine Frau sind jetzt glücklich verheiratet und haben zwei Kinder.

KAPITEL ACHT

Wut: Zugang zur eigenen Kraft

„Wut existiert, um uns vor Feinden zu schützen. Sie ist eine automatische Reaktion, die jedes Mal erfolgt, wenn wir uns bedroht fühlen. […] Häufiger jedoch ist Wut eine Reaktion auf bestehende oder drohende seelische Verletzungen. […] Wut ist fast immer eine Reaktion auf ein im Augenblick schmerzliches oder vermindertes Gefühl für das eigene Selbst."[1]

—Steven Stosny, Ph.D.

Ein giftiger Baum

Ich war wütend auf meinen Freund:
Ich sprach es aus – der Zorn verschwand.
Ich war wütend auf meinen Feind:
Ich schwieg – und der Zorn jetzt keimt.

Ich tränkte ihn mit Angst und Leid,
mit meinen Tränen allezeit.
Ich nährte ihn mit falschem Schein,
mit Lächeln, trügerisch und fein.

Und er wuchs bei Tag und Nacht,
bis er eine Frucht gebracht.
Mein Feind sah sie golden hier,
und wusste gleich: Sie stammt von mir.

> Er schlich in meinen Garten sacht,
> als die Nacht den Himmel bewacht.
> Am Morgen sah ich voller Freud,
> am Fuss des Baum's, den toten Feind.
>
> —William Blake, 1794

Warum werden wir wütend?

Die Hauptfunktion der Wut aus physiologischer Sicht ist, uns vor Gefahren zu schützen; daher die Kampf-, Flucht- oder Erstarr-Reaktion. Wut ist eine Verteidigungswaffe. Wut soll uns vor Verletzung und Schmerz schützen.

In vielen Menschen, die SSA erleben, schlummert ein Reservoir nicht ausgedrückter Wut. Da die psychologische Wut eine Sekundär-Emotion ist, die Verletzungen und Schmerz überdeckt, sind die meisten Menschen ihren Kernproblemen bzw. Lebenswunden entfremdet. Daher habe ich es im therapeutischen Prozess als hilfreich empfunden, meinen Klienten dabei zu helfen, die Wutenergie zu nutzen, um ihr verlorenes Selbst wiederzugewinnen.

„Wir haben unsere Fähigkeit, positive Gefühle auszudrücken, fast verloren, weil wir unsere Fähigkeit, negative Gefühle auszudrücken, unterdrückt haben. Werden die einen Gefühle gehemmt, kommt es auch zur Blockierung der anderen. Um ihre negativen Gefühle unter Kontrolle zu halten, neigen Menschen dazu, auch ihre positiven Gefühle zu unterdrücken."[2] Die schlechte Nachricht lautet: Wenn wir die Fähigkeit verlieren, unsere negativen Gefühle zum Ausdruck zu bringen, verlieren wir auch die Berührung mit unseren positiven Gefühlen. Die gute Nachricht: Wenn wir lernen, unsere Negativgefühle angemessen auszudrücken, werden wir auch die unter ihnen gefangen liegenden positiven Gefühle wieder erfahren können.

„Wut ist eine Überlebensemotion, ein Warnsignal, dass Bedürfnisse nicht beantwortet werden. [...] Wenn wir unseren Kindern nicht erlauben, ihre Wut und ihren Zorn zu zeigen, lernen sie es nicht, auf ihr Warnsystem, das sie schützen soll, zu hören, und verlieren ihr wahres Selbst."[3] Das „Lieber kleiner Junge"-Syndrom schafft entmännlichte Männer. Der stets Nette, der Süße, der Sympathische – alle diese Rollen sind ein Verrat am männlichen Wesen. Der so geprägte Junge operiert von der mehr femininen Seite seines Wesens aus. Im Alter zwischen 18 und 36 Monaten ist ihm die

Ablösung von der Mutter und die Anbindung an den Vater möglicherweise nicht gelungen. Womöglich hat er auch seine Fähigkeit verloren, „Nein" zu sagen. Und das übermäßig süße Mädchen/Frau hat den Bezug zu ihrer maskulinen, durchsetzungsfähigen Natur verloren. Auch ihr emotionaler Haushalt ist aus dem Gleichgewicht geraten.

Wir haben einen Spruch in unserer Selbsthilfegruppe: „Nett nervt". Das ist wörtlich zu nehmen. Es nervt, wenn man die Anerkennung anderer braucht (Co-Abhängigkeit). Ein Mensch, der immer lieb, freundlich und nett ist, damit die anderen ebenfalls lieb zu ihm sind, ist wie ein Parasit, der die Lebensenergie seiner Mitmenschen aufsaugt. Es ist eine Art Götzendienst. Man fühlt sich nicht liebenswert, nicht wertvoll und lebt nun ganz für das Lob, das man von den anderen bekommt. Mögen sie mich, hat mein Leben einen Sinn; tun sie dies nicht, muss ich mich noch mehr anpassen, um doch noch ihre Anerkennung zu erhalten. Ein anderer Ausdruck für diese Konstellation ist *emotionale Abhängigkeit* oder *co-abhängiges Verhalten*.

Ich will hier nicht Leute kritisieren, die „nett" oder freundlich sind. Wenn diese Gefühle echt sind und der Betreffende eine feste Selbstidentität hat und nicht krampfhaft die Anerkennung seiner Mitmenschen sucht, ist das in Ordnung. Meine Erfahrung mit Männern, Frauen und Jugendlichen, die von ungewollter SSA geheilt werden möchten sowie mit anderen, die als Kinder vernachlässigt, missbraucht oder verlassen wurden, hat mir jedoch gezeigt, dass eine wirkliche Ablösung von den (tatsächlichen oder so empfundenen) Tätern nicht stattgefunden hat. So kapitulieren sie als Erwachsene weiter vor den Bedürfnissen anderer, ohne ihre eigenen Gefühle, Gedanken und Bedürfnisse wirklich wahrzunehmen. Und wenn sie sie wahrnehmen, haben sie oft Angst, sie auszudrücken, um das bisschen Liebe, das sie zu erhalten empfinden, nicht zu verlieren. Und so fühlen oder denken sie „Nein" – und sagen „Ja".

Als das Kind seine schmerzhaften Gefühle, Gedanken und Sehnsüchte unterdrückte, verlor es sein wahres Selbst: Herr Nett wurde geboren, Herr Verletzt musste abtreten. Daher ist nach meiner Erfahrung eine gewisse Wutarbeit ein wesentlicher Bestandteil des Heilungsprozesses, der es dem Klienten erlaubt, lebendig begrabene Gedanken, Gefühle und Bedürfnisse wieder in Besitz zu nehmen. Bioenergetische Methoden sind exzellente Werkzeuge, um jahrelang aufgestaute Emotionen loszulassen. Wenn jemand in seinem eigenen Kopf festsitzt, setze ich oft das Kissenschlagen ein und veranlasse den Klienten zu Atemübungen und dazu, so sich alles „von der Leber zu reden" (siehe Fotos auf den folgenden Seiten).

Auch hier ist die richtige Zwerchfellatmung wichtig. Ich lasse den Klienten in den Bauch einatmen und dann beim Ausatmen die Kissen mit dem Tennisschläger bearbeiten, während er den Namen der Person sagt, gegenüber der er unbereinigte Gefühle hat, oder was auch immer er ausdrücken möchte. (Zur Erinnerung: er soll Sporthandschuhe tragen, um seine Hände zu schützen.) Ich achte darauf, dass beim Ausatmen und Sprechen der Unterkiefer weit geöffnet und entspannt ist.

„Papa, Papa, Papa, Papa …", wiederholt er immer wieder, bis er in Kontakt mit seinen tieferen, unterdrückten Gefühlen kommt. Hat er dieses Reservoir angezapft, weise ich ihn an, die Gefühle hinaus- und loszulassen. Während er weiter tief atmet, lässt er die jahrelang aufgestauten Emotionen los: „Wo warst du, als ich dich brauchte?" – „Warum hast du mich nie auf den Schoß genommen?" – „Warum hast du mir nicht beigebracht, wie man ein Mann ist?" – „Ich brauchte dich, und du warst nicht da." So macht er die Stimme des inneren Kindes hörbar.

Wutarbeit braucht Zeit. Manchen Menschen ist es nicht geheuer, wenn sie wütend werden. Vielleicht durften sie das als Kind zu Hause nie. Oder sie halten es für unrecht, ihrer Mutter / ihrem Vater gegenüber Wut zu zeigen. Oder sie wuchsen in einer sehr aggressiven Umgebung auf, und jeder Ausdruck von Wut lässt unbewältigte traumatische Gefühle wieder hochkommen.

Wer seiner Wut entfremdet ist, muss unter behutsamer Anleitung lernen, sie auszudrücken. Ich zeige dem Klienten, wie das funktioniert. Ich demonstriere ihm, dass ich selbst bereit bin, Wut auszudrücken, und helfe ihm dann, wie er seine Wut herauslassen kann. Wir halten (ich stehe hinter dem Klienten) gemeinsam den Schläger und schlagen und schreien gleichzeitig. Es ist sehr wichtig, dem Klienten vorzuführen, dass man starke Gefühle ausdrücken darf. Viele Menschen haben es nie gelernt, ihren Zorn auf eine gesunde Art herauszulassen, oder es war in ihrer Familie nicht erlaubt. Der Klient, der Wut für nicht akzeptabel hält, muss lernen, dass es eine natürliche, von Gott gegebene Emotion ist. Wir fahren so lange gemeinsam mit dem Kissenschlagen (bioenergetische Arbeit) fort, bis der Klient sich sicher genug fühlt, um Wut und Zorn alleine auszudrücken.

Wer in einer aggressiven Umgebung aufwuchs, hat womöglich Angst vor seiner eigenen Wut. Das innere Kind hat Angst, dass es vernichtet wird, wenn es seinen Schmerz herauslässt. Dies ist eine ganz natürliche Reaktion auf starke Verletzungen und Schmerzen. Ich versichere dem Erwachsenen-Kind, dass es nicht sterben wird, wenn es seiner Wut und seinem Schmerz Ausdruck gibt, und dass ich bei ihm sein werde. Der Mensch, der seinen Zorn und seine Wut hinauslässt und dadurch in Verbindung mit seinen Verletzungen und seinem Schmerz kommt, erlebt ein Gefühl tiefer Erleichterung. Dies geschieht jedes Mal, denn es handelt sich hier um einen natürlichen Heilungsprozess, den Gott in jeden von uns eingebaut hat. Unsere Kinder zeigen uns das jeden Tag: Wenn sie sich verletzen, schreien und weinen sie, wollen anschließend getröstet werden, fühlen sich zum Schluss viel besser, begreifen, was da passiert ist, und nutzen dieses Wissen, um in Zukunft gefährlichen Situationen auszuweichen.

Viele religiöse Menschen denken, dass sie, um wirklich fromm zu sein, immer „gut" sein müssten. Sie wagen nicht, die ganze Bandbreite ihrer Emotionen auszudrücken. Doch das Alte wie das Neue Testament kennen Zorn sehr wohl und verbieten ihn nicht, sondern zeigen, wie man ihn gesund und angemessen ausdrücken kann. „Eine alte Tradition sagt, dass ein Mann, der Gott liebt und ihn um Dinge bittet, in zwanzig Jahren heilig werden kann; aber wenn er mit Gott streitet und echt ist, kann er das Gleiche in zwei Jahren erreichen."[4]

Das Zulassen unserer verdrängten Wut öffnet uns eine Tür in unsere Seele. Wenn jemand nicht weiß, wo die „Schatten" (verborgenen Wunden) in seinem Leben liegen, braucht er nur die Menschen zu beobachten, die ihm unsympathisch sind oder die ihn leicht aufregen; dort wird er seine Wunde(n) finden. *Wieder ist es eigentlich nicht die Begebenheit oder diese Person selbst, die uns ärgert, sondern der unverarbeitete Schmerz von früher, der wieder hochkommt.* Wir gehen unseren Wunden und dem Schmerz meist dadurch aus dem Weg, dass wir anderen Menschen die Schuld zuschieben. Doch wenn wir uns unserem Schmerz öffnen und unsere Verluste betrauern, kommt die Heilung wie von selbst nach. Wenn wir die Schmerzgefühle loslassen, müssen wir an ihre Stelle gesunde Liebe einsetzen. Deswegen ist gesunde Berührung ein wichtiger, zentraler Teil des Heilungsprozesses.

„Die Geschichte vom Eisenhans legt den Gedanken nahe, dass der goldene Ball (das goldene Kind) im magnetischen Bereich des Wilden Mannes liegt – eine Vorstellung, die schwer nachzuvollziehen ist. Wir müssen als Möglichkeit in Betracht ziehen, dass die eigentliche strahlende Energie des Mannes weder im Bereich des Weiblichen verborgen liegt, noch sich dort für immer festgesetzt hat oder dort auf uns wartet, noch in dem Macho-Reich eines John Wayne, sondern im magnetischen Feld der tiefsten Männlichkeit."[5]

Auf die Trauerarbeit folgt das Verstehen, und der Klient kann die gelernten Lektionen in sein Leben integrieren. Durch einen solchen Prozess wird er ganz natürlich ein starkes Bewusstsein seiner Geschlechtsidentität (wieder) bekommen und braucht seine Energie nicht mehr in das Verdrängen zu investieren. Wenn die Wunden heilen, kommt es ganz natürlich zu neuen Gefühlen der Verbundenheit.

Hinweis: Klienten mit Wut- und Zorn-Problemen müssen Fähigkeiten zur Selbststeuerung erlernen. Es gibt viele Bücher und Techniken zum Thema ‚Wut-Management'. Die Wutarbeit, die ich in diesem Kapitel behandelt habe, ist für jene Klienten gedacht, die diesen Teil ihrer Persönlichkeit verdrängt hatten.

WUT: ZUGANG ZUR EIGENEN KRAFT

Halte den Tennisschläger über deinen Kopf, atme tief durch das Zwerchfell ein, stelle dir vor, dass dein Vater auf der anderen Seite der Kissen steht, und stelle deine Füße schulterbreit auseinander.

Dein Kiefer muss entspannt und weit geöffnet sein, während du „Papa" mit dem gleichen, anhaltenden Atemzug sprichst.

Schlage am Ende des Atemzugs auf das Kissen. Wiederhole den Ablauf immer wieder, ohne zu zögern, bis tiefere Gefühle / Gedanken auftauchen.

Fotos von Ken Weber

KAPITEL NEUN

Joseph

Ich bin in Europa geboren, wo ich auch über zwanzig Jahre lang lebte. Meine Kindheit war nicht besonders glücklich. Ich war ein sehr sensibles Kind, und so war die Konfrontation mit der Wirklichkeit für mich wesentlich schwieriger als für andere. Ich weiß nicht mehr genau, wann ich anfing, mich zu Jungen hingezogen zu fühlen, aber vor ein paar Jahren fand ich heraus, dass mein Onkel, bei dem ich als Drei- bis Fünfjähriger oft gewesen war, mich sexuell missbraucht hatte. Als ich diesen Erinnerungen auf die Spur kam, schreckte ich davor zurück, mich an die genauen Ereignisse zu erinnern, die sich damals zutrugen. Aber noch schmerzlicher waren die mit diesem Missbrauch verbundenen Gefühle, die seit vielen Jahren in meinem Körper und Geist aufgestaut waren. Ich erlebte die Gefühle wieder, die ich damals als kleiner Junge gehabt hatte. Jetzt, im Nachhinein, bin ich sehr froh, dass diese Erinnerungen wieder hochkamen, dass ich nun um diesen Missbrauch weiß, denn er war einer der Faktoren, die mich zu homosexuellem Verlangen führten.

Meine Mutter war zu Hause, solange mein Bruder und ich klein waren. Schon als Kleinkind hatte ich keine Chance, mich von ihr zu befreien und einmal eigene Wege zu gehen. Ihre ganze Erziehung zielte darauf ab, dass ich ein „guter Junge" würde. Mein Vater machte Überstunden und war kaum zu Hause, so dass niemand als Gegengewicht zu meiner Mutter da war. Mein Bruder wurde geboren, als ich neun war. Von seiner Geburt an war ich eifersüchtig auf ihn, weil sich auf einmal alles um ihn drehte.

Als Teenager hatte ich viele Freunde in der Schule, aber zu Hause war ich fast immer unglücklich. Meine Freunde wurden meine Familie. Es kam zu sexuellen Handlungen mit einigen Schulfreunden – gemeinsames Masturbieren und oraler Sex. Ich fand das gut. Etwa zur gleichen Zeit entdeckte ich die pornografischen Magazine meines Vaters, und die Masturbation wurde immer mehr mein guter Freund in meiner Einsamkeit zu Hause.

Ich hatte damals nicht begriffen, warum es mich zu Jungen und Männern zog. Mir war das eine sehr große Last, denn ich war doch auch gerne mit Frauen zusammen und wollte einmal eine eigene Familie gründen. Nach der Schule wurde mein Leben noch verwirrender. Ein guter Freund von mir gab sich dem schwulen Lebensstil ganz hin, und ich wusste nicht, ob ich den gleichen Weg einschlagen sollte. Gleichzeitig war ich in ein Mädchen verliebt, dies bewahrte mich vor einigem.

Ich war immer noch verwirrt, aber ein Besuch in den USA gab mir ein wenig mehr Klarheit. Während der Reise wohnte ich einige Zeit bei einem schwulen Paar und erkannte, dass der schwule Lebensstil nicht das Richtige für mich sein würde. Aber ich fühlte mich immer noch zu Männern hingezogen. In gewissem Sinne war das Leben eher schwieriger geworden, weil ich jetzt genau wusste, dass ich nicht schwul leben wollte.

Gleichzeitig begannen sexuelle Eskapaden. Ich hatte Sex mit Männern in öffentlichen Parks und Toiletten. Das geschah nicht sehr oft, gab mir aber das Gefühl, dass ich mein Bedürfnis nach Nähe zu Männern dadurch stillen könnte. Doch nach kurzer Zeit merkte ich, wie schrecklich das Ganze war, und versuchte, es so oft wie möglich zu lassen. Das gelang mir auch zum Teil, weil ich mich mehr auf Masturbation und homosexuelle Pornografie verlegte.

Ich studierte damals. Eine Freundin war mir eine große Hilfe. Durch sie hörte ich von einem Therapeuten, der mit Leuten arbeitete, die genau das gleiche Problem hatten wie ich. Auf einer seiner Vortragsreisen durch Europa lernte ich ihn kennen, und zum ersten Mal in meinem Leben konnte ich mit jemandem über meine Probleme reden. Er erklärte mir seine Sicht der Homosexualität und sagte mir, dass Heilung möglich sei. An diesem Tag bekam ich wieder Hoffnung! Gott, der mir durch all diese Jahre hindurchgeholfen hatte, hatte mir ein großes Geschenk gemacht.

Ich beschloss, nach Amerika zu gehen und dort eine Therapie zu machen. Ein Jahr später klappte es und ich konnte zu einem Kollegen von Richard in die Therapie gehen. Zum ersten Mal konnte ich jemandem meine ganze Geschichte erzählen – und zum ersten Mal in meinem ganzen Leben fühlte ich mich verstanden und nicht mehr ganz so allein.

Nach ein paar Monaten in den USA musste ich zurück nach Europa, um mein Studium abzuschließen. Ich beschloss, später zu einem längeren Aufenthalt zurückzukehren, um die Therapie fortzusetzen und mich einer Selbsthilfegruppe anzuschließen. Zu Hause hatte ich wunderbare Freunde, die mich sehr unterstützten. Einer von ihnen kannte meine ganze Geschichte und war immer da, wenn ich ihn brauchte. Er nahm mich in die Arme, und wir gingen zusammen zum Sport, verbrachten oft die Freizeit miteinander und arbeiteten an verschiedenen Projekten auf dem Campus zusammen.

Zu dieser Zeit lernte ich auch meine zukünftige Frau kennen. Ich erzählte ihr gleich zu Beginn von meiner gleichgeschlechtlichen Neigung, und sie sagte: „Gemeinsam werden wir es schaffen." Als ich zurück in die Staaten fuhr, kam sie mit. Neben der Therapie schloss ich mich einer Selbsthilfegruppe an. Ich fand auch einen Weggefährten, der ebenfalls im Heilungsprozess war, was mir sehr half. Es war nicht immer einfach, aber ich lernte ständig mehr über mich. Ich bekam Zugang zu meinem inneren Kind, und das half sehr, dass die Wunden meiner Vergangenheit heilen konnten.

Heute habe ich große Fortschritte gemacht. Ganz selten fühle ich mich noch von anderen Männern angezogen. Ich habe gelernt, dass dies ein Zeichen dafür ist, dass mein Leben an irgendeiner Stelle nicht stimmt, dass ich mich nicht richtig um mich kümmere. Gehe ich dann das Problem an, verschwinden diese Gefühle wieder. Ich fühle mich wohl in meiner Haut und erlebe eine immer größere Nähe zu meiner Frau.

Ich danke Gott, dass er mir diese Gelegenheit zum Heilwerden gab. Und ich danke allen, die diesen Weg zur Heilung gebahnt haben.

Kommentar

Ich habe etwa zwei Jahre mit Joseph gearbeitet. Mit das Wichtigste bei seiner Therapie war, dass er sein inneres Kind kennen lernte. Joseph hatte nicht nur Probleme mit suchthafter Masturbation und anonymem Sex, sondern auch mit Essen. Essen und Sex waren gewissermaßen seine Schmerztabletten. Essen und Sex waren für ihn Liebe.

Als er das Capacchione-Arbeitsbuch durcharbeitete, entdeckte er eine ganz neue Welt. Beharrlich arbeitete er an seiner Heilung, und seine innere Stimme begann, mehr und mehr über seine vergangene und heutige Situation zu enthüllen. Joseph wurde ein guter Vater seiner inneren Familie. Je mehr er hörte, umso mehr lernte er. Dadurch und durch seine heilsamen

Beziehungen zu anderen Männern löste sich sein homosexuelles Verlangen auf natürliche Weise auf.

Joseph musste auch ein wunderbares neues Wort lernen, das bisher nicht zu seinem Wortschatz gehört hatte: das Wort „Nein". Er hörte auf, der „liebe Junge" für seine Mutter und andere zu sein. Es war viel bio-energetische Arbeit notwendig, um seine männliche Energie freizusetzen. Als er schließlich den Dreh raus hatte, ließ er ganze Ozeane der Wut und des Schmerzes hinaus. Die Selbsthilfegruppe war ungemein segensreich für ihn. Er selbst war eine Bereicherung für die Gruppe, da er bereitwillig von sich erzählte; er wurde zu einem Mentor für neue Mitglieder.

Gegen Ende unserer Therapie-Arbeit lud Joseph seine ganze Familie nach Amerika zu einer Marathon-Familienheilungssitzung ein. Sie dauerte einen ganzen Tag und war wunderbar. Er konnte seiner Mutter erzählen, wie weh ihre Überbehütung ihm getan hatte. Sie weinten zusammen, und sie entschuldigte sich; sie hatte nicht gewusst, wie sehr sie ihren Sohn verletzt hatte.

Er umarmte seinen Vater und weinte die Tränen eines Kindes, das sich immer nach der Liebe und Zuwendung des Vaters gesehnt hatte. Er erzählte ihm, wie er ihn vermisst hatte, wenn er beruflich unterwegs war und dann abends mit Freunden in die Kneipe ging. „Warum hast du mich nie zu deiner Arbeit mitgenommen?" Wieder Tränen. Sein Vater entschuldigte sich, und endlich spürte Joseph seine starken Arme um sich. Heute wird ihre Beziehung mit jedem Besuch besser. Joseph bat seine Mutter, vorerst etwas in den Hintergrund zu treten, damit er und sein Vater sich näherkommen können.

Während der Familienheilungssitzung passierte noch etwas: Joseph entschuldigte sich bei seinem jüngeren Bruder für die gehässig-eifersüchtige Art, mit der er ihn behandelt hatte, und sein Bruder ließ unter heftigem Weinen seinen Schmerz los. Sie hielten einander in den Armen, betrauerten gemeinsam die Vergangenheit und wurden wieder ein Brüderpaar. Zum Schluss erzählte der jüngere Bruder den Eltern, wie ihre Streitereien ihn verletzt hatten. Die ganze Familie umarmte sich; alle weinten und ließen Jahre des Schmerzes endlich los.

Es war ein Neuanfang für diese Familie. Josephs Liebe zu seiner Frau vertieft sich, sie haben drei wunderbare Kinder, und er ist Mentor für andere Männer.

KAPITEL ZEHN

Berührung: Das Bedürfnis nach Bindung und Verbundenheit

„Die Unpersönlichkeit des Lebens in der westlichen Welt hat uns eine Kaste der Unberührbaren schaffen lassen. Wir sind einander Fremde geworden, die jeglichen ‚unnötigen' körperlichen Kontakt nicht nur vermeiden, sondern abwehren – gesichtslose Figuren in einer überfüllten Landschaft, einsam und voller Angst vor zu viel Nähe. In dem Maße, wie dies so ist, sind wir alle weniger geworden. Diese unsere Unberührbarkeit hat es uns unmöglich gemacht, eine Gesellschaft zu schaffen, in der die Menschen einander mehr als nur körperlich berühren. Angesichts unseres unechten Selbst, das die Maske dessen trägt, was andere Menschen von uns erwarten, überrascht es nicht, dass wir nicht wissen, wer wir eigentlich sind. Wir tragen dieses uns aufgezwungene unechte Selbst wie ein schlecht sitzendes Kleid, und fragen uns manchmal kläglich, wie wir dazu gekommen sind. Wie Willy Loman in ‚Tod eines Handelsreisenden' sagt: ‚Ich fühle mich irgendwie nicht recht zu Hause.'"[1]

—Ashley Montagu

Die heilende Kraft gesunder Berührungen

Berührung ist eine der größten Heilkräfte der Welt. Doch für die meisten Menschen ist Berührung ein unangenehmes, ja peinliches Thema. Als Therapeut, Ehemann und Vater praktiziere und fördere ich gesunde Berührungen.

Berührung ist oft eine notwendige Komponente im Heilungsprozess. Wie einer meiner eigenen Therapeuten sagte: „Erst das Unkraut jäten, dann die neuen Pflanzen setzen." Zuerst müssen wir die verletzten Gefühle ausdrücken und sie dann durch eine sichere und liebevolle Bindung ersetzen. Männer und Frauen, die SSA erleben, haben oft Berührungsdefizite, jedenfalls sofern es um gesunde Berührungen geht. Diese Berührungsdefizite sind ein Entwicklungszustand, die auf mangelnde sichere Bindung an den gleichgeschlechtlichen und/oder andersgeschlechtlichen Elternteil zurückgeht.

Wer von ungewollter SSA geheilt werden möchte, kann ein großes Nachholbedürfnis an gemeinsam verbrachter Zeit, Berührung und Gesprächen haben. Ich möchte daran erinnern, dass der Kern von SSA ein *Bindungsmangel* ist. Der Klient ist:

- abgekoppelt von seinen Eltern (vor allem vom gleichgeschlechtlichen Elternteil)
- abgekoppelt von seinem Geschlecht
- seinem Körper entfremdet
- seinen Mitmenschen entfremdet
- seiner Seele entfremdet

Die heilende Kraft gesunder Berührungen kann nicht hoch genug eingeschätzt werden. Sie erfordert Mitgefühl, Sensibilität, Verständnis und das richtige Timing. Berührungen, bei denen der Klient nichts über sich selbst lernt, können genauso zerstörerisch sein wie die Verweigerung jeglicher Berührung. Daher muss der Klient zuerst durch den Prozess der Verhaltensänderungen gehen und sein Denken neu einstellen. Als Nächstes muss er durch Arbeit mit dem inneren Kind oder mit Hilfe anderer Methoden, die ihn in Berührung mit seinen Gefühlen, Gedanken und Bedürfnissen bringen, seine innere Welt kennen lernen. Während er mehr Stabilität und Sicherheit erlangt, können Mentoren, die ihm bei seinem Heilungsprogramm helfen, die Genesung erheblich beschleunigen.

Einander hilfreich berühren

Berührungen müssen auf die richtige Art, zur rechten Zeit und durch die rechte(n) Person(en) erfolgen, sonst können sie ungesunde Strukturen und/

oder die Verletzungen durch den Missbrauch noch verschlimmern. Die berührende Person muss in ihrer eigenen sexuellen Identität gefestigt sein und sich darin wohlfühlen. Am besten geeignet sind glücklich verheiratete Männer und Frauen.

Wenn die Eltern hier nicht helfen können oder wollen, schlage ich meinen Klienten vor, sich OSA-Mentoren zu suchen, die zu der heilenden Berührung bereit sind. Für viele ist diese Suche eine extrem frustrierende und schwierige Aufgabe. Sie sehnen sich nach dem, was sie in ihrer Kindheit und Jugendzeit nicht bekommen haben. Wie es in einem Kinderbuch über Gott heißt: „Gott ist die Liebe im Kuss unserer Mutter und die warme, starke Umarmung unseres Vaters."[2] Doch was die Klienten meist antreffen, sind Männer und Frauen, die Angst haben, sie zu umarmen. (Mehr über die Technik des Umarmens in Kapitel 12.)

„Als ich ihn bat, mich in die Arme zu nehmen, flippte er aus." – „Was meinen Sie wohl, warum mein Pastor mir nicht bei dieser Therapie helfen will?" – „Ich habe so viele gefragt, und alle haben ‚Nein' gesagt." Ich weiß nicht mehr, wie oft ich solche Sätze von meinen Klienten gehört habe. Die meisten Menschen haben Hemmungen, jemanden zu umarmen oder zu berühren, der sich im Heilungsprozess befindet. Der Grund dafür ist das Wort mit fünf Buchstaben: ANGST. „Oft haben wir am meisten Angst vor den Dingen, die wir am wenigsten verstehen. Wer nicht viel über Homosexualität weiß, gibt sich oft nur zögernd mit homosexuell Empfindenden ab, ja hat womöglich Angst vor ihnen."[3] Angst oder Unwohlsein ist ein Ur-Gefühl, das uns vor dem schützen soll, was gefährlich oder bedrohlich sein könnte. Das Unbekannte oder Dinge, die wir nicht verstehen, können sich unangenehm und beängstigend anfühlen. Aufklärung und Verständnis können irrationale und unnötige Ängste wegnehmen.

Im Buch *The Gift of Pain* von Dr. Paul Brand berichtet er über seine Arbeit mit Menschen, die an Lepra erkrankt sind. Ich finde, es gibt auffällige Parallelen zwischen Lepra und gleichgeschlechtlicher Neigung. Lepra ist eine Erkrankung des Nervensystems, die ihrem Opfer das Empfindungsvermögen in Armen und Beinen nimmt. Der Kranke erlebt eine massive Abkopplung von dem, was in seinen Händen, Füßen und/oder Gesichtsmuskeln vor sich geht. Dr. Brand verhalf seinen Leprapatienten zur Heilung und zeigte ihnen, wie sie ohne Empfindungsvermögen in ihren Extremitäten doch leben konnten; darauf schickte er sie in ihre Dörfer zurück. Aber die Verwandten und Nachbarn hielten Abstand zu den Rückkehrern, aus Angst, sich an Lepra anzustecken. (Laut Dr. Brands Buch ist behandelte Lepra nicht ansteckend.)

Brand und seine Kollegen erkannten schließlich, dass sie die Familien, ja die Dörfer, darüber aufklären müssten, was Lepra überhaupt ist. Als sie dies getan hatten, nahmen die Ängste ab. „Als die Menschen begriffen, um was für eine Krankheit es sich handelte, verschwanden Angst und Aberglaube. Jetzt hörten sie sich die Geschichten der Patienten ohne Angst oder Abscheu an. Jetzt praktizierten sie den Zauber menschlicher Berührung."[4] Befreit von der Angst vor Ansteckung begannen Verwandte und Freunde der Patienten, sie zu berühren und zu umarmen. Die heilende Macht gesunder Berührung segnet Geber und Empfänger.

Die Reaktionen der Menschen auf Lepra und auf Homosexualität sind ganz ähnlich. Was wir nicht verstehen, davor haben wir Angst, und sobald wir das, wovor wir Angst haben, verstehen, fallen Mauern, und wir lernen einander zu umarmen. Manchmal haben wir auch Angst vor etwas in unseren Mitmenschen, das wir in uns selbst unterdrücken oder verdrängen. Die meisten Männer in unserer Kultur haben Vaterwunden, weil sie als Kinder eine ungenügende Vaterbindung hatten. Ich glaube, dass es für einen Mann, der einen liebevollen, lebendigen, ihn fördernden Vater hatte, ganz natürlich ist, sich anderen Männern zu öffnen. Viele Männer in unserer Kultur und anderen Kulturen sind berührungsarm und emotional gehemmt.

„Von früher Kindheit an lernen Jungen, ihre Gefühle zu unterdrücken, Mädchen hingegen, die vollständige Skala ihrer Gefühle auszudrücken und richtig damit umzugehen. [...] Ein Mann setzt Emotionalität eher mit Schwäche und Verletzbarkeit gleich, weil er dazu erzogen wurde, etwas zu tun, anstatt auszudrücken, was er fühlt."[5] (Ein Kollege von mir sagte, dass dies vielleicht auch bei vielen Mädchen so ist; auch sie mussten vielleicht in einem gestörten Umfeld ihre Gefühle zurückhalten.)

Gleichgeschlechtlicher Beziehungsmangel

Ashley Montagu stellt fest: „Kurz und gut: Lieben lernt man nicht durch entsprechenden Unterricht, sondern einfach, indem man geliebt wird."[6] Und in ihrem Buch *Recovery from Co-Dependency* schreiben Laurie und Jon Weiss: „Erwachsenen-Kinder, denen keine wirkliche Bindung an die Eltern gelang, verbringen oft den Rest ihres Lebens damit, dass sie bedingungslose Liebe suchen und stattdessen co-abhängige Beziehungen finden."⁷

Wenn ein Mann nie eine genügende Vaterbindung hatte, hat er einen gleichgeschlechtlichen Beziehungsmangel. Bei den meisten Männern ist dies nicht gleich nach außen sichtbar, und die meisten haben auch keine gleichgeschlechtliche Neigung. Doch in vielen Kulturen ist es üblich, dass Männer nicht über ihre Gefühle reden, Leistung und Sex zu sehr betonen und schlechte Gesprächspartner sind. Ich glaube, Männer sind deswegen oft sexbesessen, weil ihre Seele unterernährt ist und sie keinen Bezug zu ihren tieferen Gefühlen haben. Männer werden leicht in der Weise stimuliert, als ob Genitalien und Kopf direkt verbunden wären, sozusagen unter Ausschaltung der Körpermitte (Bauch, Brust und Herz). Die rein sexuelle Lust auf Frauen ist genauso ungesund wie homosexuelle Lust. Beide stehen für eine defensive Abkopplung – einmal vom gleichgeschlechtlichen Elternteil, das andere Mal vom andersgeschlechtlichen Elternteil.

In unserer Kultur ist es akzeptabel, dass Männer einander berühren, wenn sie ein Fußballspiel gewonnen haben. Wir kennen die Szenen, wo die Spieler sich begeistert in die Arme fallen. Doch wenn man die gleichen Gefühlsäußerungen außerhalb des Spielfeldes zeigt, steht man schnell im Verdacht, homosexuell zu sein.

Wenn wir Sex, Liebe und echte Nähe nicht unterscheiden können, führt das zu Süchten und anderen Störungen. Wenn wir Körper, Seele und Geist die tägliche, regelmäßige Berührung entziehen – ja, täglich –, werden wir geistig, emotional, körperlich und geistlich krank. Für einen Einblick in unser beständiges Bedürfnis nach Berührung empfehle ich Ashley Montagus Buch *Touching: The Human Significance of the Skin*.

Freilich sind bei der Berührung gesunde Grenzen einzuhalten. Manche Menschen haben zu schwache Grenzen, so dass andere sie auf unangemessene Art berühren können. Andere haben Mauern um ihr Herz und lassen niemanden an sich heran. Ob es nun um SSA oder OSA geht – ein Mangel an gesunden Berührungen macht uns zu Gefangenen unseres eigenen Körpers und lässt unsere Seele verkümmern. „Menschen, die diese Stimulation (gesunde Berührungen) nicht bekommen haben, bleiben gleichsam Gefangene in ihrer eigenen Haut. Sie verhalten sich so, als ob diese Haut eine Mauer ist, die sie einschließt; berührt werden ist für sie ein Angriff auf ihre Persönlichkeit."⁸

Bemerkenswerterweise vermeiden viele Männer mit Sexsucht jegliche Berührung oder Umarmung, da Nähe oft schmerzhafte Erinnerungen wachruft. Der Körper lügt nicht, und für viele Menschen ist echte Nähe gleich Schmerz. Tief in unserer Muskulatur liegen die Wunden verborgen. Anonymer Sex scheint dann die einzig „sichere" Weise zu sein, um körperliche Befriedigung zu erhalten, ohne sich emotional auf Nähe einlassen zu müssen. Die Befriedigung ist allerdings nur kurzlebig und führt in die Sucht.

Meine Beobachtung ist: Je distanzierter jemand von seinen Lebenswunden ist, umso extremer ist seine Einstellung zum Geben und Annehmen von Berührungen. Am einen Ende des Spektrums ist eine panische Berührungsangst, das andere Extrem ist ein unersättlicher Durst nach Berührungen. Beides steht für extreme Formen der Distanzierung und Abkopplung von den eigenen Lebenswunden und von unbeantwortet gebliebenen Bedürfnissen nach Liebe.

„Es ist eine erstaunliche Tatsache, dass bis zum dritten Geburtstag das kindliche Gehirn fast die volle Größe des Erwachsenengehirns erreicht hat. Das durchschnittliche Gehirnvolumen eines Dreijährigen beträgt 960 Kubikzentimeter, das eines 21-jährigen Erwachsenen 1.200 Kubikzentimeter. [...] Mit anderen Worten: Im Alter von drei Jahren, hat das Kind 80 Prozent seines Gehirnwachstums erreicht. [...] Fast zwei Drittel des Gesamtwachstums des Gehirns sind bis zum Ende des ersten Lebensjahres abgeschlossen."[9]

Das ist der Grund, warum die meisten Psychologen sagen, dass unsere Persönlichkeit im Wesentlichen mit drei Jahren geformt ist. Hat jemand bis zu diesem Alter nicht genügend Berührung und Umarmung erfahren, wird er ein tiefes Gefühl des inneren Mangels und der Abkopplung entwickeln. Aber auch das Empfangen von unangemessenen, ungesunden Berührungen führt zur emotionalen Abkopplung. Der Betroffene sucht während seiner Jugend- und Erwachsenenzeit sexuelle Beziehungen, weil er die unbeantworteten Bedürfnisse nach gesunder Bindung irgendwie beantworten muss.

Zum Mentor werden

Ich rufe jeden auf, der ein Mentor für jene werden will, die auf ihrem Weg der Heilung von SSA sind, die Menschen mit SSA zunächst als Kinder zu sehen. Wenn sie auch körperlich erwachsen sind, entwicklungsmäßig sind sie wie kleine Kinder. Dies gilt keineswegs nur für Menschen, die SSA erleben; meine Beurteilung ist, dass ein Großteil der Weltbevölkerung aus Kindern in Erwachsenenkörpern besteht. Der Unterschied besteht vor allem darin, dass die anderen ihre unbeantworteten Bedürfnisse auf eine gesellschaftlich akzeptablere Art verstecken können oder Süchte haben, die sozial eher akzeptiert werden. Das Gesamtergebnis ist jedoch eine gefühlsarme, ungesunde Gesellschaft und Kultur.

Ohne die liebevolle, helfende, heilsame Berührung vieler Männer und Frauen wäre ich heute nicht der, der ich bin. Ich wurde durch falsche Berührungen eines Mannes verletzt und brauchte Heilung durch richtige Berührungen. Ich hätte die Mauern des Schmerzes nicht durchbrechen können, wenn Phillip, Peter und Russell mich nicht in den Armen gehalten hätten, während ich die vielen Verluste meiner Vergangenheit betrauerte. Sie waren unerschrocken genug, mich buchstäblich festzuhalten bei meiner Trauerarbeit angesichts meines Riesenmeeres an Schmerz. Ohne ihren Mut und Einsatz hätte ich die schwärzesten Nächte meines Lebens nicht überstanden.

Umarmung ist wirksam. Die besten Mentoren sind die eigenen Eltern – wenn sie offen, bereit und fähig zur Mitarbeit sind. Mutter und Vater sind die besten Übermittler gesunder, liebevoller Berührungen. Wenn sie nicht bereit, fähig oder auch nicht da sind, müssen wir als Glieder der christlichen Gemeinde, als Brüder und Schwestern, ihre Rolle einnehmen. Ich glaube, wenn sich die Gemeinschaft einer Kirche, Synagoge, Moschee oder eines Tempels zusammentun und sich gemeinsam um die Bedürfnisse jener Menschen kümmern würden, die mit SSA kämpfen, wäre Heilung viel schneller und schöner. Dies wäre ein echtes Beispiel für gelebten, praktizierten Glauben.

Peter, der einem meiner Klienten ein Mentor war, beschreibt seine Aufgabe so:

> Als Robert vor meiner Haustür stand, begrüßte ich ihn mit einer herzlichen Umarmung. Er war sehr freundlich, aber ich spürte, dass er sich die bange Frage stellte, ob ich ihn annehmen würde oder nur ein weiterer urteilender, heterosexueller Mann wäre.
>
> Bald merkte Robert, dass ich keine Vorbehalte ihm gegenüber hatte und ihm helfen wollte, seine Identität als Mann zu finden. An diesem Abend sprachen wir beim Essen sehr offen über seine

Geschichte und darüber, wo er sich auf seinem Weg zurzeit befand. Das Gespräch brachte uns einander näher.

Am nächsten Abend trafen wir uns, um unser Gespräch fortzusetzen. Dann begannen wir eine Umarmungssitzung. Ich legte meine Arme um Robert, wie ein Vater um seinen Sohn, und bat ihn, etwas über sich und sein Leben zu erzählen. Erst war es für uns beide seltsam und nicht ganz geheuer, aber nach ein paar Minuten hatten wir die Barriere überwunden. Mit Tränen erzählte Robert von der Kindheit, die man ihm gestohlen hatte. Ich versicherte ihm, dass Gott ihn nie vergessen hatte, und machte ihm Mut, weiter zu erzählen, was er auf dem Herzen hatte. Es war eine offene, ehrliche Stunde, in der wir beide wuchsen – ich als „Vater" und Robert als „Sohn".

Ein paar Abende später spielten Robert und ich (also zwei Männer mittleren Alters) im Garten Ball. Er hatte mir erzählt, dass mit seiner Unsportlichkeit zahlreiche schmerzlichen Erinnerungen verbunden waren. Als wir mit dem Spiel begannen, war Robert richtig steif, doch als wir den Ball immer wieder hin- und herwarfen, begann er aufzutauen und Spaß an dem Spiel zu finden. Sein Werfen wurde immer geschmeidiger und besser und das Lächeln auf seinem Gesicht immer breiter. Es war eine Freude, ihm zuzusehen. Dieser Abend wurde ein Meilenstein für Robert. Es war fantastisch mitzuerleben, wie er sich veränderte.

Ich habe die Vision, dass alle älteren Menschen in unserem Land Mentoren für die Jugend werden. Unsere materialistische Plastikkultur hat die Großväter und Großmütter beiseitegeschoben und durch jüngere, „zeitgemäßere" Modelle ersetzt. Dies ist ein Verrat an unserem Überleben. In den Herzen unserer Senioren liegt die Weisheit und der Schatz eines ganzen Lebens. Wenn wir sie bitten, uns auf unserer Reise helfend zur Seite zu stehen, verbinden wir unsere Gegenwart mit unserer Vergangenheit und Zukunft.

„Die Haut ist unser größtes Körperorgan. Sie macht 18 Prozent unseres Körpergewichts aus und bedeckt eine Fläche von gut 1,7 Quadratmetern. […] Nach einer Massage absolvierten Büroarbeiter einen Rechentest schneller und mit weniger Fehlern. […] PET-Scans (Positronen-Emissions-Tomographie) von Kleinkindern, die starken Berührungsentzug erlebt haben, zeigen: bestimmte kritische Bereiche des Gehirns sind kaum aktiv, was ganze Gebiete der Entwicklung blockiert. [...] Dr. Tiffany Field, Leiterin des Berührungsforschungsinstituts (Touch Research Institute, TRI) in Miami kommentiert: ‚Amerika leidet an einer Hauthunger-Epidemie.' In einer TRI-Studie bekamen Freiwillige, die über 60 Jahre alt waren, drei Wochen lang Massagen und wurden anschließend im Massieren von Kleinkindern im Kindergarten geschult. Das Massieren anderer Personen war noch wirksamer, als selbst massiert zu werden. Die Versuchspersonen waren weniger depressiv, hatten einen niedrigeren Stresshormonspiegel und fühlten sich weniger einsam."[10]

Ich möchte die Menschen, die ein Herz für das Mentoring haben, mit denen zusammenbringen, die dringend einen Mentor brauchen. Wenn du Interesse hast, für jemanden Mentor zu sein, kontaktiere unser Büro (pathinfo@pathinfo.org). So können wir ein nationales und internationales Netzwerk von Mentoren aufbauen. Wenn unsere Großväter und Großmütter Mentoren unserer Jugend werden, können alle nur gewinnen. Es gibt beiden Leben. Wenn der vom Mentor Betreute heil wird, kann er ein Mentor für andere werden. Die Investition der vielen Männer und Frauen, die mich gesundgeliebt haben, hat sich vielfach ausgezahlt, weil ich ihre Liebe anderen weitergeben konnte.

KAPITEL ELF

Bianca

Die Hoffnung hat mich immer begleitet. Trotz seelischer Verletzungen und der Wunden in meinem Leben habe ich immer Hoffnung gehabt, und so möchte ich mit dieser meiner Geschichte „Rechenschaft ablegen von der Hoffnung, die in mir ist" (1. Petrus 3,15).

Das Wort „lesbisch" las ich zum ersten Mal in Ann Landers' Zeitungskolumne, aus der ich einen Großteil meiner sexuellen Aufklärung bezog. Ich las also Anns Worte über Frauen, die Frauen liebten und Sex mit ihnen hatten. War ich damit auch gemeint? Ich begann darüber nachzudenken – und auch über das moralische Stigma, das mit dieser sexuellen Identität verbunden war.

Lesbisch. Ich machte mir diese Bezeichnung erst mit 15 Jahren zu eigen, aber ich weiß nicht, in welchem Alter ich zum ersten Mal merkte, dass ich mich als Mädchen in meiner Haut nicht wohl fühlte. Einer meiner Brüder war fünf Jahre älter als ich, der zweite ganze vierzehn Monate – ich muss wohl ein „Unfall" gewesen sein. Als Schwester meiner Brüder wurde ich selbst ein halber Junge – der typische „Wildfang".

Meine Mutter hatte an einer berühmten Universität studiert und eine angesehene Karriere begonnen. Berufstätig wurde sie erst, als ich in die Schule kam, und es entwickelte sich eine enge Beziehung zwischen uns. Mein Vater war technisch begabt, schien aber nicht so intelligent zu sein wie sie. Er war in Deutschland aufgewachsen und zeigte seine Liebe selten offen. Er war von der strengen Sorte; die Strafe kam zuerst, die Fragen danach. Wenn er zu Hause war, war er immer mit Reparaturen und sonstigen

Arbeiten beschäftigt. An meiner Mutter schien ihm wirklich viel zu liegen, und wenn sie glücklich war, war er es auch. Mein Leben änderte sich, als ich drei Jahre war und seelische Verletzungen erlitt, die ich für die nächsten dreißig Jahre verdrängen würde. Drei Tage nach meinem dritten Geburtstag starb mein Großvater mütterlicherseits. Ich kann mich kaum noch an die Situation oder an meinen Großvater erinnern. Aber in ihrer Trauer zog sich meine Mutter von mir zurück, und ich wurde sehr einsam. Ich habe kaum noch Erinnerungen an diese Zeit.

Zum Glück hatte ich eine religiöse Erziehung. Unsere ganze Familie ging regelmäßig zur Kirche und machte aktiv in der Gemeinde mit: Chor, Ferien-Bibelschule, Jugendgruppen. Heute denke ich, dass ich damals eine christliche Einstellung übernahm, um meinen Eltern zu gefallen und um Punkte bei einem Gott zu machen, den ich für einen überstrengen Richter hielt. Aber diese religiöse Erziehung gab mir auch ein Wissen über Gott mit, das er als Sprungbrett benutzen konnte in seinem Bemühen, mir eine Beziehung zu ihm anzubieten.

Als die Pubertät kam, fühlte ich mich einerseits zu Jungen hingezogen, andererseits verspürte ich ein unersättliches Interesse an meinen Freundinnen. Besonders zu einer fühlte ich mich stark hingezogen, was mich beunruhigte. Es kam mir irgendwie unnormal vor, und so sagte ich ihr nichts von meinen Gefühlen; ich hatte viel zu viel Angst. Am liebsten wollte ich ständig bei ihr sein und sehnte mich nach ihrer Zuneigung. Einmal schliefen wir nebeneinander im gleichen Bett, wie das unter Teenagerfreundinnen nicht ungewöhnlich ist. Ich nutzte die Gelegenheit, um, während sie schlief, sanft ihre Brüste zu berühren. Das elektrisierte mich, aber es hinterließ auch Schuldgefühle.

In der Oberstufe fühlte ich mich immer noch etwas zu Jungen hingezogen, kam mir aber nicht begehrenswert vor. Das machte meine lesbischen Gefühle nur noch stärker. Meine erste Liebe war ein jüngeres Mädchen, das einsam war und von den Gleichaltrigen zurückgestoßen wurde. Obwohl ich meine Gefühle zu ihr nie offen sexualisierte, war ich sehr viel mit ihr zusammen und genoss die Nähe und die leichten Berührungen. Wenn ich bei ihr übernachtete, hatte ich den starken Wunsch nach sexuellen Handlungen. Doch dann zog sie weg, und ich blieb allein mit meinen Wünschen.

Nach dem Wegzug schrieb ich ihr einen Brief, in dem ich meine Liebe und sexuellen Gefühle enthüllte – und der meinen Eltern in die Hände geriet. Die Folge war, dass sie mit mir einen Psychologen aufsuchten. Er meinte, dass diese „Phase" völlig normal sei und ich bald aus ihr herauswachsen würde.

Die Leere in mir wurde immer größer. Ich fühlte mich verwirrt, zornig, verängstigt, einsam und traurig. Ich brauchte die Liebe und Nähe einer Frau, und meine Entschlossenheit, diese Liebe zu bekommen, wuchs. Schließlich lernte ich in der Schule ein Mädchen kennen, das in meinem Alter war und auch nach einer Freundin hungerte. Ich spürte, dass sie mich nicht abweisen würde; sie schien bereit zu sein, alles zu tun, um Liebe zu bekommen. Sie kam mir willig entgegen. Anfangs liebte ich sie nicht, aber in dem Maße, wie wir unser Leben und unsere Körper miteinander teilten, wuchs unsere gegenseitige Abhängigkeit. Als ich aufs College ging, war ich fest entschlossen, nach Abschluss meines Studiums mit ihr zusammenzuziehen.

Während unserer gesamten Beziehung waren wir nie frei von Schuldgefühlen. Sie war in ihrer Kirchengemeinde aktiv, ich ebenso in meiner. Wir lasen die Bibel. Aber wir wollten, dass Gott unsere Liebe segnete. Ich dachte: Wenn ich nur ein Mann wäre, wäre alles in Ordnung. Mit der Zeit wurde unser sexuelles Zusammensein weniger befriedigend. Wir trafen uns regelmäßig, mussten aber unsere sexuelle Beziehung geheim halten. Oft schlief ich im Haus ihrer Eltern mit ihr, oft benutzten wir auch den Jugendraum in ihrer Kirche. Mir ekelte vor mir selbst, aber ich konnte nicht aufhören.

Schließlich hatten wir einige Gespräche mit meinem Pastor. Er benutzte nie das Wort „Sünde" und verurteilte uns nicht, aber er merkte, wie verzweifelt wir waren. Er riet uns, unsere Beziehung zu beenden, denn er sah deutlich, wie ungesund unser Verhalten für uns war. Aber wir waren emotional so ineinander verstrickt, so liebesbedürftig und süchtig nach einander, dass wir nicht glaubten, uns je ändern zu können.

Als ich mein Studium begann, lagen 400 Kilometer zwischen meiner Liebhaberin und mir. Ich versuchte mehrere Male, die Beziehung zu beenden, aber ich schaffte es nicht. Was wir taten, war unmoralisch und gesellschaftlich inakzeptabel, aber ich war nicht bereit, meine Freundin aufzugeben. Mir war hundeelend, und ich hatte Selbstmordgedanken.

Ich bekam Kontakt zu einer christlichen Studentengruppe und es entstanden einige Freundschaften. Meine Freunde sahen, dass der Glaube mir nicht fremd war, und sie sahen den Hunger meiner Seele. Schließlich fragten sie, warum ich nicht entschiedener bei der Sache sei und forderten mich auf, ganze Sache zu machen: nicht nur rein intellektuell Jesus als Erlöser zu kennen, sondern ihm als dem Herrn auch mein Leben zu unterstellen. Sie fragten mich: „Warum zögerst du, diesen Schritt im Glauben zu tun?"

Verletzt und wütend erklärte ich ihnen, dass ich lesbisch sei, dass ich genau wusste, was Gott von homosexuellem Verhalten hielt und dass ich keine Versprechungen machen würde, die ich doch nicht würde halten können. Ich hatte gedacht, dass die Beziehung damit abbrechen würde, aber genau das geschah nicht.

Ich fand bei ihnen, womit ich nicht gerechnet hatte: großen Glauben an Gott und ehrliches Mitempfinden. „Warum sagst du Gott nicht einfach, wie es in dir aussieht?", fragte eine Freundin.

In einer katholischen Kirche im Januar 1973 bestürmte ich Gott, etwas, *irgendetwas* mit meinem verqueren Leben zu machen. Ich wusste selbst nicht, was ich wollte oder was ich machen sollte. Ich konnte meine Identität und meine Gefühle nicht ändern. Ich fühlte mich vor Gott unwürdig. Ich sagte ihm: Wenn du jetzt nicht etwas tust, Gott, dann mache ich meinem Leben ein Ende! Ich kniete mich vor dem Altar hin, und als ich wieder aufstand, war etwas anders geworden. Ich spürte auf einmal einen Frieden in mir.

Meine Liebhaberin und ich machten schließlich Schluss miteinander, als unsere Eltern eingriffen. Ich liebte sie doch nicht genug, um meinen Eltern zu trotzen, und war auch nicht bereit, meine Ausbildung aufs Spiel zu setzen oder in den lesbischen Lebensstil weiter hineinzugehen. Es war eine schmerzliche Zeit, aber die Beziehung musste aufgegeben werden. Seitdem hatte ich nur sehr wenige lesbische Beziehungen. Aber meine innere Leere verschwand nicht. Ich wollte immer noch Intimität und Nähe mit Frauen und hatte doch gleichzeitig Angst davor wegen der sexuellen Gefühle, die dabei hochkamen. Meine Zimmergenossin im Studentenheim war Christin, und ich hatte furchtbare innere Kämpfe wegen meiner Gefühle ihr gegenüber. Ich ließ sie zum Teil heraus, und sie reagierte sehr verständnis- und liebevoll. Sie stieß mich weder zurück noch gab sie meinem Drängen, miteinander Sex zu haben, nach. Aber meine sexuellen Wünsche gingen nicht weg. Ich beschloss, Gott gehorsam zu sein, denn ich wusste, was sein Wille war. Mein Glaube wuchs, und meine Beziehung zu Gott wurde stärker, aber ich war nicht bereit, meine lesbische Orientierung ganz aufzugeben. In meinen Fantasien über andere Frauen lebte sie weiter. Da ich keine offenen lesbischen sexuellen Handlungen mehr beging, fühlte ich mich weniger schuldig. Ich begann, Gottes Vergebung anzunehmen und ihn als liebenden Vater zu sehen.

In meinem letzten Studienjahr lernte ich den Mann kennen, mit dem ich heute verheiratet bin. Wir hatten den Eindruck, dass Gott uns zusammengeführt hatte, aber ich sagte ihm nichts von meinem inneren Kampf oder meiner Vergangenheit. Wir heirateten, und damit lag die Homosexualität hinter mir – dachte ich.

Unsere Ehe war gut. Mein Mann und ich waren in der Gemeinde aktiv und hatten jeden Abend unsere gemeinsame Hausandacht. Obwohl ich schon lange keinen lesbischen Sex mehr gehabt hatte, waren meine lesbischen Gedanken immer noch da. Hin und wieder hatte ich entsprechende Fantasien, aber ich dachte im Traum nicht daran, die Ehe zu brechen, meinen Mann zu verletzen und Gottes Gebot über Bord zu werfen. Mein Mann war treu und unsere Beziehung gut. Es gab keinerlei Grund für mich, eine andere Beziehung zu suchen.

Nach sechzehn Jahren lernte ich eine Kollegin kennen, zu der es mich kolossal hinzog. Ich hatte den Eindruck, dass ich dabei war, mich in sie zu verlieben. Ich ging zu ihr und fragte sie, welche Gefühle sie mir gegenüber habe. Sie sagte mir, dass sie nicht in mich verliebt sei und dass es ihr Leid täte, wenn sie mir Signale gesendet hätte, die ich missverstanden hätte. Wir weinten beide. Das war ein demütigendes Erlebnis für mich. Ich hatte so viel für sie riskiert, und jetzt wollte sie mich nicht. Ich bekam schwere Depressionen und weinte jeden Tag. Schließlich konnte ich diese Probleme nicht länger vor meinem Mann verheimlichen. Ich brauchte Hilfe.

Mein Mann wurde nicht zornig und ließ mich nicht im Stich. Da es zwischen meiner Kollegin und mir nichts Sexuelles gegeben hatte, fiel es ihm leichter, mir zu vergeben. Ich arbeitete weiter im gleichen Büro wie sie, und es war Schwerarbeit für mich, über die Sache hinwegzukommen. Ich ging zu meinem Pastor, denn ich wusste, dass ich ein geistliches Problem hatte. Warum war ich bereit, Gott den Rücken zuzukehren? So viele Jahre hatte ich darum gekämpft, ihm zu gehorchen, und war meinem Mann treu geblieben. Was war nur passiert? Würde ich denn nie inneren Frieden finden? Mein Pastor überwies mich an einen Therapeuten.

Nach sechs Monaten Therapie hatte ich endlich mein inneres Gleichgewicht wiedergefunden. Mein Therapeut sagte mir, dass ich nicht mehr unbedingt zu kommen brauche, aber dass ich Antworten bräuchte. Wie war es zu meiner lesbischen Neigung gekommen? Ich wusste, dass ich sie nicht bewusst gewählt hatte; sie war auch nicht angeboren. Ich setzte also die Therapie fort und sprach über meine Kindheit.

Ich begann auch zu schreiben, und in einer Woche schrieb ich einige Dinge über meine Mutter nieder. Als der Therapeut mich fragte, wen meine Worte außerdem noch beschrieben, dachte ich, er meinte mich, denn ich fand, dass ich meiner Mutter sehr ähnlich war. Aber er nannte den Namen meiner Kollegin, zu der es mich so hingezogen hatte, und da fiel es mir wie Schuppen von den Augen. Sie war ja wie meine Mutter, nur attraktiver und herzlicher. Die Verbindung zwischen meiner lesbischen Neigung und meiner Mutter hatte ich noch nie bemerkt. Ich hatte immer gedacht, dass meine Neigung etwas mit meinem so fernen Vater zu tun hatte, von dem ich mich nie wirklich bejaht gefühlt hatte.

Ich schrieb auch eine Begebenheit zwischen meiner Mutter und mir nieder, die sich ereignet hatte, als ich etwa acht Jahre alt war. Ich beschrieb sie, ohne dabei etwas zu fühlen und notierte lediglich, dass sie „seltsam" gewesen war. Ich spielte sie herunter und leugnete ihre zerstörerische Wirkung. Mein Therapeut fragte mich, was ich wohl sagen würde, wenn meine Mutter das Gleiche mit meinem Bruder gemacht hätte, und da musste ich zugeben, dass meine eigene Mutter mich sexuell missbraucht hatte. Das war das Schlimmste. Ich wollte sterben.

In den nächsten vier Jahren ging ich zu zwei anderen Therapeuten; einmal war ich stationär in der Psychiatrie. Weitere Erinnerungen kamen an die Oberfläche, als meine Mutter ihr Haus – mein Kindheitshaus – verkaufte. Ich begann zu begreifen, dass sie mich missbraucht hatte und dass ich diesen Missbrauch mit anderen Frauen wiederholte. Nur dass ich jetzt selbst die Kontrolle haben wollte, statt hilflos ausgeliefert zu sein. Ich wollte die nette Liebhaberin sein. Im Grunde suchte ich die perfekte Frau, die mich so liebte, wie meine Mutter dies vor dem Missbrauch getan hatte.

Mein Kampf ging nicht auf Probleme in meiner Ehe zurück. Mein Mann hatte mich nicht zurückgestoßen oder mir seine Liebe entzogen. Meine Versuchung zum Ehebruch kam nicht daher, dass er mir wehgetan hatte; sie kam aus einer Wunde in mir, die ich schon lange, bevor wir uns kennen gelernt hatten, gehabt hatte.

Als ich im College mit dem Glauben ernst gemacht hatte, hatte ich mein Verhalten geändert. Ich wollte Christus ja treu sein. Aber es war keine

Heilung geschehen. Ich war gefangen an einem Ort voller Schmerz. Ich musste schwierige Fragen stellen und darauf vertrauen, dass Gott mir helfen würde, mit den Antworten zu leben.

Immer noch kommen mir die Tränen, wenn ich die Verluste meines Lebens betrauere. So viele Jahre hatte ich gedacht, dass nur mit mir etwas nicht stimmte. Warum liebte meine Mutter mich nicht so, wie ich das gerne gehabt hätte? Ich erkannte schließlich, dass es ihr Problem war; sie war selbst verwundet und konnte mich nicht so lieben, wie ich das brauchte. Sie machte furchtbare Dinge und missbrauchte mich, um ihre Bedürfnisse zu erfüllen. Dass sie mich so behandelt hatte, lag gar nicht an mir.

Ich vertraute meine Geschichte schließlich einigen befreundeten Frauen an. Ich ging weiter zu meinem Pastor in die Seelsorge; mein Mann unterstützte und ermutigte mich sehr. Ich ging in eine Selbsthilfegruppe für Opfer von Kindesmissbrauch und entwickelte wieder mehr Selbstachtung. Es war so hilfreich zu sehen, dass es Menschen gab, die meine Gefühle verstehen konnten. Dann hörte ich von einer christlichen Organisation für Menschen, die Hilfe zur Bewältigung ihrer gleichgeschlechtlichen Neigung suchen. Das Zeugnis einer ehemals lesbischen Frau gab mir große Hoffnung. Leider gab es in der Gegend, wo ich wohnte, keine entsprechende Selbsthilfegruppe.

Ich versuchte, meine Sehnsüchte nach Liebe und Geborgenheit zu stillen, indem ich nicht-sexuelle, von Nähe geprägte Beziehungen zu anderen Frauen einging. Ich vertraute Gott, dass durch diese gesunden Beziehungen meine Bedürfnisse wirklich gestillt werden könnten, und ich wusste, dass Heilung möglich war. Ich war jetzt schneller bereit, mich meinen menschlichen Schwächen zu stellen, und begriff, dass ein Großteil meiner Identität auf Lügen und Missverständnissen aufgebaut war. Ich bat Gott um die Bereitschaft, meine Sehnsucht nach einer lesbischen Beziehung aufzugeben. Ich bat ihn, diese Sehnsucht durch das echte Verlangen zu ersetzen, ihn zu lieben und das Loch in meinem Herzen von ihm ausfüllen zu lassen.

Ich las Bücher wie *Homosexuality: A New Christian Ethic* von Elizabeth Moberly und *Desires in Conflict* von Joe Dallas. Durch beide lernte ich sehr viel über mich und meine Art zu denken und mich zu verhalten. Ich las über die defensive Abkopplung und den Versuch, durch Sex wiederherstellen zu wollen, was in Beziehungen zerbrochen war. Gott verurteilte mich nicht, wenn ich Gefühle hatte, die ich selbst nicht gewählt hatte. Er forderte mich auf, ihm gehorsam zu sein – mich nicht mehr sexuell abzureagieren, sondern gesunde Wege zur Beantwortung meiner Bedürfnisse zu finden. Er wollte, dass ich ihm vertraute.

Ich stellte mich meiner Vergangenheit, auch vor Gott. Während meines ganzen Heilungsprozesses betete ich, las viel in der Bibel, besuchte Gottesdienste und suchte beharrlich Gottes Willen und Führung. Langsam konnte ich glauben und empfinden, dass ich ein einzigartiger und geliebter Mensch war – so, wie ich war. Meine Depressionen hörten auf, und ich wollte anderen erzählen, was Gott getan hatte. Indem ich von meinem Weg erzählte, konnte ich anderen, die im gleichen Kampf waren, Hoffnung geben. Heilung und Veränderung ist möglich; wir müssen nicht in der Homosexualität verharren.

Aber noch konnte ich anderen Frauen nicht wirklich herzlich begegnen. Ich fühlte mich in ihrer Gegenwart gehemmt und blieb lieber auf Distanz. Einer Freundin ermutigend über den Arm streichen – na ja, es ging, aber immer etwas unterkühlt. Ich sehnte mich auch nach der Liebe einer mütterlichen Frau, fand mich aber damit ab, dass das wohl nie sein konnte. Mit solchen Beziehungen waren zu viele einander widerstreitende Gefühle verbunden.

Im Winter 1998 vertraute ich mich mit meinem Problem einer Frau an, mit der ich seit einem Jahr befreundet war. Sie verstand mein Bedürfnis nach nichtsexueller, tiefer Liebe und Zuneigung. Das schien zu schön, um wahr zu sein! Gott kannte meine Sehnsucht. Das zu merken, berührte mich im Innersten. Die Begegnung mit dieser Frau war ein Stück seiner Antwort. Ich bin dabei zu lernen, was Liebe heißt, Liebe, wie Gott sie gemeint hat – ohne Angst und Druck.

Dieser Frau meine ganze Geschichte zu erzählen, tat weh. Ich merkte, dass ich ihr auch meine sexuellen Gedanken offenbaren musste, selbst die, die ich über sie hatte. So peinlich das auch war, aber ich musste diese Dinge ans Licht heben, damit sie mich nicht mehr fesseln und lähmen konnten. Es war Schwerstarbeit, meine Freundin in die Kellerräume meiner Seele hinein sehen zu lassen. Sie war wie eine Botin Gottes für mich. Durch sie spürte ich, wie Gottes Liebe in mich hineinströmte. Wenn sie mich umarmte, war mir, als ob Gott uns beide umarme. Wir beteten gemeinsam. Wir hielten unsere Beziehung offen, ehrlich und frei von manipulativem Verhalten.

Der sexuellen Versuchung zu widerstehen, war nicht halb so schwer, wie dieser Frau zu erlauben, mich zu lieben! Wenn sie mich fragte, ob sie mich in die Arme nehmen solle, hatte ich immer vier Möglichkeiten: 1. Ich konnte voller Angst fortrennen. 2. Ich konnte in sexuelle Fantasien zurückfallen. 3. Ich konnte ihr sagen, dass ich keine Umarmung wünschte (aber das wäre eine Lüge gewesen). 4. Ich konnte die echte, nichtsexuelle Liebe, die sie mir anbot, annehmen. Meist kostete es mich Mühe, die gesündeste Antwort zu wählen.

Es war äußerst schwierig für mich, ihre tröstenden Berührungen *zu fühlen* und *in mich hineinzulassen*. Ich erlebe, wie Gott mir den Mut gibt, weiterzugehen und wie ich dabei einen Frieden bekomme, der erfüllender ist als jede sexuelle Begegnung. Gott wusste um meine eigentlichen, innersten Sehnsüchte, und er hat in einer Weise auf sie geantwortet, wie ich es mir nie hätte vorstellen können. Er hat mir eine geistliche Mutter gegeben, die mir viele Dinge, die mir als Kind vorenthalten wurden, gibt und die mich in vieler Hinsicht mehr liebt, als meine eigene Mutter das konnte.

Das Mentoring ist ein ganz wichtiger Teil meiner Reise geworden. Es kam erst gegen Ende des Prozesses hinzu. Ich musste erst zu einer Einstellung kommen, in der ich konsequent entschlossen war, meine sexuellen Fantasien nicht mehr in die Tat umzusetzen, und in der mein Herz sozusagen mit Gott im Einklang war. Immer wieder muss ich lernen, auf Gott zu hören, immer wieder mich durchringen, diesem Weg zu folgen. Zurzeit habe ich den Eindruck, dass er dabei ist, mir „den letzten Schliff" zu geben: Er schenkt mir die Fähigkeit, andere zu lieben, Frauen herzlich zu begegnen, ihnen ohne Angst und ohne Vorbehalt heilende Berührungen zu geben. Mein Glaube wird reifer, mein Herz offener für Gott. Meine Ehe ist besser geworden. Ich bin weniger anspruchsvoll gegenüber meinem Mann, offener und aufnahmebereiter. Ich fühle mich wohler in meiner Identität als Frau. Es ist noch mancher Schritt zu gehen, aber mich erfüllt die Hoffnung, weil ich spüre, wie Gott mich neu schafft nach seinem Bild.

Kommentar

Bianca hatte von anderen Therapeuten Hilfe erhalten, bevor sie mich kontaktiert hatte. Sie hatte einen meiner Vorträge über das Überwinden ungewollter SSA besucht. Während des Vortrags hatte ich über das Mentorenmodell zur Wiederherstellung der Liebe gesprochen. Danach begleitete ich Bianca und ihren Mentor. Es war sehr schwierig für sie, die Barrieren zu durchbrechen, die ihr Bedürfnis nach echter Intimität mit einer Frau sexualisiert hatten. Schritt für Schritt fielen die Schutzschilde und die wahre Liebe kam in ihr Herz. Mentoring und gesunde Berührung funktionieren!

KAPITEL ZWÖLF

Mentoring: Zur Liebe zurückfinden

„Ein Junge kann nicht zum Mann werden ohne das aktive Eingreifen von reifen Männern."[1]

—Rituale der Männlichkeit

Warum Mentoring?

Ein Mensch, der keine wirkliche Bindung, Liebe und echte Nähe zu seinem Vater und/oder seiner Mutter erlebt hat, versucht, diese unerfüllten Bedürfnisse durch andere Beziehungen oder Aktivitäten zu heilen. Mentoring ist eine Methode zur Heilung der Eltern-Kind-Beziehung, aber es kann auch zur Heilung anderer Beziehungen verwendet werden, z. B. der Beziehung zu Geschwistern, Verwandten und Freunden.

„Viele aktuelle Konflikte, die Menschen mit ihren Ehepartnern, Liebhabern, Ex-Liebhabern, Chefs, Partnern oder Kindern haben, sind zum Teil emotionale Wiederbelebungen verdrängter Gefühle, die ihre Wurzeln in Ereignissen der Kindheit haben. Die ungelösten Konflikte der Kinder mit ihren Eltern scheinen sich stets auf ‚geheimnisvolle' Weise in den Beziehungen der Erwachsenen zu wiederholen."[2]

Echte Nähe macht den Kern unseres Seins aus. Das zentrale Prinzip des Universums ist die Eltern-Kind-Beziehung, und der Ort, wo wir Nähe zu anderen und uns selbst lernen, ist die Familie. Wenn man diese Ur-Liebe zwischen Eltern und Kind nicht erfahren hat, bleiben wichtige Entwicklungsaufgaben liegen, und das innere Wachstum kommt zum Stillstand. Eine in die Tiefe gehende Wiederherstellung der Eltern-Kind-Beziehung ist wesentlich für Wachstum und Reifung in der Liebe.

Mentoring ist ein Beziehungsmodell, das die elterliche Bindung in einer sicheren und unterstützenden Beziehung nachbildet, um emotionale Wunden aus der Kindheit aufzuarbeiten. Die eine Person ist der Elternteil (Mentor), die andere ist das innere Kind eines Erwachsenen („Erwachsenen-Kind"). Eltern sind für ihre Kinder wie Gott. Der Vater repräsentiert die männliche Seite Gottes und die Mutter die weibliche Seite Gottes. Weil Eltern diese „göttliche" Rolle haben, gibt ein Kind immer sich selbst die Schuld, auch wenn die Eltern einen Fehler machen. Ob ein Elternteil trinkt und das Kind anschreit, ob ein Elternteil stirbt oder es eine Scheidung gibt, ob ein Elternteil vernachlässigend ist und sich keine Zeit für das Kind nimmt, oder es ständig kritisiert und ausschimpft – immer wird das Kind sich selbst die Schuld dafür geben. Es sagt sich: „Wenn ich nur ein besserer Sohn / eine bessere Tochter gewesen wäre, wäre das nicht passiert." Diese Botschaften vergräbt es tief in sich, weil es eine Reihe von Verteidigungsmechanismen ergreifen muss, um zu überleben und den Verlust irgendwie aushalten zu können.

Wenn die Wunden der Vergangenheit ausheilen sollen, muss es auch zur Heilung zwischen dem Erwachsenen-Kind und den verinnerlichten Eltern kommen. Dazu muss das Erwachsenen-Kind sich als Erstes seines inneren Kindes bewusst werden. Es muss ein Programm beginnen, in dem es sich selbst ein guter Vater und eine gute Mutter wird, sonst besteht die Gefahr, dass es übermäßig von seinem Mentor abhängig wird. Außerdem kann der Mentor niemals alle Bedürfnisse des Erwachsenen-Kindes beantworten.

Vergewissere dich vor Beginn der Mentoring-Beziehung, dass das Erwachsenen-Kind ernsthafte Schritte unternommen hat, sich selbst ein guter Vater und eine gute Mutter zu werden. Ich empfehle, dass das Erwachsenen-Kind mindestens drei Mentoren hat. Wenn es um die Heilung der Vaterwunde geht, sollten mindestens drei Männer die Vaterstelle einnehmen. Wenn es nur einen Mentor gibt, wird sich dieser schnell überwältigt fühlen. Wenn bei mehreren Mentoren einer einmal ausfällt, sind immer noch mindestens zwei andere da. Besonders Pfarrern, Rabbinern, Gemeindeleitern und Imamen gilt der Rat: Wenn jemand zu dir kommt und Hilfe in seinem Kampf mit SSA sucht, vermittle ihm in deiner Gemeinde drei Familien als Mentoren!

Ein weiterer Hinweis: Vergewissere dich, dass die (Ehe-)Partner sowohl der Mentoren wie des Erwachsenen-Kindes über die Mentoring-Beziehung

Bescheid wissen! Wenn dein Partner nicht hinter dir steht, gehe lieber keine solche Beziehung ein. Es ist wichtig, dass alle Beteiligten Rechenschaft über ihr Tun ablegen. Wenn das Erwachsenen-Kind eine Therapie macht, muss der Therapeut über alle Heilungsaktivitäten informiert bleiben. Besteht keine Therapie, muss man ein Rechenschaftssystem mit einem Coach oder anderen geistlichen Mentor einrichten. Versuche nicht, alleine zu handeln. Du wirst in deinem Heilungsprozess zwangsläufig mit vielen neuen Fragen konfrontiert werden. Suche Hilfe und Unterstützung.

Wenn das Erwachsenen-Kind sexuellen Missbrauch oder sexuelle Beziehungen mit dem gleichen oder dem anderen Geschlecht hinter sich hat, erlebt es möglicherweise sexuelle Gefühle und Verlangen gegenüber dem Mentor. *Die Wiederherstellung geschieht in umgekehrter Reihenfolge, wie die Wunde entstand.* Um zu den tieferen Gefühlen von Wut, Verletzung, Sich-verraten-Fühlen, Frustration und Schmerz vorzudringen, muss das Erwachsenen-Kind zuerst durch das sexuelle Verlangen zu seinem Mentor hindurch. Es nützt nichts, die Gefühle wiederum zu unterdrücken. Es kann auch vorkommen, dass das Erwachsenen-Kind versucht, den Mentor zu verführen. Keine Angst – dies ist ein gutes Zeichen! Das innere Kind testet den Mentor einfach; es sagt unbewusst: „Kann ich sicher sein, dass du mich *nicht* ausnutzt und verführst, oder wirst du es genauso machen wie all die anderen Männer/Frauen in meinem Leben?" Es ist daher unbedingt notwendig, dass der Mentor sich seiner Geschlechtsidentität und Sexualität ganz sicher ist.

Der Mentor muss dem Erwachsenen-Kind versichern, dass der Charakter der Beziehung nicht-sexuell ist und ihm vermitteln, dass seine Liebe rein väterlich ist und er möchte, dass das Erwachsenen-Kind heil wird und echte Liebe und Nähe erfährt. Nur so wird das Erwachsenen-Kind schließlich die innere Freiheit bekommen, seine bis dahin lebendig begrabenen Gefühle wirklich zu zeigen. Nur durch die Erfahrung echter Liebe, Aufbau von Vertrauen, Trauerarbeit und neue Weichenstellungen werden das Herz des Erwachsenen-Kindes und das verletzte Kind in ihm allmählich heil werden.

Ich habe jeden meiner eigenen Mentoren getestet. Mein inneres Kind war überzeugt, dass ich – da ich ja in meinen jüngeren Jahren Missbrauch und homosexuelle Beziehungen erlebt hatte – Sex anbieten müsse, um Liebe zu bekommen. Als ich meinen Mentoren menschlich näher kam, kam es also zu sexuellen Gefühlen, und ich fragte jeden von ihnen, ob ich ihm irgendwelche sexuellen Dienste tun könnte. Mein innerer Junge musste einfach wissen, ob ich ihnen vertrauen konnte oder nicht. Hätte mir einer von ihnen positiv geantwortet, ich hätte mich umgedreht und wäre geflüchtet. Um in einer Beziehung Vertrauen aufzubauen, müssen wir dem anderen unsere „Wahrheit" sagen können, ohne dass er uns verurteilt. In dieser Atmosphäre werden wir dann endlich die Liebe erfahren, die wir so dringend brauchen.

Das Mentoring-Modell ist sowohl bei der Heilung von gleichgeschlechtlich- wie auch von andersgeschlechtlich-emotionalen und -sozialen Beziehungen nützlich. Männer können Männern und Frauen ein Mentor sein, ebenso können Frauen dies für Frauen und Männer sein.

Zur Erinnerung: Die besten Mentoren sind die Eltern des erwachsenen Kindes. Es spart viel Zeit, wenn Mama und Papa verfügbar, fähig und bereit sind, diese Aufarbeitung mit ihrem Sohn / ihrer Tochter durchzugehen. Wenn die Eltern nicht verfügbar, nicht fähig oder nicht willens sind, ist es wichtig, dass sie sich nicht an diesem Prozess beteiligen, denn das würde das Erwachsenen-Kind erneut verwunden.

Wer auch immer der Mentor ist, das Erwachsenen-Kind wird drei Entwicklungsstufen durchlaufen: Abhängigkeit, Unabhängigkeit und wechselseitiges Geben und Nehmen. Zunächst wird es von seinem Mentor abhängig sein (Nachholbedarf bei der Bedürfnisbeantwortung). Sind die Wunden verheilt und hat es die Liebe des Mentors wirklich aufgenommen, wird es ein Gefühl der Unabhängigkeit bekommen. Und am Ende wird es zu einer Balance finden: Wann kann ich auf meinen eigenen Beinen stehen, wann muss ich die Unterstützung anderer in Anspruch nehmen?

Für Männer ist es besonders schwierig, offen über ihre Gefühle zu sprechen. Frauen fällt es in der Regel leichter, ihre Gefühle auszudrücken. Männer sind eher handlungsorientiert und weniger gefühlsorientiert. Viele Männer haben bereits als Kinder gelernt, dass es sozial inakzeptabel ist, ihre Gefühle auszudrücken. Eine weitere Ursache ist die Physiologie des Mannes. Aufgrund seiner hormonellen Prägung ist gefühlsmäßige Erregung für ihn „anstrengender"; folglich lernt er es schon früh, sich von seinen Gefühlen abzuschneiden.[3]

Ein Mann mit gleichgeschlechtlicher Neigung hat möglicherweise mehr Zugang zu seinen Gefühlen. Dies stellt den männlichen Mentor vor eine besondere Herausforderung. Es kann einfach für ihn sein, das

Erwachsenen-Kind in bindungsstärkende Aktivitäten wie Sport, Wandern, Angeln einzubinden. Es kann jedoch extrem schwierig für den Mentor sein, seine eigenen Gefühle mitzuteilen, die Gefühle des Erwachsenen-Kindes zu akzeptieren und ihm heilende Berührung zu schenken. Dies bedeutet für beide Seiten Arbeit. Das Erwachsenen-Kind wird den Mentor möglicherweise über seine besonderen Bedürfnisse in Bezug auf Nähe und Berührungen aufklären müssen. Der Mentor muss erkennen, dass in dem Körper des Erwachsenen das Herz eines verletzten Kindes schlägt, das die Liebe seines Vaters nie bzw. nie hinreichend erfahren hat. Der männliche Mentor muss das Erwachsenen-Kind genauso umarmen oder auf den Schoß nehmen, wie er dies mit seinem eigenen Sohn gemacht hat.

Manchmal werde ich gefragt, wie ich den Hautkontakt mit dem Mentor sehe, z. B. mit nacktem Oberkörper. Gesunde, nichterotische Beziehungen verlaufen nach dem Modell der Beziehungen innerhalb der Familie: Vater/Sohn, Mutter/Tochter, Bruder/Bruder, Schwester/Schwester, Onkel/Neffe, Tante/Nichte, Großvater/Enkel, Großmutter/Enkelin (alles gesunde gleichgeschlechtliche Familienbeziehungen). Frage dich einfach: „Wäre das, was ich vorhabe, in einer dieser Beziehungen gesund und gut?" Wenn die Antwort Nein ist, dann tu es *nicht*; ist die Antwort Ja, tu es. Der Mentor und das Erwachsenen-Kind können sich auch fragen: Durch welche Entwicklungsphase geht das Erwachsenen-Kind zurzeit? Welches Verhalten ist diesem Alter angemessen?

Sowohl Mentor als auch Erwachsenen-Kind brauchen jemanden, dem sie Rechenschaft über ihre Beziehung ablegen. Ich schlage vor, dass sich der Klient und die Mentoren regelmäßig mit dem Therapeuten treffen.

Die Mentoring-Beziehung kann ein Segen nicht nur für das Erwachsenen-Kind, sondern auch für den Mentor selbst sein. Ein fröhlicher Geber wird gesegnet, und wer an der Heilung eines anderen teilhat, kann selbst lernen und reifer werden. Ein Mentor wird viel über sich selbst lernen. Er wird ein verständnisvollerer und barmherziger Mensch werden.

> *Achtung: Der Mentor sollte nicht der Therapeut oder Seelsorger sein! Der Therapeut kann aber den Mentor anleiten.*
>
> *Mehrere meiner Klienten haben versucht, sich gegenseitig als Mentoren zu betreuen. Dies funktioniert aus demselben Grund nicht, aus dem auch homosexuelle Beziehungen nicht funktionieren – man kann nicht geben, was man nicht selbst erhalten oder erfahren hat. Zweimal Minus ist hier eben nicht gleich Plus, sondern ein doppeltes Minus!* Nemo Dat Quod Non Habet.

Rollen und Pflichten des Mentors

Der Mentor steht für Vater oder Mutter. Diese Rolle muss er beibehalten und darf nicht in eine andere Rolle schlüpfen. Das in seiner Vergangenheit vernachlässigte oder missbrauchte Erwachsenen-Kind wird den Mentor womöglich wiederholt testen, um zu sehen, wie echt seine Liebe zu ihm ist; erst dann wird es sich sicher genug fühlen, sich zu öffnen. Denn als es die Beziehung zu seinem Vater oder sonstigen männlichen Rollenvorbildern suchte, erlebte es ja tief empfundene Ablehnung, auf die hin es sich zurückzog. Im Heilungsprozess kommt der Schmerz erneut hoch, sobald der Klient echte Nähe erlebt. Er wird den Mentor deshalb womöglich zunächst ablehnen, bevor er sich ihm öffnet.

Dr. Patricia Love stellte fest: „Wenn man sich nach etwas sehr sehnt, wird es zu einer Quelle des Schmerzes. Wenn man es dann endlich bekommt, tut es weh. Das wollen wir aber nicht. Wenn ich also großen Hunger habe, berührt zu werden, werde ich mich zunächst gegen Berührung wehren."

„Ich sehnte mich jahrelang nach Berührungen. Ich wusste, dass ich hier einen großen Mangel hatte. Schon als kleines Kind hatte ich zu wenig Berührung erhalten. [...] Ich trat also mit diesem Bedürfnis, berührt zu werden, ins Erwachsenenleben ein. Gleichzeitig sperrte ich mich gegen jede Berührung, denn zu bekommen, was man will, tut erst einmal weh. Man muss die Reife haben, diesen Schmerz, dieses bittersüße Erlebnis, durchstehen zu wollen."

„Berührungen sind elementar für unsere Existenz. Ein Säugling, der von niemandem berührt wird, stirbt. Taktile Stimulierung ist nichts Überflüssiges; wir brauchen sie zum Überleben. Als Erwachsene brauchen wir sie nicht mehr zum Überleben, aber zum Gedeihen. Berührt werden ist so wichtig, weil durch die Berührung oft auch der Schmerz darüber wieder hochkommt, sie nicht gehabt zu haben. So ist das mit allen Dingen, nach denen wir uns stark sehnen."[4]

Im Prozess des Mentoring müssen vier Dinge angegangen werden: 1. Schutz- und Distanzmauern abbrechen; 2. Gesunde Beziehungsmuster entwickeln (Sozialisation); 3. Neurologische Gehirnstrukturen durch gesunde Berührungen und Aktivitäten neu programmieren; 4. Gute Beziehung zu sich selbst, zu Gott und zu Elternfiguren (in sich selbst, durch Freunde) aufbauen.

Um die Mentoring-Beziehungen wirksam werden zu lassen, muss Klarheit über Rollen und Pflichten des Mentors bestehen:

- **Bedingungslose Liebe geben**

Der Mentor muss dem Klienten Liebe, Herzlichkeit, Hilfe und Ermutigung anbieten, ohne auch nur entfernt an eine sexuelle Beziehung zu denken. Das Erwachsenen-Kind muss elterliche Liebe erfahren, ohne Angst haben zu müssen, dass die Beziehung sexuell wird. Wenn der Mentor sexuelle Gefühle gegenüber dem Erwachsenen-Kind bekommt, muss er sofort innehalten und seine Aufmerksamkeit neu darauf richten, dem Erwachsenen-Kind nicht-sexuelle Liebe zu schenken. Er muss die Energie aus seinem Genitalbereich in sein Herz verlagern und seine Vaterposition beibehalten. Sollte er sich danach immer noch unwohl fühlen, kann er mit seinem Ehepartner oder einer anderen Person, der er rechenschaftspflichtig ist, über seine Gefühle reden. Niemals darf er etwaige sexuelle Gefühle gegenüber dem Erwachsenen-Kind erwähnen; dies würde die Eltern-Kind-Beziehung sofort verletzen und das Kind in eine Elternrolle zwingen (Parentifizierung des Kindes). Er muss dem Erwachsenen-Kind dieselbe Liebe zeigen, die er seinem eigenen Sohn / seiner eigenen Tochter geben würde. Auch wenn das Erwachsenen-Kind schon älter ist, sehnt sein inneres Kind sich immer noch nach der Liebe, die es von seinem eigenen Vater / seiner eigenen Mutter nicht erhielt. (Anmerkung: Es ist normal, sich stimuliert zu fühlen, wenn man mit einem Menschen des anderen oder auch des eigenen Geschlechts Intimität erlebt.)

Ein Mentor muss den Mund halten können. Er darf das Erwachsenen-Kind nicht mit gut gemeinten Ratschlägen und schnellen Lösungsvorschlägen überfahren. Manchmal ist Zuhören das größte Geschenk, das wir einander machen können. Wenn der Mentor einen Ratschlag geben möchte, muss er das Erwachsenen-Kind zuerst fragen: „Möchtest du Feedback oder Vorschläge erhalten?" Weitere positive Eigenschaften, die der Mentor braucht, sind Barmherzigkeit, Einfühlsamkeit, Verzicht auf Verurteilungen und die Fähigkeit, dem anderen Mut zuzusprechen.

- **Bestätigung, Anerkennung und Anleitung**

Bestätigung bedeutet, die Seele zu ernähren und das Kind bedingungslos zu lieben. Bestätigung gibt dem Kind das Bewusstsein, wertvoll, zugehörig und kompetent zu sein. Um das Bewusstsein des Wertvoll-Seins zu schaffen, wird der Mentor das innere Kind umarmen, berühren, auf dem Schoß halten, küssen, mit ihm spielen und es in seine Welt einladen. Um das Bewusstsein der Zugehörigkeit zu schaffen, kann er die Angebote des inneren Kindes annehmen und es um Hilfe bitten, nach seiner Meinung fragen, seine Leistungen würdigen, Pflichten mit ihm teilen und ihm Hilfe anbieten. Um das Bewusstsein der Kompetenz zu schaffen, bringt er dem inneren Kind Fähigkeiten bei, ermutigt es zu mehr Selbständigkeit, bietet ihm Gelegenheiten zum Weiterlernen, vermeidet zu viel Kritik, akzeptiert auch Fehler und interessiert sich für alles, was das innere Kind kann und weiß.[5]

Anerkennung hat mit dem Verhalten des Kindes zu tun. Es kann sein, dass der Mentor das Verhalten des Erwachsenen-Kindes nicht billigt. Es ist wichtig, dass er ihm soziale Kompetenz vermittelt, ihm zeigt, was angemessenes Verhalten in einer bestimmten Situation ist und was nicht. Manchmal verhält sich das Erwachsenen-Kind unangemessen, weil es nie gelernt hat, seine Gedanken, Gefühle und Bedürfnisse auf gesunde, konstruktive Weise auszudrücken. Möglicherweise braucht es auch Anleitung, wie es seine Gefühle regulieren und sein Verhalten ändern kann. Oft braucht ein Mensch mit SSA auch Hilfe beim Erlernen von Selbstdisziplin und emotionaler Selbstregulation.

Es ist wichtig, dass der Mentor immer die Gefühle des Erwachsenen-Kindes akzeptiert; dagegen wird er sein Verhalten nicht immer akzeptieren können. Der Mentor muss deutlich zwischen der Zustimmung zu einem bestimmten Verhalten und der Annahme der Person unterscheiden können. Für das Erwachsenen-Kind kann das eine ganz neue Erfahrung sein, dass ein Fehler nicht mit Liebesentzug bestraft wird. Ein Mentor muss dem Erwachsenen-Kind klar machen, dass er es immer liebt, auch dann, wenn er sein Verhalten nicht gutheißen kann. „Ich mag es nicht, wenn du …, aber ich liebe dich trotzdem."

Hilf dem Schüchternen, aus sich herauszugehen, dem Extrovertierten, sein Inneres zu finden. Empfohlene Literatur: *Positive Discipline* von Dr. Jane Nelsen, *The Heart of Parenting* von Dr. John Gottman und *Real Love in Parenting* von Dr. Greg Baer.

- **Grenzen setzen**

Es kann sein, dass das Erwachsenen-Kind die Aufmerksamkeit seines Mentors 24 Stunden am Tag und sieben Tage in der Woche beanspruchen möchte, weil seine Bedürfnisse so riesig sind. Es ist daher unbedingt wichtig, dass Mentor und Erwachsenen-Kind sich von Anfang an auf klare Grenzen und Richtlinien einigen. Besprecht gemeinsam, was möglich ist und was nicht. Ein hilfreiches Buch dazu ist *Nein sagen ohne Schuldgefühle* von Henry Cloud und John Townsend.

Mentor und Erwachsenen-Kind müssen Termine für ihre gemeinsamen Gespräche aushandeln. Sie beschließen, z. B. sich Mittwochabends von 19 bis 22 Uhr zu treffen und sonntags von 14 bis 17 Uhr.

Es muss auch geklärt werden, zu welchen Zeiten Anrufe möglich sind; der Mentor sagt z. B.: „Du kannst mich jederzeit zwischen 6 Uhr morgens und Mitternacht anrufen, aber bitte nicht nach Mitternacht oder vor 6 Uhr." Der Mentor muss dem Erwachsenen-Kind auch klar machen, ob und wann es ihn an seiner Arbeitsstelle anrufen kann.

Der Mentor muss dem Erwachsenen-Kind sagen, was er ihm geben kann und was nicht. Er muss sein Wort halten und darf nichts versprechen, von dem er weiß, dass er es nicht halten kann. Er darf nicht das eine sagen und das andere tun oder sein; das würde die defensive Abkopplung des Erwachsenen-Kindes zu seinen Eltern nur noch verstärken. Es ist sehr wichtig, klare Grenzen zu ziehen und keine unrealistischen Versprechungen zu machen. Abmachungen sind verbindlich einzuhalten.

- **Unternehmungen**

Es gibt eine Reihe von Dingen, die der Mentor mit dem Erwachsenen-Kind unternehmen kann – Dinge, die er auch mit seinem eigenen Sohn unternehmen würde. Zum Beispiel Zuhören, auf dem Schoß halten, Spazieren gehen, Sport treiben, ein Fußballspiel anschauen, einen Film sehen, ihm etwas beibringen, zum Camping oder Angeln gehen. Der Mentor soll ja dem Erwachsenen-Kind das geben, was es in seiner Kindheit und Jugendzeit vermisst hat.

Halten / Gesundes Berühren

Als Eltern nehmen wir unsere Kinder vom Augenblick ihrer Geburt an in die Arme. Wir drücken sie an unsere Brust, lassen sie unseren Herzschlag spüren, sich geborgen und beschützt fühlen. Die gleichen Haltepositionen bewähren sich in der Mentoring-Beziehung (siehe Fotos auf den folgenden Seiten). Der Mentor nimmt dabei eine aufrecht sitzende Position ein, das Erwachsenen-Kind eine liegende Haltung. So fühlt sich das Erwachsenen-Kind geborgen. Es ist gewissermaßen eine rechtwinklige Beziehung: der Mentor ist die Vertikale (Beziehung zu Gott), das Erwachsenen-Kind die Horizontale (Gottes Liebe annehmen).

Wie auf den Fotos zu sehen ist, gibt es verschiedene Möglichkeiten, wie der Mentor das erwachsene Kind halten kann, z. B. durch Umarmen, einen Arm um die Schulter legen oder sich an das Kind schmiegen, während es auf dem Sofa sitzt. Das sind natürlich nur Vorschläge. Bei der Umarmung auf dem Sofa schlingt das Erwachsenen-Kind seine Arme, wie bei der Eltern-Kind-Beziehung, unterhalb der Arme des Mentors um seinen Rücken herum. Wenn ein Arm des Erwachsenen-Kindes höher liegt, z. B. um die Schulter des Mentors, entsteht eher eine Beziehung wie unter Gleichaltrigen, die nicht die gleiche Tiefe an Sicherheit und Heilung bietet wie die vertikale, Eltern-Kind-ähnliche Beziehung.

Vielleicht willst du die folgende Übung versuchen: Während der Mentor das Erwachsenen-Kind hält, kann er sagen: „Entspanne dich und erlebe die warme, Geborgenheit spendende Berührung deines idealen Vaters und/oder deiner idealen Mutter. Schließe deine Augen und stelle dir vor, dass du auf dem Schoß des Vaters / der Mutter liegst, nach dem/der du dich immer gesehnt hast. Wenn du möchtest, kannst du dir auch vorstellen, dass ein geistlicher Mentor dich umarmt (z. B. Jesus, Maria, König David) und Gottes ungeteilte Liebe in dein Herz gießt." Um eine unterstützende Atmosphäre für die Heilung zu schaffen, kannst du auch schöne Musik im Hintergrund spielen lassen. Halte das Erwachsenen-Kind einfach so, wie wenn du deinen eigenen Sohn oder deine eigene Tochter halten würdest.

MENTORING: ZUR LIEBE ZURÜCKFINDEN

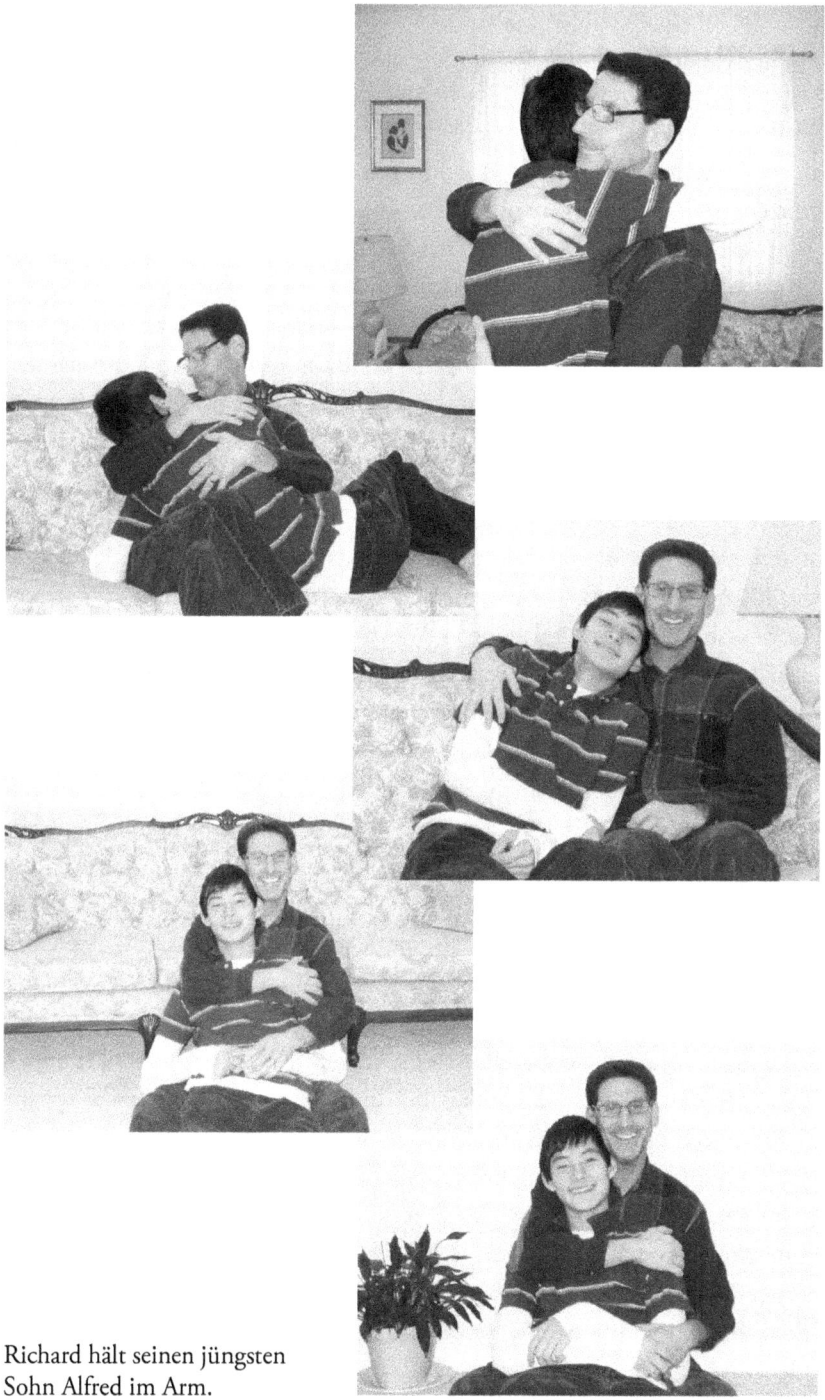

Richard hält seinen jüngsten
Sohn Alfred im Arm.

Berührungen sind für das physische, emotionale, geistige und geistliche Wachsen und Reifen der Person unerlässlich. „Unsere Rolle als Menschen scheint mir vor allem darin zu bestehen, jedes Lernen immer mit Liebe und Freundlichkeit zu verbinden. Das Lernen zu lernen und richtig lieben zu lernen, sind so eng miteinander verbunden und so tief vor allem mit unserem Tastsinn verwoben, dass es uns einen großen Schritt auf dem Weg zu einer neuen Menschlichkeit voranbringen würde, wenn wir unser universales Bedürfnis nach Berührung mehr beachten würden."[6]

In seinem Buch *Körperkontakt* zitiert Montagu eine Reihe von Studien über die schädlichen Auswirkungen von Berührungsentzug oder falscher Berührung auf Mensch und Tier. Die Haut ist unser größtes Körperorgan. Ohne die richtige Fürsorge wird ein Kind nicht zu einem gesunden, reifen, liebevollen Erwachsenen heranwachsen. Montagu zeigt, dass die richtige Berührung alle Systeme des Körpers stimuliert. Studien an Menschen und Tieren haben gezeigt, dass Berührungen in den ersten Tagen nach der Geburt zu größerer Gewichtszunahme, mehr Aktivität, weniger Ängstlichkeit, besserer Stressbewältigung und höherer Widerstandsfähigkeit gegen körperliche Schäden führen.[7] Berührungen stärken unser Atmungssystem, Kreislauf, Verdauung, Nerven, Drüsen und Immunsystem. Mangelhafte taktile Berührung kann zu zahlreichen Störungen wie Atemproblemen, Schwächung des Immunsystems, Überängstlichkeit und psychologischen Problemen führen.

Viele Studien weisen nach, dass Säuglinge, die nicht berührt wurden, viel häufiger in ihren ersten Lebensjahren starben. „Im 19. Jahrhundert starb über die Hälfte der Säuglinge (in Waisenhäusern) in ihrem ersten Lebensjahr an einer Marasmus genannten Krankheit – ein griechisches Wort, das ,Dahinschwinden' bedeutet. Noch im zweiten Jahrzehnt des 20. Jahrhunderts lag die Sterblichkeitsrate in verschiedenen Findelhäusern in den Vereinigten Staaten für Säuglinge unter einem Jahr bei fast 100 Prozent."[8] Es zeigte sich, dass diese Kinder in Kinderbetten gelegt und außer zum Windelwechseln nicht berührt wurden. Ohne liebende Zuwendung muss ein Kind sterben – wenn nicht körperlich, dann doch seelisch und geistlich. „Um liebevolle Zuwendung geben zu können, muss ein Mensch schon in seiner frühesten Kindheit selber liebevolle Zuwendung vom Augenblick seiner Geburt an erfahren haben."[9] Es ist unerlässlich, dass der Mentor dem Erwachsenen-Kind gesunde Berührungserlebnisse vermittelt, wobei er stets Liebe, echte Nähe und Sex auseinanderhalten muss.

Eine Warnung an Mentor und Erwachsenen-Kind: *Werde nicht abhängig von der Halte-Technik.* Diese Technik kann das Erwachsenen-Kind süchtig machen und sogar verhindern, dass es seinen Schmerz erlebt. *Erst das Unkraut jäten, dann pflanzen* von Liebe und echter Nähe! Wenn ein Mensch umarmt oder auf dem Schoß gehalten wird, werden Endorphine freigesetzt, die sofort ein angenehmes Gefühl verschaffen. Dies stärkt auch das Immunsystem. Aber weil das Gefühl so angenehm ist, verdrängt der Klient womöglich die unangenehmen Gefühle. Daher sollte der Mentor das Erwachsenen-Kind zuerst zum Ausdruck aller unangenehmen Gefühle ermutigen. *Erst das Unkraut jäten, dann pflanzen.*

Es gibt Menschen, die ihren Gefühlen völlig entfremdet sind. Bei ihnen sehe ich das umarmende Halten wie eine Art „Vorpumpwasser". Um Wasser aus einem Brunnen zu bekommen, muss man zuerst etwas Wasser hineingeben. Dies ist das Vorpumpwasser. Selbst nachdem man das Vorpumpwasser in den Brunnen gelassen hat, muss man noch eine ganze Weile pumpen. So ist es manchmal auch bei Menschen, die emotional ganz „ausgetrocknet" sind; es kann viel Zeit, viele Umarmungen und große Geduld brauchen, bis man bei ihnen auf „Wasser" (sprich: Gefühle) stößt.

Hören wir, was Bianca, deren Geschichte du im vorigen Kapitel gelesen hast, in ihrer Mentoringphase erlebte:

> Vor etwa acht Jahren fühlte ich mich zu einer Kollegin hingezogen, und obwohl ich meine Ehe nicht wirklich schlecht fand, war etwas in mir, das danach schrie, von dieser Kollegin beachtet zu werden. Als sie meine sexuellen Annäherungen abwies, wurde ich sehr depressiv, bekam Selbstmordgedanken und begann eine Therapie. In der Therapie lernte ich einiges über die Wurzeln meiner lesbischen Neigung und bekam ein stärkeres Identitätsbewusstsein als Frau. Ich wurde fähig, Verantwortung für das zu übernehmen, was ich steuern konnte, und mir nicht die Schuld an Dingen zu geben, für die ich nichts konnte. Ich lernte, die Erinnerung daran, dass meine Mutter mich sexuell missbraucht hatte, zuzulassen. Es war eine verheerende Erfahrung gewesen. Der Schmerz ist immer noch groß und macht mein Leben schwer. Meine gleichgeschlechtliche Neigung ist viel schwächer geworden. Ich kann gegensteuern, wenn die alten Fantasien wiederkommen wollen, aber ich weiß,

dass noch mehr Veränderung und Heilung möglich ist. Ich will meine Angst vor emotionaler Nähe zu anderen Frauen überwinden lernen. Wegen dieser Angst hatte ich mir jegliche Liebe und Herzlichkeit von Frauen versagt. Es gab nur: Nicht anfassen oder einen Orgasmus haben, dazwischen nichts. Ich liebte es, umarmt zu werden, gleichzeitig hatte ich furchtbare Angst davor. An dieser Ambivalenz leide ich nach wie vor.

Meine Mentorin versuchte mir zu helfen. Ich kannte sie damals erst ein Jahr und konnte fast nicht glauben, dass sie es ernst meinte mit dem Mentoring. Für mich ist es nach wie vor Schwerstarbeit. Ich erlebe dabei sexuelle Gefühle, Verwirrung, Angst, Ambivalenz, Entmutigung, Frustration und doch auch wieder Hoffnung, und manchmal sogar Liebe. Wenn sie mich umarmt, spüre ich sie in meinen Armen, aber nicht oft spüre ich ihre Arme um mich. Ich hungere nach diesen Umarmungen, sie sind so schön, und allmählich fühle ich mich geborgen, aber noch unsicher. Ich bin standhaft geblieben. Ich will keine lesbische Erfahrung mit ihr. Aber es gibt Zeiten, wo die Versuchung, Sex mit ihr haben zu wollen, stark ist, obwohl sie keinen Sex will. Es ist so frustrierend, dass ich meine Liebe zu ihr nicht sexuell ausdrücken kann. Es ist fast so, als ob ich keine andere Weise kenne, Liebe auszudrücken. Das ist irgendwie verquer. Ich glaube, dass Gott dabei ist, durch diese Beziehung Heilung und Veränderung in mein Leben zu bringen, und ich kann schon Fortschritte sehen. Ich kann andere Frauen umarmen, ohne mich dabei zu schämen.

Durch diese Mentoring-Beziehung lernte Bianca echte Nähe ohne Sexualität. Dies ist ein sehr schwieriger Prozess für jemanden, der in der Jugendzeit und/oder als Erwachsener sexuell missbraucht wurde oder sexuell sehr aktiv war, oder in der frühen Kindheit schwer misshandelt und vernachlässigt wurde. Aber wenn man sich entschlossen weiter durch seine Gefühle durcharbeitet, kommt man weiter. Ich habe diesen Prozess selbst hinter mir.

- **Wie man das Erwachsenen-Kind sehen kann**

Der Mentor liebt das Erwachsenen-Kind so, wie es ist, aber er kann die Beziehung auch symbolisch sehen. Wenn er z. B. in seinem Leben selbst einen Menschen (Sohn, Tochter, Bruder, Schwester, Freund) vernachlässigt oder missbraucht hat, kann er sich vorstellen, dass er jetzt diesen Menschen umarmt und die alte, gescheiterte Beziehung wiedergutmacht. Oder er stellt sich vor, dass er sein eigenes inneres Kind hält und ihm das gibt, was es nie bekam.

Klingt dies zu weit hergeholt? Jeder von uns hat eine Geschichte, in der er oder seine Vorfahren zahllose Menschen verletzt haben, und es ist unser Vorrecht und Segen, jetzt Liebe zu geben und Fehler und Hässlichkeiten unserer Vorfahren – soweit das möglich ist – wieder gutzumachen.

Ein Mentor sollte nicht versuchen, das Erwachsenen-Kind zu „erlösen", wenn der innere Schmerz es quält. Das beste Geschenk, das der Mentor geben kann, besteht darin, dass er einfach „da ist" und zuhört. Die meisten von uns wollen keine klugen Ratschläge, wenn uns elend zumute ist; wir brauchen einfach einen Raum der Geborgenheit und einen Menschen, der mit uns fühlt und bei uns ist. Sei also einfühlsam und barmherzig und verurteile nicht.

Jeder Mensch hat Fähigkeiten zur Selbstheilung. Am besten wirken sie, wenn ein anderer Mensch dabei ist. Seine Gegenwart ermöglicht es dem Erwachsenen-Kind, ohne Angst durch die notwendigen Stufen der Trauerarbeit an den Kernschmerz heranzugehen. Der „Kernschmerz" rührt von der Lebenswunde her, die im Mutterleib, während der Kindheit oder Jugendzeit entstanden ist.

- **„Vergib mir bitte"**

Manchmal ist die Technik des Rollenspiels hilfreich. Stellvertretend für den Elternteil, der den Klienten missbraucht oder vernachlässigt hat, entschuldigt sich der Mentor und sagt: „Es tut mir leid, dass ich nicht besser für dich gesorgt habe. Es tut mir leid, dass ich dich verlassen habe. Kannst du mir bitte vergeben? Ich wollte dir nicht wehtun."

Diese Methode kann sehr wirksam sein und kann dem Erwachsenen-Kind helfen, seinen verdrängten Schmerz wieder zu erleben und damit die notwendige Trauerarbeit zu beginnen. Der Mentor übernimmt die Rolle von Vater oder Mutter oder Täter, der Verantwortung übernimmt und um Verzeihung bittet. Er gibt dem Erwachsenen-Kind endlich die Liebe und Zuwendung, die es nie bekam. Das Rollenspiel darf aber keine Schau sein. Wenn du diese Perspektive nicht ehrlich einnehmen kannst, lass es lieber.

- **Kommunikation**

Der Mentor muss dem Erwachsenen-Kind Zuwendung und Fürsorge geben. Wenn er z. B. weiß, dass das Erwachsenen-Kind gerade ein schwieriges Erlebnis hinter sich hat, kann er es anrufen. Gebrauche dabei aufbauende Formulierungen wie: „Mir liegt viel an dir." – „Du bist ein intelligenter, gut aussehender Mann." – „Du bist stark." – „Ich glaube an dich." Das Erwachsenen-Kind braucht positive Botschaften, die die negativen Schaltkreise durch neue ersetzen und ein gesundes Selbstbild mit aufbauen helfen. Ein Mentor muss ein Gespür für die besonderen Bedürfnisse des Erwachsenen-Kindes bekommen. Wenn das Erwachsenen-Kind gerade in einer Krise steckt, wenn es zum Mentor kommt oder ein starkes sexuelles Verlangen hat und es ausleben will, kann der Mentor die HALT-Methode einsetzen (siehe Kapitel 6).

- **Gebet**

Der Mentor kann für das Erwachsenen-Kind beten – dass es seinen inneren Wert erfährt, die Barrieren, die sein Wachstum hindern wollen, niederreißt und zur vollen Reife gelangt. Oder er bittet Gott darum, ihm zu zeigen, was das Erwachsenen-Kind braucht. Oder darum, dass das Erwachsenen-Kind die Wurzeln seines ungewollten Verlangens entdecken kann und dass Gottes Liebe sein zerbrochenes Herz heilen möge. Oder um die richtige Weise, wie er die Liebe zeigen kann, die das Erwachsenen-Kind braucht.

Aufgaben und Lernschritte für das Erwachsenen-Kind

Wenn das Erwachsenen-Kind in der frühen Kindheit oder Jugendzeit missbraucht, vernachlässigt oder seelisch verwundet worden ist und die damit verbundenen Gefühle nicht bewältigen konnte, braucht es Heilung und Versöhnung, um positiv als Erwachsener leben zu können. Im Zentrum aller menschlichen Schwierigkeiten stehen die von Schuld, Scham und Angst gespeisten Probleme um Sex, Liebe und echte Nähe. Im Kontext der Mentoring-Beziehung kommen diese Dinge unweigerlich an die Oberfläche. Probleme und Verhaltensweisen aus dem Spannungsfeld ‚passiv – aggressiv', ‚Liebe – Hass' und ‚emotionale Verstrickung – Verlassen werden' sind wie das tägliche Brot für eine wiederherzustellende gute Eltern-Kind-Bindung. Ständige Selbstzweifel, Selbstvorwürfe und Minderwertigkeitsgefühle erfahren in der Mentoring-Beziehung Heilung.

Hier einige der Aufgaben und Lernschritte für das Erwachsenen-Kind:

- **Bedürfnisse ausdrücken**

Das Erwachsenen-Kind muss so weit wie möglich lernen, seine Gedanken, Gefühle und Bedürfnisse gegenüber dem Mentor auszudrücken. Es darf sie nicht verdrängen oder unterdrücken, sondern muss sie sagen! Möglicherweise hat das Erwachsenen-Kind in seiner Kindheit oder Jugendzeit Demütigungen erfahren, wenn es Gefühle oder Wünsche ausdrückte, und hat dementsprechend große Hemmungen in seinen gegenwärtigen Beziehungen Gefühle, Gedanken und Bedürfnisse zu zeigen. Das Erwachsenen-Kind muss lernen, hier etwas zu wagen und sich offen zu äußern. Es hat Liebe verdient. Außerdem muss es lernen, dass seine Bedürfnisse manchmal erfüllt werden, manchmal aber auch nicht.

- **Sich in den Mentor verlieben**

Es kann geschehen, dass das Erwachsenen-Kind sich in seinen Mentor verliebt. Dies ist normal und gesund. Wenn das Erwachsenen-Kind von einem Elternteil oder anderen Tätern sexualisiert wurde, in der Jugendzeit oder als Erwachsener sexuelle Erfahrungen hatte, und/oder über einen längeren Zeitraum Schwulenpornos konsumierte und masturbierte, wird es fast zwangsläufig zu sexuellen Gefühlen kommen, während es vom Mentor gehalten wird. So schwierig es auch sein mag, der Klient sollte diese Gefühle dem Mentor offen und ehrlich mitteilen. Ich weiß, wie schwierig und möglicherweise beschämend sich das anfühlen kann, da ich das selbst durchgemacht habe. In der Anfangsphase, als ich von meinem Mentor gehalten wurde, war ich sexuell erregt. Das war schockierend und beschämend zugleich. Mit jeder Umarmung nahm die Erregung ab, während sich der Schmerz aus meiner Seele ergoss. Mit der Zeit fühlte es sich sicher und normal an, einem anderen Mann nahe zu sein. Sexuelle Gefühle waren nicht länger Bestandteil der Beziehung.

„Ein bekannter christlicher Therapeut hat erklärt, dass er noch keinen Mann mit gleichgeschlechtlicher Neigung erlebt hat, mit dem er gearbeitet hat, der sich nicht in ihn verliebt hätte und der anschließend nicht von seiner ungewollten gleichgeschlechtlichen Neigung frei geworden wäre. Es erfordert Mut, seinen eigenen Werten und seiner Selbstbeherrschung zu vertrauen, um eine liebevolle, nichterotisierte Beziehung einzugehen."[10] Wenn das Erwachsenen-Kind sich durch seine Verliebtheit und die sexuellen Gefühle durchgearbeitet hat, wird der Kernschmerz an die Oberfläche kommen.

- **Die defensiven Abkoppelungen durchbrechen**
Als Reaktion auf seelische Verletzungen hat der Klient Schutzmauern um sein Herz errichtet, um dem Täter weiteren Eintritt zu verwehren. Geschah die Verletzung durch den gleichgeschlechtlichen Elternteil oder eine andere wichtige Person des eigenen Geschlechts, geht das Erwachsenen-Kind auf Distanz zu Menschen vom eigenen Geschlecht; geschah die Verletzung durch den andersgeschlechtlichen Elternteil oder eine andere Person vom anderen Geschlecht, meidet das Erwachsenen-Kind echte Bindungen zu Menschen vom anderen Geschlecht.

Die inneren Mauern dienten ursprünglich dem persönlichen Schutz und Überleben, sind aber in den gegenwärtigen Beziehungen nicht mehr nötig. Sie können jedoch nur dann fallen, wenn der Klient den Schmerz von damals wieder erlebt und Trauerarbeit an den verdrängten Gefühlen geleistet hat. Zur tiefsten Phase des Mentoring-Prozesses kommt es dann, wenn das Erwachsenen-Kind sich sicher genug fühlt, „loszulassen" und sich in Gegenwart des Mentors seiner Trauer hingibt. Nachts allein im Bett geweinte Tränen können den Schmerz, der zu Misstrauen geführt hat, niemals heilen. Der Kernschmerz kann nur im Kontext liebevoller, nichterotischer Vertrauensbeziehungen heilen. Durch die Mentoring-Beziehung bröckeln die Schutzschilde ab, und es kommt zu echter Bindung.

- **Vergeben**
Vergebung ist wie ein Punkt am Ende eines sehr langen Satzes. Erstens ist sie eine bewusste Entscheidung, Vorwürfe und Groll fahren zu lassen. Und zweitens ist sie eine Frucht des Herzens, die ganz natürlich nach dem Trauerprozess wächst. Das Trauern kann Tage, Monate oder Jahre dauern. Vergebung erfolgt in Schüben; jedes Mal, wenn der Klient eine neue Schmerzschicht um sein Herz abschält (wie das Schälen bei einer Zwiebel), erlebt er neu Vergebung. Es ist ein großer Unterschied zwischen Vergeben im Kopf (weil man einsieht, dass man vergeben muss) und Vergeben im Herzen (weil das Erwachsenen-Kind frei vom Schmerz geworden ist).

Vergebung bedeutet nicht unbedingt, dass die schmerzlichen Gefühle weggehen. Man kann immer noch die Folgen der Verwundung spüren und trotzdem vergeben. Vergeben heißt, den Schleier der Schuldzuweisung und

Scham wegnehmen. Dies geschieht, indem man jeder an der Verwundung beteiligten Person die ihr zukommende Verantwortung zuteilt. Es geschieht auch als Folge eines intensiven Trauerprozesses. Als ich mit meinen Mentoren den emotionalen Inzest meiner Mutter und sexuellen Missbrauch durch meinen Onkel durcharbeitete, erkannte ich, dass die tiefste Schicht meines Schmerzes die Selbstanklage war. Ich glaubte, dass mein Onkel mich geliebt und dann sexuell missbraucht hatte. Als ich mich durch den Schmerz seiner Grenz- und Liebesverletzung hindurchgearbeitet hatte, entdeckte ich, dass ich mir selbst die Schuld zuschob – und Gott, weil er mich nicht beschützt hatte. Denn wer ist Gott für ein Kind? Gott – das sind unsere Eltern, die sichtbare Manifestation des unsichtbaren Schöpfers. Und meine Eltern hatten mich nicht beschützt.

Das Heilen der Erinnerungen ist äußerst hilfreich für die Behandlung tiefer Wunden. Wenn der Mentor mitmacht, kann es zu tiefen, Leben verändernden Erfahrungen für das Erwachsenen-Kind kommen. Ich habe diese wundersame Heilung viele Male miterlebt.

Vergebung ist ein Geschenk, das man dem anderen und sich selbst macht. Wenn wir nicht vergeben, geben wir unserem Schmerz neue Nahrung und übertragen ihn auf andere Menschen, die uns an den/die Täter erinnern.

- **Neue soziale Kompetenzen lernen**

Als das Erwachsenen-Kind den Missbrauch bzw. die Vernachlässigung erlebte, kam sein emotional-geistiges Wachstum zum Stillstand. Der Körper ist erwachsen, aber Geist und Herz wurden eingefroren. Das Erwachsenen-Kind muss folglich neue Fähigkeiten im Umgang mit seinen Mitmenschen entwickeln, z. B. wie und wann man um etwas bittet, wie man gibt, wie man empfängt, wie man auf positive, selbstbewusste Art kommuniziert, wie man Verantwortung für seine eigenen Bedürfnisse und sein Wohlergehen übernimmt.

In der Mentoring-Beziehung entwickelt das Erwachsenen-Kind diese Fähigkeiten. Es mag ein Weg voller Schmerzen und Schwierigkeiten sein. Das Erwachsenen-Kind verhält sich möglicherweise unverhältnismäßig anspruchsvoll gegenüber seinem Mentor oder es zieht sich in sich zurück und hat Angst, seine Bedürfnisse zu benennen. Der Mentor muss dem Erwachsenen-Kind liebevoll und fest beibringen, wie es sich angemessen ausdrückt. Die richtige Sozialisation ist ein wesentlicher Teil des Mentoring-Prozesses.

- **Sich als wertvoll erfahren**

Für das sich im Heilungsprozess befindende Erwachsenen-Kind kommt sein Wert von Gott und durch erneute Bindung mit seinem Mentor: Wert – das ist das sichere Bewusstsein der Dazugehörigkeit, des Selbstwertes, der Kompetenz. Durch die Beziehung zum Mentor beginnt das Erwachsenen-Kind, Freiheit zu erfahren und sich als von Gott gewollter und geliebter Mensch zu sehen. Es ist sehr wichtig, dass das Erwachsenen-Kind seinen Wert verinnerlicht; dies geschieht durch die Verinnerlichung der Liebe seiner Mentoren, die für ihn Männlichkeits-Rollenvorbilder darstellen.

- **Tagebuch führen**

Das Führen eines Tagebuches, in dem man die vielen Veränderungen, Erfahrungen, Gefühle und Gedanken des Tages festhält, ist sehr hilfreich. Das Erwachsenen-Kind kann diese Dinge mit seinem Mentor teilen, aber sie dienen ebenso als Quelle der persönlichen Reflexion: Woher komme ich, was habe ich durchgemacht, wohin bin ich unterwegs? Das Tagebuch kann auch helfen, die Auslöser zu entlarven, die zu verdrehtem Denken und falschem Verhalten führten.

Wenn es die verschiedenen Phasen des Mentoring hinter sich hat, ist das Erwachsenen-Kind bereit, eine gegenseitige, reife Beziehung einzugehen.

Schluss

Dr. John Gottman schreibt:

> „Unsere Säuglingsstudie ist zwar noch nicht abgeschlossen, doch bestärken die Beobachtungen meine Vermutung, dass elterliche Konflikte sich schon in diesem frühen Alter belastend auswirken können. Gleichzeitig ist das Säuglingsalter die Zeit, in der sich die Verknüpfungen des vegetativen Nervensystems entwickeln. Was ein Kind während dieser ersten Lebensmonate emotional erfährt, kann wichtige und lebenslange Auswirkungen auf seinen Vagotonus haben, also auf seine Fähigkeit, sein Nervensystem zu regulieren. Ob jemand auf das Weinen des Babys antwortet, ob es von den aus seinem Umfeld aufgenommenen Sinneseindrücken eher beruhigt oder irritiert wird, ob die Menschen, die es füttern und baden und mit ihm spielen, ruhig und freundlich sind oder nervös und deprimiert – all dies kann sich langfristig auf die Fähigkeiten

eines Kindes auswirken, auf Reize zu reagieren, sich zu beruhigen und sich von Stresssituationen zu erholen."[11]

Verschiedene Mentoren waren überwältigt, nachdem sie den Text in diesem Kapitel gelesen hatten. Keine Panik. Die Männer und Frauen, die ungewollte gleichgeschlechtliche Neigung erleben, brauchen einfach deine liebevolle Präsenz in ihrem Leben. Sie müssen wissen, dass sie für das, was sie sind, akzeptiert und geliebt werden. Die Richtlinien, die ich hier aufgeführt habe, sind lediglich Vorschläge, die dir als Mentor helfen sollen, deinen Platz in dieser wunderbaren Heilungsbeziehung zu finden. Ihr könnt auch die Dauer der Mentorenbeziehung aushandeln. Vielleicht sagt ihr: „Lass es uns drei Monate lang versuchen und danach neu verhandeln." So habt ihr beide die Freiheit zu sehen, ob die Dinge funktionieren und wie es weitergehen soll.

Zieh dich nicht zurück, wenn die Dinge schwierig werden. Und das werden sie. Arbeitet durch die Differenzen hindurch. Konflikte sind der Preis, den wir für Vertrautheit bezahlen. Jeder Mann und jede Frau mit gleichgeschlechtlicher Neigung hat erfolgreiche Bindung mit Eltern und/oder Gleichaltrigen nicht erfahren. Deshalb gibt es in der Beziehung ein grundlegendes Paradoxon: Angst vor Intimität und ein enormes Bedürfnis nach Liebe. Diese beiden Gegensätze werden ein ständiger Bestandteil der Beziehung sein, bis die Bollwerke zu schmelzen beginnen. Sei beharrlich und unbeirrbar.

Die Aufgabe der Männer und Frauen, die in ihre Heilungsreise Mentoren einbeziehen wollen, ist es, die Mentoren über das Wesen gleichgeschlechtlicher Neigung aufzuklären. Die meisten Menschen verstehen die Bedeutung von SSA nicht. Ihr Bauchgefühl reagiert mit Angst vor dem Unbekannten. Mach dir klar, dass du deinen Mentoren helfen musst, die Bedeutung der gleichgeschlechtlichen Neigung zu verstehen. Das kannst du erreichen, indem du zuerst über deinen familiären Hintergrund, deine Kindheit und deine Schulerfahrungen erzählst und darüber, wie sich das auf dein Leben ausgewirkt hat. Dadurch bringst du ihnen die Ursachen für deine SSA näher (detaillierter siehe Kapitel 6, „Familie, Freunde und Ehepartner").

Du solltest dir nicht nur einen, sondern mehrere Mentoren suchen. Einige werden dir auf deinem geistlichen Weg helfen, während andere dir bei deiner Karriere, deinen Finanzen und/oder deinem Geschäft helfen werden. Einige sind offener für gesunde, heilende Berührungen, andere weniger. Jeder Mentor hat andere Qualitäten und Fähigkeiten. Beschränke dich nicht auf eine Person. Verteile es auf mehrere Personen – je mehr, desto besser. Wenn du jemanden bittest, dein Mentor zu sein, rechne mit Ablehnung. In der Regel wirst du ein „Ja" auf etwa neun „Nein" erhalten. Mach weiter, bis du die richtigen Personen gefunden hast. Suche dir mehrere „Ersatz-Väter".

Sowohl für Mentoren als auch für Klienten ist es wichtig, dass sie ihre körperliche Zuneigung angemessen zeigen. Auch hier bedeutet gleichgeschlechtliche Neigung, dass die Person sich von ihrer eigentlichen Geschlechtsidentität entfernt hat. Gesunde Berührungen in Erwachsenen-Beziehungen sind das A und O für das Heranwachsen zum Mann und zur Frau. Die Mentoren sollen sich darüber im Klaren sein, dass es sich immer noch um unreife Kinder in Erwachsenen-Körpern handelt.

Menschen mit SSA haben das Bedürfnis eines Kindes nach sicherer Bindung und Verbundenheit. Drücke deine Bedürfnisse auf gesunde Weise aus und finde Mentoren, die in der Lage sind, dir das Geschenk einer gesunden Berührung zu machen. Wie Ashley Montagu sagte: „Wo Berührung beginnt, da beginnen auch Liebe und Menschlichkeit"[12].

KAPITEL DREIZEHN

Thomas

Irgendwie wusste ich immer schon, dass ich nicht richtig dazugehörte. Ich kam mir unerwünscht vor und schämte mich dafür, dass es mich gab. Ein Vorfall im dritten Schuljahr mag das illustrieren. Ich stand mitten im Klassenzimmer, zusammen mit den paar anderen Kindern, die in keines der Sport-Teams gewählt worden waren. Ich erinnere mich an die Demütigung, nicht gewählt worden zu sein. Für mich war es ein neuer Beweis, dass ich nicht gewollt war. Ich stand da mit angehaltenem Atem und verspanntem Bauch und wäre am liebsten im Erdboden versunken. Wenn sie nur keiner merkte, meine Angst und Scham […] Ich wartete darauf, dass der Lehrer sich wenigstens erbarmte und mich einer der beiden Mannschaften zuweisen würde. Ich wusste, dass niemand mich wollte, weil ich nicht spielen konnte – aber ich konnte nichts zu meiner Verteidigung sagen. Dieses Mich-nicht-ausdrücken-können wurde zu einer lebenslangen Angst.

Ich hatte immer den Eindruck, anders zu sein als die anderen Kinder, vor allem als die anderen Jungen. Wenn ich mich mit ihnen verglich, kam ich mir minderwertig vor. Dazu kam noch, dass ich eine Enttäuschung für meinen Vater war. Schon als Fünfjähriger merkte ich, dass ich nicht der Junge war, den er gewollt hatte. Ich hatte keinen wirklichen Draht zu ihm und konnte es ihm scheinbar auch nicht recht machen. Ob er die Kluft zwischen uns bemerkte? Ob er wusste, was für Angst ich davor hatte, allein mit ihm zu sein? Ich hatte das Gefühl, dass ich ihm ständig meinen Wert beweisen musste und dass es doch nichts half.

Er wollte, dass ich Sport trieb. Ich fühlte mich nie wohl dabei. Ich spielte nur, um keine Fehler zu machen und nicht am falschen Platz zu stehen, wenn der Ball kam. Ich hasste es, dass ich nicht wusste, wie man den Baseballschläger richtig hält oder den Basketball in den Korb wirft. Ich hatte Angst, ausgelacht zu werden. War ich nicht ein Junge? Dann musste ich diese Dinge doch können! Ich kam zu dem Ergebnis, dass ich die Erwartungen meines Vaters, und also auch die von anderen Männern, nicht erfüllen konnte. Er wollte, dass ich hart war; ich war aber sehr sensibel. Ich hasste es, dass meine Gefühle so leicht verletzt wurden und wollte nicht, dass jemand das bemerkte. Mein Gefühl, im Sport ein Versager zu sein, entfremdete mich meinem Vater und den anderen Jungen noch mehr. Um mich vor ständig neuem Verwundetwerden zu schützen, zog ich mich ganz von meinem Vater (und damit von seiner und meiner Männlichkeit) zurück und zog die Welt meiner Mutter vor. Ihr fühlte ich mich nahe. Ich hatte eine Antenne für ihre verletzten Gefühle und kam mir wie ihr Beschützer vor. Meine Eltern liebten mich zwar als ihren Sohn, aber die Person, das individuelle Wesen, das ich war, liebten sie irgendwie doch nicht.

Das Gefühl, anders zu sein, nicht dazuzugehören, verfolgte mich die ganze Grundschulzeit hindurch. Ich war überschüchtern und sehnte mich nach Freunden und Bestätigung. Aber wie bekam man Freunde? Es hackte zwar niemand auf mir herum, aber ich fühlte mich dennoch immer verletzt und einsam. Ich erzählte niemandem davon. Ich hatte noch einen jüngeren Bruder und eine Schwester, mit denen ich mich gut verstand, aber selbst ihnen sagte ich nichts von meiner Angst und Einsamkeit. Ich war ganz allein. Ich fand, dass die einzige Möglichkeit, wenigstens ein bisschen Anerkennung zu bekommen, darin bestand, dass ich immer brav, höflich und fleißig war. Nur keinen Ärger machen. Ich wurde ein lieber Junge – so lieb, dass das meine ganze Identität wurde. Mit meinen guten Noten, mustergültigem, stillem Verhalten und schüchternem Lächeln erkaufte ich mir ein paar Brocken Aufmerksamkeit von Seiten der Erwachsenen.

Ich versuchte herauszubekommen, welches Wohlverhalten die Erwachsenen wohl von mir erwarteten – und dann tat ich es. Aber gegenüber Kindern funktionierte das nicht. Als ich älter wurde, bestand die einzige Möglichkeit, überhaupt dabeizusein, darin, dass ich den Geschichten der anderen zuhörte. Ich war der ideale Zuhörer, von mir selbst gab ich nie etwas preis. In mir nagte ein Hunger nach der Liebe und Anerkennung meines

Vaters, nach Zuwendung von meiner Mutter und nach Angenommensein von den Schulkameraden. So viele wirklich unbeantwortete Bedürfnisse! Ich sehnte mich danach, dass andere mein Wesen und meine Persönlichkeit wachrufen würden, dass sie mir sagten, wer und wie ich sein solle. Ich hatte das Gefühl, dass etwas an mir entsetzlich verkehrt war. Konnte denn niemand sehen, dass etwas nicht stimmte?

In der Mittelstufe war ich ein guter Schüler, machte keinen Ärger, fiel nicht auf, hörte den anderen zu, betete zu Gott und gehorchte meinen Eltern. Ich war farblos, geruchlos, geschlechtslos, sprachlos und ohne Zorn. Ich war der nette kleine Junge, der immer so schön lächelte. Aber innerlich schrie ich: „Ich bin doch so viel mehr als das, seht ihr das nicht?" Ich war einsam und hatte keine Freunde. Dazu war mein Körper ziemlich klein, was ich hasste. Meine geringe Körpergröße war nur ein Zeichen für mich, dass ich als Mann überhaupt minderwertig sei.

In der Pubertät fühlte ich mich zu meinem Entsetzen zu anderen Jungen sexuell hingezogen. Warum nicht zu Mädchen? Wo kam das her? Ich ballte die Fäuste und betete, Gott möge mir diese Gefühle wegnehmen. Ich fühlte mich schmutzig und wertlos. Ich betete um Vergebung. Ich hatte mir diese Gefühle nicht ausgesucht, ich wollte sie nicht, ich wollte nicht so werden. Ich wollte normal sein. Immer hatte ich mich anders als die anderen und als von ihnen getrennt wahrgenommen – und jetzt war ich auch noch schwul. Noch etwas, über das ich mit niemandem reden konnte!

Irgendetwas an mir war schrecklich verkehrt. Nach wie vor kam ich mit meinem Vater nicht zurecht. Ständig schien er mich zu testen, und ich wusste, dass ich sowieso keinen dieser Tests bestehen konnte. Ich erinnere mich gut, wie seine verschiedenen Vorhaltungen in mir zu einer niederschmetternden Drohung zusammenwuchsen: „Thomas, wenn du immer alles vor dir herschiebst, wenn du so sensibel und unlogisch bist, wenn du so viele Fehler machst oder versuchst, Künstler zu werden, dann wird nie ein richtiger Mann aus dir." Innerlich tobte ich, es war wie eine Stigmatisierung. Woher sollte ich denn wissen, was es bedeutete, ein Mann zu sein und sich als einer zu fühlen? Wer sollte es mir zeigen? Etwa mein Vater? Er hatte nichts dergleichen getan. Musste ich das vielleicht von selbst wissen, da ich doch nun einmal männlich geboren war? Mein Vater hatte Recht: Ich war ein Versager, ich taugte nichts, ich würde nie ein Mann werden, so wie mein Vater das verstand. Aber was sollte ich dann werden?

Und wie? Ich brauchte einfach seine Anerkennung und Aufmerksamkeit, ich musste seiner Messlatte irgendwie genügen, und wenn es auf Kosten meines eigenen persönlichen Wesens ging.

Während meiner letzten Schuljahre sehnte ich mich verzweifelt nach männlichen Freunden. Die anderen hatten irgendetwas, das ich nicht hatte, ein Geheimnis der Männlichkeit, das mir verschlossen war. Ich wollte so gerne einer von ihnen sein und wusste doch nicht, wie ich das anstellen sollte. Ich beendete die Schule ohne sexuelle Erfahrungen und sagte mir, dass die „richtige" normale, sexuelle Neigung schon noch kommen würde. Ich schämte mich meiner gleichgeschlechtlichen Neigung sehr und kam mir schlecht, wertlos, nicht liebenswert vor. Auf dem Schulabschlussball ging ich das erste Mal mit einem Mädchen aus, aber ich hatte überhaupt keine erotisch-sexuellen Gefühle dabei. Ich blieb weiter der nette Typ, der lächelte und zuhörte, aber nie etwas sagte. Ich war die Schulter, an der sich andere ausweinen konnten. Ich hatte Mitschüler, aber keine Freunde. Man mochte mich, aber keiner kannte mich. Ich wusste nicht, wie ich Zugang zu den anderen bekommen sollte und hatte Angst, dass sie mich zurückweisen würden, wenn ich es versuchte.

Im letzten Schuljahr bekam ich einen Preis – eine kleine Geldsumme für mein College-Studium – als der „netteste Schüler des Jahres". Ich fühlte mich geehrt und verlegen zugleich. Als mein Name aufgerufen wurde, stand ich auf und ging zum Podium, um meinen Preis in Empfang zu nehmen. Als ich mich an meinem Vater vorbeischob, flüsterte er: „Nicht lächeln." Ich war verwirrt. Warum sagte er das? War mein Lächeln hässlich? Durfte ich nicht glücklich über einen Erfolg sein? Gönnte er mir selbst das nicht? (Viele Jahre später sollte ich erkennen, dass ich bei meinem Vater vieles missverstanden hatte, dass er gar nicht so lieblos und grausam war, wie ich immer gedacht hatte, und dass ich meinen eigenen Teil zu meinem Elend beigetragen hatte.)

Im College schloss ich keine Freundschaften und hatte mit niemandem Kontakt. Ich konnte nicht aus mir selbst heraus. Ich wohnte weiterhin zu Hause und hatte einen Teilzeitjob. Die Leute fanden mich nett, aber niemand kannte mich. Die wenigen Mädchen, mit denen ich in diesen vier Jahren sprach, schienen mich gerne als Bruder zu behandeln. Weil ich Angst hatte, sexuell nicht reagieren zu können, konnte ich auch nicht selbstbewusst und männlich auftreten. Stattdessen kämpfte ich mit sexuellen Schuldgefühlen und Männerfantasien.

Als ich nach meinem Studium die erste Arbeitsstelle antrat, lernte ich zum ersten Mal einen Menschen kennen, der sich wirklich für mich zu interessieren schien. Er sprach mit mir, wollte wissen, was ich so machte, und erzählte mir von sich selbst. Die vielen Gespräche, der Austausch über Bücher, Musik, die Begegnungen mit Frauen, Diskussionen über Philosophie und höheres Bewusstsein und die Reisen waren alle unglaublich anregend und fesselnd. Endlich jemand, der mich annahm! Wunderbar und erschreckend zugleich war da auch die erotisch-sexuelle Anziehung. Zum ersten Mal reagierte ich auf ein anderes menschliches Wesen so stark. Hier war jemand, der mich wollte, ja der mich verstand. Aber das machte mir auch eine Riesenangst. Er war heterosexuell und in meinen Augen genau der Mann, der ich selbst nicht war. Er war all das, was ich sein wollte. Ehe ich mich versah, fragte ich mich, wie das wohl sein mochte, in seiner Haut zu stecken, seine Gefühle zu fühlen, sein Leben zu haben. Im Vergleich mit ihm schien mein eigenes Leben komplett bedeutungslos. Ich wollte er sein! Wir machten einige Reisen gemeinsam und ich fantasierte über ihn. Ich fragte mich, wie mir das eigentlich passieren konnte, dass ich jemanden kennengelernt hatte, der so voller Leben, so frei von den Erwartungen und Vorstellungen der anderen war. Da ich ihm meine sexuellen Gefühle nicht sagen oder zeigen wollte, musste ich das tun, was ich immer schon getan hatte: innerlich das eine fühlen und nach außen etwas anderes tun.

In dieser Zeit, ich war etwa Mitte zwanzig, lernte ich mehrere Frauen kennen, zu denen ich mich plötzlich hingezogen fühlte. Das war eine wunderbare Erfahrung. Ich mochte Frauen, hatte aber immer noch Angst, ich könne nicht sexuell auf sie reagieren. Doch ich musste endlich wissen, wer ich als Mann war! Doch immer wenn es zum Sex kommen sollte, war ich in der Hälfte der Fälle nicht in der Lage, eine Erektion zu bekommen oder zu behalten. Es klappte nur, wenn die Frau mich sehr stark sexuell anzog.

Später verliebte ich mich zu meiner großen Freude in zwei Frauen. Vor allem bei der einen erlebte ich die gleiche, starke sexuelle Anziehung, die ich zu meinem männlichen Freund gehabt hatte. Bei ihr fühlte ich endlich, wie das sein musste, wenn ein Mann mit einer Frau zusammen war. Sie berührte etwas in mir – ein Stück Männlichkeit, von dem ich immer angenommen hatte, dass ich es gar nicht besaß. Sie war romantisch. Sie schminkte sich z. B. im Büro und ließ mich dann ihren Lippenstift abküssen. Ich war endlich nicht mehr nur der liebe kleine Junge. Sie war sehr sinnlich, und ich genoss das. Ich kam mir stark, entschlossen, liebevoll und verwundbar vor. Diese Frau kannte mich, diese Frau liebte mich – so dachte ich, auch wenn ich es kaum glauben konnte. Da ich sie sexuell begehrte, meinte ich, dass ich sie auch liebte. Ich bat sie, mich zu heiraten und sah sie als Geschenk Gottes an, um mich vor dem Wahnsinn zu bewahren. Wann immer wir Sex haben wollten, klappte es bei mir. Keine Zweifel, keine Ängste. Ich entdeckte eine neue Seite an mir. Es war wunderbar, und ich dachte, dass wir heiraten würden. Aber jedes Mal, wenn auch sanft, gab sie mir einen Korb. Erst später verstand ich ihre emotionalen Probleme.

Mein Wunsch, zu heiraten und Kinder zu haben, blieb bestehen. Ich glaubte, dass eine Ehe mich von meiner ungewollten gleichgeschlechtlichen Neigung frei machen und mir gleichzeitig die Anerkennung und Annahme bringen würde, die ich doch brauchte. Mit 28 Jahren heiratete ich eine Frau, die ich nicht liebte. Wir hatten eine voreheliche sexuelle Beziehung gehabt, und ich dachte, dass sie mich liebte und ich sie mit der Zeit auch lieben lernen würde. Meine gleichgeschlechtliche Neigung war geringer geworden, aber sie war noch da. Meiner Frau erzählte ich aber nie davon.

Ich merkte damals nicht, dass ich eine Frau gewählt hatte, die die negativen Seiten meines Vaters und meiner Mutter in sich vereinte. Wie mein Vater war sie anspruchsvoll und kritisch. Sie manipulierte mich mit Verhaltensweisen und Sätzen wie: „Du hast mir wehgetan", „Du schuldest es mir, dass du mir alles recht machst". Gleichzeitig forderte sie wie meine Mutter ständig meine Aufmerksamkeit, indem sie klagte: „Mir geht es so schlecht", „Du bist für mich und meine Gefühle verantwortlich und musst auf meiner Seite sein."

Meine Frau wurde schnell wütend, ja bekam regelrechte Wutanfälle. Konflikte hatte ich noch nie geliebt und wusste auch nicht, wie ich einem wütenden Menschen begegnen sollte. Ich tat deshalb alles, um dem Unbehagen zu entkommen, das diese Wutanfälle bei mir auslösten. Unser Leben war voller Unehrlichkeit. Deshalb wollte ich bei meiner Frau weiterhin „Gedanken lesen", um ihre Stimmungen und Wünsche herauszufinden und sie dann zu erfüllen, wenn ich konnte.

Meine Frau war überaus anspruchsvoll, weckte alle meine alten Versager-Ängste und klammerte sich gleichzeitig an mich. Ohne es zu merken, half ich ihr, ihre Selbstverantwortung abzugeben. Ich stand ja in ihrer Schuld, denn schließlich hatte sie mich geheiratet. Alles versuchte ich ihr recht zu machen, damit es ja keine Konflikte gab. Ich fühlte mich verantwortlich, wenn sie unglücklich war. Es war eine Co-Abhängigkeits-Beziehung, in der ich ihr half, die ständig Leidende zu sein. In dieses Chaos zogen wir ein drei Monate altes Mädchen hinein, das wir 1980 adoptierten. Meine Tochter wurde die Liebe meines Lebens, aber auch sie nahm Schaden durch unsere Ehe. 1992 trennte ich mich von meiner Frau und erhielt das Sorgerecht für unsere inzwischen 12 Jahre alte Tochter. Ich fing endlich an, mein eigenes Leben zu leben.

Weil ich mich immer minderwertig gegenüber anderen fühlte und unfähig, es mit dem Leben aufzunehmen, und weil ich meine homosexuellen Gefühle hasste, hatte ich mein bisheriges Leben in Dunkelheit, Scham und Angst davor verbracht, zurückgewiesen zu werden. Ich versteckte mich und riegelte mich gegen den Schmerz ab. In meiner Isolation und Einsamkeit versuchte ich, Antworten zu finden, aber ich wusste nicht, wo ich sie suchen sollte.

Dann änderte sich 1995 der Kurs meines Lebens, als ich Richard kennen lernte. Er half mir, mein Leben zurückzuerobern. Ich hatte immer gemeint, alles würde gut, wenn ich bloß einmal die gleichgeschlechtliche Neigung los wäre. Hier lernte ich, dass diese Neigung nur die Spitze eines Eisbergs war, nur ein Symptom für eine viel tiefere Wunde in meiner Seele. Bei unserem ersten Treffen begann das Eis um meine Seele zu schmelzen, und damit begann mein Weg zu ganzheitlichem Heilwerden. Jahrelang unvergossene Tränen und nicht ausgedrückte Gefühle warteten darauf, endlich frei fließen zu dürfen. Mein Leben hatte doch einen Wert und es gab einen Weg für mich, von meinem ständigen inneren Kampf frei zu werden und ein neues Leben zu beginnen.

Meine Therapie begann damit, dass ich David Burns' Buch *Ten Days to Self-Esteem* las. Ich lese gerne, aber dieses Buch hasste ich. Es enthielt Hausaufgaben, die meinen alten Aufschiebe-Virus wieder zum Leben erweckten, und forderte, täglich über meine Gefühle Buch zu führen. Richard wies mich an, mich nicht mehr als homosexuell oder heterosexuell zu definieren, und damit hatte ich auf einmal die Möglichkeit, frei zu werden von einer Denkschablone, die mich oft depressiv gemacht hatte. Er sagte, dass mir von Gott ein unendlicher Wert zugesprochen war und dass ich es verdiente, geliebt zu werden, einfach, weil es mich gab. Früher hatte ich mich immer geschämt, wenn ich kritisiert wurde. Jetzt lernte ich, dass es nicht die

Geschehnisse selbst, sondern meine Gedanken darüber waren, die zu meinen negativen Stimmungen führten. Meine Gefühle kamen eher daher, wie ich über die Ereignisse dachte, als aus den Ereignissen selbst. Ich erkannte, dass nur ich selbst mich depressiv, besorgt oder wütend machen konnte.

Ich lernte, nicht mehr von meinen Stimmungen her zu leben. Immer hatte ich gedacht: „Ich fühle mich wie ein Versager, also bin ich wohl einer." Endlich hörte ich auf, mir selbst Etiketten aufzukleben. Anstatt zu sagen: „Du bist dumm" oder: „Die anderen wollen dich nicht", sagte ich: „Ich habe einen Fehler gemacht." Ich hörte auf, das Negative in meinem Leben wiederzukäuen und mich mit lauter „Du solltest" und „Du müsstest" zu kritisieren. Ich begann, mich nicht mehr mit meinen Gefühlen zu identifizieren. Meine kleine Körpergröße hatte ich immer als ein weiteres Indiz für meine Minderwertigkeit als Mann betrachtet. Eines Tages erkannte ich – und zwar nicht nur mit dem Kopf –, dass meine Körpergröße gar nichts mit meiner Männlichkeit zu tun hatte. Mein Selbstwertgefühl wuchs.

Durch die Therapie wurden mir auch die dauernden negativen Vergleiche bewusst, die ich zwischen mir und anderen Männern anstellte. Ich hörte auf, mich schlecht zu machen oder mich durch die Augen der anderen zu sehen. Ich begann zu begreifen, dass ich ein einzigartiger, wertvoller Mensch war, liebenswert, selbst wenn ich einen Fehler gemacht hatte und obwohl ich so klein war.

Meine Therapie bei Richard machte Fortschritte, und zum ersten Mal in meinem Leben erlebte ich ein tiefes Angenommensein, bedingungslose Liebe – die Liebe eines Vaters für seinen Sohn. Alles, was dieser Mann von mir verlangte, war, dass ich ganz ich selbst wurde, am Leben teilnahm, authentisch wurde. Hier war jemand, dem ich wichtig war, mit all meinen Ängsten und angeblichen Fehlern wie mit meinen Stärken. Ich fühlte mich angenommen. Ich fühlte mich geliebt um meiner selbst willen, nicht, weil ich etwas wusste oder tat oder gut oder schlecht aussah.

In der Therapie begann ich mit dem inneren Kind zu arbeiten. Ich entdeckte das verkümmerte Kind in mir, das Bestätigung und bedingungslose Liebe brauchte. Ich lernte auch, meinem inneren Sohn die Liebe und Bestätigung zu geben, die ich nie bekommen hatte. Ich öffnete ihm die Tür meines bewussten Lebens. Ich bat ihn um Vergebung, dass ich ihn so lange ignoriert, ja versucht hatte, ihn umzubringen. Eines Tages dämmerte es mir: Wenn ich meinem inneren Kind sage, dass ich es liebe, liebe ich ja mich selbst! Das war wie eine Offenbarung für mich: Ich bin wertvoll, einfach weil es mich gibt und ich da bin! Ich lernte es, am Leben teilzunehmen.

Ich lernte auch mit dem Stimmendialog zu arbeiten. Es gibt viele Stimmen in mir und oft stehen diese Stimmen im Konflikt miteinander. Der Stimmendialog ermöglichte es mir, meine inneren Stimmen auszusprechen, sie zu erkennen, zu verstehen und mit ihnen sinnvoll zu arbeiten.

Bei der Homosexualität geht es in Wirklichkeit nicht um Sex. Es geht um Abgelehntsein und darum, dass man sich selbst, den anderen und seiner eigenen Geschlechtsidentität entfremdet ist. Ich erkannte, dass meine sexuellen Fantasien über andere Männer gar nichts mit diesen Männern zu tun haben mussten. Die Fantasien waren in meinem Kopf, und der andere war in Wirklichkeit wahrscheinlich ganz anders als in meiner Fantasie. Ich begriff, dass es bei dem Verlangen nach homosexuellem Sex eigentlich darum ging, mir eine männliche Eigenschaft einzuverleiben, die ich in dem anderen Mann sah und bei mir vermisste. Meine Sehnsüchte zeigten mir, dass ich nicht in der Gegenwart lebte. Als ich dies verstand, gingen meine sexuellen Männerfantasien drastisch zurück.

Während dieser Zeit nahm ich auch an einer Selbsthilfegruppe teil. Wir arbeiteten mit Techniken wie Rollenspiel, Gefühle durcharbeiten und nicht-sexuelle Berührungen erleben. Ich lernte starke, sensible Männer kennen, die einen ähnlichen Kampf führten wie ich. Nach einer Weile fühlte ich mich unter ihnen zu Hause. Ich lernte sie schätzen und lieben.

Ein Hauptziel während meines Veränderungsprozesses war es, Zugang zu meiner männlichen Energie zu bekommen. Richard schlug mir vor, einer Männergruppe beizutreten. Hier ging es darum, die eigene Männlichkeit zu finden und zu gestalten. Im Sommer 1997 nahm ich an dem Wochenende der Gruppe teil. Bei den wöchentlichen Treffen im folgenden Jahr entdeckte ich etwas in mir, von dem ich immer befürchtet hatte, es sei gar nicht da. Ich erkannte, dass ich ein Mann war. Meinen angstgeplagten zehnjährigen Jungen gab es nicht mehr. Plötzlich galt ich und fühlte mich als Mann unter Männern.

Heute sehe ich das Gold in meinen Wunden. Ich hatte Verhaltensweisen in mein Erwachsenenleben hinübergenommen, die falsch waren. Irgendjemand hat es so ausgedrückt: „Ich entdeckte, dass ich Identitäten angenommen hatte, die mein tiefstes Wesen, meine Persönlichkeit nicht richtig oder zumindest nicht hinreichend wiedergaben." Ich merkte, dass ich stark sein konnte, aber auch verwundbar. Ich konnte es riskieren, Fehler zu machen, zu lieben und geliebt zu werden. Ich konnte Nein sagen. Ich entdeckte, dass ich ein Mann mit Stärken und Schwächen war, ein König und ein Bettler. Ich bin dabei, das Geschenk des Lebens in mir zum Leben zu erwecken. Mein Aufwachen begann, als ein Mann mich bat, zu mir selbst zu stehen und endlich sichtbar für andere zu werden.

TEIL III:

Zuwenden

KAPITEL VIERZEHN

Wie Eltern und Freunde helfen können

Ich habe Tausende von Männern, Frauen und Jugendlichen mit gleichgeschlechtlicher Neigung informiert und beraten. Ich habe auch mit Hunderten ihrer Eltern, Freunden und Verwandten gearbeitet. Ich möchte einige Vorschläge machen, wie du jemanden lieben kannst, der ungewollte SSA erlebt oder sich als homosexuell identifiziert. (Ich schrieb ein ganzes Buch darüber: *Gay Children, Straight Parents: A Plan for Family Healing*, 2016).

Wenn ein Kind seinen Eltern eröffnet, es fühle sich zum gleichen Geschlecht hingezogen, schrillen meist die Alarmglocken: „Warum wir? Warum du? Was haben wir falsch gemacht? Mein Gott, das darf nicht wahr sein! Weißt du nicht, dass man von diesem Verhalten sterben kann? Das widerspricht allen unseren religiösen Überzeugungen!"

Als Eltern sollten wir zuerst einmal zuhören, damit unser Kind sprechen kann. (Beiß dir zur Not auf die Zunge). Du kannst dich später immer noch mit deinen eigenen Gefühlen und Gedanken auseinandersetzen. Dein Kind hat viel Mut bewiesen, dass es so offen zu dir gewesen ist. Lauf jetzt nicht weg. Dein Sohn oder deine Tochter brauchen dich jetzt mehr als je zuvor. Unterscheide zwischen Verhalten und Person. Gleichgeschlechtliche Neigung ist nur ein Anzeichen für unverheilte Wunden und unbeantwortete Liebesbedürfnisse. Die gute Nachricht ist, dass diese Wunden heilen und die Liebesbedürfnisse gestillt werden können.

Versuche nicht, dein Kind zu „reparieren" oder ihm Moral- oder sonstige Predigten zu halten. Höre ihm zunächst nur zu und versuche herauszufinden, wie es sich fühlt und was es denkt. Es geht um dein Kind, *nicht um dich*! Und wenn du anfangs das Falsche gesagt hast, mach dir keine Sorgen: Du kannst dich entschuldigen, um Vergebung bitten und die Beziehung wieder in Ordnung bringen. Dann zieh dich nicht zurück. Egal, was deine Gefühle sagen, verschließe dich deinem Kind jetzt nicht!

Wenn du ein Freund oder Familienmitglied bist, und dir jemand von seiner gleichgeschlechtlichen Neigung erzählt, betrachte es als einen besonderen Vertrauensbeweis. Auch für dich gilt: Zunächst kein Kommentar, sondern zuhören. Vielleicht hat dein Gesprächspartner tage-, monate- oder jahrelang geübt, bevor er seinen Mut zusammennahm und sich an dich wandte. Sei freundlich und herzlich und verurteile nicht. Stell ehrliche Fragen, um den jungen Mann / die junge Frau besser verstehen zu können. Wenn du nicht recht weißt, was du fragen sollst, hol tief Luft und drücke einfach aus, wie du dich gerade fühlst – z. B. schockiert, überrascht oder besorgt.

Bedenke, dass gleichgeschlechtliche Neigung ein Symptom für ungelöste seelische Kindheitsverletzungen und für unbeantwortet gebliebene gleichgeschlechtlich-emotionale und/oder gleichgeschlechtlich-soziale Liebesbedürfnisse sind. Als Eltern, Familienmitglieder wie auch als Freunde können wir zur Veränderung und Heilung beitragen, indem wir für diesen Menschen da sind.

Hier noch einige konkrete Hinweise für Eltern, Ehepartner, Verwandte und Freunde:

Für Eltern

1. Stell dein Kind bewusst in die Gegenwart Gottes. Bete. Spiele nicht selbst Gott. Ein weises Gebet ist z. B.: „Gott, bitte hilf ihm, den Sinn seiner gleichgeschlechtlichen Neigung zu entdecken. Bitte hilf ihm, dass seine Wunden heil werden und hilf ihm, seine unerfüllten Liebesbedürfnisse in gesunden Beziehungen zu stillen."
2. Schiebe niemandem die Schuld zu – weder dir selbst noch anderen. Übernimm Verantwortung für die Fehler, die du gemacht hast, und suche Gottes Vergebung. Vergib auch dir selbst – das ist sehr wichtig. Wenn du deine Schuld weiter mit dir herumschleppst, wird dich das

nur nach unten ziehen und daran hindern, die notwendigen Änderungen in deinem Leben vorzunehmen.
3. Als Nächstes bitte dein Kind darum, dir zu vergeben. Ist es dazu nicht bereit, ist das sein Problem, nicht deines. Bitte nicht um Vergebung im Zusammenhang mit seiner gleichgeschlechtlichen Neigung. Wenn sich ein Kind als schwul identifiziert, hat man ihm eingeredet, dass es so geboren wurde. Deshalb muss deine Entschuldigung nur dein Bedauern für vergangene Fehler zum Ausdruck bringen, nicht aber für seine gleichgeschlechtliche Neigung. Wenn du dich entschuldigt hast, dann frage es, wie es sich wegen deinen Fehlern fühlte. Sei Herr oder Frau HDM: Halt-den-Mund. Dann übernimm Verantwortung und liebe deinen Sohn / deine Tochter so, wie *er/sie* es braucht.
4. Lerne an dir selbst zu arbeiten. Es gibt nur einen Menschen, den du verändern kannst, und das bist du selbst. Die Veränderungen, die du in deinem Leben vornimmst, werden große Auswirkungen auf dein Kind haben, gleichgültig wie alt es ist.
5. Versuche, mehr über die seelischen Verletzungen deines Kindes herauszufinden. Wo liegen die Ursachen seiner gleichgeschlechtlichen Neigung? Schau dir seine Vergangenheit an: Was kannst du daraus lernen, um die augenblickliche Situation richtig einzuschätzen? Frage und höre zu, ohne zu verurteilen. (Es gilt immer noch: Herr und Frau HDM: Halt-den-Mund).
6. Versuche, mehr über die unerfüllten Liebesbedürfnisse deines Kindes herauszufinden. (Warum tut es, was es tut?) Es erfährt Akzeptanz, Bestätigung und Sicherheit in der Schwulengemeinschaft – biete das deinem Sohn / deiner Tochter auch!
7. Hilf dabei, die Wunden heilen zu lassen und unbeantwortet gebliebene Bedürfnisse zu erfüllen. Schaffe eine Umgebung von Liebe, Annahme, Bestätigung und Geborgenheit. Unterscheide genau zwischen der *Person* und dem *Verhalten*. Du musst das Verhalten deines Kindes nicht billigen, aber du musst stets die Person lieben. Im Umgang mit einem SSA-Kind ist es sehr wichtig, dass der gleichgeschlechtliche Elternteil sich mehr um sein Kind kümmert. Nimm deinen Sohn / deine Tochter neu an, schaffe ein engeres Band. Höre zu, finde mehr über sein Leben heraus. Egal wie alt jemand sein mag, es braucht immer Zeit, Berührung und Gespräch. Der andersgeschlechtliche Elternteil kann

am besten im Hintergrund unterstützend mitwirken, als eine Brücke zum Beziehungsaufbau zwischen dem gleichgeschlechtlichen Elternteil und dem Kind.
8. Übe bedingungslose, echte Liebe. Verwässere nie deine Überzeugungen und Moral, aber höre zu und begegne deinem Kind mit Liebe. Setze wo nötig Grenzen.

Ich empfehle mein Buch *Gay Children, Straight Parents: A Plan for Family Healing*. Darin erkläre ich zwölf Prinzipien, um schwulen Personen und solchen mit ungewollter SSA zu helfen.

Für Ehepartner

1. Mach dir immer wieder klar, dass du die ungestillten gleichgeschlechtlich-emotionalen und gleichgeschlechtlich-sozialen Bedürfnisse deines Partners nicht erfüllen und die damit verbundenen Probleme nicht lösen kannst; das können nur Gott, dein Partner selbst und Menschen vom gleichen Geschlecht.
2. Arbeite an deinen eigenen Problemen. „Warum hat es mich zu einem Mann / einer Frau mit gleichgeschlechtlich-emotionalen und gleichgeschlechtlich-sozialen Wunden hingezogen?" – „Was kann ich jetzt Positives daraus machen?"
3. Suche Hilfe bei Verwandten, Freunden, deiner Gemeinde und/oder Seelsorger. *Isolation ist tödlich.*
4. Dein Mann / deine Frau kann dir nicht geben, was er/sie nicht hat. Du kannst kein Wasser aus einem trockenen Brunnen schöpfen. Hab Geduld. Gib so viel Liebe, wie du kannst. Sorge auf eine gesunde Art für dich selbst.
5. Bete. Versuche nicht, deinen Partner zu ändern – das muss er selbst wollen. Übergib Gott die Sorge dafür, wie es weitergeht.

Für Familie und Freunde

1. Bete für deinen Freund. Bitte Gott, dir zu zeigen, wie du ihn am besten lieben kannst.
2. Höre zu. Sei ein guter Freund; zeige, dass du an seinem Leben Anteil nimmst. Wir alle wollen in unserer Individualität angenommen werden.

3. Zeig deinem Freund deine Liebe, vor allem wenn er vom gleichen Geschlecht ist. Weiche nicht zurück, geh auf ihn zu. Schenke ihm gesunde, brüderliche oder schwesterliche Freundschaft und Liebe.
4. Sag ihm die Wahrheit in Liebe: Dass niemand sich diese Gefühle aussucht. Dass du glaubst, dass niemand so geboren wird. Dass Veränderung möglich ist. Zeige ihm, dass du bereit bist, in guten und in schlechten Zeiten zu ihm zu stehen.
5. Gib nie auf. Ein Mensch mit gleichgeschlechtlicher Neigung hat viel Schmerz und Ablehnung in seinem Leben erfahren. Sein Gefühlsleben kann extrem sein: in dem einen Augenblick braucht er dich verzweifelt, im nächsten will er dich nie mehr sehen. Bleib unbeirrt. Die Liebe ist langmütig und freundlich.
6. Sei konsequent. Viele homosexuelle Beziehungen gehen schon bald wieder in die Brüche. Du, als der alte Freund, zu dem er immer kommen kann, bist vielleicht der ruhende Pol, der Helfer, den er zur Heilung seiner tiefen Wunden braucht. Durch deine beständige Liebe kannst du gerade derjenige sein, der ihm einen Weg hinaus aus seiner Not zeigt.

Warum haben wir Angst vor denjenigen, die SSA erleben?

Wir alle haben Angst vor dem Unbekannten – dem, was wir nicht verstehen. Solange wir uns von Angst beherrschen lassen, geben wir dem Hass und der Zertrennung Nahrung. Wir brauchen Aufklärung und persönliche Beziehungen, um mehr über uns selbst und andere zu lernen.

1. Angst ist zunächst eine physiologische Selbstschutzreaktion, wenn wir uns bedroht fühlen und den anderen nicht *verstehen*. Der Angstreflex ist ein *Schutz*mechanismus zur Abwehr von Gefahren. Diese physiologische Reaktion vollzieht sich im limbischen System, dem „Reptiliengehirn", das mit unseren Emotionen verbunden ist. Im Fall von Homosexualität muss das neuere Gehirn (die Großhirnrinde, also der rationale oder erwachsenere Teil des Verstandes) die instinktive, emotionale Reaktion, die Angst vor dem Unbekannten überwinden. Die meisten Menschen haben die Bedeutung von SSA nicht verstanden. Wir fürchten das, was wir nicht verstehen.

2. Unter der psychologischen Angst liegen Schuld und Scham verborgen. Wenn ich mich irgendeines vergangenen Verhaltens bei mir schäme, ist es ein guter Ausweg, jemand anderen zu verurteilen, damit ich mich nicht mit meiner eigenen Schuld und Scham auseinandersetzen muss. Die Menschen mit SSA werden dann zu meinem Sündenbock, zur defensiven Abkopplung von meinen eigenen seelischen Verwundungen und Fehlern.
3. Menschen mit SSA sind traditionell Außenseiter der Gesellschaft, und wer sich mit ihnen abgibt, riskiert, dass er von anderen *abgelehnt* wird. Wenn ich aber bereits in einigen Bereichen meines Lebens verunsichert bin, kann solche Ablehnung eine zusätzliche Bedrohung meines „Wertes" und meiner emotionalen Stabilität sein.
4. Wir hassen an anderen das, was wir an uns selbst hassen oder verleugnen. Viele Menschen haben gleichgeschlechtliche Elternwunden, ohne eine homosexuelle Neigung zu entwickeln. Andere haben in ihrer Jugend gewisse homosexuelle Erfahrungen gemacht und fühlen sich wegen des damit verbundenen sozialen Stigmas heimlich schuldig. Diese verdeckten Schuld-, Scham- und Angstgefühle zwingen sie aus Selbstschutz dazu, die Menschen mit SSA zu verurteilen.

Antworten auf häufig gestellte Fragen

Viele Eltern fragen mich: „Was soll ich machen, wenn mein Sohn seinen homosexuellen Freund auf einen Besuch nach Hause einladen will? Geht das? Oder sende ich ihm eine falsche Botschaft, wenn ich Ja sage? Denkt er dann, ich billige sein homosexuelles Verhalten?" Ich habe lange darüber nachgedacht und gebetet und bin zu folgendem Schluss gekommen:

- Du liebst deinen Sohn, nicht sein Verhalten. Du kannst ihm z. B. aufgrund deiner religiösen Überzeugungen sagen: „Du kannst deinen Freund gerne einladen. Aber wir halten sexuelle Beziehungen außerhalb der Ehe nicht für gut, also werdet ihr bitte nicht im gleichen Zimmer schlafen." Du kannst dies nur dann sagen, wenn du deinen anderen Kindern, die Freunde vom anderen Geschlecht mit nach Hause bringen, dasselbe sagst. Du musst konsequent sein, sonst verlierst du deine Glaubwürdigkeit. Heute ist die homosexuelle Ehe legal. Das macht die Sache noch verwirrender. Bete, folge deinem Herzen und suche den weisen Rat anderer.

- Der Freund deines Sohnes ist der Sohn einer anderen Person und vielleicht wurde er von seiner Familie abgelehnt. Das könnte deine Chance sein, ihm die Liebe Gottes zu zeigen.

- Am Ende werden nur Liebe und Wahrheit gewinnen. Wenn du dein Kind zurückweist, schüttest du Salz in seine Wunden. Es ist viel besser, wenn ihr eine nahe Beziehung zueinander haben könnt. Denk daran, dass es hier um nicht verheilte Wunden und ungestillte Bedürfnisse nach Liebe geht.

- In diesem Problem liegt ein verborgener Segen, eine Chance, alte Wunden heil werden lassen und verlorene Zeit wieder gutzumachen. Vor allem der gleichgeschlechtliche Elternteil muss sich einbringen, engagiert und offen sein (körperlich, emotional, geistig und geistlich). Ein Sohn braucht die Liebe seines Vaters, eine Tochter die Liebe ihrer Mutter.

- Ein Merkmal von Menschen mit SSA kann auch Rebellion oder gegensätzliches Verhalten sein. Indem du deinen Sohn und seinen Partner annimmst, schließt du sein Bedürfnis, zu rebellieren, gleichsam kurz. Langfristig wird dies ihn und seine Beziehung zu dir positiv beeinflussen. Liebe üben lohnt sich!

Und wenn dein Kind dich missversteht und meint, dass du jetzt sein homosexuelles Leben gutheißt? Das ist seine Sache. Bleib weiter bei der Liebe und bei der Wahrheit. Gib nicht auf. Hier ist mein Motto ist: **Wer bis ans Ende durchhält, wird gewinnen.**

Und wenn dein Kind, Freund oder Verwandter dich zu einer offiziellen oder informellen „Schwulentrauung" einlädt? Solltest du teilnehmen? Bete darüber und folge deinem Herzen. Es gibt keine einfache Antwort auf diese Frage. Manche entscheiden sich für die Teilnahme und sagen: „Du weißt, dass wir dich lieben, aber das ist sehr schwierig für uns, weil wir nicht damit einverstanden sind." Oder: „Bitte verzeih uns, wir lieben dich und sind immer für dich da, aber wir können nicht teilnehmen, weil es gegen unsere Glaubensüberzeugungen ist". Suche Gottes Führung und sei ehrlich.

Solltest du deinem Kind Literatur zu lesen geben? Wenn es dafür offen ist, auf jeden Fall! Wenn es strikt dagegen ist, lass es lieber sein. Warum? Wenn du es in die eine Richtung drängen willst, wird es die andere wählen, einfach um sich gegen dich zu behaupten. Frag lieber deinen Sohn / deine Tochter, was für Bücher er/sie liest. Zeig deine Bereitschaft, ihn und seine Ansichten zu verstehen. Hast du dies konsequent eine Zeitlang getan, kannst du ihn auch bitten, einige von *deinen* Büchern zu lesen. Lies die Literatur deines Kindes aber nicht mit dem Hintergedanken, es anschließend umso besser „bekehren" zu können. Lies, um dein Kind besser verstehen und lieben zu können. Jeder Mensch will verstanden und geachtet werden. Du musst nicht die Meinung deines Kindes teilen. Hör einfach zu, lerne. Behandle deine Mitmenschen so, wie du von ihnen behandelt werden willst.

Schluss

Eine Warnung zum Schluss: Versuche nicht, dein Familienmitglied oder deinen Freund zu ändern. SSA ist ein Symptom für Verletzungen in der Seele, die noch nicht verheilt sind, und für ein berechtigtes Bedürfnis nach Liebe. Es ist auch ein Zeichen für Geschlechtsdisidentifikation. Die beste Medizin, um allen Schmerz zu heilen, ist Liebe.

Er braucht sichere Bindungen zu Männern in gesunden, nicht-sexuellen Beziehungen, sie zu Frauen. Sind gesunde Bindungen gewachsen, wird das gleichgeschlechtliche Verlangen natürlicherweise zurückgehen. Also: Männer, öffnet euch Männern, die in ihrer geschlechtlichen Identität verunsichert sind. Frauen, öffnet euch Frauen, die in ihrer geschlechtlichen Identität verunsichert sind. Unser Einsatz der Liebe ist gefragt.

Wer am meisten und am längsten liebt, gewinnt!

KAPITEL FÜNFZEHN

Ein letzter Gedanke

Es ist das große Verdienst der „Schwulenrechtsbewegung", dass sie die Frage nach der Homosexualität auf die Tagesordnung gebracht hat. Viele Menschen in gesellschaftlichen und religiösen Institutionen, in Medizin und Psychiatrie haben Männer und Frauen, die unter ihren gleichgeschlechtlichen Neigungen litten, im Stich gelassen. Statt Hoffnung auf Heilung und Veränderung zu geben, haben sie mitgespottet. Durch Vorurteile und Diskriminierung haben sie die Wunden der Abkopplung noch weiter aufgerissen. Und heute bitten sie nicht etwa um Verzeihung für die Fehler von gestern, sondern sind unter dem Deckmantel der Toleranz zu billigen Ja-Sagern geworden. Für mich ist das billige Religion und oberflächliche Wissenschaft.

Doch hinter verschlossener Tür sind viele von ihnen immer noch über homosexuellen Sex empört. „Dieselben Leute, die so sehr für Antidiskriminierungsgesetze und andere bürgerrechtliche Maßnahmen zum Schutz von Schwulen und Lesben sind, sehen die Homosexualität eigentlich negativ – mit einer Art widerwilliger Toleranz."[1] Die Lösung ist weder blindes Gutheißen noch kritiklose Toleranz. Die Antwort heißt Verständnis und Liebe.

Während ich die Originalausgabe dieses Buches fertigstellte, wohnte ich eine Zeitlang in einem Pfarrhaus in einer Wohnung, neben der es eine Reihe von unbewohnten Räumen gab. Das gemeinsame Bad war lange nicht benutzt worden. Damals lebte ich in einem Haushalt mit drei Kindern, einem Mitbewohner und mir selbst, so dass es nicht leicht war, ein ruhiges und entspanntes Bad zu nehmen. Ich freute mich auf ein ruhiges Bad in der Wanne, während ich an diesem Buch schrieb.

Mein erster Blick auf die Badewanne war ein Schock. Sie war von jahrelangem Ruß verdreckt. Die Wanne muss früher einmal weiß gewesen sein, aber jetzt sah ich nur noch festsitzenden Schmutz. Entschlossen, ein ruhiges Bad zu nehmen, kaufte ich einen Scheuerschwamm und Reinigungsmittel und machte mich an die Arbeit.

Am ersten Tag schrubbte ich eineinhalb Stunden. Es war Sommer, und der Schweiß strömte mir vom Leib und vermischte sich mit dem Dreck, der von der Wanne kam. Aber unter dem Dreck war die Wanne weiß wie eh und je! Ich hörte förmlich, wie sie mir zuflüsterte: „Danke. Sehr gut. Mach mich frei."

Am zweiten Tag, nach weiteren eineinhalb Stunden Schrubben stand sie da – eine schöne Wanne, weiß und glänzend wie in ihren besten Tagen. Ich hatte den Schmutz vieler, vieler Jahre weggespült. Die Wanne war bereit. Ich ließ warmes Wasser einlaufen und legte mich in diese herrliche, saubere Wanne.

Am nächsten Tag konzentrierte ich mich auf die Wände und die Glasschiebetüren. Auch sie waren mit Schmutz bedeckt. Es dauerte ein paar weitere Stunden, um die jahrelange Misshandlung und Vernachlässigung abzuschrubben. Schließlich glänzten die Wände und Glastüren, und ich nahm ein weiteres entspannendes Bad.

Am letzten Tag reinigte ich alles um die Wanne herum. Weitere Jahre des Drecks mussten weg, vom Fußboden, von der Wand. Ich spürte große Freude. Es ist möglich – ein Leben nach Jahren des Missbrauchs und der Vernachlässigung! Mein letztes Bad in der wiedererweckten Wanne war ein Fest des Lebens!

Heutzutage ist es politisch korrekt, Homosexualität als angeboren und unabänderlich zu akzeptieren: Man wird so geboren und kann sich nicht ändern. Aber wenn wir die Homosexualität eines Menschen als normal und natürlich akzeptieren, wird das Potenzial zur Ganzheitlichkeit unter den Jahren der Verletzung, der Vernachlässigung und/oder des Missbrauchs ungenutzt bleiben. Homosexualität akzeptieren und gutheißen bedeutet, Abkopplung und Entfremdung vom eigenen Selbst und von anderen zur Norm erklären.

Lasst uns unsere Arme und unsere Herzen für diese wundervollen, sensiblen Menschen öffnen. Lasst sie uns zum Leben erwecken. Helfen wir ihnen, all die Jahre des Missbrauchs und der Vernachlässigung wegzuschrubben. Denn wenn ein Mensch heiler wird, werden wir alle ein Stück heiler.

KAPITEL SECHZEHN

Die Perspektive einer Ehefrau

Von Jae Sook Cohen

Ich fühle mich geehrt und bin gerührt, meine Geschichte mit euch zu teilen. Ich möchte Gott dafür danken, dass er mich in meinem Leben und in unserer vierzigjährigen Ehe unterstützt hat. Außerdem möchte ich all den Menschen danken, die Richard und mich ermutigt und für uns gebetet haben. Ohne eure Unterstützung hätten wir es nie so weit geschafft. Ich bin euch allen zutiefst dankbar. Bitte betet weiterhin für uns. Wir sind Pioniere, die einen neuen Weg ebnen, dem viele folgen werden.

Ich bin in Südkorea in einem konfuzianischen Umfeld aufgewachsen, welches das Patriarchat befürwortet und in dem sich unterordnende Frauen nur um ihre Ehemänner, um die Kinder und die Schwiegereltern kümmern. Dieses Konzept würde Einfluss darauf haben, wie ich unsere Ehe wahrnehme und mitgestalte. Ich wurde direkt nach dem Koreakrieg geboren und die Situation war desolat. Wir hatten wenig zu essen und waren mit dem Wiederaufbau unseres Landes beschäftigt.

Als ich zwölf Jahre alt war, kam zu all diesen kulturellen Entbehrungen hinzu, dass sich meine Eltern scheiden ließen. Das war in den 1960er Jahren in Korea fast undenkbar. Die Narben dieses Schmerzes trage ich mein Leben lang mit mir herum. Mein Großvater väterlicherseits lebte weiterhin bei uns, und meine Mutter war wie ein Engel, die sich immer um ihn kümmerte, egal was passierte. Ich bewunderte ihre Fähigkeit sehr, wie sie ihn, meine jüngere Schwester und mich bedingungslos liebte. So war wenigstens mein Großvater mir in meiner Kindheit und Jugend ein Stück weit eine Quelle männlicher Zuneigung.

Mein Vater heiratete einige Jahre nach der Scheidung wieder, und ich war wie ein Pingpongball, der zwischen zwei Familien hin- und hergespielt wurde. Mein Vater hatte danach drei Kinder mit seiner neuen Frau – meiner Stiefmutter. Aber in dieser Zeit geschah etwas Unerwartetes. Meine Stiefmutter, die ich liebevoll meine „Neue Mutter" nannte, war eine große Quelle mütterlicher Liebe und Fürsorge.

Mehrere enge Freundinnen und Freunde halfen mir, diese schwere Zeit mit meiner Familiensituation und dem Mangel an finanzieller Stabilität zu überstehen. Wir schlugen uns jeden Tag gerade durch. Trotzdem war meine Mutter voller Liebe für meine Schwester und mich. Meine Neue Mutter erlaubte mir, mich an ihrer Schulter auszuweinen. Sie war mir eine sehr wertvolle Mentorin und Seelsorgerin. Ich bewunderte ihren wundervollen weiblichen Charakter und ihre Liebe zu Gott so sehr. Durch sie lernte ich, meinen Kopf hochzuhalten, egal wie die Umstände im Leben sind. Ich entwickelte auch ein Selbstwertgefühl als junge Frau und fühlte mich akzeptiert und geschätzt für das, was ich war. Sie hat mein ganzes Leben positiv beeinflusst. Falls ihr euch fragt, warum ich erzähle, dass ich mich an der Schulter meiner Neuen Mutter ausweinte und nicht an meiner richtigen Mutter, ist das ganz einfach: Meine Mutter litt in meiner Kindheit so viel, hatte ihren Mann verloren und kümmerte sich allein um zwei Töchter. Ich wollte sie nicht weiter belasten, denn ich liebte sie von ganzem Herzen.

Als ich Richard kennenlernte, war ich von seiner Aufrichtigkeit beeindruckt. Noch vor der Heirat erzählte er mir von seiner gleichgeschlechtlichen Neigung. Ich empfand so viel Mitgefühl für ihn, am meisten, als er erzählte, dass er im Alter von fünf Jahren von seinem Onkel sexuell missbraucht worden war. Ich weinte viel und dachte, es sei nicht fair, dass ein so junger und unschuldiger Junge auf diese Weise missbraucht wurde, wo er sich doch nur nach männlicher Zuneigung und Aufmerksamkeit gesehnt hatte. Nicht überraschend, dass der Missbrauch durch seinen Onkel und Richards schwierige Beziehung zu seinem Vater, seiner Mutter und seinem älteren Bruder führten schließlich dazu, dass seine gleichgeschlechtliche Neigung entstand. Wie ihr wisst, litt er viele Jahre seines Lebens sehr unter seiner gleichgeschlechtlichen Neigung.

Ich sagte Richard, dass ich seine Frau werden und gemeinsam eine liebevolle Familie gründen wollte. Er ging durch die Hölle, während er versuchte, die richtige Hilfe zu finden. Niemand wusste wirklich, was man für ihn tun konnte. Jahrelang irrte er in der dunklen Einöde umher, wie ein Verirrter, der versucht den Weg nach Hause zu finden. Schließlich fand er in New York City, wo wir damals lebten, einen Therapeuten, durch den ein tiefgreifender Heilungsprozess für ihn und für uns begann. Der Therapeut leitete eine Selbsthilfegruppe, der wir beide zusammen mit anderen Paaren beitraten, von denen jeweils ein Ehepartner von ungewollter SSA betroffen war.

In dieser Zeit wurden unsere ersten beiden Kinder geboren. Ich kann gar nicht in Worte fassen, durch welche Tiefen wir in dieser Zeit gingen. Richard hatte zwei Jobs um uns zu versorgen und seine Therapie zu bezahlen. Er arbeitete über seine Kräfte hinaus, und gleichzeitig brachte ihn seine Therapie in neue Tiefen des Schmerzes, die oft zu Hause zum Vorschein kamen. Wir alle litten in dieser Zeit sehr. Nur Gott weiß, was wir alles durchmachten. Man könnte sagen, es war die Hölle auf Erden in den ersten Jahren unserer Ehe.

Ich hatte damals viele koreanische Freundinnen, aber sie hatten keine Ahnung und hatten ziemliche Vorurteile über Homosexualität. Wenn ich ihnen erzählt hätte, was wir durchmachten, hätten sie getratscht und schreckliche Gerüchte über meinen Mann und unsere Familie verbreitet. Das hätte Richard noch mehr verletzt und zu weiteren Problemen geführt.

Ich war verzweifelt auf der Suche nach jemandem, der offen und reif genug war, um meinen Schmerz zu hören. Wenn man stark genug an die Tür klopft, wird Gott einem schließlich einen Weg aus der Sackgasse zeigen! Ich fand eine wunderbare Frau, die wie eine ältere Schwester und eine Quelle liebevoller Unterstützung wurde. Sie kümmerte sich wirklich um mich und hörte sich alles aufmerksam an, was ich erzählte.

Meine Mutter lebte zu dieser Zeit bei uns und half bei der Betreuung unserer beiden kleinen Kinder. Aber ich wollte sie nicht belasten und sie hätte auch nicht verstanden, was mein Mann und ich durchmachten. Meine Freundin wurde zu einer Oase liebevoller Unterstützung, der ich alles frei sagen konnte, was ich durchmachte.

Gelegentlich reisten wir für Richards Arbeit nach Korea, und dort traf ich meine Neue Mutter. Sie war mein fester Rückhalt. Ich schüttete ihr mein Herz aus; ich erzählte ihr von meinem Leben, von den Problemen, die wir hatten, von der gleichgeschlechtlichen Neigung und allem anderen. Sie gab mir gute Ratschläge und betete mit mir und für mich in diesen mageren und schwierigen Jahren. Ich klammerte mich an jeden Faden, um nicht in den Abgrund zu stürzen und zu ertrinken. So ging es mir so viele Jahre lang.

Wenn jemand in Erwägung zieht, eine Person zu heiraten, die nicht überwundene gleichgeschlechtliche Neigung hat, möchte ich euch dringend raten, zuallererst Beratung zu suchen. Heiratet nicht, bevor ihr euch beide mit euren ungelösten Problemen auseinandergesetzt habt. Sonst wird es, wie bei uns, die Hölle auf Erden. Wenn du diese Person wirklich liebst, suche dir Hilfe. Lass dich von jemandem beraten, der sich mit dem Phänomen „SSA" gut auskennt. Kümmere dich um deinen eigenen Schmerz und deine Probleme, bevor du versuchst, eine andere Person zu lieben. Sonst werdet ihr euch gegenseitig die Schuld zuschieben. Du wirst versuchen, die Liebe zu bekommen, die du brauchst, aber dein Partner wird sie dir nicht geben können. Es wird purer Schmerz und Einsamkeit sein, wenn du dich vor der Ehe nicht mit deinen eigenen Problemen auseinandergesetzt hast. Glaub mir!

In den ersten Jahren unserer Ehe klammerte ich mich an Gott und benötigte die Liebe und Unterstützung von engen Freundinnen. Ich vertraute auch meinem Mann, denn er wollte von ganzem Herzen eine Frau und Kinder haben. Das war sein lebenslanger Traum gewesen. Richard sagte oft zu mir: „Bitte hab Geduld. Ich weiß nicht, was ich tue, und niemand kann mir wirklich helfen mein Ziel zu erreichen, aber ich bin entschlossen. Ich werde den Durchbruch schaffen, aber bitte gib mir Zeit, um das zu schaffen. Unsere Ehe hat für mich Priorität."

Nachdem Richard seinen Durchbruch hatte und seine ungewollte gleichgeschlechtliche Neigung überwinden konnte, war die Zeit für mich dran, dass ich geheilt würde. Mit der Hilfe einiger wunderbarer Seelsorger lernte ich mich selbst zu verstehen. Während ich aufgewachsen war, hatte ich viele schmerzhafte Erinnerungen verdrängt. Es war mir einfach zu unangenehm gewesen, mich ihnen zu stellen. Meine Therapeuten halfen mir, diese Wunden wieder zu öffnen und sie durchzuarbeiten. Endlich war ich frei und verstand mich wirklich. Endlich konnte ich aufatmen und weitermachen. Natürlich bin ich noch nicht fertig.

Wenn ich auf all diese schwierigen Jahre zurückblicke, bin ich Gott so dankbar. Er ist großartig und immer treu. Er war immer für mich da und kümmerte sich um mich in den schwierigsten, wie auch in den freudigen Zeiten. Unsere Ehe hielt allen Widrigkeiten zum Trotz – getragen von der

Gnade und Liebe Gottes. Unsere drei erwachsenen Kinder sind alle sehr erfolgreich, intelligent und offenherzig. Sie können sich in fast jeden Menschen hineinversetzen, da sie in ihrer eigenen Kindheit außergewöhnliche Umstände durchlebt haben. Als Eltern sind wir so dankbar, dass sie sich alle sehr nahestehen und eine tiefe Verbundenheit teilen. Es ist eine große Freude, das zu erleben.

Gott hat mir auf meinem Weg zur Ganzheit großartige Menschen, gute Freunde, weise Ratgeber und reife Mentoren geschenkt. Ich habe auf diesem Weg viele Lektionen gelernt. Wenn du jemals an einer Schulung oder einem Vortrag meines Mannes teilnimmst, treffe ich dich vielleicht dort und erzähle dir von weiteren Lektionen, die ich auf meiner Reise gelernt habe! Heute, als echte Frau, unterstütze ich Richards Mission. Wir reisen gemeinsam durch die Welt, geleitet von unserem liebenden Gott. Wir erzählen einander mehr, genießen die Gesellschaft des anderen, und unsere Liebe wird jeden Tag tiefer.

Ich bin wahrlich eine gesegnete Frau, deren Mann ein tapferer, mutiger, weiser Mann und gehorsamer Sohn Gottes ist. Mein geliebter Gefährte, ich weiß, warum Gott dich für diese Mission ausgewählt hat. Ich bin so stolz auf dich, und vor allem darauf, dass du unsere Ehe nie, nie, nie aufgegeben hast. Ich liebe dich!

Und an unsere drei lieben Kinder, unsere Engel, ihr seid direkt vom Himmel gekommen. Es macht mich so stolz und glücklich, eure Mutter zu sein. Bitte lebt euer Leben in vollen Zügen und folgt euren Träumen. Ich liebe euch für immer.

Früher beklagte ich mich und schrie zu Gott: „Warum ich, warum ich?" Jetzt kann ich aufrichtig sagen: „Danke, lieber Gott. Ich danke dir so sehr. Was für ein erfülltes Leben wir haben, und es fängt gerade erst an!"

Nachwort

Ich möchte diese neue und letzte Ausgabe damit abschließen, dass ich einige Lektionen aus meinem persönlichen und beruflichen Leben erzähle:

1. Gib niemals auf.
Gib niemals, niemals, niemals auf. Derjenige, der weitermacht, der niemals aufgibt, gewinnt. Egal wie schwierig es manchmal sein mag, mach bitte weiter. Ich verspreche dir, es wird besser werden und deine Träume können wahr werden. Gib niemals auf.

2. Wir lernen durch unsere Fehler.
Fehler sind der Weg, wie wir lernen. Unser Gehirn ist so programmiert, dass wir mindestens drei bis vier Fehler machen müssen, bevor wir etwas verstanden und gelernt haben, wie es geht. Sei geduldig mit dir auf dem Weg der Heilung. Und denk daran: Wir lernen durch Fehler. Fehler sind der Weg, wie wir lernen. Fehler sind kein Versagen, sie geben nur neue Informationen.

3. Du kannst nicht weitergeben, was du nicht selbst erlebt hast.
Es ist wichtig, dass du gesunde Liebe erhältst. Liebe heilt. Männer, sucht euch gesunde Männer, die in euer Leben treten. Frauen, sucht euch gesunde Frauen, die in euer Leben treten. Wir können das nicht alleine schaffen.

4. Die Zeit heilt keine Wunden, sie begräbt sie nur tiefer.
Wir müssen dem Geschehenen nachspüren und uns ihm stellen, die Verluste der Vergangenheit betrauern und neue, gesunde Liebe von denjenigen erfahren, die in der Lage sind, sie zu geben.

5. Die Wunden, die wir in ungesunden Beziehungen erfahren haben, müssen in gesunden Beziehungen geheilt werden.
Wir können nicht allein heil werden, weil alle Probleme mit Beziehungen zu tun haben. Wenn du nachts alleine in dein Kissen weinst, wird das nicht reichen. Diese Art von Trauer wird immer wiederkehren. Echte Liebe muss in gesunden Beziehungen erfahren werden, damit alte Wunden geheilt werden. Wir müssen unsere Wahrheit offenbaren, fühlen dass wir angenommen werden, Vertrauen aufbauen und dann echte Liebe erfahren. Denk daran: In Herzensangelegenheiten gibt es keine schnellen Lösungen. Es braucht Zeit.

6. Nach der Trauerphase müssen wir unsere Kernüberzeugungen erkennen und benennen.
Vergangenen Schmerz zu betrauern ist wichtig. Dann müssen wir die ungesunden Kernüberzeugungen aufdecken, die sich als Folge der Verletzung entwickelt haben – also unsere Interpretation der Ereignisse und der Aussagen beteiligter Menschen, z. B. „Ich tauge nichts", „Ich kann Männern nicht vertrauen", „Ich kann Frauen nicht vertrauen". Nachdem wir unsere fehlerhaften Annahmen erkannt haben, müssen wir durch bewusste Endscheidungen neue Denkmuster für das Leben und die Liebe entwerfen. Das erfordert eine Menge Übung.

7. Durch Beziehungen lernen wir.
Männer, die von ungewollter SSA wegkommen wollen, müssen zuerst mit anderen Männern Heilung erfahren, müssen Zugehörigkeit und das Gefühl erleben, einer der Jungs zu sein. Dann, und nur dann, werden sie bereit sein, ein Mann einer Frau zu sein. Das Gleiche gilt für Frauen, die ungewollte SSA erleben. Sie muss zuerst eine Frau unter Frauen sein, bevor sie mit einem Mann erfolgreich sein kann. Wir müssen zuerst ein Gefühl für unsere eigene Geschlechtsidentität und die Zugehörigkeit zu unserer eigenen Art erfahren, bevor wir sicher genug sind, das andere Geschlecht zu verstehen und zu lieben.

8. Du musst dich selbst lieben, bevor du andere aufrichtig lieben kannst.
„Du sollst den Herrn, deinen Gott, lieben mit ganzem Herzen, mit ganzer Seele und mit all deiner Kraft. Und liebe deinen Nächsten wie dich selbst." (5. Mose 6,5 / 3. Mose 19,18b). Diese Gebote haben zwei Bedeutungen.

Die erste ist, dass du Gottes Liebe erfährst und deshalb in der Lage bist, Gott zu lieben. Den Herrn, deinen Gott, von ganzem Herzen, von ganzer Seele und mit all deiner Kraft zu lieben, setzt also voraus, dass du Gottes Liebe erfahren hast.

Liebe deinen Nächsten wie dich selbst. Die zweite Folgerung ist, dass du dich selbst liebst. Dann bist du auch in der Lage, deinen Nächsten zu lieben.

Deshalb ist unsere erste Aufgabe, Gottes Liebe zu erfahren, und aus dieser Fülle und Vertrautheit heraus sind wir in der Lage, Gott von ganzem Herzen, von ganzer Seele und mit all unserer Kraft zu lieben. Wenn wir dann wissen und erfahren, dass wir geliebt werden, fällt es uns leicht, andere zu lieben, unsere Nachbarn, unsere Familie und Freunde und sogar unsere Feinde. Noch einmal: Spüre Gottes Liebe, liebe Gott, liebe dich selbst und dann liebe andere.

9. Niemand kann dich dazu zwingen, ohne deine Zustimmung etwas Bestimmtes zu fühlen, zu denken oder zu tun.

Wenn dich jemand schlecht behandelt oder schlecht über dich spricht, so liegt es in deiner Entscheidung, ob du die Aussage ihrer Worte oder Handlungen akzeptierst oder ablehnst. Niemand kann dich zwingen, etwas ohne deine Zustimmung zu tun. Hier muss niemand Opfer sein! Sei ein Sieger der Liebe.

10. Diejenigen, die schlecht über dich reden, projizieren lediglich ihre eigenen nicht geheilten Wunden und unbewussten Probleme auf dich.

Nimm es nicht persönlich. Alles andere hat mit ihrer Unfähigkeit zu tun, sich selbst zu lieben, und deshalb sind sie auch nicht in der Lage, dich zu lieben.

11. Wenn wir gestresst sind oder unter Zwang stehen, können alte Gewohnheiten als Bewältigungsmechanismus auftauchen.

Wenn du wieder einmal gleichgeschlechtliche Neigung erlebst, glaube nicht, dass du dich zurückentwickelt hast. Es handelt sich lediglich um die Wiederholung eines alten neurologischen Musters. Der Schlüssel ist, dass du verstehst, dass es nicht um die alte Gewohnheit (ungewollte gleichgeschlechtliche Neigung) geht. Es geht darum, mit der aktuellen Situation und den Umständen auf gesunde und wirkungsvolle Weise umzugehen. Sobald du dich gut um dich selbst kümmerst oder dich vielleicht an Momente erinnerst, in denen du geliebt wurdest, werden die Überreste vergangener ungesunder Muster verblassen und du wirst dich viel besser fühlen.

Wenn jemand in jungen Jahren sexuell missbraucht wurde oder andere Formen gleichgeschlechtlicher Aktivitäten erlebt hat, wurden die Nervenbahnen des Gehirns darauf programmiert, dass er gleichgeschlechtliche Neigung erlebt. Deshalb kann es sein, dass man unter Stress als Reaktion wieder gleichgeschlechtliche Neigung erlebt. Das bedeutet nur, dass dein Gehirn in frühere Gewohnheiten zurückfällt. Atme. Entspanne dich, nimm Kontakt zu deiner Seele auf und höre, was sie dir mitteilen will. Es geht nie um gleichgeschlechtliche Neigung, sondern um die richtige Selbstfürsorge und ums Lernen, Lieben und geliebt zu werden.

12. SSA ist ein Geschenk, das dir hilft, heil zu werden, zu wachsen und zu werden, wer du wirklich sein sollst.

Nimm das Problem an, höre ihm zu, lerne daraus und werde ein guter Aufseher deiner Seele. Im Laufe des Wachstumsprozesses wirst du ein liebevoller Mann oder eine liebevollere Frau werden. Danach wirst du anderen ein Segen sein, weil du durch deine eigene persönliche Hölle gegangen bist und als gesünderer Mann oder gesündere Frau zurückgekehrt bist, der/die fähig ist, zu lieben und der Welt seine/ihre Gaben anzubieten.

Deshalb nehmt bitte eure gleichgeschlechtliche Neigung an. Hört ihr zu, lernt von ihr und wachst weiter, während ihr zu dem großartigen Sohn oder der großartigen Tochter Gottes werdet, die ihr sein sollt. Gleichgeschlechtliche Neigung ist nicht der Feind, sie ist ein Geschenk, sie ist euer Lehrer und sie ist eine Botschaft eurer Seele. Hört zu. Lernt. Erlebt Liebe. Liebt andere.

Quellenangaben

Kapitel Eins – Meine Geschichte

1. Robert Bly, *Iron John: A Book About Men* (New York: Vintage Books, 1990), 42.

Kapitel Zwei – Gleichgeschlechtliche Neigung: Definitionen und mögliche Ursachen

1. Shirley E. Cox, David Matheson, Doris Dant, *Workbook for Men* (Salt Lake City, UT: Evergreen International, Inc., 1998), vi.
2. Simon LeVay, "A Difference in Hypothalamic Structure Between Heterosexual and Homosexual Men", *Science* 253 (August 1991): 1036.
3. Zitiert in Marlin Maddoux, *Answers to the Gay Deception* (Dallas, TX: International Christian Media, 1994), 24.
4. David Nimmons, "Sex and the Brain", *Discover* Vol. 15, no. 3 (März 1994), 64-71.
5. David Gelman et al., "Born or Bred?" *Newsweek* (24. Februar 1992), 46.
6. Zitiert in Marlin Maddoux, *Answers to the Gay Deception* (Dallas, TX: International Christian Media, 1994), 26.
7. Gelman et al., 46
8. Neil und Briar Whitehead, *My Genes Made Me Do It: Homosexuality and the Scientific Evidence*, Whitehead Associates, 2020, 7, 235.
9. John Horgan, "Gay Genes, Revisited", *Scientific America* (November 1995), 26.
10. George Rice et al., "Male Homosexuality: Absence of Linkage to Microsatellite Markers on the X Chromosome in a Canadian Study" (Vortrag auf der 21. Jahrestagung der Sex Research, Provincetown,

Mass., 1995); zitiert in E. Marshall, "NIH Gay Gene Study Questioned", *Science* 268 (1995), 1841. Combined Dispatches, "New Study Challenges Theory of 'Gay Gene' in Homosexuals", *Washington Times* (23. April 1999), A3; C. Chamberlain, "Where Did the Gay Gene Go?" Internet, www.ABCNEWS.com, 23. April 1999.

11. J. Madeleine Nash, "The Personality Genes", *Time* Vol. 151, Nr. 16 (27. April 1998): 60-61.
12. John Horgan, "Gay Genes, Revisted", *Scientific American* (November 1995): 26.
13. William Byne und Bruce Parsons, "Human Sexual Orientation: The Biologic Theories Reappraised", *Archives of General Psychiatry* Vol. 50, no. 3 (März 1993): 228-239.
14. S. Marc Breedlove, Ph.D., "Sex on the Brain", *Nature* 389 (23. Oktober 1997): 801.
15. Richard C. Friedman und Jennifer Downey, "Neurobiology and Sexual Orientation: Current Relationships", *Journal of Neuropsychiatry* Vol. 5, no. 2 (Spring 1993): 131-153.
16. Ruth Hubbard und Elijah Wald, *Exploding the Gene Myth* (Boston, MA: Beacon Press, 1993), 6, 94, 98.
17. John Leland und Mark Miller, "Can Gays 'Convert?'" *Newsweek* (17. August 1998): 49.
18. John Money, "Sin, Sickness, or Status? Homosexual Gender Identity and Psychoneuroendocrinology", *American Psychologist* 42, no. 4 (1987): 384.
19. Jeffrey Satinover, *Homosexuality and the Politics of Truth* (Grand Rapids, MI: Baker Books, 1996), 77.
20. William Masters, Virginia Johnson, Robert Kolodny, *Human Sexuality*, 2nd Edition (Boston, MA: Little Brown, 1985), 411.
21 Zitiert nach Joseph Nicolosi, *Reparative Therapy of Male Homosexuality* (Northvale, NJ: Jason Aronson Inc., 1991), 18-19.
22. National Association for Research and Therapy of Homosexuality, Press Release 5, 1997.
23. Elizabeth Moberly, *Psychogenesis: The Early Development of Gender Identity* (London: Routledge and Kegan Paul, 1983), 67; E. Moberly, *Homosexuality: A New Christian Ethic* (Greenwood, SC: James Clark & Co., 1983), 9.
24. Joseph Nicolosi, *Reparative Therapy of Male Homosexuality* (Northvale, NJ: Jason Aronson Inc., 1991), 32-35.

25. Harville Hendrix, *Getting the Love You Want: A Couples' Study Guide* (New York: Harper Perennial, 1988), 26.
26. Elizabeth Moberly, *Homosexuality: A New Christian Ethic* (Greenwood, SC: James Clark & Co., 1983), 9.
27. ebd.
28. Nicolosi, *Reparative Therapy*, 21.
29. E. Kaplan, "Homosexuality: A Search for the Ego-Ideal", *Archives of General Psychiatry* 16 (1967): 355-358.
30. Nicolosi, *Reparative Therapy*, 94-95.
31. Nicolosi, *Reparative Therapy*, 77-78; Irving Bieber et al., *Homosexuality: A Psychoanalytic Study of Male Homosexuals* (New York: Vintage Books, 1962), 44-46; Gerard van den Aardweg, *Homosexuality and Hope: A Psychologist Talks About Treatment and Change* (Ann Arbor, MI: Servant Books, 1985), 64; Robert Kronemeyer, *Overcoming Homosexuality* (New York: Macmillan Publishing, 1980), 60-61.
32. Nicolosi, *Reparative Therapy*, 82.
33. Robert Kronemeyer, *Overcoming Homosexuality* (New York: Macmillan Publishing, 1980), 71.
34. Michael Saia, *Counseling the Homosexual* (Minneapolis, MN: Bethany House Publishers, 1988), 57-58.
35. James Bray und Donald Williamson, "Assessment of Intergenerational Family Relationships", in *Family of Origin Therapy* (Rockville, MD: Aspen Publishers, 1987), 31.
36. S. Allen Willcoxon, "Perspectives of Intergenerational Concepts", in *Family of Origin Therapy* (Rockville, MD: Aspen Publishers, 1987), 4.
37. 2. Mose 34,6-7, Menge-Übersetzung
38. John Pierrakos, Rede auf dem Seminar "Love, Eros, and Sex", Seven Oaks Conference Center, Madison, VA, 7. Dezember 1996.
39. Bernard Nathanson, *The Genetic Auschwitz*, vorgestellt auf der Human Life International Conference, Houston, TX, 19. April 1998.
40. Earl Wilson, *Counseling and Homosexuality* (Waco, TX: Word Books, 1988), 67.
41. Interview mit Dr. Dean Byrd, 13. April 1999, Rockville, MD.
42. Irving Bieber et al., *Homosexuality: A Psychoanalytic Study of Male Homosexuals* (New York: Vintage Books, 1962), 44-46.
43. Charles Socarides, *Homosexuality: Psychoanalytic Therapy* (Northvale, NJ: Jason Aronson, Inc., 1989), 63-67.

44. Nicolosi, *Reparative Therapy*, 80.
45. Gerard van den Aardweg, *Homosexuality and Hope* (Ann Arbor, MI: Servant Books, 1985), 64.
46. zitiert in J. Nicolosi, *Reparative Therapy*, 77.
47. M. Siegelman, "Parental Background of Male Homosexuals and Heterosexuals", *Archives of Sexual Behavior* 3 (1974): 3-17.
48. G. A. Westwood, *A Minority Report on the Life of the Male Homosexual in Great Britain* (London: Longmans, Green, 1960). Zitiert in J. Nicolosi, *Reparative Therapy*, 77.
49. M. Schoefield, *Sociological Aspects of Homosexuality: A Comparative Study of Three Types of Homosexuals* (London: Longmans, Green, 1965). Zitiert in J. Nicolosi, *Reparative Therapy*, 77.
50. N. Thompson et al., "Parent-Child Relationships and Sexual Identity in Male and Female Homosexuals and Heterosexuals", *Journal of Consulting and Clinical Psychiatry* 41 (1973), 120-127.
51. Kronemeyer, *Overcoming Homosexuality*, 60-61.
52. Bly, 24.
53. Socarides, 63-67.
54. Kenneth J. Zucker und Susan J. Bradley, *Gender Identity Disorder and Psychosexual Problems in Children and Adolescents* (New York: Guilford Press, 1995), 254, 264.
55. Socarides, 18-25.
56. Moberly, *Psychogenesis*, 39; Nicolosi, *Reparative Therapy*, 43-45.
57. John Bowlby, *Separation, Anxiety, and Anger* (London: Hogarth Press, 1973).
58. Moberly, *Homosexuality*, 6-7.
59. Martha Welch, *Holding Time: Intensive One-Day Seminar* (Audiokassetten, 1996).
60. Moberly, *Homosexuality*, 19. Nicolosi, *Reparative Therapy*, 113-114.
61. David Seamands, *Healing for Damaged Emotions* (Wheaton, IL: Victor Books, 1981), 69.
62. Nicolosi, *Reparative Therapy*, 26.
63. Moberly, *Homosexuality*, 21-22.
64. Saia, *Counseling the Homosexual*, 51-55.
65. Nicolosi, *Reparative Therapy*, 84.
66. Dean Byrd, *Understanding and Treating Homosexuality (Homosexualität verstehen und behandeln)*, Seminar der LDS-Kirche,

präsentiert auf dem Therapeutic Seminar, Washington, D.C., 13. März 1998 (entnommen aus kombinierten Forschungsstudien).
67. Patrick Dimock, "Adult Males Sexually Abused As Children", *Journal of Interpersonal Violence* 3, Nr. 2 (Juni 1988): 203-221.
68. Michael Lew, *Victims No Longer* (New York: Nevraumont Publishing, 1988), 78.
69. David Finkelhor, *Child Sexual Abuse: New Theory and Research* (New York: Free Press, 1984), 195.
70. Robert Johnson und Diane Shrier, "Sexual Victimization of Boys", *Journal of Adolescent Health Care* 6, no. 5 (September 1985): 372-376.
71. Wendy Maltz und Beverly Holman, *Incest and Sexuality: A Guide to Understanding Healing* (Lexington, MA: Lexington Books, 1987), 72.
72. Wendy Maltz, *The Sexual Healing Journey: A Guide for Survivors of Sexual Abuse* (New York: Harper Perennial, 1991), 127.
73. John Gottman, *The Heart of Parenting* (New York: Simon and Schuster, 1997), 166.
74. Gerard van den Aardweg, *The Battle for Normality: A Guide for Self-Therapy for Homosexuality* (San Francisco: Ignatius Press, 1997), 41, 48.
75. Gottman, 171.
76. W. Gadpaille, "Cross-Species and Cross-Cultural Contributions to Understanding Homosexual Activity", *Archives of General Psychiatry* 37 (1980): 349-356.
77. Marshall Kirk und Erastes Pill, "The Overhauling of Straight America", *Guide Magazine* (Oktober-November 1987), 9.
78. Gay and Bisexual Men's Health (Gesundheit von schwulen und bisexuellen Männern), http://www.cdc.gov/msmhealth/STD.htm
79. New CDC Studies Shed Light on Factors Underlying High HIV Infection Rates Among Gay and Bisexual Men, CDC Press Release, July 9, 2002.
80. Journal of Acquired Immune Deficiency Syndromes, 60(1):83-90, May 1, 2012, *A Comparison of Sexual Behavior Patterns Among Men Who Have Sex With Men and Heterosexual Men and Women*, Sara Nelson Glick, Ph.D., MPH, Martina Morris, Ph.D., Betsy Foxman, Ph.D., Sevgi O. Aral, Ph.D., Lisa E. Manhart, Ph.D., MPH, King K. Holmes, M.D., Ph.D., und Matthew R. Golden, M.D., MPH.
81. CDC, NCIPC, Web-based Injury Statistics Query and Reporting System (WISQARS) (2010) (2013 August 1). www.cdc.gov/ncipc/

wisqars. CDC. (2016). *Sexual Identity, Sex of Sexual Contacts, and Health-Risk Behaviors Among Students in Grades 9-12: Youth Risk Behavior Surveillance.* Atlanta, GA: U.S. Department of Health and Human Services. James, S.E., Herman, J.L., Rankin, S., Keisling, M., Mottet, L., & Anafi, M. (2016). The Report of the 2015 U.S. Transgender Survey, Washington, D.C.: National Center for Transgender Equality.

82. Marshal MP, Friedman MS, Stall R, et al. *Sexual orientation and adolescent substance use: A meta-analysis and methodological review.* Addict Abingdon England. 2008;103(4):546-556. doi:10.1111/j.1360-0443.2008.02149.x.
83. http://addictioncenter.com/addiction/lgbtq.
84. http://metroweekly.com/2018/02/surprising-number-gay-men-say-theyve-cheated-partner. http://www.gmfa.org/uk/fs164-infidelity-and-the-gay-community. http://www.nytimes.com/2010/01/29/us/29sfmetro.html.
85. Nicholas Zill, Donna R. Morrison und Mary Jo Coiro, "Long-Term Effects of Parental Divorce on Parent-Child Relationships, Adjustment, and Achievement in Young Adulthood", *Journal of Family Psychology* 7 (1993), 91-103.
86. Thomas Verny und John Kelly, *The Secret Life of the Unborn Child* (New York: Dell Publishing, 1981), 50.
87. ebd., 12-13.
88. Monika Lukesch, „Psychogene Faktoren in der Schwangerschaft" (Dissertation, Universität Salzburg, 1975), zitiert in Thomas Verny, *The Secret Life of the Unborn Child, 47.*
89. Dennis Stott, "Children in the Womb: The Effects of Stress", *New Society* (19. Mai 1977): 329-331.
90. Leanne Payne, *The Healing of the Homosexual* (Westchester, IL: Crossway Books, 1984), 21.
91. Nicolosi, *Reparative Therapie,* 145.

Kapitel Vier – Die vier Phasen des Veränderungs- und Heilungsprozesses

1. R. Bly, *Iron John: A Book About Men* (New York: Vintage Books, 1990), 72-73.
2. E. Moberly, *Homosexuality: A New Christian Ethic* (Greenwood, SC: Attic Press, 1983), 38.

3. Jan Frank, "Stages of Recovery" (Rede auf der PFOX-Konferenz, Fairfax, VA, 7. März 1998).
4. Joseph Nicolosi, *Reparative Therapy of Male Homosexuality* (Northvale, NJ: Jason Aronson Inc., 1991), 199-200.
5. D. Byrd, "Understanding and Treating Homosexuality" (Homosexualität verstehen und behandeln), Seminar auf dem Therapeutic Seminar, Washington, D.C., 13. März 1998.
6. Walter Trobisch, *Love Yourself* (Downers Grove, IL: InterVarsity Press, 1978), 8-9.
7. Irving Bieber et al., *Homosexuality: A Psychoanalytic Study of Male Homosexuals* (New York: Vintage Books, 1962), 220.
8. Nicolosi, *Reparative Therapy*, 103-104.
9. Douglas Weiss, *The Final Freedom* (Fort Worth, TX: Discovery Press, 1998), 34.
10. Nicolosi, *Reparative Therapy*, 34, 105.
11. E. Kaplan, "Homosexuality: A Search for the Ego-Ideal", *Archives of General Psychiatry* 16 (1967): 355-358.
12. John Gray, *What You Feel, You Can Heal* (Mill Valley, CA: Heart Publishing, 1984), 86.
13. Steven Stosny, *Treatment Manual of the Compassion Workshop* (Gaithersburg, MD: Compassion Alliance, 1995), 17.
14. Granger Westberg, *Good Grief: A Constructive Approach to the Problem of Loss* (Philadelphia, PA: Fortress Press, 1973).
15. Bly, 118-119.
16. Moberly, 46-47.
17. Robert Moore, *Rediscovering Masculine Potentials*, vier Audiokassetten (Wilmette, IL: Chiron, 1988).
18. John Pierrakos, Seminar "Love, Eros, and Sex" (Seven Oaks Conference Center, Madison, VA, 7. Dezember 1996).
19. Bly, 25.

Kapitel Sechs – Therapeutische Werkzeuge und Techniken

1. Ronald Richardson, *Family Ties That Bind* (Vancouver, Can.: International Self-Counsel Press, 1984, 1987), 92-93.
2. Cohen, Richard, *Healing Humanity: Time, Touch and Talk* (Bowie, MD: TTT Press, 2019), 224-235.

3. Eugene Gendlin, *Focusing* (New York: Bantam Books, 1981), 173-174.
4. Barbara De Angelis, *Making Love Work* (Baltimore, MD: Inphomation, 1993), 63.
5. Lucia Capacchione, *Recovery of Your Inner Child* (New York: Simon and Schuster, 1991), 16.
6. Cohen, Richard, *Healing Humanity: Time, Touch and Talk* (Bowie, MD: TTT Press, 2019), 224-235.
7. David Seamands, *Healing for Damaged Emotions* (Wheaton, IL: Victor Books, 1981), 60.
8. Martha Baldwin, *Self-Sabotage* (New York: Warner Books, 1987), 23.
9. Napoleon Hill, *Think and Grow Rich* (New York: Fawcett Columbine, 1937), 50, 68.
10. Harvey Jackins, *The Human Side of Human Beings: The Theory of Reevaluation Counseling* (Seattle, WA: Rational Island Publishers, 1978).
11. Harville Hendrix, *Getting the Love You Want: A Couples' Study Guide* (New York: Harper Perennial, 1988), 119.
12. George Leonard und Michael Murphy, *The Life We Are Given* (New York: Putnam, 1995), 8.
13. Jane Myers Drew, *Where Were You When I Needed You Dad?* (Newport Beach, CA: Tiger Lily Publishing, 1992), 6-8.

Kapitel Acht – Wut: Zugang zur eigenen Kraft

1. Steven Stosny, *Treatment Manual of the Compassion Workshop* (Gaithersburg, MD: Compassion Alliance, 1995), 13-15.
2. M. Welch, *Holding Time* (New York: Simon and Schuster, 1988), 46.
3. M. Welch, *Holding Time: Intensive One-Day Seminar*, Audiokassetten, 1996.
4. R. Bly, *A Little Book on the Human Shadow* (New York: HarperSanFrancisco, 1988), 48.
5. R. Bly, *Iron John: A Book About Men* (New York: Vintage Books, 1990), 8.

Kapitel Zehn – Berührung: Das Bedürfnis nach Bindung und Verbundenheit

1. Ashley Montagu, *Touching: The Human Significance of the Skin* (New York: Harper and Row, 1986), xiv.

2. Jane Warner Watson, *My Little Golden Book About GOD* (Racine, WI: Golden Books Publishing, 1956).
3. Earl Wilson, *Counseling and Homosexuality* (Waco, TX: Word Books, 1988), 35.
4. Paul Brand und Philip Yancy, *The Gift of Pain* (Grand Rapids, MI: Zondervan Publishing House, 1997), 157.
5. John Gottman, *Why Marriages Succeed or Fail . . . And How You Can Make Yours Last* (New York: Simon and Schuster, Fireside, 1994), 143.
6. Montagu, 38.
7. Laurie Weiss und Jonathan Weiss, *Recovery from Co-Dependency: It's Never Too Late to Reclaim Your Childhood* (Littleton, CO: Empowerment Systems, 1988), 97.
8. Montagu, 126.
9. ebd., 54.
10. George Howe Colt und Anne Hollister, "The Magic of Touch", *Life* (August 1997): 53-62.

Kapitel Zwölf – Mentoring: Zur Liebe zurückfinden

1. Gilbert Herdt, Hrsg., *Rituals of Manhood: Male Initiation in Papua New Guine* (Berkeley, CA: University of California Press, 1982), 121.
2. Harold Bloomfield, *Making Peace with Your Parents* (New York: Ballantine Books, 1983), 9.
3. M. Welch, *Holding Time: Intensive One-Day Seminar*, Audiokassetten, 1996.
4. Patricia Love, *Hot Monogamy*, Sounds True Audio Tapes, Nr. 2, Seite A. 1994.
5. Michael Popkin, angepasst an *Active Parenting Handbook* (Atlanta, GA: Active Parenting, 1983), 23.
6. Ashley Montagu, *Touching: The Human Significance of the Skin* (New York: Harper and Row Perennial, 1986), xiv.
7. ebd., 28.
8. ebd., 97.
9. ebd., 146.
10. Earl Wilson, *Counseling and Homosexuality* (Waco, TX: Word Books, 1988), 61.

11. John Gottman, *The Heart of Parenting* (New York: Simon and Schuster, 1997), 143.
12. Montagu, xv.

Kapitel Fünfzehn – Ein letzter Gedanke

1. Robert Dreyfuss, "The Holy War on Gays", Rolling Stone (18. März 1999): 40.

Glossar

Andersgeschlechtliche Bindungsstörung (OSAD) – Ein Bindungsdefizit zwischen einem Kind und dem andersgeschlechtlichen Elternteil.

Atemarbeit – Eine Technik der Tiefenatmung (Holotropes Atmen), die von dem Psychiater Dr. Stanislav Grof entwickelt wurde, um verdrängte Spannungen und Erinnerungen aus dem Unbewussten auf die bewusste Ebene zu bringen und so Heilung und Befreiung zu erreichen.

Bibliotherapie – Studium von Literatur, z. B. über die Ursachen gleichgeschlechtlicher Neigung, die Art des sexuellen Missbrauchs und andere Fragen über Heilung.

Bindung – Eine starke Bindung zwischen Eltern/Betreuer und Kind – vier Bindungstypen: sicher, vermeidend (unsicher-vermeidend), ängstlich (unsicher-ambivalent) und desorganisiert.

Bioenergetik – Die von Dr. Alexander Lowen entwickelte therapeutische Körperarbeit soll den Menschen helfen, mit den in den Körpersystemen gespeicherten Emotionen wieder in Kontakt zu kommen.

Bisexuell – Sexuelle Anziehung zu beiden Geschlechtern.

Freundschaften – Bindungen zwischen Freunden. Der Aufbau gesunder Freundschaften ist entscheidend für das Überwinden ungewollter SSA. Fünf Arten von Freundschaften sind wichtig: 1. Heterosexuelle Freunde, die über die SSA Bescheid wissen und dich unterstützen; 2. Heterosexuelle Freunde, die nicht von der SSA wissen und gute Freunde sind; 3. Mitstreiter; 4. Mentoren; und 5. Mentor für andere sein.

Gleichgeschlechtliche Neigung / Anziehung (Same-Sex Attraction, SSA) – Sich von jemandem des gleichen Geschlechts angezogen zu fühlen.

Heilung der Erinnerungen und Neurolinguistisches Programmieren – Ein Prozess, bei dem man zu vergangenen Erinnerungen zurückkehrt, das Geschehene erneut erlebt und dann die Erfahrung neu formuliert und geheilt wird. Das hilft der Person, sich von dem Problem zu distanzieren und sich mit der Lösung zu verbinden.

Heilung des inneren Kindes – Inneres Kind ist ein anderer Name für das Unbewusste. Die Arbeit mit dem inneren Kind hilft der Person, Gedanken, Gefühle und Bedürfnisse aus der Vergangenheit und Gegenwart zu erkennen.

Introjektion – Der Prozess der Verinnerlichung von Botschaften, insbesondere von Eltern und Autoritätspersonen.

Kognitive Therapie – Techniken, um fehlerhaftes Denken/negative Selbstgespräche zu verstehen und neue Fähigkeiten zu erlernen, um so kognitive Verzerrungen zu korrigieren.

Meditation und Affirmationen – Meditation bedeutet, den Körper, die Seele und den Geist zur Ruhe zu bringen und zu lernen, zuzuhören. Affirmationen sind Worte, die das Wert- und Selbstwertgefühl steigern. Es ist ratsam, beides täglich zu praktizieren.

Mentoring – Ein Prozess, bei dem ein Mentor oder eine Mentorin einer Person hilft, ungestillte Liebesbedürfnisse zu erfüllen. Der Klient ist in der Position des Erwachsenen-Kindes und der Mentor in der Position des Elternteils/Älteren.

OSA (Opposite-Sex Attraction, andersgeschlechtliche Anziehung) – Eine andere Bezeichnung für eine heterosexuelle Person.

Psychodrama – Eine Technik, die in Gruppensitzungen eingesetzt wird, bei der Menschen das Familiensystem oder eine andere Situation, die Schaden verursacht hat, nachstellen. Dabei durchlebt der Klient das Erlebte noch einmal und kann so verdrängte Gefühle loslassen.

Rollenspiel/Gestalttherapie – Eine Technik, bei der der Klient mit Eltern, Geschwistern, Tätern, sich selbst und allen, die ihm Schmerz bereitet haben, sprechen kann, indem er andere Personen diese Rollen spielen lässt und/oder durch „Arbeit mit dem leeren Stuhl".

Scham – Das Gefühl, falsch zu sein; ein tiefes Gefühl von Unwürdigkeit.

Schuld – Sich schlecht fühlen, weil man etwas tut, das gegen die eigenen Glaubensüberzeugungen oder das eigene Wertesystem verstößt.

Schwul – Eine Person, die ihre gleichgeschlechtliche Neigung akzeptiert und sich für homosexuelle Beziehungen entscheidet.

Stimmendialog – Eine von Dr. Hal & Sidra Stone entwickelte Technik, um die eigene innere Familie oder Teilpersönlichkeiten zu entdecken. Es ist auch eine Methode, um verlorene oder verleugnete Teile des Selbst aufzudecken.

Systemische Familientherapie (FST – Family Systems Therapy) – Die generationenübergreifende Dynamik des Familiensystems verstehen, indem man die Familiengeschichte darstellt und herausfindet, wie der Einzelne mit allen Mitgliedern verbunden ist und von ihnen beeinflusst wird. FST hilft dabei, das Familiensystem in Ordnung zu bringen.

Therapeutische Massage – Eine Technik, die dabei hilft, viele verdrängte Wunden im Körper zu lösen und die Heilung und Offenheit fördert. Durch die therapeutische Massage erhält der Mensch gesunde Berührungen.

Transaktionsanalyse – Ein Paradigma der Ich-Struktur, das den Erwachsenen, die Eltern und das Kind umfasst.

Unterdrücken – Gefühle bewusst verdrängen.

Verbundenheit – Eine emotionale Bindung zwischen Eltern/Betreuungsperson und Kind.

Verdrängen – Gefühle unbewusst begraben.

Verhaltens- und Gestenerziehung [Behavioral and Gesture Reeducation] – Ein Prozess, der Männern hilft, mehr männliche Verhaltensweisen und Frauen mehr weibliche Verhaltensweisen anzunehmen.

Verstrickung – Unangemessene Intimität, Verschlingung, Grenzüberschreitung, bezieht sich normalerweise auf eine Eltern-Kind-Beziehung.

Verträge – Vereinbarungen, die Personen helfen, Aufgaben zu erfüllen. Disziplin ist für viele Menschen mit ungewollter SSA ein Schwachpunkt, da dies mit einer unzureichenden Bindung an den gleich- und/oder andersgeschlechtlichen Elternteil einhergeht. Rechenschaftspflicht ist wichtig.

Weiterführende Literatur

Ursachenforschung und Behandlung von ungewollter gleichgeschlechtlicher Neigung (SSA)

Hallman, Janelle. *The Heart of Female Same-Sex Attractions: A Comprehensive Counseling Resource*. Downers Grove, IL: InterVarsity Press, 2008.

Kronemeyer, Robert. *Overcoming Homosexuality*. Farmingdale, New York: Macmillan Publishing Co., Inc., 1980.

Nicolosi, Joseph. *Healing Homosexuality: Case Stories of Reparative Therapy*. Northvale, NJ: Jason Aronson Inc., 1993.

Nicolosi, Joseph. *Reparative Therapy of Male Homosexuality*. Northvale, NJ: Jason Aronson Inc., 1991.

Phelan, James E. *Practical Exercises for Men in Recovery of Same-Sex Attraction (SSA)*. Columbus, OH: Phelan Consultant, LLC, 2006, Second Edition, 2011.

Phelan, James E.; Barr, Debora. *Practical Exercises for Women in Recovery of Same-Sex Attraction (SSA)*. Columbus, OH: Phelan Consultants, LLC, 2011.

Satinover, Jeffrey. *Homosexuality and the Politics of Truth*. Grand Rapids, MI: Baker Books, 1996.

Siegel, Elaine. *Female Homosexuality: Choice Without Volition*. Hillsdale, NJ: The Analytic Press, 1988.

Socarides, Charles. *Homosexuality: Psychoanalytic Therapy*. Northvale, NJ: Jason Aronson Inc., 1989.

SSA und die Entwicklung von Kindern und Jugendlichen

Rekers, George A. *Handbook of Child and Adolescent Sexual Problems.* New York: Lexington Books, 1995.

Zucker, Kenneth, and Susan Bradley. *Gender Identity Disorder and Psycho-sexual Problems in Children and Adolescents.* New York: Guilford Press, 1995.

Christliche und jüdische Bücher zur Überwindung ungewollter SSA

Goldberg, Arthur. *Light in the Closet: Torah, Homosexuality, and the Power to Change.* Tehachapi, CA: Red Heifer Press, 2009.

Bergner, Mario. *Setting Love in Order.* Grand Rapids, MI: Baker Books, 1995.

Comiskey, Andrew. *Pursuing Sexual Wholeness.* Lake Mary, FL: Creation House, 1989.

Consiglio, William. *Homosexual No More: Practical Strategies for Christians Overcoming Homosexuality.* Wheaton, IL: Victor Books, 1991.

Dallas, Joe. *Desires in Conflict.* Eugene, OR: Harvest House, 1991.

Davies, Bob, and Lori Rentzel. *Coming Out of Homosexuality.* Downers Grove, IL: InterVarsity Press, 1993.

Harvey, John. *The Truth About Homosexuality: The Cry of the Faithful.* San Francisco, CA: Ignatius Press, 1996.

Konrad, Jeff. *You Don't Have to Be Gay.* Newport Beach, CA: Pacific Publishing House, 1987.

Moberly, Elizabeth. *Homosexuality: A New Christian Ethic.* James Clark & Co., 1983.

Payne, Leanne. *The Broken Image.* Wheaton, IL: Crossway Books, 1981.

Saia, Michael. *Counseling the Homosexual.* Minneapolis, MN: Bethany House Publishers, 1988.

Wilson, Earl. *Counseling and Homosexuality.* Waco, TX: Word Books, 1988.

Worthen, Frank. *Steps Out of Homosexuality.* San Rafael, CA: New Hope, 1984.

Eltern, Ehepartner, Familienmitglieder und Freunde

Cohen, Richard. *Gay Children, Straight Parents: A Plan for Family Healing.* PATH Press, 3rd Edition, 2016.

Davies, Bob, and Anita Worthen. *Someone I Love Is Gay: How Family and Friends Can Respond.* Downers Grove, IL: InterVarsity Press, 1996.

Nicolosi, Joseph, and Linda Ames Nicolosi. *A Parent's Guide to Preventing Homosexuality.* Downers Grove, IL: InterVarsity Press, 2002.

Wright, H. Norman. *Loving a Prodigal: A Survival Guide for Parents of Rebellious Children.* Colorado Springs, CO: Chariot Victor Publishing/ Cook Communications, 1999.

ALLGEMEINE HEILUNG

Affirmationen

Block, Douglas. *Words that Heal: Affirmations and Meditations for Daily Living.* New York: Bantam Books, 1988.

Kognitive- und Verhaltenstherapie

Alberti, Robert, and Michael Emmons. *Your Perfect Right: A Guide to Assertive Living.* San Luis Obispo, CA: Impact Publishers, 1995.

Burns, David. *The Feeling Good Handbook.* New York: Plume, 1990. (**Deutschsprachiger Titel:** *Feeling Good in 10 Schritten*)

Burns, David. *Ten Days to Self-Esteem.* New York: William Morrow, 1993.

Cloud, Henry, and John Townsend. *Boundaries.* Grand Rapids, MI: Zondervan, 1992. (**Deutschsprachiger Titel:** *Nein sagen ohne Schuldgefühle*)

Greenberger, Dennis, Padesky, Christine A. *Mind Over Mood: Change How You Feel by Changing the Way You Think,* The Gilford Press: Second edition, 2015.

McGee, Robert S. *The Search for Significance.* Houston, TX: Rapha Publishing, 1990.

McKay, Matthew, and Patrick Fanning *Self-Esteem: A Proven Program of Cognitive Techniques for Assessing, Improving & Maintaining your Self-Esteem,* New Harbinger Publications, 2016

Schwartz, Jeffrey M. *Brain Lock: Free Yourself from Obsessive-Compulsive Behavior.* New York: Regan Books, 1996.

Young, Jeffrey, and Janet Klosko. *Reinventing Your Life.* New York: Dutton Book, 1993.

Emotionaler Missbrauch

Gorodensky, Arlene. *Mum's the Word: The Mamma's Boy Syndrome Revealed.* Herndon, VA: Cassell, 1997.

Love, Patricia. *Emotional Incest Syndrome: What to Do When a Parent's Love Rules Your Life.* New York: Bantam Books, 1990.

Herkunftsfamilie

Richardson, Ronald. *Family Ties That Bind.* Vancouver, Can.: Self-Counsel Press, 1987.

Trauerarbeit

Westberg, Granger. *Good Grief: A Constructive Approach to the Problem of Loss.* Philadelphia, PA: Fortress Press, 1973.

Worden, J. William. *Grief Counseling and Grief Therapy: A Handbook for the Mental Health Practitioner.* 2nd ed. New York: Springer Publishing Company, 1991.

Heilung des Inneren Kindes

Capacchione, Lucia. *Recovery of Your Inner Child.* New York: Simon and Schuster Fireside Book, 1991.

Drew, Jane Myers, *Where Were You When I Needed You Dad?: A Guide for Healing your Father Wound,* Tiger Lily Pub, 2003

Illsley Clarke, Jean, and Connie Dawson. *Growing Up Again: Parenting Ourselves, Parenting Our Children.* New York: Harper Collins Publishers, a Hazelden book, 1989.

Pollard, John. *Self-Parenting: The Complete Guide to Your Inner Conversations.* Malibu, CA: Generic Human Studies Publishing, 1987.

Taylor, Cathryn, L. *The Inner Child Workbook.* New York: Putnam's Sons, 1991.

Weiss, Laurie and Jonathan. *Recovery from Co-Dependency: It's Never Too Late to Reclaim Your Childhood.* Littleton, CO: Empowerment Systems, 1988.

Whitfield, Charles. *Healing the Child Within.* Deerfield Beach, FL: Health Communications, Inc., 1987.

Heilung der Erinnerungen

Bennett, Rita. *Making Peace with Your Inner Child.* Old Tappan, NJ: Fleming H. Revell Company, 1987.

Carter Stapleton, Ruth. *The Gift of Inner Healing.* Waco, TX: Word Books, 1976.

Payne, Leanne. *The Broken Image.* Grand Rapids, MI: Baker Books, 1981.

Seamands, David. *Healing for Damaged Emotions.* Wheaton, IL: Victor Books, 1981.

Seamands, David. *Healing of Memories.* Wheaton, IL: Victor Books, 1985.

Unterschiede zwischen Männern und Frauen, Ehebeziehungen

Bear, Greg. *Real Love in Marriage.* New York, NY: Gotham, 2007.

Gottman, John. *Why Marriages Succeed or Fail: And How You Can Make Yours Last.* New York: Simon and Schuster, Fireside, 1994.

Gray, John. *Men Are from Mars, Women Are from Venus.* New York: Harper Collins, 1992. (**Deutschsprachiger Titel: *Männer sind anders, Frauen auch*)**

Gray, John. *Mars and Venus in the Bedroom.* New York: Harper Collins, 1995.

Hendrix, Harville. *Getting the Love You Want: A Guide for Couples.* New York: Harper Collins, Harper Perennial, 1988.

Love, Patricia, and Jo Robinson. *Hot Monogamy.* New York: Plume, Penguin Group, 1994.

Moseley, Douglas and Naomi. *Dancing in the Dark: The Shadow Side of Intimate Relationships.* Georgetown, MA: North Star Publications, 1994.

Parrott, Les and Leslie. *Saving Your Marriage Before It Starts.* Grand Rapids, MI: Zondervan Publishing House, 1995.

Tannen, Deborah. *You Just Don't Understand: Women and Men in Conversation.* New York: Ballantine Books, 1990.

Sexueller Missbrauch

Allender, Dan. *The Wounded Heart: Hope for Adult Victims of Childhood Sexual Abuse.* Colorado Springs, CO: NavPress, 1990.

Frank, Jan. *A Door of Hope.* San Bernardino, CA: Here's Life Publishers, 1987.

Sexsucht

Carnes, Patrick. *Don't Call It Love.* New York: Bantam Books, 1992.

Carnes, Patrick. *Out of the Shadows.* Minneapolis, MN: CompCare Publications, 1983.

Laaser, Mark. *Faithful and True: Healing the Wounds of Sexual Addictions.* Grand Rapids, MI: Zondervan Publishing House, 1996.

Schaumburg, Harry W. *False Intimacy: Understanding the Struggle of Sexual Addiction.* Colorado Springs, CO: NavPress, 1992.

Weiss, Douglas. *Steps to Freedom: Christian 12-Step Guide for Sex Addiction Recovery.* Discovery Press, 3rd edition, 2008.

Therapeutische Techniken

Baldwin, Martha. *Self-Sabotage.* New York: Warner Books, Inc., 1987.

Berne, Eric. *Games People Play: The Basic Handbook of Transactional Analysis.* New York: Ballantine Books, 1964. (**Deutschsprachiger Titel: Spiele der Erwachsenen**)

Gendlin, Eugene. *Focusing.* New York: Bantam Books, 1981. (**Deutschsprachiger Titel: Focusing – Selbsthilfe bei der Lösung persönlicher Probleme**)

Jackins, Harvey. *The Human Side of Human Beings: The Theory of Reevaluation Counseling.* Seattle, WA: Rational Island Publishers, 1978.

Lowen, Alexander. *Bioenergetics.* New York: Penguin, 1975. (**Deutschsprachiger Titel: Bioenergetik – Therapie der Seele durch Arbeit mit dem Körper**)

Stone, Hal and Sidra. *Embracing Our Selves: The Voice Dialogue Manual.* Mill Valley, CA: Nataraj Publishing, 1989.

Berührung/Bindung/Haltetherapie

Colton, Helen. *Touch Therapy*. New York: Kensington Publishing Corp., Zebra Books, 1983.

Cohen, Richard. *Healing Humanity: Time, Touch, and Talk*. TTT Press: Maryland, 2019.

Joy, Donald M. *Bonding: Relationships in the Image of God*. Nappanee, IN: Evangel Publishing House, 1999.

Montagu, Ashley. *Touching: The Human Significance of the Skin*. New York: Harper & Row, Perennial Library, 1986. **(Deutschsprachiger Titel: *Körperkontakt – Die Bedeutung der Haut für die Entwicklung des Menschen*)**

Welch, Martha. *Holding Time*. New York: Simon and Schuster, 1988.

Ressourcen zur Überwindung ungewollter gleichgeschlechtlicher Neigung

Deutschland

Deutsches Institut für Jugend und Gesellschaft
www.dijg.de
Informationen über zukunftsfähige Lebensgrundlagen ... in den Bereichen Lebenskultur, Ehe und Familie, Identität, Sexualität, Homosexualität, Menschenrechte

Schweiz

Wüstenstrom
www.wuestenstrom.ch
Selbsthilfegruppe

Österreich

(Derzeit keine Organisation bekannt.)

International

Alliance for Therapeutic Choice and Scientific Integrity

(Allianz für therapeutische Wahlmöglichkeiten und wissenschaftliche Integrität)
www.therapeuticchoice.com
Therapeuten, die denjenigen helfen, die ungewollte SSA erleben.

Brothers Road
www.brothersroad.org
Online-Selbsthilfegruppen für Männer und Frauen; Sponsor der Journey Into Manhood (JIM) Wochenenden.

Courage
www.couragerc.net
Katholischer Dienst für Menschen, die ungewollte gleichgeschlechtliche Neigung erleben. Courage ist für Familie und Freunde.

Janelle Hallman
www.janellehallman.com
Hilfe für Frauen, die ungewollte SSA erleben.

Joel 2:25 International, Inc.
www.joel225.org
Weltweite Online-Selbsthilfegruppen für Menschen mit ungewollter SSA und ihre Familien.

Northstar
www.northstarlds.org
Mormonischer Dienst (Heilige der Letzten Tage) für Betroffen, Familie und Freunde.

Parents and Friends of Ex-Gays and Gays (PFOX)
(Eltern und Freunde von Ex-Schwulen und Schwulen)
www.pfox.org
Selbsthilfegruppen für Familienmitglieder und Freunde.

Positive Approaches To Healthy Sexuality (PATH)
(Positive Ansätze zu gesunder Sexualität)
www.pathinfo.org
Verweisende Organisation.

Restored Hope Network
www.restoredhopenetwork.org
Christliche Ex-Schwulen-Dienst.

Voices of Change (Stimmen der Veränderung)
www.VoicesofChange.net
Zeugnisse von Männern und Frauen, die ungewollte SSA überwunden haben.

Zusätzliche Websites

www.davidpickuplmft.com – David Pickup
https://familystrategies.org – Family Strategies
www.floydgodfrey.com – Floyd Godfrey
www.mygenes.co.nz – Wissenschaftliche Beweise für die Ursachen von SSA
www.dawnstefanowicz.com – Hilfe für Kinder mit SSA-Eltern

Hilfsmittel

Bücher (Englisch)

1. *Being Gay: Nature, Nurture or Both?* Bowie, MD: PATH Press, 2020. (Das vorliegende Buch)
2. *Gay Children Straight Parents: A Plan for Family Healing.* Bowie, MD: PATH Press, 2016.
3. *Understanding Our LGBTQ+ Loved Ones.* Bowie, MD: PATH Press, 2022.
4. *Healing Humanity: Time, Touch, and Talk.* Bowie, MD: PATH Press, 2020.
5. *A Therapist's Guide: Assisting Those with Same-Sex Attraction and Their Loved Ones.* Bowie, MD: PATH Press, 2023.
6. *Rich's Home.* Bowie, MD: PATH Press, 2022.
7. *Clinician's Handbook: Assisting Our LGBTQ+ Loved Ones.* Bowie, MD: PATH Press, 2024.

MP3s (Englisch)

1. Healing Your Inner Child
2. Meditations and Affirmations

https://www.pathinfo.org/digital-downloads

Über den Autor

Richard Cohen, M.A., Psychotherapeut und Pädagoge, ist einer der führenden Experten auf dem Gebiet der Sexualität und ist der Autor von: *1. Being Gay: Nature, Nurture or Both?* **(Deutschsprachige Ausgabe: Schwul... geboren, geworden oder beides?),** *2. Gay Children Straight Parents, 3. Understanding Our LGBTQ+ Loved Ones, 4. Healing Humanity: Time, Touch, and Talk, 5. A Therapist's Guide: Assisting Those with Same-Sex Attraction and Their Loved Ones, 6. Rich's Home, and 7. Clinician's Handbook.* Seine Bücher sind in bis zu zwölf Sprachen erschienen.

Cohen ist der Direktor von Positive Approaches To Healthy Sexuality (PATH) und reist viel durch die Welt, um Vorträge über Sexualität, Ehebeziehungen, Kommunikation und Elternkompetenz zu halten. Er hält häufig Gastvorträge auf dem Campus von Hochschulen und Universitäten sowie bei therapeutischen und religiösen Konferenzen.

Cohen hat einen Bachelor-Abschluss von der Boston University und einen Master of Art in Beratungspsychologie von der Antioch University. Er arbeitete in der Behandlung von Kindesmissbrauch, in der Familienzusammenführung, in der allgemeinen Beratung und in Selbsthilfegruppen für katholische Gemeindedienste. Drei Jahre lang arbeitete er als Ausbildner im Umgang mit HIV und AIDS für das Amerikanische Rote Kreuz.

Als Experte auf dem Gebiet der Sexualität – sowohl als Psychotherapeut als auch durch seine eigene persönliche Heilung – wurde Cohen von Zeitungen, Radio- und Fernsehmedien interviewt.

Cohen lebt mit seiner Frau im Großraum Washington, D.C.

Wenn du Informationen über Vorträge, Familienheilungssitzungen, Empfehlungen und Hilfsmittel benötigst, wende dich bitte an uns:

Richard Cohen, M.A., Direktor
PATH (Positive Approaches To Healthy Sexuality)

E-Mail: PATHinfo@pathinfo.org
Web: www.pathinfo.org

Auf unserer Website findest du alle Tabellen und Diagramme dieses Buches zum Herunterladen:
www.pathinfo.org | „Resource Materials"

www.ingramcontent.com/pod-product-compliance
Lightning Source LLC
LaVergne TN
LVHW021231080526
838199LV00088B/4305